四川文化艺术学院汤用彤国学院
四川大学中华文化研究院
四川大学道教与宗教文化研究所
联合教研项目

"名师大讲堂"

周易入门150问

詹石窗 ◎ 主编

北京大学出版社

图书在版编目(CIP)数据

周易入门 150 问/詹石窗主编. —北京:北京大学出版社,2020.5
(名师大讲堂)
ISBN 978-7-301-31202-5

Ⅰ.①周… Ⅱ.①詹… Ⅲ.①《周易》—通俗读物 Ⅳ.①B221-49

中国版本图书馆 CIP 数据核字(2020)第 015656 号

书　　　名	周易入门 150 问 ZHOUYI RUMEN 150 WEN
著作责任者	詹石窗　主编
责 任 编 辑	艾　荧
标 准 书 号	ISBN 978-7-301-31202-5
出 版 发 行	北京大学出版社
地　　　址	北京市海淀区成府路 205 号　100871
网　　　址	http://www.pup.cn　新浪微博:@北京大学出版社
电 子 邮 箱	编辑部 wsz@pup.cn　总编室 zpup@pup.cn
电　　　话	邮购部 010-62752015　发行部 010-62750672 编辑部 010-62756467
印 刷 者	河北博文科技印务有限公司
经 销 者	新华书店
	965 毫米×1300 毫米　16 开本　21.75 印张　320 千字 2020 年 5 月第 1 版　2025 年 5 月第 4 次印刷
定　　　价	79.00 元

未经许可,不得以任何方式复制或抄袭本书之部分或全部内容。
版权所有,侵权必究
举报电话: 010-62752024　电子邮箱: fd@pup.cn
图书如有印装质量问题,请与出版部联系,电话: 010-62756370

本书撰稿

主　　撰　詹石窗
各章执笔（按姓氏音序排列）
　　　　　　雷　宝　李育富　李玉田　连　宇
　　　　　　连镇标　曲　丰　宋野草　杨　燕
　　　　　　阳志辉　詹石窗　周克浩

凡 例

一、本书乃就上课过程中遇到的问题进行探索、归纳而成,属小读书会的问答记录,其中所用言辞带有课堂教学痕迹。虽名为"入门",恐有所失。稍作整理,公诸于世,旨在交流,以求知《易》方家指正。

二、全书150问。导言"六问",暗合《坤》卦"用六"之数;每章各"九问",暗合《乾》卦"用九"之数。16章之问凡144,合于"坤之策"。以"坤"为先,而"乾"随之,戒己以明"天外有天",取人之长,补己之短。

三、关于《周易》之"十翼"篇名,1949年以来,学界多在每篇古名之后加一"传"字,如《彖传》《象传》等等。但查《十三经注疏》,均未于篇名后加"传"字。基于传统,本书涉"十翼"篇名,仅作《彖》《象》《文言》《系辞上》《系辞下》《说卦》《序卦》《杂卦》。

四、关于《周易》六十四卦的符号使用,为了便于区别,本书在吸纳前贤成果基础上进行统一处理:(1)凡引用卦爻辞,则该卦名加书名号,例如《乾》卦六五爻辞、《坎》卦卦辞。(2)凡三画经卦(即八卦),或六画别卦(即六十四卦),若仅作为卦爻之象介绍,不加书名号,也不加引号;有特殊强调的,则加引号,如"坎"卦、"兑"卦。

五、凡《周易》经传引文,直接于行文中标明书名、卦名、篇名,例如《周易·系辞上》、《周易·坤》之《彖》等等。凡引述其他古籍,仅出书名与篇名,例如《大戴礼记·名堂》;若引书为新点校本,则注明原作者、整理点校者、书名、出版地、出版社、出版年、页码。

六、本书非一人手笔,所用文献各自不同,同一文献也有不同版本,理解各有差异,不求一律。

本书编写组
2019年8月

目 录

导 言 ·· 1
  1. 什么是"易学"？ ··· 1
  2. 如何看待易学性质与学科归属？ ································ 2
  3. 易学研究的主要内容有哪些？ ···································· 4
  4. 易学是怎样形成与发展的？ ······································· 6
  5. 学习与研究易学的价值何在？ ···································· 8
  6. 如何学习易学？ ·· 11

上编　易学基础

第一章　《周易》名实引说 ·· 15
  第一节　《周易》名义与作者 ·· 15
    7.《周易》之"周"是什么意思？ ································ 15
    8.《周易》之"易"有什么深刻含义？ ························· 16
    9.《周易》作者是谁？是怎样编纂的？ ························ 18
  第二节　《周易》构成与卦序 ·· 22
    10.《周易》是由哪些部分构成的？ ····························· 22
    11.《周易》的符号系统与文字系统存在什么关系？ ····· 24
    12. 如何看待《周易》经文和传文的关系？ ················· 25
  第三节　《周易》性质与功能 ·· 27
    13. 历史上关于《周易》性质有哪些说法？ ················· 27
    14. 为什么说《周易》本是占筮之书？ ························ 28
    15. 如何看待《周易》的整体功能？ ···························· 29

第二章 《周易》象数底蕴

第一节 观物取象
- 16. 什么是"象"？易象与意象、法象之联系、区别何在？ …… 32
- 17. 先民是怎样"观物取象"的？如何理解"易与天地准"？ …… 33
- 18. 易学所说的"象"包括哪些层次？它们在易学中占据什么地位？ …… 34

第二节 八卦与六十四卦象征揭秘 …… 38
- 19. 为什么说"乾坤"是《易》之门户？ …… 38
- 20. 八卦的取象依据与象征意义是什么？ …… 39
- 21. 如何理解六十四卦的象征旨趣？ …… 42

第三节 象数的基本概念与体例 …… 55
- 22. 什么是"爻象"与"卦象"？二者关系如何？ …… 55
- 23. 理解《周易》"象数"应该掌握哪些基本概念与范畴？ …… 57
- 24. 什么叫"参天两地""四营之数"？ …… 59

第三章 《周易》图式要略

第一节 易图与象数学派 …… 62
- 25. 易图之学是怎样兴起与发展的？ …… 62
- 26. 易图之学与象数派关系如何？ …… 65
- 27. 如何理解易图的思维方式？ …… 68

第二节 河图、洛书 …… 70
- 28. 什么是河图、洛书？经典文献最初的记载是怎样的？ …… 70
- 29. 汉宋之间关于河图、洛书有什么说法？ …… 72
- 30. 河图、洛书的奥妙何在？在文化史上影响如何？ …… 76

第三节 先、后天图及其他 …… 81
- 31. 什么是先天图、后天图？其象数内涵如何？ …… 81
- 32. 历史上有几种太极图？其特征与意义何在？ …… 85
- 33. 什么是卦变图？如何理解卦变图的象数意蕴？ …… 89

第四章 《周易》义理思想

第一节 《周易》义理范畴与基本命题 …… 97
- 34. 如何理解《周易》义理的成因与背景？ …… 97

35.《周易》义理有哪些范畴？ …………………………………… 98
36.《周易》义理有哪些主要命题？如何理解其思想价值？ …… 100

第二节 《周易》义理的核心精神 …………………………………… 101
37. 怎样概括《周易》义理的核心精神？ ……………………… 101
38.《周易》义理核心精神的历史影响如何？ ………………… 102
39. 怎样领悟《周易》义理核心精神的现代价值？ …………… 104

第三节 《周易》经传义理与易学义理派 ………………………… 106
40. 什么是易学义理派？它是怎样形成和发展的？ …………… 106
41. 易学义理派怎样汲取《周易》义理来建构思想体系？ …… 107
42. 当代如何借鉴易学义理派的思想方法？ …………………… 108

第五章 易学占筮法度 ………………………………………………… 110

第一节 占筮渊源稽考 ……………………………………………… 110
43. 什么叫"占卜"？其形成的原因何在？
    商代以前存在占卜现象吗？ ……………………………… 110
44. 什么是"龟卜"？龟卜仪式是怎样进行的？其意义何在？ … 111
45. "龟卜"对古代先民生活有什么影响？ …………………… 112

第二节 《周易》筮法 ……………………………………………… 113
46. 什么是"筮法"？先秦典籍对筮法有什么记载？ ………… 113
47. 先民是怎样依卦推论的？今人从中可以获得什么启示？
    如何理解揲蓍成卦的意蕴？ ……………………………… 113
48. 什么是"天地之数"与"大衍之数"？二者关系如何？ … 114

第三节 《周易》筮法变通 ………………………………………… 116
49. 焦赣《易林》如何变通《周易》筮法？ …………………… 116
50. 京房"纳甲法"是怎样产生的？有何特点？ ……………… 117
51. 扬雄《太玄经》与《周易》筮法有什么联系和区别？ …… 118

第六章 易学断卦依凭 ………………………………………………… 120

第一节 阴阳五行与干支 …………………………………………… 120
52. 什么是阴阳五行？"阴阳"与"五行"是怎样构成一个
    理论系统的？阴阳五行理论对于断卦有何作用？它是
    "伪科学"吗？如何正确认识其历史与现实意义？ ……… 120

53. 什么是天干、地支？它们是怎样形成的？有什么象征意义？ …… 123

54. 易学如何依凭干支起卦、断卦？干支结合的
    "六十甲子"对于易学象数推演的作用如何？ ………… 126

第二节 体用互变与神煞 ………………………………………… 130

55. 什么是主卦、变卦、日建、月建？如何从
    内外因对卦象、爻象进行分析？ ………………………… 130

56. 什么是体用、生克冲合？如何运用这些概念来分析卦象？ …… 131

57. 什么是神煞？有人说"神煞是迷信"，如何从象征
    角度认识神煞的符号语言意义与现代功能？ …………… 135

第三节 六亲取用与生克应期 …………………………………… 139

58. 什么是六亲？怎样理解卦象与六亲的配合？易学中的
    "六亲"与社会伦理中的"六亲"有何联系和区别？ ……… 139

59. 什么是生克应期？怎样掌握生克应期要领？ …………… 141

60. 什么是旬空应期与逢合应期？其要领何在？
    我们今天应该如何认识古人这种预测模式？ …………… 143

下编　易学致用

第七章　易学与儒释道三教 149

第一节　儒教对易学的传承与贡献 149

61. 如何理解儒家、儒学、儒教三个概念？ ………………… 149

62. 汉代以来儒家易学最具代表性的十位传人是谁？
    各有什么特点？ …………………………………………… 151

63. 儒家易学思想贡献可以概括为哪几个方面？
    对当今的人生修养有何启迪？ …………………………… 153

第二节　道教对易学的应用与创新 154

64. 什么是"道教"？道教怎样应用和发挥易学智慧
    来构建其文化体系？ ……………………………………… 154

65. 有人提出了"道教易学"概念，你认为成立吗？
    如果成立,其证据何在？ ………………………………… 155

66. 道教对易学的创新表现在哪些方面？有什么特点？ …… 156

第三节　佛教对易学的应用与发挥……………………… 157
　　　67. 二程认为:"看一部《华严经》,不如看一《艮》卦。"这种说法
　　　　　是不是表示佛教与易学没有任何关系?该如何看待?…… 157
　　　68. 有学者提出"易佛会通",你认为成立吗?
　　　　　如果成立,其证据何在?……………………………… 158
　　　69. 历史上有不少佛教高僧潜心研《易》,留下不少成果,
　　　　　能否试举几例略加述评?……………………………… 159

第八章　易学与天文历算……………………………………… 162
　第一节　易学的天学历算底蕴……………………………… 162
　　　70.《易经》乾坤两卦多言"龙",这是什么"龙"?
　　　　　能否从天文历算角度作出解释?……………………… 162
　　　71.《周易·系辞上》有"神无方而易无体"的说法,有人认为是
　　　　　一种迷信,有人说其中有古代天文学内涵,该如何理解?… 165
　　　72. 初学者读到《周易·系辞上》"通乎昼夜之道而知"总觉得
　　　　　难解,如何通过"感而遂通"来领悟其中的大智慧?…… 166
　第二节　易学对天文历算的影响…………………………… 167
　　　73. 中国古代最有代表性的天体结构理论是什么?
　　　　　与易学有关系吗?……………………………………… 167
　　　74. 什么是"卦气"说?什么是"六日七分"?这两种理论
　　　　　是在什么背景下形成的?与易学关系如何?………… 169
　　　75. 汉唐之间几乎所有天文历算家、数学家都推崇易学,
　　　　　为什么?………………………………………………… 171
　第三节　易学与天文历算结合的特点与作用……………… 171
　　　76. 邵雍《皇极经世书》是怎样把易学与天文历算相结合的?…… 171
　　　77. 从古代天文历算与易学的密切关系中
　　　　　可以发现什么思维方式?……………………………… 172
　　　78. 易学与天文历算相结合的结果如何?
　　　　　如何评价其历史作用?………………………………… 172

第九章　易学与风水建筑……………………………………… 175
　第一节　风水文化的易学基础……………………………… 175

79. 有人说,看"风水"是迷信,对此该作何评价? ……………… 175
80. 历史上主要有哪些风水流派?它们与易学有何关系? ……… 177
81. 现存最具代表性的风水著作有哪些?
    从中可以读出什么易学内容? …………………………… 180

第二节　易学文化与风水实践 …………………………… 183

82. 什么是罗盘?怎样使用罗盘?
    如何从罗盘结构体悟易学精微? ………………………… 183
83. 古代风水建筑是如何借鉴易学象数理则的? …………… 186
84. 历史上许多儒家代表人物也有过风水实践,
    其中是否体现易学内涵? ………………………………… 188

第三节　当代建筑借鉴易学风水的思考 …………………… 189

85. 有人说楼盘规划与建设应该讲究风水,你怎么看? …… 189
86. 当代很多城市千篇一律,如何从易学风水角度分析? … 191
87. 当代社会生态遭到破坏,环境污染严重,易学风水对于扭转
    这种局面有作用吗?如果有,应该采取什么措施? …… 194

第十章　易学与中医养生　197

第一节　易医会通概观 …………………………………… 197

88. 什么叫"易医会通"?目前关于易医会通课题
    有哪些代表性成果? ……………………………………… 198
89. 上个世纪末以来有关易医会通问题发生过哪些争论?
    焦点是什么?应如何评估? ……………………………… 201
90. 近年来关于易医会通课题的讨论有什么新进展? ……… 203

第二节　易学与中医理论 …………………………………… 204

91. 《周易》经传是否论及医疗问题?
    如果有,其思想意义如何? ……………………………… 204
92. 易学影响中医理论主要体现在哪些方面?其价值何在? …… 205
93. 近年来出现了许多易医会通疗法,诸如"时间疗法"
    "易数疗法""易乐疗法"等,如何评估其价值? …… 210

第三节　易学与养生文化 …………………………………… 217

94. 什么叫"易学养生"?有何文化理论体系? …………… 217

95. 易学为养生实践提供了什么指导性原则？
    如何在实际生活中贯彻落实？ ……………………… 219
96. 四季养生、风水养生、内丹养生的易学机理是什么？ …… 220

第十一章　易学与传统术数 …………………………… 224

第一节　易学与灵棋课法 …………………………… 224

97. 灵棋课法的缘起与传承情况如何？ ………………… 224
98. 灵棋课法如何体现易学的取象原则？ ……………… 226
99. 灵棋经辞是怎样解释卦性的？ ……………………… 228

第二节　易学与太乙、六壬、遁甲 ……………………… 230

100. 什么是"太乙式占"？如何形成与流传的？其易学
     底蕴何在？《太乙淘金歌》基本内容是什么？ ……… 230
101. 什么是"六壬课"？如何推演？其式盘和推演过程与易学
     关系如何？近年来流行原因何在？如何评估其作用？ … 234
102. 《封神演义》《水浒传》等小说中的"土遁""水遁"等
     可以看作"奇门遁甲"的文学表现吗？
     "奇门遁甲"如何取法易学象数？ ……………………… 237

第三节　易学与梅花易数、紫微斗数 …………………… 240

103. 什么是"梅花易数"？为何遵循先天易学？ ………… 240
104. "梅花易数"主要有哪些起卦方式？如何进行卦象推断？ … 242
105. 什么是"紫微斗数"？其形成与流传情况怎样？
     如何运用易学象数来建构预测模型？ ………………… 243

第十二章　易学与身国治理 …………………………… 247

第一节　易学与治身之道 …………………………… 247

106. "洗心于易，退藏于密"何意？其治身价值何在？ ……… 247
107. 如何理解"穷理尽性以至于命"的治身意义？ ………… 248
108. 什么是易学的"三陈九德"？当今社会如何
     借鉴"三陈九德"来开展人格教育？ …………………… 250

第二节　易学与治家之道 …………………………… 252

109. 如何理解"乾坤生六子"的家庭组织象征？
     这一命题对于治家有何意义？ ………………………… 252

110.《周易》的"家道"思想主要包括哪些内容？
对于当今健康的家庭生活有何价值？ ……………… 253

111.《周易》在家庭教育方面有哪些论述？
对当今社会的家庭教育有何启示？ ……………… 255

第三节　易学与治世之道 …………………………………… 256

112. 联系当代社会治理问题,如何理解《周易》的
"圣人之道"？ …………………………………… 256

113.《周易》的忧患意识体现在哪里？
这种意识对后代产生了什么影响？ ……………… 258

114.《周易》蕴含"法治"安邦与"德治"安邦思想吗？
这些思想对于当今社会治理有何价值？ ………… 259

第十三章　易学与历史文化 ………………………………………… 262

第一节　以史解《易》 …………………………………………… 262

115. 古代以史解《易》的著作主要有哪些？
其主要内容和特点是什么？ ……………………… 262

116. 近代以史解《易》的学者主要有哪些？成就如何？ …… 264

117. 为什么说胡朴安《周易古史观》别开生面？
价值何在？如何评价其研《易》思路？ ………… 266

第二节　《周易》的历史积淀 …………………………………… 267

118. 向来有"六经皆史"的说法,《周易》经传
涉及哪些重大政治事件？ ………………………… 267

119.《周易》哪些卦反映了古代的军事活动？ …………… 268

120. 从《周易》经传可以看到上古什么样的民俗风情？ …… 269

第三节　易学的历史精神 ………………………………………… 272

121.《系辞传》是如何把卦象解释与历史发展
结合起来的？从中可以得到什么启示？ ………… 272

122. 结合《周易》涉及的历史事件,如何理解"原始要终,
以为质也"？ ……………………………………… 273

123. 从《序卦》可以看出《易传》什么样的历史观？
这种历史观对于理解人类历史有何意义？ ……… 274

第十四章　易学与书画艺术 … 275

第一节　易学与艺术审美 … 275

124. 当代学界研究《周易》美学思想的主要著作有哪些？各有什么特点？ … 275
125. 《周易》审美观念可以概括为哪几个方面？ … 277
126. 《周易》审美观念影响中国书画艺术的原因何在？ … 282

第二节　易学与书法篆刻 … 285

127. 历史上有哪些书法篆刻家精通易学？易学对他们的书法篆刻实践产生了怎样的影响？ … 285
128. 《周易》的意象思维与书法篆刻的载体——汉字存在什么关系？ … 291
129. 《周易》的阴阳理论与变化观对书法篆刻实践有什么指导作用？ … 293

第三节　易学与传统绘画 … 295

130. 中国历史上最具代表性的"画论""画谱"有哪些？与易学关系如何？ … 295
131. 有人将中国画创作称作"墨戏"或"玩墨"，能否从其创作过程、创作技巧中看出易学底蕴？ … 301
132. 中国画的意境与易学"天人合一"精神有关系吗？如果有，如何诠释？ … 303

第十五章　易学与诗词乐舞 … 307

第一节　易学与诗词 … 307

133. 《易经》采用许多古代歌谣作卦爻辞，它们有什么特点？诗歌价值何在？ … 307
134. 焦赣《易林》与《诗经》关系如何？怎样评估《易林》的诗歌价值？ … 309
135. 《周易》审美思想对古代诗词格律有何影响？ … 311

第二节　传统音乐与易学法则 … 312

136. 有人说"音乐"与"易"同源，如何理解？ … 312
137. 什么是五声、六律、八音、八风、黄钟律吕？

　　　　与《周易》关系如何？ …………………………… 314

　　138. 中国传统乐器如何体现易学象数理趣？ ………… 315

　第三节　传统舞蹈的易学旨趣 ……………………………… 316

　　139. 有人说《周易》之咸卦蕴藏着远古性舞蹈的信息，
　　　　如何评价？ ………………………………………… 316

　　140. 什么是"八卦舞"？如何产生与流传的？
　　　　其易学底蕴何在？ ………………………………… 317

　　141. 中国古典舞蹈的构型与易学关系如何？近年来一些
　　　　舞蹈演员以舞姿表现易学卦象，如何看待？ …… 318

第十六章　易学与现代科学 …………………………………… 321

　第一节　易学与现代数学 …………………………………… 321

　　142. 什么是数学"二进制"？ ………………………… 321

　　143. 莱布尼茨对数学"二进制"有何贡献？ ………… 321

　　144. 莱布尼茨的数学"二进制"与《周易》关系如何？
　　　　个人有何评论？ …………………………………… 322

　第二节　易学与现代物理学 ………………………………… 323

　　145. 尼尔斯·玻尔获得诺贝尔物理学奖的
　　　　标志性成就是什么？ ……………………………… 323

　　146. 为什么说尼尔斯·玻尔的"互补原理"与
　　　　《周易》的"阴阳学说"不谋而合？ …………… 324

　　147. 丹麦国王授予尼尔斯·玻尔的荣誉勋章上
　　　　的太极图案有何含义？ …………………………… 324

　第三节　易学与科技革命 …………………………………… 325

　　148. 随着工业革命的出现，我国学者是如何
　　　　从科学技术角度认识《周易》的？ ……………… 325

　　149. "生物遗传密码表"和六十四卦存在对应关系吗？ … 325

　　150. 如何认识《周易》"制器尚象观"的历史作用
　　　　以及当代"科学易"的研究趋向？ ……………… 326

后　　记 …………………………………………………………… 328

导　言

1. 什么是"易学"?

《周易》是我国一部古老典籍,堪称中国传统文化的源头活水。千百年来,《周易》一直被先民们尊奉为神圣的经典。

对于"易学"的概念界定,学界有种种说法。朱伯崑在《易学哲学史》前言中说:"《周易》最初是占筮用的一部迷信的书,可是后来随着对它的解释,演变为一部讲哲理的书。从汉朝开始,由于儒家经学的确立和发展,《周易》被儒家吸收列为儒家五经之首,人们对它的研究,成了一种专门的学问,即易学。"[1]唐明邦认为:"所谓'易学'就是历代学者对《周易》一书所作的种种解释,这些千差万别的解释,形成了一套同中有异、异中有同的理论体系。"[2]刘大钧指出,易学以《周易》经传、易学史、易学与其他相关学科的关系为研究对象。[3]郑万耕说:"易学是对《周易》所作的种种解释,并通过其解释,逐渐形成了一套理论体系。"[4]这些描述,从不同角度解释了易学的内涵和特征。

总结上述说法,我们认为,所谓"易学"乃是关于《易经》的解释及应用之学。从狭义上看,易学即是《周易》的解释学。它探讨《周易》的起源、性质、内容、形式等问题。其主要方式是通过音韵、训诂等手段对《周易》的卦爻辞进行注解、阐释。从广义上看,易学还包括《周易》基

---

[1] 朱伯崑:《易学哲学史》第1卷,北京:华夏出版社,1995年,第1页。
[2] 唐明邦主编:《周易评注》,北京:中华书局,1995年,第7页。
[3] 刘大钧:《百年易学研究回顾与前瞻国际学术研讨会开幕辞》,《周易研究》2001年第1期。
[4] 郑万耕:《易学源流》,沈阳:沈阳出版社,1997年,第1页。

本原理应用、发挥《周易》体系变通一类学问，延伸至风水、命相、太乙、六壬、奇门遁甲等术数学。

易学源远流长。上古之时，先民们由于特殊际遇，发现了一种具有特殊灵性的植物，这就是蓍草。根据《史记》等资料的描述，蓍草长到五十条茎的时候，其根部伸展的地方就会有乌龟栖息于下。先民们特别重视这种植物，将其摘取下来，作为工具，力图通过蓍草的自然分组排序，来预测一些事情。在这个过程中，先民们渐渐有了体验，也积累了大量知识，奠定了基础。春秋战国时期形成的《易传》，在预测基础上，加强与深化了解释的力度，形成了象数推演与义理阐发的基本方法与体系，这标志着易学的诞生。而后的两千年中，以《周易》为对象的研究代代传承、蓄力发展，经历古易、汉易、魏晋易、唐易、宋易、清易、现代易等不同阶段，形成不同流派，易学也得到不断丰富和衍生，其范围不断扩大。正如《四库全书总目》所言："易道广大，无所不包，旁及天文、地理、乐律、兵法、韵学、算术，以逮方外之炉火，皆可援《易》以为说，而好异者又援以为《易》，故《易》说至繁。"[①]易学发展至今，已经形成一门具有东方独特思维方式，集中国几千年文明智慧于一体，以探索天道、人理、变易规律为目的的系统学术。它研究《周易》蕴藏的深刻义理及思维方式，聚焦《周易》经文内容之余，更关注"易"在中华文明史上的巨大作用，研究它在人文社会科学、自然科学等各门类学科中的影响、渗透和作用。

2. 如何看待易学性质与学科归属？

谈及易学的性质，首先我们需要厘清其研究对象——《周易》的本原。近代以来，在"西学东渐"的大潮中，中华传统文化的诸多分支都受到极大冲击，尤其是道教与民间神明信仰、术数学的各种法度，都被西方一些别有用心的"学者"扣上"迷信"的帽子，《周易》这部中国古老的"圣经"当然也免不了惨遭厄运，进入了要扫除的"另册"。这些具有传教士背景的"学者"是伴随着洋枪洋炮进入中国大门的，他们打击

---

① ［清］永瑢、纪昀等：《四库全书总目》上册，北京：中华书局，1965年，第50页。

中华传统文化，其目的就是要拔中华民族的"根"，让中华民族变成没有灵魂、没有主见、任人宰割的"羔羊"。而在中国的许多学者，不明真相，也跟着摇旗呐喊，全面否定中华传统文化，甚至有"汉字不除，中国必亡"的论调甚嚣尘上。经过罹难之后，国人开始反思，汉字不仅没有被除掉，而且正在焕发出新的生命力，用汉字记载与传承的中华古籍也陆续被解放出来，其中也包含了《周易》这部经典。在今天，如何重新认识《周易》的性质呢？我们以为：既不可以全盘否定，也不要全盘肯定，而是以实事求是的态度来予以审视。一方面，我们要看到，这部书最初是应了占卜需要而产生的，是为预测服务的。从这个角度说，《周易》古经本来就是一部占卜的书。然而，我们承认它是一部占卜的书，却不应该给它戴上"迷信"的帽子。所谓"迷信"指的是在痴迷状态下盲目而不理解地相信。客观地说，中国古人对《易经》虽景仰，却不痴迷，而是有一套自身的理解，并遵循着一定的规则，其实是一种文化信仰。基于这种文化信仰，先民们对八卦、六十四卦以及相应的卦爻辞作出种种解说，其与先民们的生活休戚相关，体现了先民们对宇宙天地、社会人事的认知。易学体系中有关天文历算、占星望气等内容可谓是我国古代天文学、地质学等学科的源头。在易学发展过程中，随着"十翼"的注入，其哲学性意味增加，最终建立起的是一套以阴阳为本阐释宇宙万物变化的理论体系。隋唐以降，易学的理性成分更多向科学领域渗透，最终形成了一套独特的概念体系、研究方法和易学史学观。故而易学的性质，应归纳为侧重于思辨的哲学属性。

　　按照现在的学科分类标准，很难将传统易学归入某个专门知识之中。《易》之产生，仰观俯察、取象于鸟兽、身物，广大悉备，包含天、地、人三才之道，囊括了人生、社会、自然各方面的知识、经验。这样一个结构系统反映出的是根植于华夏民族文化深层的"天人合一"的核心精神。从易学发展历史看，易学与其他学科的发展有着明显的互动关系。宋代易学数理派对象、数、理的讨论，明代宋应星、方以智在光学方面的发展，直接促进了我国古代数学和物理学的发展。法国著名科学家贝尔纳说过，易学是一门科学的科学，近年来的物理学研究成果不断证明了易学揭示的世界观：宇宙是一个不可分割的和谐整体。从现代科学的角度看,《周易》与现代数学、物理、化学、分子生物学、天文等学科都有着密切的关系。其中的太极思维、阴阳观念、互补原理等对现代科学思维方法有一定的启迪作用。易学中的阴阳五行思想,是古老的辩证法,有着丰富的内容和精致的形式。从易学中,我们可以看出古代中国深邃睿智的哲学世界观和技艺文化的特质,它是中国古代湮没了的辉煌文化的一个神秘索引。

必须指出的是,认定易学有其合理性,并不意味着应该将易学归类于自然科学的某个学科。需要说明的是,易学思维最典型的特征是易象思维,它在根本上是不可进行分割的。就具体操作过程来看,卦爻的读解往往具有较明显的主体色彩,这是易象思维所体现的一种"境界"。而自然科学的一个重要特质乃是对观察结果的逻辑分析,需要在一系列严格的规则引导下进行,应具有可验证性。从本质上来说,易学不可归入自然科学,而更多地体现出一种哲学思辨性,应归属于宏观大科学范畴。易学以《周易》为研究对象,重点从象、数、理、占四个方面解读、探讨、诠释其各个部分的规律、义理,具有思想启迪的特别意义。

3. 易学研究的主要内容有哪些?

易学研究的主要内容,首先是《易》本身。我们现在看到的《周易》,只是最早的《易》书之一。如前所述,易产生于先民们的卜筮需要,故而夏、商、周三朝均有自己的《易》书。《周礼·大卜》曰:"大卜掌三易之法,一曰《连山》,二曰《归藏》,三曰《周易》。其经卦皆八,其别皆六十有四。"郑玄《易赞》解释说:《连山》以《艮》为首,象山之出,连连不绝;《归藏》以《坤》为首,"万物莫不藏于其中";《周易》以《乾》为首,"言易道周普无所不备"。可见,三《易》在结构上相似,在卦序上有较大差异。遗憾的是,除了《周易》之外,其他两部古《易》都没有完本。故而,目前学界的易学研究文本主要依据《周易》。郑玄在其《易论》中认为易一名而含三义:易简、变易、不易。而此三易,正是易学研究主体之大要。易学研究的内容,首先应是以宇宙事物存在状态为对象,研究其如何顺乎自然,又在时时变易之中保持着一种恒态。

其次,易学研究的主要内容还包括各种诠释《周易》的著述。易学历史渊源流长,《四库全书总目提要》将易学分为"两派六宗"。两派,即象数和义理;六宗,为占卜、祈祥、造化、老庄、儒理、史事。在此过程中,各类注疏可谓汗牛充栋。春秋战国时期的重要研究成果就是《易传》,它是先秦易学集大成之作。两汉时期扬雄的《太玄》视"玄"为宇宙万物的根源,运用当时的天文历法知识,描绘了一个世界图式。魏伯阳的《周易参同契》以《周易》原理解说炼丹的理论和方法,用月体纳甲法比喻炼丹运火程序。此外,同时期还有《周易乾凿度》《易纬稽览图》《易纬是类谋》等书。魏晋王弼的《周易注》以老庄的观点来解释《易经》的卦爻辞。唐孔颖达的《周易正义》、李鼎祚的《周易集解》是两部融会魏晋南北朝各派易学观点的易学典范作品。宋程颐著《伊川易传》,创立了理学派的易学体系。朱熹的《周易本义》《易学启蒙》,分别从义理、象数两方面注释《易》之体用。张载的《横渠易说》是气学派的代表作。杨万里著《诚斋易传》,力图将阴阳二气说同程氏的天理说糅合起来。元代胡一桂著《周易本义附录纂疏》《易学启蒙翼传》二书,胡炳文著《周易本义通释》,胡一桂的学生董真卿著《周易会通》,这些著作都对朱熹易学进行了阐发。明蔡清著《周易蒙引》,成为明代易学"气本论"的倡导者。明清之际王夫之先后著《周易外传》《周易内传》等书,完成了易学哲学"气本论"的任务。清代惠栋著《周易述》《易汉学》《易例》《周易古义》等书,笃守汉易,淡化《周易》的哲学色彩。张惠言著《周易虞氏义》《周易虞氏消息》《虞氏易事》《虞氏易言》等书,体现了全面恢复虞氏易学的愿景。焦循著《易学三书》,即《易章句》《易通释》和《易图略》,建立新的易学体系。近代代表著作有沈竹礽的《周易易解》、尚秉和的《周易尚氏学》、高亨的《周易古经今注》《周易大传今注》、闻一多的《周易义证类纂》、郭沫若的《周易之制作时代》《周易时代的社会生活》、顾颉刚的《周易卦爻辞中的故事》及《易系辞传观象制器的故事》、李镜池的《周易探源》、胡朴安的《周易古史观》、屈万里的《周易卦爻辞中的习俗》等。这些著作都是易学的重要文献。

最后,研究各种易学的变体,诸如太乙、六壬、奇门遁甲、紫微斗数、风水等。在易学研究历程中,汉代以来,以卦气说、爻辰说、纳甲说、干支纪年将天文历法与《周易》象数融为一体，形成了诸多易学变体。如焦赣的《焦氏易林》，还有《京房易》、邵雍的《皇极经世》以及题署邵雍作的《梅花易数》等，均是此方面的代表作。自汉代以来，太乙、六壬、遁甲之学日趋完善。唐宋以来，又有四柱推命、堪舆、相术逐步流传。其中，太乙统十二运卦象之术，是推算国家政治命运和气数、历史变化规程的术数学。这种术数因涉及政治，为历代统治者所忌，故而在社会上流传甚少；六壬与文王课一样是预测人事吉凶成败的占卜之术，主要以五行生克关系来断吉凶；奇门遁甲是以隐遁为理趣的一种术数，与古代天文历法联系紧密、综合性很强，被称为中国术数之王；紫微斗数与子平推命术、星平会海一样，同属推命的术数，其特点是断语明确，可推出人一生之命运；堪舆又称风水，原为汉代五行家推测天文地理的五行气运之术，多用于选择墓葬、修房、卜局诸事。由于历史原因，以《周易》为本原的各种术数法度当然是夹杂许多糟粕，存在不合时宜的因素。不过，作为易学研究的变体，术数学本身也是一定历史时代的产物，对于民俗学、民间宗教乃至道教等文化人类学及社会历史学科的研究而言有其特定价值，这点毋庸置疑。其中蕴含的阴阳互补、天地人三才相互对应、五行同构以及宇宙象数模型等合理内核，值得肯定。

4. 易学是怎样形成与发展的?

易学的形成与发展，经历了草创、诠释、广泛应用的过程。我们大致将其分为上古、中古、下古、近代四个阶段。

上古易学，主要指从伏羲创八卦到公元前 221 年秦统一六国的先秦易学。自《连山》《归藏》《周易》"三易"先后于夏、商、周三代问世以后，易学的发展态势呈现出两条路径：一是沿着宗教巫术的占筮道路发展，从《左传》《国语》的记载中可以大略了解这种情况；二是摆脱宗教巫术束缚而向哲学发展，以《易传》为代表。《易传》是先秦易学集大成之作。先秦诸子百家争鸣，作为传统文化的轴心时代，儒家、阴阳家、道家的思想均在易学上有所反映，构成了易学的早期内容。

中古易学，指从公元前 202 年西汉创立到公元 1840 年鸦片战争这段时间的易学。具体来讲，又可细分为如下几个阶段：

两汉易学众家纷起：以孟喜、京房为主的卦气、纳甲、飞伏说，开象数易学之先河，为今文易学；注重义理阐发，以费直为代表的古文易学；以严君平、扬雄为代表的黄老道家之易。其中，以孟、京象数派影响最大，代表了汉易主流。需要指出的是，西汉期间的《黄帝内经》是易学与具体学科结合的先例，反映了易学对具体学科的推动、指导作用。

魏晋王弼易学扫象言理，开《周易》义理派之先河。隋唐时期，孔颖达、李鼎祚是当时义理与象数的两大代表人物，从他们身上可以看出两派易学相互融通的倾向。

宋代易学发展达到高峰。以程颐、程颢、朱熹为代表，易学朝着义理派方向发展，展示了易学伦理化、儒学化的态势。易学哲学中的宇宙生成论体系转变为理本论体系。同时兴起以邵雍为代表的先天象数学派，将陈抟河图、洛书发扬光大，《周易》日益神秘化，以致其末流同江湖术数混杂在一起。南宋李光、杨万里着重援引历代史实，与六十四卦、三百八十四爻的义理相互印证，成为史易派代表。

元明清易学家们在前代学者成果基础上继续开拓。此期易学以考据学、训诂学为特征，重视实据，考订文字，在《周易》经传文字注释、考据、辑录、校雠等方面作出了贡献，但没有形成特有的哲学体系。

下古易学，指从1840年清末至1910年辛亥革命之前的易学。此期易学的主要代表人物为尚秉和，其易学著作颇丰，如《周易古筮考》《左传国语易象释》《焦氏易林注》《焦氏易诂》《周易时训卦气图易象考》《连山归藏卦名卦象考》《周易尚氏学》等。其易学成就集中在易象学方面，提出"易辞从象生"的观点，归纳出覆象、对象、互象、大象、半象之法。

近现代易学，时间上从1911年辛亥革命至今。此期易学代表人物颇多，包括黄寿祺、于省吾、闻一多、金景芳、张岱年、高亨、李镜池、郭沫若、朱伯崑、潘雨廷、唐明邦、刘大钧、曾仕强、张善文、张其成、詹石窗等。其易学发展特点表现为既探索《周易》之源，又研究历代易学发展进程，出现新术数学派、新数理科学派、现代易学派、道家易学派等。除了遵循传统的音韵、训诂、考据的法度之外，当代易学最重要的特点是引入自然科学,形成了"科学易"一派,这与莱布尼兹、玻尔等著名科学家对《周易》象数的青睐有一定关系。沈仲涛的《易卦与代数之定律》《易卦与科学》成为"科学易"的拓荒之作。薛学潜的《易与物质波量子力学》《超相对论》将易学原理归结为易卦方阵演变定律,认为相对论、物质波、量子力学诸定律都可同易方阵定律契合。邬恩溥、董光璧、江国梁等人的著作着重论述了《周易》对中国古代科学技术、天文、历法、数学、物理、化学、分子生物学、天文、地震等方面的积极影响。至于道家易学,广义上包括道教易学经典的考察与研究,其代表作有詹石窗的《易学与道教思想关系研究》《易学与道教符号揭秘》,此二书以及相关的一批探讨《道藏》中易学著作的论文,开创了"道家易"研究的先河,可谓独树一帜。

综上所述,我们不难看出,易学的发展是一个自然历史过程,它随着社会经济的发展而发展。其根本未变,而诠释却发生了巨大变迁。易学作为经学,渗透到中国传统文化的诸多领域。所谓"易道广大,无所不包,旁及天文、地理、乐律、兵法、韵学、算术,以逮方外之炉火,皆可援《易》以为说,而好异者又援以入《易》,故《易》说愈繁"①。黄寿祺先生指出:"所谓门庭者,便是从师讲学如何下功夫,如何读书。再申畅其说,便是凡治某一种学问,必须求师指导一了当之途径,使不至迷惘眩惑,若不知要领,劳而无功也。"又曰:"原《易》道广大,无所不包,见仁见智,非止一端。今欲辨其门庭,必须先论其源流宗派,知其源流宗派,然后知何者为本,何者为末,何者为主,何者为客,本末既析,主宾既分,而门庭斯立。"②我们了解了易学发展历史,才能更好地研究《易》学的思想内涵。

5. 学习与研究易学的价值何在?

首先,《易》是理解中华传统文化的一把钥匙。正如之前所讲,《易》是华夏文明之源头活水,是中国自然哲学与人文传统的智慧根

---

① 《钦定四库全书总目》,台北:艺文印书馆,1997年,第63页。
② 黄寿祺:《论易学之门庭》,《福建师范大学学报》1980年第3期。

源。在发展过程中,易学更是与诸多学科发生了密切联系。某种程度上讲,易学促进了整个中国传统文化全方位、多层面的发展,对中国几千年来的政治、经济、文化等各个领域都产生了极其深刻的影响。故而,学习和研究易学,能帮助我们更好地理解我国传统文化之精髓。

其次,《易》可为决策提供参考。《易》之为书,本是应预测之需而产生。在中国古代,国家大事,诸如出兵打仗、皇位继承、祭祀典礼、婚丧嫁娶等都要由占筮最后决定。《史记》有云:"王者决定诸疑,参以卜筮,断以蓍龟,不易之道也。蛮夷氐羌虽无君臣之序,亦有决疑之卜。"①《左传》记载:昭公元年,晋侯求医于秦,秦伯使医和视之,曰:"疾不可为也,是谓近女室,疾如蛊。"赵孟曰:"何谓蛊?"对曰:"淫溺惑乱之所生也。于文,皿虫为蛊,谷之飞亦为蛊;在《周易》,女惑男、风落山谓之《蛊》,皆同物也。"《蛊》的下卦"巽"为长女、为风;上卦"艮"为少男、为山。根据传统的解说,这一卦象征长女诱惑少男,又象征风将山木树叶吹落的萧瑟景象。又见《国语·晋语》载:十月,惠公卒。十二月,秦伯纳公子,董因迎公于河。公问焉,曰:"吾其济乎?"对曰:"臣筮之。"得《泰》之八,曰:"是谓天地配亨,小往大来。今济之矣,何不济之有!"这条资料中所谓"之八",是古时占筮的一种规则:"之"是对应与变化的意思;"八"表示不动之爻。在古《易》中,"六"代表老阴,"九"代表老阳,"七"代表少阳,"八"代表少阴。凡是占得"九"与"六",需变爻,即阴爻变为阳爻、阳爻变为阴爻;而占得"七"与"八",则不变爻。"之八"就是在占卦过程中,"本卦"(现在卦)变为"之卦"(未来卦)时,阴爻没有变化。此外,古《易》的"先天卦位",每一卦有相应的数字为表征:乾一、兑二、离三、震四、巽五、坎六、艮七、坤八。故而,"《泰》之八"也就是《泰》卦变为《坤》卦,上三爻因为都是阴爻,没有变化,但整体卦象实际上是发生变化的。至于"小往大来",出自《泰》卦卦辞。所谓"小往",指的是阴爻居外卦;所谓"大来",指的是阳爻居内卦。《泰·彖》辞谓:"天地交而万物通也,上下交而其志同

---

① 《史记·龟策列传》。

也。"这条资料表明：董因替重返家园的晋国公子重耳占卦，遇《泰》卦。他先分析卦象，接着又引述卦辞判断重耳受排挤迫害的流亡时代已经结束，鼓励重耳及时返归家园。除了这两个例子，《左传》《国语》中还有近二十个筮例，都体现了古人按照占筮决策的过程。《易》之决策参考作用由此可见一斑。时至今日，易学在预测中仍有广泛运用，可以为人们的实际生活提供一个参照系。

再次，《易》可为修身养性提供依凭。《系辞上》谓："圣人以此洗心，退藏于密，吉凶与民同患。"洗心先要退藏，关键在"密"。"藏密洗心"也是后来理学讨论的格物工夫以及修养心性的重要途径。老子所谓"致虚极，守静笃"即由此出。道家发挥《易》中的阴阳对应思想，提出"道法自然""无为而治"的理念，对于人之身心修养起到积极作用。儒家则发挥《易》之中正思想，例如《易传·乾·文言》就通过对乾卦辞"元亨利贞"的解释，提出四德说："体仁足以长人，嘉会足以合礼，利物足以和义，贞固足以干事。"《文言》的解说以仁爱为诸德之首，强调既要利人利物，又要符合正义。《坤·文言》又谓"君子敬以直内，义以方外"，当修德在先。《黄帝内经》中的五行文化与阴阳文化，是易学与中医相结合的典范，体现了大医医国、医人、医病的精神。

最后，《易》可为社会生活提供文化价值观：中正、变通、积善、自强、太和。《周易》六十四卦，每卦六爻，自下而上为初、二、三、四、五、上，其中二、五爻分处上下卦之中，是为"得中"。引申之，表示公平、公正，一个社会正气、真气流行。此所谓《易》之中正也。何谓变通？《系辞上》云"法象莫大乎天地，变通莫大乎四时"，天地是最大的"象"，而四时更替则是最大的"变通"，人的活动的物理空间没有超出天地，人事吉凶的变化也不会超越四时变化的规律。掌握这种时空观，即可体味变通之神髓。《周易·坤》之《文言》有云："积善之家，必有余庆；积不善之家，必有余殃。臣弑其君，子弑其父，非一朝一夕之故，其所由来者渐矣，由辩之不早辩也。"从这段陈述可知，《周易》持善德思想，乃是传统文化核心价值观的重要渊源之一。积善得福的传统，延续至今。至于自强精神，乃源自《周易·乾》之《象》："天行健，君子以自强不息。"此处之自强，有三个层面的含义：体魄、能力、德行。孔子教育科目中有"六艺",其中骑射乃是关乎体魄强健之要,可见体魄的自强很早就为古人所重视。能力和德行方面的自强自不必说,也是从古至今不断强调的。最后是太和的价值观。《周易·乾》之《象》云:"乾道变化,各正性命,保合太和,乃利贞。"而老子《道德经》有"冲气以为和"之说法。和为贵的思想,贯穿于中国人的日常行为当中。当下我们倡导的"和谐"价值观,正是对《易》之太和思想的最好诠释。

6. 如何学习易学?

首先,了解掌握有关易学的基本知识,包括基本概念、卜筮之法、阅读古文的要领等。基本概念如太极、爻、阴阳、三才、四象、五行、八卦、六十四卦、三百八十四爻、十天干和十二地支等。只有熟悉这些易学专用范畴,才能在之后的学习中更好地理解《易》的根本原理及主要旨归。所谓"未学易,先学筮",易学之初,以卜筮为要。故而,对占卜之各类应用,如六爻、梅花易数等应有所了解,这样才能更好地理解太极阴阳之学、五行生克之道、"天人合一"之论以及宇宙全息之理等。此外,需要强调的是,研习易学,应有过硬的古文阅读能力,掌握阅读古文的要领。《周易》经传本身成书于春秋战国之时,其文字晦涩难懂,而之后的易学著作也多由历代古文写就,因此古文功底是学易的基础。除上述三要点之外,习《易》还应注意学习过程中的儒释道互参共修,循序渐进。

其次,选择一个好的读本。《周易》的编次在古代就相对混乱,各种版本的编次存在很大差别。战国楚简《周易》是目前我们可见到的最早版本的《易》书。还有马王堆出土的帛书《周易》。《周易》通行本出自汉代费氏古文本。目前通行的编次是阮元所刻《十三经注疏》中的《周易正义》和朱熹的《周易本义》。此两版均属于经传混合,将传中的注释放在经中的对应之处。另有宋代吕祖谦等人采取经传分离的编次。发展至今,各种解说《易经》的书更是多如牛毛。读书不当会误入歧途,所以在选择何种版本的问题上应当慎重。黄寿祺、金景芳、高亨等人的易著可供参考。

总而言之,易学研究应具有系统的、综合的、联系的科学观点,注意义理与象数相结合、易学理论研究与实践应用相结合,以易经为核心,以易传为基础,适度吸收现代科学观念,深刻体会《易》之宇宙观、哲学思想与道德内涵。

上编 易学基础

在中国古代,《周易》被尊为"五经"之首。孔子对该书非常推崇,曾说:"加我数年,五十以学《易》,可以无大过矣。"将其奉为修身处世的典范读物。后来在传播过程中,该书又广泛影响于释、道二家,因此被世人称为"群经之首"。从十七世纪始,《周易》被介绍到西方,其所包含的二进制模式直接启迪了现代计算机的发明。可以说,《周易》所构建的基本理念和智慧,不仅影响了中国人数千年的思维,还影响着世界人的思维;不仅影响了古代人的思维,还影响着现代人的思维。《周易》就像一个可以无限取用的聚宝盆,被古今中外的人用各种各样的方法、从各种各样的角度进行解读,无论是谁,好像都能从中得到自己想要的东西。然而,《周易》更像是一个大大的问号,虽然被读了几千年,仍然有许多未解之谜,等待大家去发掘,比如:《周易》的书名是什么意思?它的作者又是谁?它的基本内容如何?古人写这样一本书是做什么用的?如此等等,而这些也是这本《周易》入门书首先要向大家介绍的内容。

第一章 《周易》名实引说

第一节 《周易》名义与作者

7.《周易》之"周"是什么意思?

关于《周易》之"周"的解释,一般来说有两种。第一种是汉代著名经学大家郑玄的解释,他说:"《周易》者,言易道周普,无所不备。"①认为"周"意为"完备",指"易道"广大,无所不包,无所不能。

对于郑玄之说,唐代的孔颖达提出了异议,这也是关于"周易"之"周"的第二种解释:

> 郑玄虽有此释,更无所据之文。先儒因此遂为文质之义,皆烦而无用,今所不取。案《世谱》等群书,神农一曰连山氏,亦曰列山氏,黄帝一曰归藏氏。既连山、归藏并是代号,则《周易》称周,取岐阳地名。《毛诗》云"周原膴膴"是也。又文王作《易》之时,正在羑里,周德未兴,犹是殷世也,故题周,别于殷。以此文王所演,故谓之《周易》,其犹《周书》《周礼》,题"周"以别余代。故《易纬》云"因代以题周"是也。②

在这段话中,孔颖达首先指出郑玄的说法没有根据,因此,后人据郑玄之说来解释《周易》之"周"也是不妥当的。接着,孔氏根据《世谱》等

---

① 《十三经注疏》整理委员会整理,李学勤主编:《十三经注疏·周易正义》,北京:北京大学出版社,1999年,第8页。

② 同上。

书的记载,从"连山"和"归藏"分别为神农氏和黄帝的名号出发,认为与其并列的《周易》之"周"也应该遵循同样的逻辑分类规则,所以"周"应该指的是周朝发源之地,也就是岐阳的周原,加上文王作《易》也是在周地,所以,《周易》之"周"应该是代指"周朝"的意思。

孔颖达的说法有理有据,郑玄的说法有理无据,后人干脆把这两个结合在一起,于是,《周易》之"周"就有了两个意思,既指其时为周代,又兼周备完全的内涵。

8.《周易》之"易"有什么深刻含义?

在现代汉语中,如果我们用"易"来组词的话,经常想到的可能就是"容易""简易"和"变易"了。在这里,"易"主要有两个意思,就是"变化"和"简单"。那么,《周易》的"易"是不是也有这样的意思呢?这是一个一直以来大家都很感兴趣的问题,历史上也对此进行了很多的讨论。大致说来,主要有以下几种观点:

第一种观点认为,"易"字是一个象形文字,画的是蜥蜴的样子,本意是蜥蜴,但从蜥蜴这一本意可以引出"变化"这一内涵。《说文解字》曰:"易,蜥蜴、蝘蜓、守宫也。象形。"南宋洪迈说:"易者……守宫是矣……即蜥蜴……身色无恒,日十二变,是则易者取其变也。"[①]二者都认为"易"本指"蜥蜴"。

第二种观点认为,"易"指的是"道理"。在甲骨文中,"易"为左右结构:$\mathscr{y}$,右边为"日",左边是一面迎风招展的旗子。远古时候的旗子与战争和王权密切相关,阳光下旌旗招展的画面,暗示的是一个部落的领地、秩序、威严。由这样一种意象,引申出《周易》的"易"指的是与国家治理方方面面都紧密相关的根本道理。《四库全书总目·易类》综述中说:"圣人觉世牖民,大抵因事以寓教……《易》之为书,推天道以明人事者也。"[②]所谓"推天道""明人事",可以说就是国家治理的大道。

[①] [明]张次仲:《周易玩辞困学记》,《四库全书》第36册,台北:商务印书馆,1986年影印,第403页。

[②] [清]永瑢、纪昀等:《四库全书总目》上册,北京:中华书局,1965年,第1页。

第三种观点认为,"易"字下方的"勿"字标识的是"月"。在甲骨文中"勿"和"月"字确实非常相似。把下半部分看作"月"时,则"易"字为"日""月"合体,其意极其鲜明,日月交替,兼含阴阳相推和时空流转的意蕴。这种观点也是大部分人乐意认可的,因为《周易》的内容,从根本上讲确实与阴阳相推和时空流转的关系非常密切。《周易·系辞上》说:"易者,象也。"肯定了"易"以图像说意的本质。《易纬乾凿度》说:"易名有四义,本日月相衔。"也以"日月相推"为"易"的本义。《庄子》说:"《易》以道阴阳。"①《说文解字》引纬书的解释说:"日月为易,象阴阳也。"认为"易"的图像描述为日月,它们所表示的意象为阴阳。

延续"易"为日月,为阴阳,为变化等基本观点,学者又对《周易》之"易"的含义作了进一步的引申、归类和总结。其中最有代表性的为汉大儒郑玄的观点。郑玄在《易赞》《易论》中说:"易之为名也,一言而含三义。易简,一也;变易,二也;不易,三也。"②"易"有三义的说法影响很大,成为后人对《周易》之"易"内涵的基本理解。那么何谓"易简",何谓"变易",又何谓"不易"呢?

郑玄同书对此进行了解读:

> 《系辞》云:"乾坤其易之缊邪。"又曰:"易之门户邪。"又曰:"夫乾,确然示人易矣;夫坤,隤然示人简矣。易则易知,简则易从。"此言其易简之法则也。又曰:"为道也屡迁,变动不居,周流六虚,上下无常,刚柔相易,不可为典要,唯变所适。"此言顺时变易,出入移动者也。又云:"天尊地卑,乾坤定矣。卑高以陈,贵贱位矣。动静有常,刚柔断矣。"此言其张设布列,不易者也。据兹三义而说易之道广矣,大矣。③

郑氏借《易·系辞》自身来解读"易简""变易""不易"。"易简"者,大道易知易行也;"变易"者,大道发用无时不变也;"不易"者,万物纷纭,

---

① [清]郭庆藩撰,王孝鱼点校:《庄子集释》第4册,北京:中华书局,1961年,第1067页。
② [宋]王应麟纂辑:《周易郑康成注》,《四部丛刊·经部》,上海涵芬楼影印元刊本。
③ 同上。

变动不居,唯大道永恒,不易不移也。

从现代学科的观点来看,乾坤之道代表"易简",指宇宙万物之始理。万物纷纭,万理具备,但万物都遵循着一个最基本的原则,即就易、就简原则。我们可以观察一下周围所有的自然事物,无一不遵从这一原则。所有的生命体天然都能够寻找到最近的路,用最少的力获取生存的必需品。无论是人还是动物,肢体运动都是最符合力学省力原则的。即便是植物,根在汲取营养时也总走近路,叶在捕获阳光和空气时也从不浪费一丝一毫能量。所以终极之理其实是最容易了解,也最容易遵从的,此即为"易简"。

后世万物纷纭,人类以自我之聪明思考宇宙之行,看到的都是花花绿绿的色相,反而不容易看到事物的本质,所以生活变得越来越复杂,人也过得越来越痛苦。之所以会出现这种情况,都是因为"易"的"用"不停变化,无一刻停息,无一时一地相同,此即"为道屡迁,变动不居",所以"易"者,"变易"也。可是,万物虽不停变化,实际上其本质并没有变。就像《系辞》说的"天尊地卑""动静有常",这些大纲大领,或者说宇宙万物背后终极的那个"道"是始终不变的,这个就是"不易"了。

因此,要想真正了解"易",就必须先了解"易"的这三层意思,以此为读《易》的基本纲领,将其与现世人事相结合,才能够慢慢理解《易》之一二。

9.《周易》作者是谁?是怎样编纂的?

《周易》是这样一本神奇的书,它是谁写的呢?在历史的长河中,它又有怎样的历程呢?

最早也是最权威的关于《周易》作者的说法,可能出自《周易·系辞》。说到这儿,我们要先考察一下《易经》与《周易》,以及《易经》与《易传》的问题。

据传《易经》曾经有三种,即《连山》《归藏》和《周易》,一般称为"三易"。三本书分别流传于夏、商、周三个朝代。《连山》为夏代所传,以《艮》卦为第一卦,因为《艮》卦的卦象是两座山峰相叠,所以称为《连山》,也有说这个名字是取象白云出于山中,连绵而不绝的形态。《归藏》据说是殷商所传,以《坤》卦为第一卦,郑玄在《周礼注疏·春官宗伯·太卜》中解释道:"《归藏》者,万物莫不归而藏于其中。"①"坤"为地,在古人的眼中,万物莫不从地中而生,又莫不归于泥土,坤为万物归藏之所,因此,以《坤》卦为第一卦的《易经》就称为《归藏》。土为生命之始与生命之最终归属的观念在很多民族神话中都有遗存,比如我国女娲造人的故事里,女娲所用的材料就是"黏土";而在西方文化中,《圣经》也说:"你本是尘土,还要归于尘土。"英文"clay"既有"黏土"的意思,也指人体、肉体。东西方文化关于土地与生命,特别是与人身发源之间联系的观念的共通性,让人颇感神奇。

　　《连山》和《归藏》很早就失存了,最早记载这两本书的是《周礼》,《周礼·春官宗伯》篇这样说道:"(太卜)掌三易之法:一曰《连山》,二曰《归藏》,三曰《周易》,其经卦皆八,其别皆六十有四。"从这一记载中可知三种《易》都有八经卦、六十四别卦,别的就不清楚了。但这一记载似乎也可以解释为《连山》《归藏》《周易》是三种不同的占卜方法,所以也有人怀疑《连山》《归藏》根本不是两本独立的经书。

　　另外,在《礼记·礼运》篇中记载了孔子的一段话:"我欲观殷道,是故之宋,而不足征也。吾得《坤乾》焉。《坤乾》之义……吾以是观之。"②这是孔子在回答学生言偃时说的一段话。他说因为想了解殷商时的文化制度,就去了宋国。周朝灭了殷商以后,就把殷商的一部分后人分封到了宋这个地方,孔子的先祖就是宋国人,孔子说自己是"殷人",就是这个原因。宋这个地方因为是殷人后裔的领地,按道理讲应该比较好地保留了殷商文化,可是,孔子进行了实地调研以后显然很失望,他没得到什么特别有价值的东西。不过庆幸的是,在对宋国的考察中,孔子得到了一本名为《坤乾》的书,他觉得这很不错,从这本书里,他可以大概了解殷商的历史。

　　从这段记录来看,《坤乾》是记载了殷商文化的书籍。以"坤乾"为

---

① 《十三经注疏》整理委员会整理,李学勤主编:《十三经注疏·周礼注疏》,北京:北京大学出版社,1999年,第637页。
② 杨天宇:《礼记译注》上册,上海:上海古籍出版社,2004年,第267页。

名,可能跟阴阳八卦有关。不说"乾坤",而说"坤乾",应该不是简单地颠倒了。而"坤乾"跟"归藏"从读音上看,乃一音之转。在河南、陕西一带方言中,其发音非常类似。于是,有人怀疑《坤乾》就是《归藏》。当然,《坤乾》以《坤》起首的顺序,也跟传说中《归藏》的八卦排列一致,而且又是殷商遗书,这不由得更让人觉得孔子所说的这本包含了殷商旧制的书就是《归藏》。所以,《归藏》可能在春秋时还有流传。不过问题是《礼记》这本书本身的真伪就很值得商榷,它的记载也就更让人不能确定了。

汉代还有些学者也说自己见到了《连山》和《归藏》这两本书,如东汉学者桓谭就说"《易》一曰《连山》,二曰《归藏》,三曰《周易》。《连山》八万言,《归藏》四千三百言。夏《易》烦而殷《易》简,《连山》藏于兰台,《归藏》藏于太卜"①。兰台为汉代宫内藏书处,相当于现在的国家图书馆,当时归御史中丞掌管。太卜为汉代太常诸署之一,主管国家大事的卜筮。从桓谭的记述来看,似乎他见过二书,《连山》文字比《归藏》多得多,而从收藏它们的地方来看,《连山》像是某些长篇大论的理论著述,《归藏》则更像是言简意赅的占卜方法汇编。不过,也有人认为他看到的并不是真正的《连山》《归藏》,因为《汉书·艺文志》并没有对二书的具体情况进行记载,这似乎与二书藏于当时的"国家图书馆"的实情不合。桓谭看到的到底是不是这两本书,因为史料欠缺,我们目前没有办法作出肯定或者否定的判断。总之,从多种史料来看,至迟到汉代,《连山》和《归藏》应该就已经少有人看见了。

因为《连山》《归藏》二书的存留情况非常模糊,实际的历史影响很小,所以,我国历史上一直流传的《易经》,其实就是我们今天仍能看到并常说起的《周易》。

因此,我们在谈《易经》的作者时,其实谈的就是我们今天仍能看到的这本《周易》的作者。关于这个问题,说法也有很多,因为今天我们看到的《周易》,实际上由两部分构成,即《易经》和《易传》。《易经》来自上古,是《易》的主体部分;《易传》是对《易经》的解释,相传为孔

---

① [汉]桓谭撰,朱谦之校辑:《新辑本桓谭新论》,北京:中华书局,2009年,第38页。

子所作。

关于《易经》部分的作者,最早的也是最权威的说法,应该说是《易传》的记载。《周易·系辞下》曰:"古者包牺氏之王天下也,仰则观象于天,俯则观法于地,观鸟兽之文,与地之宜,近取诸身,远取诸物,于是始作八卦,以通神明之德,以类万物之情。"①从这段话来看,《系辞》的作者将包牺氏看作《周易》作者第一人;同时,《易传》还分析了包牺氏制作八卦的过程和目的。

《易传》的影响无疑是巨大的,后来在《汉书·艺文志》中,关于《易》的形成与作者这样论述道:

> 《易》曰:"宓戏氏仰观象于天,俯观法于地,观鸟兽之文,与地之宜,近取诸身,远取诸物,于是始作八卦,以通神明之德,以类万物之情。"至于殷、周之际,纣在上位,逆天暴物,文王以诸侯顺命而行道,天人之占可得而效,于是重《易》六爻,作上下篇。孔氏为之《彖》《象》《系辞》《文言》《序卦》之属十篇。故曰《易》道深矣,人更三圣,世历三古。②

包牺氏、伏羲氏和宓戏氏指的都是我们熟知的伏羲。按照《汉书》这段话的论述,《周易》一书的形成经历了三个时代,分别由伏羲、文王、孔子依次敷衍而成。首先是伏羲画八卦,然后是文王重六爻,作上下篇,这样就形成了《周易》"经"的部分;接着孔子演《十翼》,也就是今天《周易》书中的《彖》《象》《系辞》《文言》《序卦》等内容,因为总共有十篇,用来补充羽翼《周易》,所以又被称为《十翼》,也就是《易传》的部分。两部分合在一起,即为我们今天看到的《周易》。

班固的这一说法虽然缺乏具体考证,在某种程度上带有传说的性质,但对后世的影响却很大。以后,人们又进一步认定文王重卦,周公作卦爻辞,这样仍是"世历三古",但作者已是"四圣"了,于是就又有了"四圣作《易》"的说法,但习惯上仍多称《易》书为"三圣"所作,也就是

---

① 黄寿祺、张善文:《周易译注》,上海:上海古籍出版社,2004年,第533页。
② [汉]班固撰,[唐]颜师古注:《汉书》卷三十,北京:中华书局,1962年,第6册第1704页。

伏羲、文王和孔子。

第二节 《周易》构成与卦序

前文我们大概介绍了《周易》的题名、作者以及形成等问题,其中也涉及《周易》的内容、构成等,不过讲解得非常粗略,本节我们将着重介绍这方面的知识。

10.《周易》是由哪些部分构成的?

从大的方面来说,《周易》由两大部分构成,就是我们前文说到的《易经》和《易传》。进一步细论,《易经》由卦象和解释卦象的文字组成;《易传》则由《彖》(上下)、《象》(上下)、《文言》、《系辞》(上下)、《说卦》、《序卦》以及《杂卦》组成,因为一共有十篇,所以《易传》又称作《十翼》。

我们先来看"经"的部分。这部分的卦象共有六十四个,就是我们常说的六十四卦,每卦有六画,由阳爻"—"和阴爻"- -"两种符号排列组合而成。这六十四卦又称作"别卦",易卦另外还有一种叫"经卦",即我们常说的"八卦",是三画卦,也是由阳爻和阴爻组成。八个三画卦两两重合构成六十四个六画卦。三画卦是基础,所以称为"经卦";六画卦是后出,所以称为"别卦"。相传三画卦是伏羲所作,六画卦则是文王"重卦"的结果。卦象是《易经》的符号系统。

除了卦象外,"经"的部分还有一些解释卦象的文字,即卦辞和爻辞,它们是《易经》的文字系统,用来配合卦象阐明象旨,具体来说就是表示每一卦每一爻所占问的事情的吉、凶、否、泰,可行、不可行等情况。卦、爻辞也有两大类。一类是"占辞",直截了当地断定吉凶。如《乾》卦的卦辞"元亨利贞",意为非常吉利。另一类是叙述性文辞,是对所要占卜的事情的描述和回答。如《比》卦的卦辞曰:"吉。原筮,元永贞,无咎。不宁方来,后夫凶。"这里"吉""元永贞""无咎"都属于直截了当断定吉凶的"占辞","不宁方来,后夫凶"则为叙述性文辞,是对早期某次占卜事件情况的记载。

《周易》"经"部分的卦象和文辞互相配合，组成一个完整的体系。这一体系按照事物的发展、变化规律进行了精细的排列。每一卦都代表一个独立的事物，六爻互动，反映了个别事物的发展、变化规律。同时，六十四卦又合成一个整体，象征着全宇宙事物运行的大道。《周易》六十四卦以《乾》《坤》为起首二卦，象征天、地、男、女、父、母，余六十二卦为万物、子女。第三卦为《屯》卦，象征事物萌芽，初生而多艰；继之以《蒙》，象征事物已生，尚在幼年，所谓物稚童蒙……如此步步推进，直到《泰》极而《否》，又到《革》故《鼎》新，终于《既济》《未济》，圆满的一个轮回后又一个新的开始……六十四卦的这一排列反映了我国古人对世界的深刻认识和高妙哲思。

《易传》的部分，也就是常说的《十翼》，顾名思义，所谓"翼"者，羽翼辅助也。它是解读《周易》经文最早也最权威的文辞。

《彖》有上、下两篇，随上、下经而分，共六十四节，分别解释六十四卦的卦名、卦辞、一卦主旨。"彖"的意思是"断"，即"断定一卦之义"。在《周易》中我们看到"彖曰"字样，其后的文字即为"彖传"。如《乾》卦之《彖》："大哉乾元！万物资始，乃统天。云行雨施，品物流行。大明终始，六位时成，时乘六龙以御天。乾道变化，各正性命，保合太和，乃利贞。首出庶物，万国咸宁。"对《乾》卦全卦的主旨进行了解读。

《象》与《彖》一样，随上、下经分为两篇，是解释各卦的卦象以及爻象的文辞。其中解释卦象的叫《大象》，共六十四则；解释爻象的叫《小象》，共三百八十六则。之所以有三百八十六则是因为《乾》《坤》二卦的"用九""用六"文辞也分别有一则《小象》，所以是三百八十六则。

《文言》共两则。"文"者，纹也，文饰之辞也，乃分别解释《乾》《坤》二卦意旨，所以也叫《乾文言》和《坤文言》。

《系辞》上、下两篇，是《周易》的总论性文字，不仅解释了《周易》经文筮法的功能、性质，同时还对《周易》经文的大义、《周易》的作者、成书年代等问题作了全面论述，是了解《周易》经文的纲领性文辞。

《说卦》解释了《周易》一书的性质、写作目的以及占筮体例，对八卦的取象特点、最基本的象例等问题进行了解读，是后世解读《周易》

经文卦象象征意指的重要依据。

《序卦》是解释六十四卦的排列顺序和结构的，对各卦之间的承继关系进行了哲学解读。《杂卦》则打破了六十四卦的排列顺序，将六十四卦分为三十二组，两两对举，对每一卦的卦义进行了高度概括性解读。

《易传》部分原与《周易》经文分排，后世为方便学习，将《彖》《象》《文言》分别附于对应的卦、爻之后，《系辞》《说卦》《序卦》《杂卦》部分附于文后。宋朱熹提出应分列之，并作《周易本义》分列经文和传文。但其后的易类书籍，一般仍然将二者依前例合排，我们今天看到的《周易》，一般也是合排的。

11.《周易》的符号系统与文字系统存在什么关系？

《周易》的符号系统即卦象的部分，包括阴阳爻，由阴阳爻组成的八经卦、六十四别卦，以及先、后天八卦图，太极图和河图洛书。文字系统从狭义来说指各卦的卦名，解读各卦的卦辞、各爻的爻辞和最早解读《周易》经文的《易传》；从广义来看，还应该包括后人不断对《周易》符号及狭义的文字系统进行的各种解读。

从本质的意义上看，文字也是一种符号，只不过对于后人来说，文字所代表的意义更加明晰。而《周易》的符号系统，准确地说是一种图形符号，与文字系统相比较，其背后的意涵，因为时光流逝、历史变迁等原因，显得更加隐晦。所以，《周易》的文字系统对于符号系统最重要的意义，也是它们之间最重要的关系，就是解读与被解读。

《周易》的符号系统与文字系统之间这种被解读与解读的关系，同时也规定了二者之间的另一种关系，即源与流的关系。《周易》的符号系统一经在历史上确定，无论是阴阳爻，还是先、后天图，抑或河图洛书，都再无更改变化，成为《周易》系统中最神秘、最稳定的存在。但作为其解读的文字系统，除了最早的解读文字，也是《周易》文字系统中狭义的部分——卦爻辞、易传等保持相对的稳定外，其他解读可以说层出不穷、绵延不绝。但万变不离其宗，所有这些解读，无一不从《周易》的符号系统出发，也无一能抛弃和远离《周易》的符号系统。因此，从这个意义上说,《周易》的符号系统才是《周易》之根本,是源,而《周易》的文字系统是分支,是流。

然而,基于其神秘难解、隐晦不明等特征,所有对《周易》的符号系统的理解又无一不依赖于《周易》的文字系统来彰显,因此,若说《周易》的符号系统是一座宝山,则其文字系统,无论是狭义上的,还是广义上的,都可以看作进入宝山的门径。所以,对《周易》的学习,无论是文字系统还是符号系统,都不可偏废,务必先由文字而解符号,最后融会贯通,方能知《易》之本、《易》之真。

12. 如何看待《周易》经文和传文的关系?

《周易》经文与传文的所指,我们前面已经谈过了,此处不再赘述。关于二者的关系,我们主要从历史形成、流传和影响来讨论。

从历史形成来看,《周易》经文要早于传文。在中国传统学术中,"经"地位崇高。古代写书不便,再加上长期的历史发展中很多文字湮没,因此,流传下来的典籍虽然非常精彩,但也非常简略。所谓"物以稀为贵",这些包含着至上大道,为后人尊崇的文字,就被称为"经"。"经"者,经纶天地之大法也。所谓"传",其音为"zhuàn",其意却还包含"chuán"。"经"文字简略,未免意义难明,学者在学习的过程中,要传播继承前人大法,则必赖老师讲解、后人记述,这些由老师讲解、后人记述的文字,是对"经"的解读,也是"经"义得以流传的必需条件,刊刻成书籍,就称为"传"。《周易》经文与传文的意义也是从这一学术意义上讲的。显然,《周易》传文部分的写作要晚于经文部分,是对经文的解读。因为这部分传文在所有对《周易》经文的解读中属于最古老的,后人把它跟经文一起刊行,合称为"经",但其"传"的实质不变。

《周易》经文和传文形成年代不同,是经多人之手创作而成的,其思想内涵肯定会有所差异。但是传文作为目前存世最早的论《易》文字,无疑是解读《周易》经文最重要的依据。二者之间有区别,但联系更重要。在易学史上,前人也正是在尊重《周易》传文的基础上,对经文内涵进行解读和发展的。

《周易》传文除了是解读经义最权威的参考文献外,它的出现以及对后世的重大影响,还直接左右了《周易》一书的流传形式和主要功能。

古本《周易》经传分开,传文附于经文后而传世。汉末,郑玄传予费直易学,费氏作《易注》,将《周易》传文的《彖》《象》部分割裂,分别附于对应的卦、爻之后,但《易传》的其他部分仍然单独附于《易经》之后。魏晋时王弼注《周易》,又将《易传》中的《文言》部分也分附于《乾》《坤》二卦之后,《易传》的其他部分仍单独附于经文后。这也奠定了《周易》今天的主要面貌,即经、传文混排的情况。

经、传文混排,其主要目的,应该是为了方便学者对《周易》经文的理解。但也应该看到,这种混排的形式,客观上限制了学者对《周易》经文的理解。从学术的角度看,《周易》传文更富有哲学思考的意蕴,其中的神秘性因素与经文相比,已削弱了不少。在读经文的同时阅读传文,则传文的思想容易先入为主。这一情况既有利于学者学习《周易》,又不利于学者发挥自己的哲思,以自我纯粹之心来休悟《周易》经文之本义。也正是因为这个原因,后世大儒朱熹曾作《周易本义》,分经、传,以古本《周易》面目启蒙学者。不过,后来的学者极少再以这样的方式注《周易》。《周易》传文之历史影响特大,除了其自身思想深刻、行文极其玄妙精彩的原因外,经传合排的传播方式也是一不可忽视的重要因素。

《周易》传文在历史上极为光彩夺目,与经文不相上下甚至有过之而无不及的现象,在一定程度上影响了《周易》一书的性质和功能。盖《周易》经文之作,其始无非古人通过占卜之法以趋利避害,是一本占卜书,而其后传文异彩流芳的事实,使得学者多遵循传文的思想来解读经文的大意,这样一来,《周易》一书的占卜意味日趋淡薄,而哲思之兴时时盛起,终至于一经而多途,可占、可思、可理性、可神秘。这种情况,为《周易》之不幸,亦为《周易》之幸。经文或者因此而被曲解,然《周易》一书的大道也由此而被丰富扩充。

第三节 《周易》性质与功能

《周易》一书,儒、释、道三家竞相推崇,民间与高层无不喜爱,无论修身还是治家,大事还是小情,高雅还是庸俗,似乎都可以从中寻到自己的所需。在中国的历史上,《周易》可谓是一本万能书。那么,它的性质到底可不可以确定?如果可以的话,它是一本什么性质的书呢?它的基本功能又有哪些?

13.历史上关于《周易》性质有哪些说法?

关于《周易》一书的性质,历史上的说法主要有三种。第一种主张《周易》是占筮书,第二种主张《周易》为哲学书,第三种主张《周易》乃历史书。

《四库全书总目·易类》曰:"圣人觉世牖民,大抵因事以寓教……而《易》则寓于卜筮……《左传》所记诸占,盖犹太卜之遗法。汉儒言象数,去古未远也。一变而为京焦,入于禨祥;再变而为陈邵,务穷造化,《易》遂不切于民用。王弼尽黜象数,说以老庄;一变而胡瑗、程子,始阐明儒理;再变而李光、杨万里,又参证史事。《易》遂日启其论端,此两派六宗……"①这段话初看是在分析易学流派,即大家常说的两派六宗,实际上涉及的是《易》书的性质问题。易学两大派,即象数派和义理派。象数派是将《周易》的本质看作卜筮之书,以卜筮为立足点解读《周易》。这一派直到魏晋都非常兴盛,包括先秦的占卜宗,汉代焦赣、京房师徒为代表的禨祥宗,宋代陈抟、邵雍为代表的造化宗。

义理派则将《周易》看作说理之书。这一派的兴盛从魏晋时的王弼开始。所谓物极必反,魏晋时象数派到达顶峰,亦同时进入"七月流火",转于微寒,以王弼引老庄说《易》,提倡"得意忘言"始,至北宋胡瑗、二程变为以儒理说《易》,后随着胡、程后学朱熹学术的极大倡发,以儒理说《易》在此后的中国历史上占据了绝对优势。这是将《易》作

---

① [清]永瑢、纪昀等:《四库全书总目》上册,北京:中华书局,1965年,第1页。

为哲理书来对待的。

义理派中的一宗——宋代的李光、杨万里,在以哲思看待《易》书之外,引历史以证《易》,将《易》看作史书。

这就是历史上对《周易》性质的大致看法。从根源上讲,《周易》是一本占卜的书,但后世因为对《周易》经文传文的关注,学脉流转,对待《周易》的态度愈加活泛。《周易》的性质越来越显得复杂、多重了。到了今天,除了依然存在着以卜筮、哲学、历史定位《周易》性质的观点外,还出现了从法律、宗教、婚姻、科学等角度定位《周易》性质的新看法,可见,对《周易》的学习、研究还大有空间、大有作为。

14. 为什么说《周易》本是占筮之书?

说《周易》是一本占筮的书,我们从文字学、历史文献学的角度都可以找到证据。

《周易》全书围绕的中心就是一个"卦"字。"卦"是一个会意字,从圭从卜。"圭"字本意为用泥做土柱来测日影,因此,"圭"又有"廙"的意思,所谓"圭旨"是也。"圭"为双土,是为阴,所测者日也,是为阳,因此,"圭"又有阴阳之意,与"易"日月之意相合。"卜"为象形文字,所象者乃灸龟之形。古人以火灸龟壳,根据其裂纹的形状判断事物之吉凶,这就是最早的占卜。占卜的一个重要原则是考量时间,也就是要考虑特定时空,才能准确断定吉凶,所以"卜"要有"圭",合在一起就是"卦"字。

相传八卦为伏羲所造,但伏羲是如何造八卦的呢?传说他正是在四正四隅八个方位立八圭测日影,并对其进行总结记录之后,形成的八卦图像。八卦创立于时空之中,其主要目的就是占卜吉凶。正因为如此,"卦"字才有了"卜"之意蕴。

从历史文献记载来看,《周易》为卜筮之书的观点源远流长。最早对《周易》进行解读的《易传·系辞传》就说:"《易》有圣人之道四焉:以言者尚其辞,以动者尚其变,以制器者尚其象,以卜筮者尚其占。"肯定占卜为《周易》四道之一。秦时焚书坑儒,《周易》因属于医术卜筮之书而得以幸免,可见实际的历史进程中,至少在先秦,《周易》为卜筮之书是一公认的看法;而《左传》中大量以《易》占卜的记载,也正可从另一侧面证实这一史实。同时,历代官方都设有占卜机构,西汉设太卜令,东汉将之并入太史令,隋、唐、宋均设有太卜署。这些官方占卜机构所依据的主要书籍就是《周易》。

从学术史来看,历代学者多有主张《周易》为占筮之书者,且有许多擅长此道之大家不时出于世间。两汉之焦赣、京房自不必言,两宋之陈抟、邵雍更是有过之而无不及。即便以儒解《易》的朱熹等人,也并不避讳《周易》为卜筮之书的事实。

从民间史来看,更是可以看出《周易》一书的占卜性质。无论是野史还是小说传奇中,都不难看到算命先生持一本《周易》而算尽天机的描述。华人文化圈的匹夫匹妇,也许完全不能了解《周易》蕴藏的所谓"大道"之一分一毫,但丝毫不影响他们完全明白《周易》可以占卜算命的事实。

15. 如何看待《周易》的整体功能?

《周易》一书既可以占卜,又可以哲思。那么,从整体上看,《周易》在中国文化发展中功能如何呢? 如果从思想史、文化史的角度来看,《周易》的整体功能至少可以从三个方面来进行认识。①

首先,《周易》建立了一个包罗万象的符号系统,这一符号系统奠定了中国文化几乎全部学术思考的基本模式。

八卦符号的作者舍弃世间万物纷纭的表象,从中概括出最简洁、最单纯的阴阳两爻,其内涵高度缩小,同时其外延无限扩大,从而被认为是万物发生的根本标识。由阴阳爻构成的八经卦尽管最初具有天、地、雷、风、水、火、山、泽等具体象征意义,但当这八种具体事物被转换为乾、坤、震、巽、坎、离、艮、兑时,其具体性作为一种潜在的因素,由显入微,由彰入晦,八卦由此成为代表八类事物的单纯符号,由之重叠而成的六十四卦,更是每一卦、每一爻都成了一个元件,它们代表了宇宙一

---

① 本部分内容主要参考詹石窗《易学与道教思想关系研究》第一章,厦门:厦门大学出版社,2001年。

切事物及其关系。由此,《周易》的符号系统便具有了"普遍意义",就如冯友兰先生所说的那样:"《周易》哲学可以称为宇宙代数学。代数学是算学中的一个部门,但是其中没有数目字,它只是一些公式,这些公式用一些符号表示出来。对于数目字来说,这些公式只是些空套子。正是因为它们是空套子,所以任何数目字都可以套进去。我说《周易》可以称为宇宙代数学,就是这个意思。《周易》本身并不讲具体的天地万物,而只讲一些空套子,但是任何事物都可以套进去,这就叫'神无方而《易》无体'。"①

正因为《周易》的符号系统这一"无方""无体"的特性,中国学术的任何一派都可以从中汲取营养,将自己的理论架设于《周易》的符号体系之中。因此,我们看到,在中国的学术史、文化史上,儒家据《易》论理,道家据《易》修仙,佛家据《易》悟禅,医家据《易》救人,小说家据《易》说故事,政治家据《易》治天下……《周易》这一符号体系,不仅是宇宙"代数学",也是中华学术"代数学"。

其次,《周易》设置了一个精妙辩证的信息处理系统,这一处理系统成为中国人决策行动的基本范式。

通过由数取象、由象得旨的方式,《周易》的符号系统与文字系统之间形成了一个契妙的信息处理系统,通过占卜、哲思等方式,与国人日用生活相链接,影响着中国人的所思所行。如《周易》讲"一阴一阳之谓道",造就了中国人万事讲究"阴阳和合"的包容;又如《周易》讲"否极泰来",讲"七日来复"……造就了中国人无论身处何种逆境,总有满怀希望的乐观;再如讲"革故鼎新",造就了中国人奋进向上、穷则求变的勇敢……《谦》卦让国人谦逊,《观》卦让国人大气,《蒙》卦让国人好学,《屯》卦让国人隐忍坚毅……总之,《周易》所传达的丰富信息,几乎无一不被国人奉为圭旨,成为国人思考、行动的基本范式。

最后,《周易》提供了一个认识世界、解释世界的基本框架,为后人的思想发挥、理论建构开了先河,同时也留下了无穷的发展空间。

---

① 冯友兰1984年在"中国周易学术研讨会"上的《代祝词》,见唐明邦、罗炽、张武、萧汉明编《周易纵横录》,武汉:湖北人民出版社,1986年,第7页。

《周易》本质上是一本占筮之书，其卦象解释广泛纳入了自然事物和人类社会的内容。无论是八卦的构建，还是六十四卦的构建，以及卦爻辞的写作，都已经充分认识到了宇宙的统一性问题，其符号系统、文字系统的创作，吉凶进退的分析，都是基于这一宇宙统一观念。又由于《周易》符号系统的特质，使得在这一观念下构建的系统具有无限解读性，因此，在提供了基本的认识范式之外，《周易》最为重要的意义，就是提供了无限之可能，激发中国人无限之哲思，在数千年的历史文化长河奔涌中，刺激、引导着国人的思维不断趋于丰富和缜密。即使在今天，《周易》的这一功能仍然有着勃勃生机，且不仅影响国人，还在世界更大的范围持续扩展其力量。

第二章 《周易》象数底蕴

众所周知,《周易》以象为本。整部《周易》的义蕴及其原理,都是由象生发出来的,故学《易》之人都必须立足于象,从象入手,才能洞察《周易》之奥秘,把握《周易》之要旨。

第一节 观物取象

16. 什么是"象"？易象与意象、法象之联系、区别何在？

"象"本指一种长鼻、长牙、大耳的哺乳动物,是陆地上现存最大的动物。汉许慎《说文解字》云:"象,长鼻牙,南越大兽,三年一乳,象耳牙四足之形。凡象之属皆从象。"后来"象"又衍生出诸多义项,《辞源》列举了七种:第一,象牙曰象,如象床、象笏。第二,形状,象貌,如图像、画像,通作"像"。第三,凡形于外者皆曰象,如气象、星象。第四,酒器名。第五,通译之官。第六,舞名。第七,姓。而在易学中,所谓象,就是"像",是客观事物的图像,含有"形象""象征"之义。《周易·系辞下》云"是故易者,象也;象也者,像也",孔颖达疏"易卦者写万物之形象""象也者,像此者也",又云"言象此物之形状也"。显而易见,易卦中蕴含着"象",而这"象"乃模拟外物而来。《周易·系辞上》对此作了说明:"圣人有以见天下之赜,而拟诸其形容,象其物宜,是故谓之象",谓圣人发现了天下至为深奥难明的道理,就把它比拟成具体可感的形象,用来象征事物合宜的含义,因而称之为"象"。概言之,易象是模拟客观世界具体事物的情状而具有象征意义的概念术语。纵观《周易》一书,其创作原则是以象喻意,以象阐理。正因为象在《周易》中具有至关重要的意义,故在《春秋左传》中就有以《易象》来称呼《周易》的记载。

易象与意象、法象既有联系,又有区别。三者都离不开"象",都跟客观存在的一切物体和现象息息相关,然而侧重点不同。易象通常指《周易》八卦的卦象,扩而大之,涵盖《周易》六十四卦象及卦爻辞。意象,在古代汉语中通常作"意思与形象""心情与容貌"解(在现代汉语中通常作"意境"解,指文学艺术作品通过形象描写表现出来的境界和情调,换言之,指文艺作品中客观景物和主观情思融合一致而形成的艺术境界),但是北宋易学大师邵雍却拈来作为易学的一个重要概念,他认为易有意象,"立意皆所以明象",强调《周易》以意象为主而统领"三象":"有言象,不拟物而直言以明事;有像象,拟一物以明意;有数象,七日、八月、三年、十年之类是也。"而法象,在古代汉语中通常指自然界的一切现象,或作"效法、模仿"解。如《周易·系辞上》所云,"是故法象莫大乎天地,变通莫大乎四时",其中的"法象"指的是自然界的一切现象。当然,对上述句中"法象"一词的诠释,古今尚有不同的看法:《周易集解》引翟元曰"见象立法",视"法象"为一个词组;今人则多把"法象"释为"仿效自然"。

17. 先民是怎样"观物取象"的?如何理解"易与天地准"?

《周易·系辞下》与汉许慎《说文解字·叙》都对先民"观物取象"的过程,作了生动而详尽的阐述。《周易·系辞下》云:

> 古者包牺氏之王天下也,仰则观象于天,俯则观法于地,观鸟兽之文与地之宜,近取诸身,远取诸物,于是始作八卦,以通神明之德,以类万物之情。

许慎《说文解字·叙》云:

> 古者庖牺氏之王天下也,仰则观象于天,俯则观法于地,视鸟兽之文与地之宜,近取诸身,远取诸物,于是始作易八卦,以垂宪象。

文中的包牺氏(庖牺氏),古籍多作伏羲,乃传说中我国原始社会的部落领袖。伏羲统治天下的时候，抬头观察天上日月星辰，低头观察地面一草一木，细看飞鸟走兽身上的花纹以及地理状貌，近处从人体自身取象，远处从外界事物取象，这才制作了《易》之八卦，用来摹拟自然界的一切现象和人类社会的种种情态，借以通晓大千世界发展变化的内在规律。

不难看出，先民在创作八卦的过程中，始终遵循"易与天地准"的原则，即取象画卦以天地为参照物，从而推导出宇宙间万事万物的发展规律，"故能弥纶天地之道"。古人云"易以象为本"，而象乃以天地之象为主。明白了这一点，深奥的易理就迎刃而解了。正如《周易·系辞上》云"仰以观于天文，俯以察于地理，是故知幽明之故"，谓仰观天文、俯察地理就能知晓世间幽深和显明的事理，并强调"与天地相似，故不违"，易象既然与天地相似，内含自然规律，那么人的行为就绝对不能违反天地自然界的规律。而易道之所以"放之四海而皆准"，为世人所仿效，乃在于它"范围天地之化而不过"，涵盖了天地间化育的原理而没有过错。

同时，我们从先民创作八卦的过程中，也发现了中国先民认识世界以及哲学思维的显著特点，即从探究天地之间乃至整个宇宙的自然奥秘入手，进而研究人体自身乃至人类社会的发展变化规律，从而摸索出为人处世乃至治国理政平天下的原则、方略，实现从"天之道"到"人之道"的质的飞跃，也即以天道规范人道，最终达到"天人合一"的境界。这不啻是作易者的初衷。

18. 易学所说的"象"包括哪些层次？它们在易学中占据什么地位？

易学所说的"象"，是一个极为复杂的概念。其指向广泛，既可实指，也可虚指，内涵十分丰富。历代易学家对象的内涵及其外延的理解、界定，往往不尽相同，解读也各异。易象有广、狭义之分。狭义的易象，是指摹拟自然界或人类周围的种种现象或具体事物而成为有象征意义的图像，由阴（--）、阳（—）两种符号组合而成，或三画（八卦之象），或六画（六十四卦之象）。广义的易象，除了卦、爻象之外，还包括卦辞之象、爻辞之象。为叙述方便，笔者把狭义的易象列为第一方面，把卦、爻辞之象列为第二方面。下面分而述之①。

首先是卦象与爻象。这个方面可以分为四个层次。

层次一：阴阳二画之象。

在《周易》中，最基本的图像是阴(--)、阳(—)两种符号，它们是构成八卦乃至六十四卦的基础。《周易》及由之延伸的易学象数、义理，都是从阴阳二画及其不同组构形式生发而来。可以这样说，没有阴阳二画，《周易》乃至整个易学体系就成了无源之水、无本之木。

《周易·系辞上》曰："一阴一阳之谓道。"先人以(--)代表阴，以(—)代表阳，旨在揭示大自然及人类社会中种种矛盾对立的事物或现象。如天地、日月、冷暖、阴晴、水火、昼夜、盛衰、进退、刚柔、男女、生死等，都分别被冠以阴、阳的概念。而研究阴阳矛盾的对立及其转化的内在规律就叫作"道"，此乃《周易》一书的创作宗旨，也是其最大的闪光点。《庄子》也说"易以道阴阳"，一语道出了易学区别于其他学说的显著特点。

层次二：八卦之象。

先人以阴(--)、阳(—)两种符号为基础，创制了八种形状各异的三画卦，从而构建了易象的基本体系。《周易》的哲学内蕴以及种种解说，都是依据这八卦的图形及其象征物加以阐述、发挥而来的。故后人把这八卦称作"经卦"。

八卦符号及其基本象征物如下：

乾(☰)，三条阳画，象征物为天；

坤(☷)，三条阴画，象征物为地；

震(☳)，两条阴画在上，一条阳画在下，象征物为雷；

巽(☴)，两条阳画在上，一条阴画在下，象征物为风；

坎(☵)，上下为阴画，中间一阳画，象征物为水；

离(☲)，上下为阳画，中间一阴画，象征物为火；

艮(☶)，一条阳画在上，两条阴画在下，象征物为山；

兑(☱)，一条阴画在上，两条阳画在下，象征物为泽。

---

① 关于《周易》之象的界定及其划分，参见张善文：《象数与义理》，沈阳：辽宁教育出版社，1993年。

八卦是先人观察自然现象而得到的一种特殊的认知表达方式。历代易学家正是以八卦的卦形及其基本象征物为参照物,解读《周易》六十四卦的构成及其象征义,借以阐释客观世界以及人类社会纷繁复杂的情态、现象。此外,先人还把八卦作为八种方位的象征,进而制作了"伏羲八卦方位图"(也称"先天八卦方位图")、"文王八卦方位图"(也称"后天八卦方位图")。

层次三:六十四卦之象。

先人为了最大程度地发挥八卦象的喻示作用,以便更精准地反映自然界和人类社会的种种情态及二者之间错综复杂的关系,在八卦上做足了文章。他们不仅把八卦本身的三画重叠为六画,而且依据数学的排列组合原则,把八卦三画象"两两组合"而成新的六画象,计有六十四卦,始于乾、坤两卦,终于既济、未济两卦。这六十四卦的卦象既源于八卦,其喻示作用自然也与八卦的基本象征物、象征义息息相关,其哲学内蕴因而也更加丰富。正如曾仕强所说,"《易经》中的六十四卦,代表了宇宙人生中的六十四种情境"[①]。六十四卦的产生,表明《周易》以阴阳爻为内核、以八卦的卦象为基础的完整而有序的易学符号体系的正式确立,也表明我国先民的思维能力有质的飞跃。

与八卦被称为"经卦"相对,《周易》六十四卦也被称作"别卦"。所谓"别"就是分别的意思,即六十四卦各自具有独立的符号形态与理趣。

层次四:三百八十四爻之象。

由八卦衍化而来的六十四卦,每卦都有六爻,总计三百八十四爻,是八经卦二十四爻的十六倍。毋庸置疑,每卦六爻因其自身阴阳、位次之别,展现的爻象的内涵要比卦象更为细致、深邃。如果说,《周易》六十四卦反映的是自然界及人类社会乃至个人生活中的六十四种情境,那么,每卦的六爻反映的则是每种情境里六个不同阶段的变化。

其次是卦辞之象、爻辞之象。

如果说,上述第一方面涉及的易象属于"符像",是对客观现实世

---

① 曾仕强:《易经的奥秘》,西安:陕西师范大学出版社,2009年,第105页。

界万事万物模拟、概括而形成的一种抽象符号,那么,第二方面则是对其"实像"的象征性解说。从这个角度看,附在《周易》六十四卦的卦形下的文辞即卦辞、爻辞,可以称作"辞象"。它们以文字形式来刻画自然界及人类社会的各方面情境,使六十四卦的哲学内蕴更显豁、易懂,从而成为可感的、带有文学色彩的形象。

可以这样说,六十四卦的卦、爻形与卦、爻辞(或曰图形与文字)相辅相成,旨在明易象、阐易理。正如宋代易学家项安世在《周易玩辞》中所说,"凡卦辞皆曰象,凡卦画皆曰象;未画则其象隐,已画则其象著"[①],六十四卦的卦、爻辞是未画的"隐象",六十四卦的卦、爻形则是已画的"显象"(即"著象")。下面分为两个小层次,分别阐析卦辞之象、爻辞之象。

层次一:卦辞之象。

《周易》六十四卦,每卦都有一则概括该卦要旨、揭示该卦象征义的文字,即卦辞。如《泰》卦卦辞曰"泰,小往大来,吉,亨",谓泰卦象征通泰,阴柔小人离开,阳刚君子前来,可获吉祥、亨通。该卦下乾(☰)为天,上坤(☷)为地,有天地阴阳交合、万物化生通畅之象,故名为"泰"。为了阐发天地通泰之道,该卦辞拟取"小往大来"之象,以明通泰之时阴柔者衰而往外逃离,阳刚者盛而居内行事之景况。孔颖达《周易正义》曰:"阴去故'小往',阳长故'大来',以此吉而通。"可见《周易》六十四卦的卦辞,都是"依样画葫芦"的,即根据各卦具体的卦形而撰写寓含象征义的文句。

层次二:爻辞之象。

《周易》六十四卦三百八十四爻,每爻都有一则揭示该爻象征义的文字,即爻辞。爻辞紧密配合爻形,诠释爻象,成为易象的有机组成部分。如《大过》卦初六爻辞拟取"藉用白茅"为象,以明阴柔卑弱处下、自宜戒惧之旨;九二爻辞拟取"枯杨生稊,老夫得其女妻"为象,以明阳刚虽过甚但能与阴柔相济而获利的情状;九三爻辞拟取"栋桡"之象,以明阳刚盛极必有凶险之旨;九四爻辞拟取"栋隆"之象,以明贬抑过

---

① [宋]项安世:《周易玩辞》卷一,《通志堂经解》康熙年间本,第4页。

刚之气必致吉祥之旨；九五爻辞拟取"枯杨生华，老妇得其士夫"为象，以明壮健之阳济助衰极之阴的情状；上六爻辞拟取"过涉灭顶"为象，以明极柔之阴面临的凶境。这六则爻辞所拟取之象，从"藉用白茅"到"过涉灭顶"，步步深化，生动、形象地刻画了阳刚过甚、阴柔衰极的种种情态，进而告诫世人纠大过之咎，调节阴阳平衡。可见《周易》三百八十四爻的爻辞，都是根据各爻的阴阳性质及其在卦中的具体位次而撰写寓含象征义的文句。

第二节　八卦与六十四卦象征揭秘

19. 为什么说"乾坤"是《易》之门户？

"乾坤是《易》之门户"这一命题，最早见载于《周易·系辞下》。其中引孔子的话说："乾坤，其《易》之门邪？"谓乾坤两卦，应该是《易》的门户吧？其根据是："乾，阳物也；坤，阴物也。阴阳合德而刚柔有体，以体天地之撰，以通神明之德。"意思是说：乾是纯阳之物，坤是纯阴之物，阴阳二气相互配合而刚柔各有形体，可以用来体察天地的修为，洞晓神明的德行。这言简意赅地点出了乾坤两卦作为阴阳物象、刚柔形体在认识世界过程中的重要作用。

如果说《周易·系辞下》所引孔子对乾坤是《易》的门户的论述是或然命题的话，那么唐代李鼎祚的《周易集解》、孔颖达的《周易正义》则果决地肯定了"乾坤是《易》之门户"这一命题。

李鼎祚《周易集解》引荀爽曰："阴阳相易，出于乾坤，故曰门。"姚信曰："乾坤为门户，文说乾坤，六十二卦皆放（按，放即仿）焉。"孔颖达《周易正义》曰："易之变化，从乾坤而起，犹人之兴动，从门而出。"

综上先贤所述，可知乾坤在易学中的门户作用是毋庸置疑的。下面详析之。

首先，在八经卦中，乾(☰)是纯阳卦，坤(☷)是纯阴卦，它们或三爻皆阳，或三爻皆阴，这在八经卦中是绝无仅有的。正是由于它们的存在，或者说由于乾坤两卦的阴阳爻互相交易的结果，才产生了坎(☵)、离(☲)、震(☳)、巽(☴)、艮(☶)、兑(☱)六卦，才构建了《周易》的经卦体系。故《说卦传》称乾为父、坤为母，而震、坎、艮分别为长男、中男、少男，巽、离、兑分别为长女、中女、次女，理清了乾坤与其余六卦的源流关系。

其次，乾坤两经卦重卦之后，其卦形分别为六个阳爻与六个阴爻，阴阳二爻交易的空间更大，机遇更多，从而产生了六十二种卦形，构建了《周易》六十四卦的别卦体系。

最后，乾坤两卦的象征物(尤其是其基本的象征物天、地)与特定的象征义(刚健、柔顺)，是贯穿《周易》六十四卦的线索与灵魂。学易者唯有读懂乾坤两卦的卦辞、爻辞、彖传、象传、文言传，理清它们之间的内在联系，把握乾坤两卦蕴含的哲学原理，才能洞悉《周易》六十四卦的体例、要义及象征旨趣，从而领会"易以道阴阳""一阴一阳之谓道"的易学宗旨。

20. 八卦的取象依据与象征意义是什么？

上述已提及，八卦是拟取天、地、雷、风、水、火、山、泽八种自然物象为基本象征物。那么，八卦的取象依据是什么呢？

第一，乾(☰)，三阳爻，象征"天"。古人认为，天地未开辟之前，宇宙间充塞着混沌之气，而气有阴阳之分，轻清者为阳，重浊者为阴。阳气升浮为天，故以纯阳爻的乾卦为"天"之象。

第二，坤(☷)，三阴爻，象征"地"。古人认为，阴气沉聚为地，故以纯阴爻的坤卦为"地"之象。

为了帮助读者明了阴阳与天地的关系，这里不妨再引用汉刘安《淮南子·天文训》与南宋朱熹的两段精辟论述。《淮南子·天文训》说：

> 宇宙生元气，元气有涯垠。清阳者薄靡而为天，重浊者凝滞而为地。清妙之合专易，重浊之凝竭难。故天先成而地后定。天地之袭精为阴阳。

朱熹说：

　　　　天地初间(一作"开"),只是阴阳之气。这一个气运行,磨来磨去,磨得急了,便拶(zā,排除)许多渣滓;里面无处出,便结成个地在中央。气之清者便为天,为日月,为星辰,只在外,常周环运转。地便只在中央不动,不是在下。①

概言之,古之贤哲认为,宇宙化生出元气,而元气所包含的阴阳二气的分离产生了天地,故三阳爻的乾卦自然而然就成了"天"的象征,而三阴爻的坤卦也自然而然就成了"地"的象征。

第三,震(☳),下爻阳,上两爻阴,象征"雷"。古人认为,居下阳气上升,处上阴气下降,阴阳碰撞,发而为雷。《淮南子·天文训》说"阴阳相搏,感而为雷,激而为霆",谓雷霆是由于阴阳二气逼近,相互摩擦而产生的。故以震卦为"雷"之象。

第四,巽(☴),下爻阴,上两爻阳,象征"风"。巽卦形二阳上升,一阴下降,喻示风气运行于二者之间。唐李鼎祚《周易集解》引三国吴陆绩曰"风,土气也。巽,坤之所生,故为风",强调风是运行于地面之气,为地(坤)所生。故以巽为"风"之象。

第五,坎(☵),上下爻阴,中爻阳,象征"水"。坎卦之形像众水奔流之情状。《周易集解》引宋衷曰:"坎,阳在中,内光明,有似于水。"故以坎为"水"之象。现代化学中,水的分子式为H_2O,表明水是由两个氢原子与一个氧原子组成,这与坎卦阴阳爻的组合形式不谋而合。

第六,离(☲),上下爻阳,中爻阴,象征"火"。《周易集解》引崔憬曰:"取卦阳在外,像火之外照也。"离卦形二阳在外,一阴在内,好像火光之照耀;同时火在燃烧时,水汽阵阵蒸发出来,也合乎"火中有水"之科学原理。故以离为"火"之象。

第七,艮(☶),下两爻阴,上爻阳,象征"山"。艮卦形一阳居高,凌驾二阴,犹山峰巍峨壮健,其内却阴气凝聚,故象"山"。孔颖达《周易正义》云:"取阴在下为止,阳在于上为高,故艮象山也。"《周易集解》引宋衷曰:"二阴在下,一阳在上。阴为土,阳为木。土积于下,木生其

---

① [宋]黎靖德编,王星贤点校:《朱子语类》卷一,北京:中华书局,1986年,第1册第6页。

上,山之象也。"又一说,艮卦形一阳在上,内蓄二阴,象征凝结成石,聚而成山。故《春秋说题辞》云:"阴含阳,故石凝为山。"然山再高,其深层仍有大量湿气以供养山上草木之生长,俗语所谓"山高水更高",这大概也是以"山"作为艮的象征物的缘由。

第八,兑(☱),下两爻阳,上爻阴,象征"泽"。兑卦形一阴居上,内蓄二阳,犹表面阴湿,内部却阳气凝聚(也即热气屯积),故象"沼泽"。《周易集解》引虞翻曰:"坎水半见,故为泽。"引宋衷曰:"阴在上,令下湿,故为泽也。"当今利用沼泽开发地热资源,也足以证明古人以兑为泽之象的聪慧与卓识。

八卦不仅拟取"天""地""雷""风""水""火""山""泽"八种物象为其基本象征物,同时也以此为"标的",远取诸物,近取诸身,泛取自然界和人类社会乃至人自身的各种物象为其象征物。如《乾》卦还可以为"圜(即圆环)""君""父""玉""金""寒""冰""大赤""良马""老马""瘠马""驳马""木果"之象;《坤》卦还可以为"母""布""釜""吝啬""均""子母牛""大舆""文""众""柄""黑"之象。其他六卦之取象,囿于篇幅,这里就不赘述了。

当然,要真正了解八卦的哲学内涵,不仅要弄清八卦的象征物象,更要洞悉八卦特定的象征意义。下面简析之。

第一,乾,象征意义为"健"。《周易正义》云:"乾象天,天体运转不息,故为健也。"乾效法天,而天体昼夜运转不止,故它有"强健""刚健"之义。

第二,坤,象征意义为"顺"。《周易正义》云:"坤象地,地顺承于天,故为顺也。"坤效法地,地顺承天时运行,滋养万物,故它有"柔顺""温顺"之义。

第三,震,象征意义为"动"。《周易正义》云:"震象雷,雷奋动万物,故为动也。"震效法雷,雷声响起震动万物,故它有"震动""奋动"之义。

第四,巽,象征意义为"入"。《周易正义》云:"巽象风,风行无所不入,故为入也。"巽效法风,风行天下,无孔不入,故它有"顺入""散入""潜入"之义。

第五，坎，象征意义为"陷"。《周易正义》云："坎象水，水处险陷，故为陷也。"坎效法水，水流所到之处，地面塌陷，险象丛生，故它有"深陷""险陷"之义。

第六，离，象征意义为"丽"（附着）。《周易正义》云："离象火，火必著于物，故为丽也。"离效法火，火的燃烧必凭借可燃物，故它有"附着""依附"之义。

第七，艮，象征意义为"止"。《周易正义》云："艮象山，山体静止，故为止也。"艮效法山，山体静止不动，故它有"静止""抑止"之义。

第八，兑，象征意义为"说"（同"悦"）。《周易正义》云："兑象泽，泽润万物，故为说也。"兑效法泽，沼泽滋润万物，万物为之欢悦，故它有"欢悦""愉悦"之义。

当然，对八卦取义原因的诠释，并不囿于上述所引孔颖达《周易正义》一家，前贤先哲尚有多种不同看法。他们或从卦、爻的刚柔性质出发，如：释乾卦的"健"义，《周易集解》引汉虞翻曰："精刚自胜，动行不休，故健也。"释《坤》卦的"顺"义，《周易集解》云："纯柔，承天时行，故顺。"释《离》卦的"丽"义，《周易集解》云："日丽乾刚。"或从卦的阴阳爻组合角度着眼，如：释《震》卦的"动"义，清李光地《周易观象》云："阳在下而阴压，则必动而出。"《周易集解》云："阳出动行。"释巽卦的"入"义，《周易集解》云："乾初入阴。"李光地《御纂周易折中》引宋邵雍曰："一阴入二阳之下。"释《坎》卦的"陷"义，《周易集解》云："阳陷阴中。"释艮卦的"止"义，《周易集解》云："阳位在上，故止。"释《兑》卦的"说"义，《周易集解》云："震为大笑，阳息震成兑，震言出口，故说。"《御纂周易折中》引邵雍曰："一阴出于外而说于物。"或从语言角度来解读卦义，认为古音相近则义也相通，如乾与健、坤与顺、巽与散。

21. 如何理解六十四卦的象征旨趣？

弄清八卦的象征物及象征义后，我们就不难理解《周易》六十四卦的象征旨趣了。上述已提及，六十四卦是依据数学排列组合的原理，由八卦的三画象重叠而成六画象的，故其象征旨趣就是八卦象征义的运用和发挥。

下面逐一简析之。

第一，乾卦。

该卦形由八纯卦乾(☰)的三阳爻重叠而成六阳爻。经卦"乾"既以天为象、以健为义，那么重卦《乾》的象征旨趣便是"天行健，君子以自强不息"，强调天体运行刚强勇健，君子应效之，自觉努力进取，永不停止。全卦揭示阳刚之气在事物发展过程中的重大作用，阐明万物的起源。

第二，坤卦。

该卦形由八纯卦坤(☷)的三阴爻重叠而成六阴爻。经卦"坤"既以地为象，以顺为义，那么重卦《坤》的象征旨趣便是"地势坤，君子以厚德载物"，强调大地的气势平顺厚重，君子应效之，努力增进美德，包容万物。全卦揭示阴柔之气在事物发展过程中的重大意义。

第三，屯卦。

该卦形由震(☳)与坎(☵)组成。下卦"震"以雷为象，以动为义；上卦"坎"以水为象，以险为义，而水蒸发为云，故坎又为云象。全卦以云在雷之上为象，拟画云雷交加、欲雨未下的场景，象征万物初生时困难艰险的处境。该卦旨在警示世人创业之时，要经受得住艰难的考验，勇于开拓，披荆斩棘向前进。

第四，蒙卦。

该卦形由坎(☵)与艮(☶)组成。下卦"坎"以水为象，以险为义；上卦"艮"以山为象，以止为义。全卦以山下有险为象，人遇险而止、止则未通，拟画幼童蒙昧之情状；又以山下出泉为象，泉水涓涓流淌，喻示开启蒙昧应循序渐进，不可操之过急。该卦旨在阐明启迪蒙昧的原则与方法，同时也理清了教与学两者之间的关系，确立了启蒙的"养正""育德"之责。

第五，需卦。

该卦形由乾(☰)与坎(☵)组成。下卦"乾"以天为象，以健为义；上卦"坎"以水为象，以险为义，而水蒸发为云，故坎又为云象。全卦以云升在天为象，拟画云气聚集而雨未降之场景，寓含等待时机之意；又以刚健遇险陷之象，喻示事物的发展并非顺畅无挫，前进路上仍有艰难险阻。该卦旨在阐明"守正待时"的道理,"凡事皆当顺其理而待其成,不可妄有为作"①。

第六,讼卦。

该卦形由坎(☵)与乾(☰)组成。下卦"坎"以水为象,以险为义;上卦"乾"以天为象,以健为义。全卦以天与水相背而行为象,天自西转,水自东流,上下各行其道,象征不和谐而争讼;又以上刚下险之象,喻示身陷险境却蛮横强悍,必生争讼。该卦旨在告诫人们要息讼止争,防患于未然。

第七,师卦。

该卦形由坎(☵)与坤(☷)组成。下卦"坎"以水为象,以险为义;上卦"坤"以地为象,以顺为义。全卦以地中有水为象,地能蓄水,地中最多的物质莫过于水,故喻示众多;又卦名"师"乃军旅之称,故象征兵众。而该卦以"坤"顺居"坎"险之上,阳刚居中而应,行险而顺,则喻示守持正义,顺乎民心,就能化险为夷,无坚不摧。该卦旨在阐发用兵之道,强调要容畜民众,以民为本,同时要顺道应时,方能获胜。

第八,比卦。

该卦形由坤(☷)与坎(☵)组成。下卦"坤"以地为象,以柔顺为义;上卦"坎"以水为象。全卦以地上有水为象,"地得水而柔,水得土而流"②,拟画两者相亲相依之情状。该卦旨在揭示事物之间相互依附共存的道理,理清人与人之间的系列关系(如士民亲附、下级顺从上级等)。

第九,小畜卦。

该卦形由乾(☰)与巽(☴)组成。下卦"乾"以天为象,上卦"巽"以风为象。全卦以风行天上为象,微风吹拂,升至天上,是时乌云密布却未能下雨,象征小有积蓄。该卦旨在揭示事物发展过程中养精蓄锐的道理,体现抑阴扶阳的传统理念。

第十,履卦。

该卦形由兑(☱)与乾(☰)组成。下卦"兑"以泽为象,上卦"乾"

---

① [清]李光地:《周易观象》卷二,《文渊阁四库全书》本。
② [唐]李鼎祚:《周易集解》卷三引《子夏易传》,《文渊阁四库全书》本。

以天为象。全卦以天在上、泽居下之象,喻示人间"上下之正理也,人之所履当如是"①,告诫世人应笃行礼义,小心行走。

第十一,泰卦。

该卦形由乾(☰)与坤(☷)组成。下卦"乾"以天为象,上卦"坤"以地为象。全卦以天地交合为象,天气下降,地气上升,阴阳交感,拟画万物生机通畅、无所羁绊之情状。该卦旨在阐发上下交感而事物顺利发展的道理,喻示上下级沟通心志而事业通达兴旺。

第十二,否卦。

该卦形由坤(☷)与乾(☰)组成。下卦"坤"以地为象,上卦"乾"以天为象。全卦以天地不交为象,天气上升,地气下降,二气隔绝,拟画万物生机不通畅以致窒息待亡之情状。该卦旨在揭示任何事物内部都存在相互对立的两个方面,勉励世人有信心,不沮丧,化否为泰。

第十三,同人卦。

该卦形由离(☲)与乾(☰)组成。下卦"离"以火为象,上卦"乾"以天为象。全卦以"天体在上,火又炎上"②之象,拟画万物亲和之情状,喻示天下之人应和睦共处,相亲相爱,为实现大同社会而努力。

第十四,大有卦。

该卦形由乾(☰)与离(☲)组成。下卦"乾"以天为象,上卦"离"以火为象。全卦以火在天上为象,火焰腾腾,盘踞天上,光照四方,拟画万物昌盛兴旺之情状,警示世人在大有收获之时应遏恶扬善,顺应自然规律行事。

第十五,谦卦。

该卦形由艮(☶)与坤(☷)组成。下卦"艮"以山为象,上卦"坤"以地为象。全卦以地中有山为象,山本地上,现居地下,拟画谦卑之情状。该卦旨在揭示事物的发展要适中、切忌过分满盈的道理,告诫世人以谦虚为怀,"损有余而补不足",均平施予。

---

① [宋]程颐:《周易上经传》卷二,元刻本;[宋]董楷:《周易传义》附录《周易上经程朱先生传义附录》卷三,《文渊阁四库全书》本。
② [魏]王弼、[晋]韩康伯注,[唐]孔颖达疏:《周易注疏》卷二,清嘉庆二十年南昌府学重刊宋本《十三经注疏》本。

第十六,豫卦。

该卦形由坤(☷)与震(☳)组成。下卦"坤"以地为象,以顺为义;上卦"震"以雷为象,以动为义。全卦以雷出地动为象,雷声隆隆作响,大地震动,拟画万物振作、欢欣之情状。该卦旨在揭示顺从物性而动就能获取欢乐的道理,告诫世人不可耽于欢乐,要适可而止。

第十七,随卦。

该卦形由震(☳)与兑(☱)组成。下卦"震"以雷为象,上卦"兑"以泽为象。全卦以泽中有雷为象,雷既藏于大泽中,一旦雷声大作,大泽则随之而动,拟画事物之间随从之情状。该卦旨在揭示事物随时而动的道理,告诫世人要随从正道、随从美善。

第十八,蛊卦。

该卦形由巽(☴)与艮(☶)组成。下卦"巽"以风为象,上卦"艮"以山为象。全卦以山下有风为象,山下刮大风,风遇山而回旋,物则散乱不堪,拟画万事惑乱而待治之情状。该卦旨在揭示事物惑乱之际,应有的放矢、解惑脱困、化乱为治的道理。

第十九,临卦。

该卦形由兑(☱)与坤(☷)组成。下卦"兑"以泽为象,上卦"坤"以地为象。全卦以泽上有地为象,泽卑地高,高下相临,象征位高权重者监临位卑职低者。该卦旨在告诫统治者要亲临于民,体察下情,竭尽思虑教导民众,施德行仁,涵养百姓。

第二十,观卦。

该卦形由坤(☷)与巽(☴)组成。下卦"坤"以地为象,上卦"巽"以风为象。全卦以风行地上为象,和煦的风吹拂大地,无所不至,草木为之偃伏,拟画万物日观善行而受恩惠之情状。该卦旨在阐明观瞻美善事物以净化心灵、健全德行的道理,喻示统治者要巡视四方,观察民俗,设置教化,纯洁风气。

第二十一,噬嗑(shì hé)卦。

该卦形由震(☳)与离(☲)组成。下卦震以雷为象,上卦离以火以电为象。全卦以雷鸣电闪为象,雷动于下,电照于上,雷电交加,合成天威,拟画万物畏惧、不敢怀邪之情状。该卦喻示统治者应树立刑法的权威,使民望而生畏。而卦名"噬嗑",原意是嘴里含有食物,须上下颚咬合才能咀嚼,故也寓含施行刑罚必须严密无漏洞,方能生效。

第二十二,贲(bì)卦。

该卦形由离(☲)与艮(☶)组成。下卦"离"以火为象,上卦"艮"以山为象。全卦以山下有火为象,"山之为体,层峰峻岭,峭崄参差"①,其形已如雕饰,再加火光映照,益发华美艳丽,拟画事物"文饰"之状态。该卦旨在揭示"文饰"在事物发展过程中的功用与意义,然也反对过度粉饰、包装,彰显其崇尚自然朴实的审美观。

第二十三,剥卦。

该卦形由坤(☷)与艮(☶)组成。下卦"坤"以地为象,以顺为义;上卦"艮"以山为象,以止为义。全卦以山附于地为象,高山坍塌,附着地面,拟画事物颓败、衰落之场景,警示事物剥落之际应顺势制止。该卦为世人提供了应对"剥落"之良方:因势利导,化"剥"为"复"。

第二十四,复卦。

该卦形由震(☳)与坤(☷)组成。下卦"震"以雷为象,上卦"坤"以地为象。全卦以雷在地中为象,雷在地中微微作响,拟画阳气回复、万物苏醒、大地更新之情状。该卦旨在阐发世间一切事物唯有回复正道才能兴盛的道理。

第二十五,无妄卦。

该卦形由震(☳)与乾(☰)组成。下卦"震"以雷为象,上卦"乾"以天为象。全卦以天下雷行为象,雷在空中隆隆轰响,拟画万物戒惧、不敢胡作非为的情景。该卦旨在揭示处事要识时、守正、不妄为的道理。

第二十六,大畜卦。

该卦形由乾(☰)与艮(☶)组成。下卦"乾"以天为象,上卦"艮"以山为象。全卦以天在山中为象,天为大器,却被包藏在山中,拟画蓄聚巨大的场景。该卦旨在阐明任何事物为了生存、发展,必须"大为蓄聚"的道理,喻示君子要多识记前贤先圣的箴言嘉行,用以蓄养自己的

---

① [唐]李鼎祚:《周易集解》卷五引王廙语,《文渊阁四库全书》本。

德行与才干。

第二十七,颐卦。

该卦形由震(☳)与艮(☶)组成。下卦"震"以雷为象,以动为义;上卦"艮"以山为象,以止为义。全卦以山下有雷为象,山止于上,雷动于下,如同人们嚼食,上唇不动,下唇鼓动,拟画万物获食以颐养之情状。该卦旨在阐发事物"颐养"之道:不仅要守正以"自养",更要养其德以"养贤以及万民"。

第二十八,大过卦。

该卦形由巽(☴)与兑(☱)组成。下卦"巽"以木为象,上卦"兑"以泽为象。全卦以泽灭木为象,大泽浩瀚,把树木都淹没了,拟画事物陷入岌岌可危的处境。该卦旨在强调事物的发展处在"大为过甚"之际,应及时以刚济柔,以臻平衡。

第二十九,坎卦。

该卦形由八纯卦坎(☵)重叠而成。"坎"以水为象,以陷为义,两坎叠加,犹如水流不息,却填不满陷穴,喻示事物的发展处于重重艰难险阻的境地。该卦旨在告诫世人:要谨言慎行,秉持美德不渝,方能走出险境,迈上坦途。

第三十,离卦。

该卦由八纯卦离(☲)重叠而成。"离"以火、以日为象,两离叠加,犹如日月"两明"悬挂天空,普照四方,也如火焰凭借可燃物接连升空,喻示事物必须依附一定条件才能发展。该卦旨在告诫世人:在依附一定的社会生活环境时,必须守持正道,方能亨通。

第三十一,咸卦。

该卦形由艮(☶)与兑(☱)组成。下卦"艮"以山为象,上卦"兑"以泽为象。全卦以山上有泽为象,山气下降,泽气上升,二气相通互应,拟画事物之间交感相应之情状(或以为"泽性下流,能润于下;山体上承,能受其润;以山感泽,所以为咸"①,亦通)。该卦旨在阐发天地交感而万物化生的道理,强调统治者要感化人心,方能臻于天下和平。

---

① [唐]孔颖达:《周易正义》卷五,阮刻《十三经注疏》本,北京:中华书局,1980年影印。

第三十二,恒卦。

该卦形由巽(☴)与震(☳)组成。下卦"巽"以风为象,以散为义;上卦"震"以雷为象,以动为义。全卦以雷动风散为象,雷以巨响振动万物,风以发散疏通万物,二者相需互助而养物,喻示天地万物恒久不变之性状。该卦旨在揭示事物的恒久之道,强调为人处世要坚守正义,永不改易。

第三十三,遁卦。

该卦形由艮(☶)与乾(☰)组成。下卦"艮"以山为象,上卦"乾"以天为象。全卦以天下有山为象,山势高峻,直逼天宇,拟画事物遇险逃避之情形。该卦旨在阐发事物的退避之道,告诫世人在事物的发展遭受挫折之时,必须急流勇退,韬光养晦,以待后日大展宏图。

第三十四,大壮卦。

该卦形由乾(☰)与震(☳)组成。下卦"乾"以天为象,上卦"震"以雷为象。全卦以雷在天上为象,雷发雄威,在天上隆隆轰响,拟画事物大为壮盛之情状。该卦在盛赞事物"大壮"气势的同时,也告诫世人要坚贞自守,勿恃壮妄为。

第三十五,晋卦。

该卦形由坤(☷)与离(☲)组成。下卦"坤"以地为象,上卦"离"以日为象。全卦以日出地上为象,"日从地出,而升于天"①,光明照大地,拟画事物进长之盛况。该卦旨在阐发事物进长的趋势及其内在规律,强调君子要不断进取,以彰显其美德。

第三十六,明夷卦。

该卦形由离(☲)与坤(☷)组成。下卦"离"以日为象,上卦"坤"以地为象。全卦以日入地中为象,日坠地中,四周为之暗淡无光,拟画事物遭受创伤之情状。该卦旨在喻示光明被黑暗所取代的末世乱象,褒扬君子晦藏其智而更显其明德。

第三十七,家人卦。

该卦形由离(☲)与巽(☴)组成。下卦"离"以火为象,上卦"巽"

---

① [唐]李鼎祚:《周易集解》卷七引崔憬语,《文渊阁四库全书》本。

以风为象。全卦以风自火出为象,"火出之初,因风方炽;火既炎盛,还复生风"①,拟画事物内外相成之情状。该卦旨在阐述治家乃至治国之道,强调"正家而天下定",只有各家内部成员居位处事得当,全天下才能安定太平。

第三十八,睽(kuí)卦。

该卦形由兑(☱)与离(☲)组成。下卦"兑"以泽为象,上卦"离"以火为象。全卦以上火下泽为象,"火性炎上,泽性润下"②,拟画事物之间对立背离之情状。该卦旨在阐发"求大同存小异"的哲理。

第三十九,蹇(jiǎn)卦。

该卦形由艮(☶)与坎(☵)组成。下卦"艮"以山为象,以止为义;上卦"坎"以水为象,以险为义。全卦以山上有水为象,山势高峻,水积其上,拟画路险行难之情状。该卦旨在告诫世人:要直面多难世道,"见险而能止",反身修德,方能济难脱困。

第四十,解卦。

该卦形由坎(☵)与震(☳)组成。卜卦"坎"以水为象,上卦"震"以雷为象。全卦以雷雨交作为象,雷响太空,雨洒大地,百果草木都绽开外壳,吐绿发芽,拟画事物纾解患难之情状。该卦侧重阐发纾解险难祸患的宗旨及其方法,表达对安泰舒适的社会生活环境之企盼。

第四十一,损卦。

该卦形由兑(☱)与艮(☶)组成。下卦"兑"以泽为象,上卦"艮"以山为象。全卦以山下有泽为象,"泽在山下,泽卑山高,似泽之自损以崇山"③,拟画事物自我减损之情状。该卦旨在阐发"损下益上"之道,并强调君子修身应"惩忿窒欲",积极向上,自觉减损不良之言行。

第四十二,益卦。

该卦形由震(☳)与巽(☴)组成。下卦"震"以雷为象,上卦"巽"

---

① [魏]王弼、[晋]韩康伯注,[唐]孔颖达疏:《周易注疏》卷四,清嘉庆二十年南昌府学重刊宋本《十三经注疏》本。
② [唐]李鼎祚:《周易集解》卷八引荀爽语,《文渊阁四库全书》本。
③ [唐]孔颖达:《周易正义》卷六,阮刻《十三经注疏》本,北京:中华书局,1980年影印。

以风为象。全卦以风雷交助为象,"雷动风行,二者相成"①,拟画事物之间相得益彰之情状。该卦旨在阐发"损上益下"之道,并强调君子修身应"见善则迁,有过则改"②,增益己德。

第四十三,夬(guài)卦。

该卦形由乾(☰)与兑(☱)组成。下卦"乾"以天为象,上卦"兑"以泽为象。全卦以泽上于天为象,泽水蒸发上天,决然成雨,滂沱而下,拟画决断事情之情状。该卦旨在告诫世人:当事物矛盾空前激化之际,应当机立断,以正压邪,果决处置龌龊小人,绝不心慈手软。

第四十四,姤(gòu)卦。

该卦形由巽(☴)与乾(☰)组成。下卦"巽"以风为象,上卦"乾"以天为象。全卦以天下有风为象,"风行天下,则无物不遇"③,拟画事物相遇之情状。该卦旨在阐发事物之间(尤其是人与人之间)的遇合之道,竭力反对不守礼法、不讲原则的苟合。

第四十五,萃(cuì)卦。

该卦形由坤(☷)与兑(☱)组成。下卦"坤"以地为象,上卦"兑"以泽为象。全卦以泽上于地为象,泽处低洼,水潦归之,万物丛生,拟画事物会聚的场景。该卦着重阐发会聚之道,强调人与人之间必须"聚以正道",顺从自然规律。

第四十六,升卦。

该卦形由巽(☴)与坤(☷)组成。下卦"巽"以木为象,上卦"坤"以地为象。全卦以地中生木为象,树木生于地,得阳光雨露,从小到大,不断长高,拟画事物逐步上升之情状。该卦旨在告诫世人:为人处事应严格遵循客观规律,顺行其德,不断积累小善,才能上升到崇高而伟大的精神境界。

第四十七,困卦。

该卦形由坎(☵)与兑(☱)组成。下卦"坎"以水为象,上卦"兑"

---

① [唐]李鼎祚:《周易集解》卷八引郑玄语,《文渊阁四库全书》本。
② [唐]孔颖达:《周易正义》卷六,阮刻《十三经注疏》本,北京:中华书局,1980年影印。
③ 同上。

以泽为象。全卦以泽无水为象,大泽因漏水而干涸,生活于其中的鱼虾虫草也无所适存,拟画事物陷入的困境。该卦旨在揭示摆脱困境的原则与方法,并劝勉世人:身陷困境也应不失中和之德行,即便捐躯丧命,也要成就名节与志向。

第四十八,井卦。

该卦形由巽(☴)与坎(☵)组成。下卦"巽"以木为象,上卦"坎"以水为象。全卦以木上有水为象,"桔槔引瓶,下入泉口,汲水而出"①,拟画汲取井水之场景。该卦热情洋溢地赞颂水井养人而不穷的德性,喻示君子应秉承井德,修身洁己,广施恩泽,惠及百姓。

第四十九,革卦。

该卦形由离(☲)与兑(☱)组成。下卦"离"以火为象,上卦"兑"以泽为象。全卦以泽中有火为象,熊熊烈火在水泽中燃烧,大有泽不干涸火不熄灭之势头,喻示"二物不相得,终宜易之"②。该卦旨在强调变革是推动事物发展(尤其是人类社会发展)的巨大动力,并指出改革成功的关键是抓准机遇,顺天应人。

第五十,鼎卦。

该卦形由巽(☴)与离(☲)组成。下卦"巽"以木为象,上卦"离"以火为象。全卦以木上有火为象,木柴顺着火势徐徐燃烧,鼎在其间,呈现烹饪食物之景况。该卦通过阐述鼎器的功用,揭示养德养身、治家治国之道,强调君子以正位守命。

第五十一,震卦。

该卦形由八纯卦震(☳)重叠而成。震为雷,全卦以响雷叠连为象,巨雷滚滚,接连而来,声震天地,拟画事物震惧的情态。该卦旨在警示世人要敬畏天威,修身省过,谨言慎行,方能化危为安,免祸致福。

第五十二,艮卦。

该卦形由八纯卦艮(☶)重叠而成。"艮"以山为象,以止为义。全卦以两山重叠为象,山上有山,山压着山,拟画事物被抑止之情状。该

---

① [唐]李鼎祚:《周易集解》卷十引郑玄语,《文渊阁四库全书》本。
② [唐]李鼎祚:《周易集解》卷十引崔憬语,《文渊阁四库全书》本。

卦旨在阐发"时止则止,时行则行,动静不失其时"的道理,强调要抑止邪欲妄行。

第五十三,渐卦。

该卦形由艮(☶)与巽(☴)组成。下卦"艮"以山为象,上卦"巽"以木为象。全卦以山上有木为象,树木植于山,逐渐长大,拟画事物渐进发展之情状。该卦旨在揭示"物进宜渐"的道理,并强调君子要逐渐积累贤德懿行,改善世风民俗。

第五十四,归妹卦。

该卦形由兑(☱)与震(☳)组成。下卦"兑"以泽为象,上卦"震"以雷为象。全卦以泽上有雷为象,大泽之上,巨雷轰响,拟画少女出嫁场面之壮观。该卦旨在揭示天地阴阳交合之道,强调君子要始终守正而不淫佚。

第五十五,丰卦。

该卦形由离(☲)与震(☳)组成。下卦"离"以电为象,上卦"震"以雷为象。全卦以雷电皆至为象,电闪雷鸣,拟画事物势大威猛之状态。该卦阐发了处丰的原则,警示人们丰盈不忘亏空,并强调执法者既要凭借法的威力,又要体察下情,才能公正地断案施刑。

第五十六,旅卦。

该卦形由艮(☶)与离(☲)组成。下卦"艮"以山为象,上卦"离"以火为象。全卦以山上有火为象,火在山上燃烧,其势非长久也,拟画行人居无定所、四处漂泊之情状。该卦旨在阐发旅行期间应谦柔恬静,顺应环境,"客随主便",然也要持中守正,不改平生志趣的道理。

第五十七,巽卦。

该卦形由八纯卦巽(☴)重叠而成。"巽"以风为象,以入为义。两巽叠加,犹如惠风阵阵相随,无所不至,无所不顺,凸现事物互为顺从之情状。该卦旨在阐发顺从之道,主张阴柔顺从阳刚,下级服从上级,强调谦卑自律、守正不阿才能有所作为。

第五十八,兑卦。

该卦形由八纯卦兑(☱)重叠而成。"兑"以泽为象,以悦为义。两兑叠加,犹如两泽相通,水流汇合,彼此"交相浸润,互有滋润"①,拟画事物之间欢欣雀跃之场景。全卦旨在阐发善处欢悦的原则(顺天应人,守持正道),以及具体做法(悦于身先任劳,悦于奔赴危难,悦于朋友讲习)。

第五十九,涣卦。

该卦形由坎(☵)与巽(☴)组成。下卦"坎"以水为象,上卦"巽"以风为象。全卦以风行水上为象,风吹水面,荡起层层波纹,拟画事物涣散的情状。该卦从分析事物的涣散现象入手,揭示散与聚二者之间既对立又统一的关系,彰显"形散而神不散"的事物本质。

第六十,节卦。

该卦形由兑(☱)与坎(☵)组成。下卦"兑"以泽为象,上卦"坎"以水为象。全卦以泽上有水为象,水入沼泽,一旦泽满则有溃堤之患,昭示事物发展过程中必须有所节制的道理。该卦旨在强调适当的节制利国利民,对社会的健康发展大有裨益。

第六十一,中孚卦。

该卦形由兑(☱)与巽(☴)组成。下卦"兑"以泽为象,上卦"巽"以风为象。全卦以泽上有风为象,风行泽上,无所不周,拟画诚实守信之德泽广被天下万物之情状。该卦旨在强调"内心笃守诚信"的重要性,并展示了"信"与"无信"在日常社会生活中的种种表现及其结果。

第六十二,小过卦。

该卦形由艮(☶)与震(☳)组成。下卦"艮"以山为象,上卦"震"以雷为象。全卦以山上有雷为象,巨雷在山上轰响,其声稍微超过平常,拟画事物发展过程中"小有超过"的情状。该卦旨在说明:治国理政必须坚持正确的方向与原则,然在坚持原则的前提下,有时为了妥善处理琐碎细事,也允许稍有过越;换言之,就是原则性与灵活性二者达到有机的统一。

第六十三,既济卦。

该卦形由离(☲)与坎(☵)组成。下卦"离"以火为象,上卦"坎"

---

① [宋]程颐:《周易下经传》卷八,元刻本。

以水为象。全卦以水在火上为象,火焰在水下燃烧,拟画烹煮食物之情状,象征事物已臻成功(或云:水在火之上,而水能灭火,抑止灾难,预示其事必成)。该卦旨在警示世人不要耽于成功的喜悦,应防患于未然。

第六十四,未济卦。

该卦形由坎(☵)与离(☲)组成。下卦"坎"以水为象,上卦"离"以火为象。全卦以火在水上为象,"火性炎上,水性润下,虽复同体,功不相成"[1],即不能烹饪食物,拟画事未竟之窘态。该卦旨在强调在事未成之时,应审慎辨物,奋发进取,各显神通,促其成功。

第三节　象数的基本概念与体例

22. 什么是"爻象"与"卦象"？二者关系如何？

在《周易》中,"爻"是构成八卦乃至六十四卦的基本因素,其表现形式有两种:一为单一长横道"—";二为两段短横道"– –"。前者为阳爻,后者为阴爻。每三爻构成一卦,计有八卦。八卦中每两卦相重,共得六十四卦;每卦则有六爻,合计三百八十四爻。在易学中,所谓"爻象",是指某一卦某一爻的象征。具体地说,是指三百八十四爻各自特定的象征事物及其象征意义。换言之,诸爻之象并非专指各自特定的符号(即长或短横道),还因各爻自身性质(或阴爻或阳爻)的不同,及其在各卦中所处位置的不同,而呈现出各种不同的状态,即象征。其具体表现为:一是爻位的等级象征。《周易》六十四卦,每卦六爻由下至上排列,依次称为初爻、二爻、三爻、四爻、五爻、上爻(若六爻皆为阳爻,则依次名曰初九、九二、九三、九四、九五、上九;若六爻皆为阴爻,则依次名曰初六、六二、六三、六四、六五、上六)。如此位序,喻示了事物从萌生到发展、从低级到高级的全过程,象征事物在其发展的各个阶段所处的不同地位。二是爻位的"三才"或"三极"象征。《周易·系辞下》云:"《易》之为书也,广大悉备:有天道焉,有人道焉,有地道焉。兼

---

[1] [唐]李鼎祚:《周易集解》卷十二引侯果语,《文渊阁四库全书》本。

三才而两之,故六;六者,非它也,三才之道也。"《周易·说卦》亦云:"昔者圣人之作《易》也,将以顺性命之理。是以立天之道曰阴与阳,立地之道曰柔与刚,立人之道曰仁与义。兼三才而两之,故《易》六画而成卦。"是谓八卦的三爻,乃天、地、人三才的象征;而由八卦相重而成的六十四卦,每卦六爻则兼具天地人三才的象征,即初爻、二爻为"地"位,三爻、四爻为"人"位,五爻、上爻为"天"位。《周易·系辞上》则把"三才"称为"三极",说"六爻之动,三极之道也",三极也指天、地、人。三是爻位的"得正"与"失正"象征。每卦六爻中,凡居初、三、五爻位为奇位,属阳位;二、四、上爻位为偶位,属阴位。《易》例,凡阳爻居阳位,阴爻居阴位,称"得位""得正""当位";反之,凡阳爻居阴位,阴爻居阳位,则称"失位""失正""不当位"。得正之爻,象征事物沿"正轨"运行,进展顺利;失正之爻,象征背离"正轨",寸步难行。四是爻位"中"的象征。《易》例,六爻位序中,凡处在二爻位与五爻位,均称为"中",象征事物居中不偏的状态;如果阳爻居五位,阴爻居二位,则是既正又中,称为"中正",象征事物尽善尽美。五是爻位的"承""据""乘""应"象征。《易》例,凡下爻依傍上爻,叫"承",多指阴爻承接阳爻,象征位卑者顺从、承奉位高者;凡阳爻居阴爻之上,叫"据",象征位尊者居高临下,有恃无恐;凡上爻凌驾下爻,叫"乘",多指阴爻居阳爻之上,象征卑贱者欺凌、压抑高贵者;凡居卦中六爻,上下两两爻相感应,叫"应",即初爻与四爻对应,二爻与五爻对应,三爻与上爻对应,象征事物矛盾的两个方面相互对立、相互依存的关系。

至于卦象,是指八卦或六十四卦中某一卦的象征。具体地说,是指八卦或六十四卦各自特定的象征事物和象征意义。换言之,所谓卦象并非仅指八卦的三画的卦形符号或六十四卦的六画的卦形符号,还指涵藏其中的自然界和人类社会发展过程中的种种象征。它与爻象的关系,是整体与局部、全体与个别的关系。爻象所呈现的是某一卦中某一爻具体的象征,卦象所呈现的是某一卦整体的象征。故卦象在反映客观世界的广度与深度方面,远非爻象所能比拟。《周易》的作者为了帮助人们理解卦象、爻象,特作《象传》。《象传》分《大象传》《小象传》。总释一卦之象者,曰大象。如《坤》卦之《大象》曰:"地势坤,君子以厚德载物。"专释一爻之象者,曰小象。如《坤》卦初六爻《小象》曰:"初六履霜,阴始凝也;驯致其道,至坚冰也",六二爻《小象》曰:"六二之动,直以方也;不习无不利,地道光也";六三爻《小象》曰:"含章可贞,以时发也;或从王事,知光大也";六四爻《小象》曰:"括囊无咎,慎不害也";六五爻《小象》曰:"黄裳元吉,文在中也";上六爻《小象》曰:"龙战于野,其道穷也"。概言之,大象、小象分别从卦、爻所示之象,通过想象解释推论人事的变化①,而这正体现了卦、爻象本身所具有的象征意义。

23. 理解《周易》"象数"应该掌握哪些基本概念与范畴?

在中国易学研究史上,"象数""义理"始终是治易的两种重要方法。而要正确理解《周易》的"象数",首先要弄清什么是象数,什么是义理;其次要理顺"象"与"数"二者之间的关系,同时要理清有关象数的一些概念与范畴。

什么是象数?顾名思义,象数就是象与数的合称。所谓象,已如上述,就是卦象、爻象,即八卦、六十四卦的卦的卦象及三百八十四爻的爻象,在概念上含有征象、形象、象征的旨趣;所谓数,就是筮数,也即阴阳奇偶之数。故《周易》象数,也即八卦、六十四卦的卦象及三百八十四爻的爻象,与阴阳蓍策之数的合称。而义理就是根据象数而引发出来的道理。象与数本来是不可分的。象的显现本身即意味着数的存在,而数的意指亦与象的显现合一。随着易学占卜之术的发展,象与数遂有了区分。《左传》僖公十五年:"龟,象也;筮,数也。物生而后有象,象而后有滋(滋长),滋而后有数。"杜预注曰:"言龟以象示,筮以数告;象数相因而生,然后有占。"按照这种看法,则象在先而数在后。这种观点是符合人的一般认识规律的。人的认识是一个由具体到抽象的过程。数在最初是与具体的形象密不可分的。随着抽象水平的发展,数才脱离了有形物体而成为"形而上"的东西。《周易》通过观察物质世界的种种现象,从而创造出卦象来作为宇宙信息的符号代表,又通过一

---

① 见《辞源》,北京:商务印书馆,1981年。

定的数的推演而求得某一卦象,以提取一定的信息,作为行动遵循的依据。当获得了卦象之后,占卜之人又根据其符号象征的原则,结合社会人事问题进行解释,于是有了义理。这就是由数取象,由象得旨。当然,就易学本身的发展而言,数从象分化,并不意味着两者彻底分道扬镳。事实上,它们在占筮者那里又被互相转换,以提供必要的信息。《周易·系辞上》曰"极数知来之谓占",又曰:"参伍以变,错综其数;通其变,遂成天地之文;极其数,遂定天下之象。"《周易·说卦》曰:"昔者圣人之作《易》也,幽赞于神明而生蓍,参天两地而倚数,观变于阴阳而立卦,发挥于刚柔而生爻,和顺于道德而理于义,穷理尽性,以至于命。"这些话都表明,当先民们从物象抽取出数的概念并能够根据奇偶("参天"一、三、五为奇,"两地"二、四为偶)特性加以演算的时候,数便反过来成为筮者获取卦象的准绳。①

必须强调的是,在我国先民那里,无论是用"象"还是用"数"进行占卜,其最终目的都是揭示义理,为自己未来的行动作决策;然二者占卜的方法及决策的依据毕竟不同,这是研《易》者必须注意的。孔颖达《左传正义》曰:"卜之用龟,灼以出兆,是龟以金、木、水、火、土之象而告人。筮之用蓍,揲以为卦,是筮以阴阳蓍策之数而告人也。"这就表明:在春秋时期,用龟占卜者,其决策的依据是五行之象;用蓍占筮者,其决策的依据是阴阳之数。阴阳五行是时人卜筮的两大理论杠杆。而到了战国时代,易学发展的标志是解《易》专著——《易传》的出现。为了完善易学的理论体系,《易传》解《易》不仅继承了孔子的传统学风,将《周易》进一步哲理化,而且吸收了道家和阴阳家的天道观,突出了阴阳五行学说在解经过程中的作用,以至进入汉代,出现了以阴阳五行思想为主导的易象数学派,其代表人物是孟喜、焦赣、京房。他们解经不仅从"象"与"数"出发,从中发掘六十四卦极为丰富的义蕴,而且以阴阳灾变说、卦气说、五行说、纳甲说等诸种新学说来阐释《周易》经传文,这就大大丰富了六十四卦的卦义和内容,同时使占筮之术更加灵活

---

① 参见詹石窗、连镇标:《易学与道教文化》,福州:福建人民出版社,1995年,第58、63页。

多样,更便于比附人事之吉凶,更能多层次地解释错综复杂的社会现象和自然现象,因而显得更"灵验"。孟京学很快就赢得了世人的信任,在社会上广泛流传开去。从此,易象数学在中国封建社会里一直绵延不绝,大放光芒。

24. 什么叫"参天两地""四营之数"?

"参天两地",为易卦立数之义。它源于前引《周易·说卦》:"昔者圣人之作《易》也,幽赞于神明而生蓍,参天两地而倚数,观变于阴阳而立卦,发挥于刚柔而生爻,和顺于道德而理于义,穷理尽性,以至于命。"这段话阐述了圣人创作《周易》的全过程:起始,默默祷告于神明而自然界就生出蓍草以供占筮;继之,利用天的"三"数与地的"两"数建立起《周易》的数字体系;再之,观察天地阴阳的变化而创立《周易》的诸卦;最后,发散卦中刚柔两画而产生《周易》变动不居的诸爻。其中"参天两地而倚数"句,说的就是《周易》立数的过程。下面详析之。

所谓"参天",即"三天"(参,三也),就是指"一"至"五"这五个"生数"当中的三个奇数"一""三""五",其和为九;所谓"两地",就是指五个"生数"当中的两个偶数"二""四",其和为六。因生数之中奇数之和为九,偶数之和为六,故《易》以"九"代表阳爻,以"六"代表阴爻。又据马融、王肃之说,生数止于"五",以此为本,加一为六,加二为七,加三为八,加四为九,于是蓍数因之而成,也谓之成数。成数因生数而立。而在《周易》中,"七、八、九、六"之数分别代表"阴阳老少":"九"为老阳,"六"为老阴,"七"为少阳,"八"为少阴。阳极变阴,阴极变阳,故逢"九"变"六",逢"六"变"九",而遇"七""八"则不变。[①]

另有一说,"参天两地而倚数"的"参""两"并非实指,而是分别指代奇数、偶数,也就是说"参"指代奇数,"两"指代偶数。如晋韩康伯《周易注》曰:"参,奇也;两,耦(按,即偶)也。七、九,阳数;六、八,阴数。"唐孔颖达《周易正义》曰:"生数在生蓍之后,立卦之前,明用蓍得

---

① 参见詹石窗、连镇标:《易学与道教文化》,福州:福建人民出版社,1995年,第64—65页。

数而布以为卦,故以'七、八、九、六'当之。'七、九'为奇,天数也;'六、八'为耦,地数也。故取奇于天,取耦于地,而立'七、八、九、六'之数也。何以'参两'为目'奇耦'者?盖古之'奇耦'亦以'三两'言之,且以'两'是耦数之始,'三'是奇数之初故也。不以'一'目'奇'者,张氏云:'以"三"中含"两",有一以包两之义,明天有包地之德,阳有包阴之道。'故天举其多,地举其少也。"如此,"参天两地而倚数"谓采取天地奇偶之数创立《周易》的数字体系。

四营之数,则是指在《周易》占筮中,经过大衍数的四次推算(即50根蓍草的分组排列处理)而得到的六、七、八、九这四个数。据《周易·系辞上》载,其具体程序(也即演数得卦的过程)为:

大衍之数五十,其用四十有九。分而为二以象两,挂一以象三,揲之以四以象四时,归奇于扐以象闰;五岁再闰,故再扐而后挂……天数五,地数五,五位相得而各有合。天数二十有五,地数三十,凡天地之数五十有五。此所以成变化而行鬼神也。乾之策二百一十有八,坤之策百四十有四,凡三百有六十,当期之日。二篇之策,万有一千五百二十,当万物之数也。是故四营而成易,十有八变而成卦,八卦而小成。引而申之,触类而长之,天下之能事毕矣。

所谓"衍",就是演。因筮法乃是推演天地运行之数而得,天地乃域中至大,故称"大衍"。前人所谓"天地之数",乃是指10个奇偶数。1、3、5、7、9,其和25;2、4、6、8、10,其和30。两者相加等于55,故《易大传》称"凡天地之数五十有五"。但"大衍之数"为什么又仅用50呢?前人的解释各不相同。或以为50之数系由太极、两仪、日月、四时、五行、12个月、24个节气之数相加而得;或以为大衍之数即天地之数,因传写之误,于"五十"之后脱去"有五"两字,故为50。我们以为,大衍之数比天地之数少了5,乃是出于一种对"生数"(1、2、3、4、5)的景仰观念。因生数有大化之德,故尊之,虚而不用,于是大衍之数便比天地之数少了5。在虚了5数之后,为什么又说"其用四十有九"呢?这是因为古易家以为八卦未分之前乃是一个"太极",太极不动,所以又把50根蓍

草挂起一根以象征太极。如此,则实际使用的蓍草只有49根。① 至于如何"四营而成易",三国陆绩据《易·系辞上》阐析为:

> 分而为二以象两,一营也;挂一以象三,二营也;揲之以四以象四时,三营也;归奇于扐以象闰,四营也。谓四度营为,方成易之一爻者也。

是说将49根蓍草任意分为两份,左右手各执一份,借以象征天地(或曰阴阳两仪),这是第一营;从右手所执蓍草中取出1根,夹在左手小指间,借以象征天地人三才,这是第二营;以4根蓍草为一束,分别计数左右手所执的蓍草,借以象征一年四季,这是第三营(具体地说,是"以四策为除数,一次次地减除右手所握的一把蓍策。除到最后有四种可能的后果:剩下一策,或剩下二策,或剩下三策,或正好整除,算剩下四策。除完右手的一份,再用同样的方式除左手所握的一把蓍策")②;分别把左右手剩余的蓍草夹在各自的中指与无名指之间,然后把两手剩余的蓍草合并在一起,借以象征闰月,这是第四营。经过这四营,易的一爻才得以形成。

---

① 参见詹石窗、连镇标:《易学与道教文化》,福州:福建人民出版社,1995年,第65—66页。
② 参见詹鄞鑫:《八卦与占筮破解》,郑州:中州古籍出版社,1991年,第30—31页。

第三章 《周易》图式要略

第一节 易图与象数学派

25. 易图之学是怎样兴起与发展的?

易图之学,是宋代兴起的以各种象数图式来解释《周易》原理的学说。之所以兴起,原因是多方面的。首先,这是象数派与义理派相互排斥又渗透融合的结果。《四库全书总目》将易学分为两派六宗,两派指象数派、义理派,六宗指占卜宗、禨祥宗、造化宗、老庄宗、儒理宗、史事宗。六宗实际上可归属于两派。其中,象数派从数(阴阳奇偶之数、九六之数、大衍之数、天地之数等)或象(卦爻象、八卦之物象等)的角度来解说《周易》之《经》《传》文义,以推测宇宙事物的关系与变化。义理派则侧重从卦名、卦体和卦德来解释《周易》,注重阐发《周易》的经义名理和哲理内涵。易学象数、义理两派的分野发轫于《易传》,成熟于汉魏。汉人解《易》,离不开象和数。西汉孟喜以卦气讲象数;其后焦赣、京房等讲阴阳灾异,使象数学流于禨祥吉凶之术。东汉易学重经注疏,参之以卦变、互体等方式解《易》。发展到东汉末年,汉代象数易学泛滥至极,由盛转衰。魏代王弼认识到汉代象数的种种不足,提倡得意忘象,一扫汉易象数而以义理解《易》,义理易学应运而起。由此,两大派鼎立之势遂成。到了唐代,孔颖达奉命撰"五经正义",其中的《周易正义》以王弼之注为基础,进行了大量的扩展性疏证,这又把义理之学引向另一个烦琐极端。如何还原《周易》本身象数、义理并重的基调,成为当时学者思考的问题。以图像作为表征义理的符号,有其学科发展的内在必然性。其次,道教学说成为易图之学兴起的重要推力。宋代河图洛书、先天图、太极图等易图,就渊源而论,可远溯于汉代"丹经王"《周易参同契》。汉魏以来,"太易、黄老、炉火"之学的掺杂在道门中世代相袭,道教学者对丹经的诠释已经出现了诸多的图像,这为大《易》图书之学提供了很好的借鉴。可以说,易图之学的勃兴,既是易学内在的象数、义理矛盾运动的一种体现,也是儒家学者、道教学者思想交锋与融通的产物。

宋代易图之学,始于陈抟。《宋史·艺文志》载陈抟《易龙图》一卷,《宋文鉴》保留有陈抟的《龙图序》一文。龙图,即龙马负图,也即当今所见的黑白点河图、洛书。《龙图序》认为,龙图肇始于伏羲时代,反映三个变化阶段:天地未合之数、天地已合之位和龙图天地生成之数。其中天地未合之数代表天地未交的状态,天地已合之位代表天地相交而生成万物,龙图天地生成之数则用以表征和暗示天地万物运行规律。

陈抟之学授种放。种放之后,易图之学分而为三:一支为种放以河图、洛书传李溉,溉传许坚,坚传范谔昌,谔昌传刘牧;一支为种放以太极图传穆修,修传周敦颐,颐传程颢、程颐;一支为种放以先天图传穆修,修传李之才,之才传邵雍。此为南宋朱震所述的易图传授谱系,大致可勾勒北宋易图发展脉络,但仍有不足,如卦变图实亦是易图的重要组成部分,有着重要影响,不可或缺。

河图、洛书之名虽然见于先秦,但长期以来却有其名而无其象。宋代刘牧得道门一系秘传,推衍象数,他不遵汉易象数注疏经传的考据训诂作风,一变陈抟之龙图为河图、洛书,导引人们以易图探寻天地万物运行之道,开启了河图、洛书黑白点的时代。刘牧以总数五十五为洛书,以总数四十五为河图。因为五十五数乃是一至十的累加,所以"洛书之数"简称"书十";而四十五乃是一至九的累加,所以"河图之数"简称"图九"。刘牧认为,河图、洛书皆出于伏羲之世,圣人则河洛而为八卦。河图有中五无中十,土数未全,故只陈四象、八卦,未入于形器,属于形而上。洛书生成数全,五行已生,已入形器,属于形而下。刘牧的河洛学说引起巨大反响,王湜、朱震、朱元升、李简、薛季宣等人相继追随。朱熹、蔡元定等亦对河洛多有阐述,著《易学启蒙》发明河洛之旨。

与刘牧河九、洛十不同的是,朱、蔡二人以为图十、书九,由于朱氏学说后为官方版本,图十、书九遂成流行说法。元代河洛黑白点变成旋毛状,传承朱、蔡之河洛学说者多。至清代汉学复兴,河洛之说被质疑,考据训诂之下无完卵,攻评之声不断。黄宗炎、胡渭、毛奇龄纷纷批评。而李光地、胡煦、江永等力挺河洛之说,阐发河洛精蕴。以至于今,人们结合西洋数学等,对河洛重加解析,亦使河洛学说绵延不绝。

"太极图"经宋代周敦颐倡明而名于世。周敦颐用多圆组成的太极图,希望形象地表现宇宙生成过程:由无极而太极。太极动而生阳,动极而静,静而生阴。分阴分阳,阳变阴合而生水火木金土,五气顺布,四时行焉。二气交感,化生万物。朱熹改动太极图第二圈黑白轮,并将阳动置下,遂为现通行之周氏太极图。林至则用黑白相间的图像分别表示太极、两仪、四象、八卦的分化过程。周氏太极图,不仅在易学内容上以象数来表现易学的宇宙变化之理,还在方法上激起了人们把太极阴阳八卦融于一图的渴望,如明代出现赵撝谦《六书本义》之"天地自然之图"、赵仲全《道学宗主》之"古太极图"。天地自然之图和古太极图,是一种阴阳鱼式的太极图,皆以一圆表示,内含阴阳两仪,外附八卦,较之周氏太极图简明而意赅。明代来知德吸取先天学和河洛学说,发明来氏太极图,亦多有创新之意。现今流传较广者,是阴阳鱼太极图。

"先天图"为邵雍所倡,见于后人张行成著作和朱熹《周易本义》卷首。张行成谓其有十四图,朱子所载为伏羲八卦次序图、伏羲八卦方位图、伏羲六十四卦次序图和伏羲六十四卦方位图共四图。先天图是邵雍根据太极、八卦、六十四卦的衍生进路而排定的图式,其间蕴含有天地之数、方圆之数和体用之数,反映了象数的统一,体现了邵雍以象数为主的易学旨归。朱熹对黑白阴阳仪予以扩展,创制成横图,其扩展体式称为"一分为二"法。朱熹解释圆图与横图关系,指出把横图中分并拗转,即围成圆图,比如先将六十四卦作一横图,则复、姤卦正在中间。先自复而行以至于乾围成半圆,然后自姤而顺行以至于坤又围成半圆,两半圆便成一圆图。南宋之后,先天图及先天学在易学中占据重要地位,崇尚先天图和先天学者不乏其人。宋末元初的胡方平、胡一桂、吴澄等人皆因袭朱说。然朱子此解，却遭到清儒王夫之、黄宗炎、毛奇龄、胡渭等人的抨击。毛奇龄认为，朱熹的"先天图"卦画烦冗，卦位不合，卦数杜撰而无据。毛氏针对朱熹所传的"先天图"列了八大罪状，其言辞之激烈无以复加。

"卦变说"是汉代注经诠释中的一种理论，而"卦变图"则是宋儒以图像表现卦变说的一种形式。卦变图始见于李之才（字挺之）。其图有二，一是变卦反对图，二是六十四卦相生图，两图蕴含了李氏先天卦变的旨趣。朱熹虽在李挺之卦变图上修改而成，却着眼于变占而落入"之卦"卦变。俞琰融合汉代消息卦变之形式而植于先天易的思想根柢，创作"先天六十四卦直图"，引易道入丹道，易丹互诠，既直陈卦变的先天意蕴，又开启卦变的修身实践之途，构建了先天卦变的人体学。清代多引用前人卦变图，重于卦变图的考据、解说，发明创造者稀少。总的来说，卦变图对于易学史有两大贡献：第一，从卦卦关系的表现形式及意义看，卦变图突破了以往卦卦关系为单纯文字而无图的表现形式。对于卦与卦内在的阴阳变化关系，卦变图有着文字无以达到的优势，特别是对于《周易》的卦爻象和卦爻辞关系有重要解释意义。第二，卦变图又不专注于解经，它突破了往昔以卦变为注经目的的樊篱，而重在构建六十四卦的卦卦关系，拓展了易学理论和视域。卦变图有若家庭之血缘或亲情之纽带，正是由于这纽带，六十四卦的易学家庭才更加亲密地成为一整体。

26. 易图之学与象数派关系如何？

象数派有广义和狭义之别，狭义的象数派是指以卦爻象数解经的派别，主要指荀爽、虞翻等为代表的汉易象数派。广义的象数派，指一切运用象数注《易》的易学；实际上，除汉易象数派之外，还有图书派，这是宋代兴起的以各种象数图式来表征《周易》原理的派别，是广义象数派的一个分支。

这里所述的易图之学与象数派的关系，主要是指易图之学与汉易象数派之间的关系。首先，二者目的不同。汉易象数派重在解释卦爻辞的多重象征旨趣；宋易图之学重在表征易学卦象的本初状态，进行符号推演。两汉时期经学兴起，经学大家多利用考据、训诂等方式对《周易》经传进行注疏。从这个角度说，汉易象数派起源于当时以考据训诂为特色的经学。其间，卦爻象与卦爻辞之间的关联成为解释的重点。在汉易象数派看来，卦爻辞与卦爻象之间是存在某种必然联系的。因而，汉易象数派必须说明卦爻辞之所以为此而不为彼的内在卦爻之象。宋代图书之学，在此方面对汉易象数学有超越之处。图书之学的主体需求不在于解经，而在于探索卦与卦、卦与爻之间的内在关系，并以此探寻易学作用于天地万物的结构图式及思想原理。

其次，二者的内容特征也不同。汉易象数立足于《周易》经、传中的象数言辞或卦爻符号，尽管亦有所引申，比如汉易学家针对八卦卦象代表的自然物景，已对《说卦传》的卦象所代表事物作了演绎类推，但实际并未超越经传象数的樊篱。当然，并非汉代所有的易学家的易学都只是为了注经，若孟喜、京房易学将《周易》入于阴阳灾异，一变而为术数之用，此与汉易中其他注经象数者有所区别；但就汉代主流的象数易学家来看，是象数乃专在象数，而不侧重于揭示卦爻背后的义理，甚至有意识地划清象数派与义理派的界限。宋图书之学，其中有太极图、河图洛书、先后天图、卦变图等，皆已超出《周易》经传文辞的束缚，而索取图书象数背后的义理旨趣，是象数而不专在象数，乃是融合象数与义理派思想。

最后，二者所运用的象数形式、手段也不一样。汉易注经，竭力透析卦爻象的结构特点来理解卦爻辞，从而形成一系列的象数体例。朱熹就对汉易中这一现象有过总结："汉儒求之《说卦》而不得，则遂相与创为互体、变卦、五行、纳甲、飞伏之法，参互以求，而幸其偶合。"①所谓"互体"，指的是一个重卦中的二至四爻或三至五爻，构成新卦，因为两个三画卦共同存在于该六画重卦中，像连体婴儿一样，故有此名称。如《震》卦九四爻辞称"遂泥"，这是因为这个六画卦中的三至五爻构成了三画的坎卦，"泥"中有水，故谓之"遂泥"。由互体又衍生出伏体、反体

---

① [宋]朱熹：《杂著·易象说》，《晦庵先生朱文公文集》卷六十七，《朱子全书》第23册，上海：上海古籍出版社、合肥：安徽教育出版社，2002年，第3255页。

等。所谓"伏体",即与原卦之阴阳属性相对的卦。如《同人》之《彖》辞称"大川",是就下体离卦所伏坎卦之象说的,坎卦本象是水,"大川"是具体的水,由此可知其中埋伏着坎卦。"反体",即把一个卦颠倒过来而形成的卦。如《鼎》卦初六爻称"妾",是因下体巽卦的符号正好与兑卦符号相反,故而借兑卦初爻之"妾"为象。由此延伸于数的运用。汉易主要集中在大衍之数,以之用于筮策,借助卦象变化以占问吉凶,而对于天地之数的运用等却论述不足。

图书学的象数,或以某一或某些数量的大圆、小圆、黑白点等形状来表现,或以八卦阴阳图来展示。图书学的数与象是一体的,象是内含一定数的象,数是展示一定象的数。两者协同,以直观形象的手法表现了太极、阴阳、四象、八卦及万物的生成变化内涵。从它们的状态可以看出象数与义理的融合,而不专注于卦爻象数。图书派和汉易象数派为什么会有这种区别?其原因是多方面的,其中最重要的一点是二者形成的学术背景不同。汉代经学,倡导训诂、考据之类;宋学重义理,阐发微言大义,探寻天地万物本体。这种差异,就催生了不同的易学象数。

汉易象数为了解经,杂糅各种象数体例,其弊彰显,正如朱熹所说,"其说虽详,然其不可通者终不可通,其可通者又皆附会穿凿而非有自然之势"①,因而逐渐衰弱式微。宋图书之学,因其图式象数,遵循义理的逻辑,而成就其生生不息的文化意义,故而受到后世更多的重视而广为流传。

当然,易图之学与汉易象数派并非没有瓜葛。实际上,易图之学是在汉易象数学基础上发展起来的,是对汉易象数学的一种变通。如宋代的太极图,即是对汉易象数太极说的图示,河图、洛书与汉代象数学中的生成数、九宫图也有直接的关联,至于卦变图,也是在汉卦变说基础上总结绘制而出。可以说,没有汉象数易学,也不可能产生如此繁盛的宋易图书学。

---

① [宋]朱熹:《杂著·易象说》,《晦庵先生朱文公文集》卷六十七,《朱子全书》第23册,上海:上海古籍出版社、合肥:安徽教育出版社,2002年,第3255页。

27. 如何理解易图的思维方式？

易图包含着很多思维方式，比如演绎逻辑思维、整体思维、阴阳交易、阴阳变易的辩证思维和直观意象思维等。

演绎逻辑是从某个前提推出结论的推理逻辑。例如先天图，讲究的是八卦或六十四卦生出之序。从其产生来看，实际上就是一个演绎过程。朱熹称其画卦之法，是由黑白两画示两仪，两仪各一分为二成四象，四象再一分为二为八卦，八卦再分至六十四卦。此为"一分为二"演绎法。理论上，我们还可再推，以至七画卦、八画卦……乃至无穷。从先天图运用的角度看，邵氏六十四卦先天图是阳起于《复》、阴起于《姤》的循环反复的卦气图，表明一个事物的终始过程。四时运行、社会人事和历史变更，皆可按此卦气图——推演，如春夏秋冬四季，知春之后必为夏，非待夏来临才知夏。此为邵子"知来者逆"之意，亦是运用演绎推理。卦变图，讲的是卦与卦之间的变化关系，实际上也是从某个卦或某几个卦出发，按照一定的变化规则而推衍六十四卦整个体系，展示的也是演绎逻辑进程。

整体思维是一种以整体系统观点来观照事物的思维。从易图中我们也可以见证这种思维模式。阴阳鱼太极图，浓缩天地万物为一个点，这个点中含阴阳两仪、四象、八卦，表现为整体性结构。周氏太极图，是由无极至万物各圈组合而成的太极图整体，阐述了这个整体系统从无极至形质建构的发生过程，展现了这种过程的特点，即每一个展开的环节都是全过程的一个要素，每一个要素实又依存于整体，并且完整地体现整体的属性、功能，所谓"五行，一阴阳也；阴阳，一太极也"[①]。用朱熹的话来说，这就是"物物一太极"，各环节各要素与整体是理一分殊的关系。因而，整体与各要素之间的关系，就不仅仅是整体与部分的关系，还是一般与特殊的关系。换句话说，这样的整体性，是一般与特殊的整体性。

易图还体现阴阳交易、阴阳变易的辩证思维。阴阳交易，是指对立

[①] [宋]周敦颐著，陈克明点校：《周敦颐集》，北京：中华书局，1990年，第5页。

的阴阳两极间的相互吸引、交感。阴阳变易,指阴阳之流行变化,强调阴阳之间的彼此消长。先天八卦图,左右各四卦,阴阳相错,阳起震,阴起巽,阴阳一消一息,在变易过程中交合,因其互根而平衡。太极图为阴阳黑白图式,体现的亦是阴阳变化之状;阴中有阳,阳中有阴,又呈现阴阳交易。河图、洛书的天地生成数,一阴一阳交合而生五行;天数一片、地数一片,又有阴阳的变化流行。

　　易图还具有直观意象思维特征。意象思维,简言之,就是通过某种形象来表达、说明某种抽象的观念或理则。这种意象思维的载体是某种形象的东西,可以是某种具体的事物,也可以是某种生动具体的符号。作为符号,乃包括能指和所指。能指即符号形式本身,是思维对象的载体。所指即符号内容,是符号所标示的对象。作为直观意象思维的符号能指,常常有符号本身直接标志或模仿的具体形象,一般称为"指示义";在指示义的基础上产生新的符号内容,一般称其为"内涵义"。① 易学的内涵义是以单一或者复合的符号形态彰显出来的。意象思维的作用机制和原理是通过符号象征,引导感受者进入直觉或顿悟,把握意象背后的内涵。因其形象具体,省却推理逻辑,所以意象思维常有直观性特点。中国古代魏晋学说有"言""意""象"之辨,曾提出过"立象尽意"的命题。于易学而言,"象"主要指卦爻象,是一种阴阳爻组合而成的符号;"意"指符号背后的意义。"立象尽意",即通过卦爻象的符号来把握卦爻辞,以得卦爻理义。宋代的易图实际上也是种意象思维。与魏晋采卦爻象不同的是,它采取的是易图符号。太极图、先天图、河图、洛书的图式,本质上是一种符号形象。太极图是黑白阴阳两仪的圆圈符号,先天图是八卦(或六十四卦)的圆圈符号,河图、洛书则是黑白点阵符号。这些易图符号的指示义,都是阴阳的对立和统一。而它们的内涵义,则可为天地万物。作为易图的能指,实是天地自然的运行规律。理解能指的过程就是把握易图符号象征意涵的过程。

---

① 朱伯崑主编:《周易知识通览》,济南:齐鲁书社,1993年,第903页。

第二节 河图、洛书

28. 什么是河图、洛书？经典文献最初的记载是怎样的？

河图、洛书，原为先秦的祥瑞玉器。两汉解之为八卦、九畴或龙马负图、神龟负文的神话传说。宋代又以之为黑白点数阵图。现在的河图、洛书，主要是指宋代用黑白点标示的易学图式。

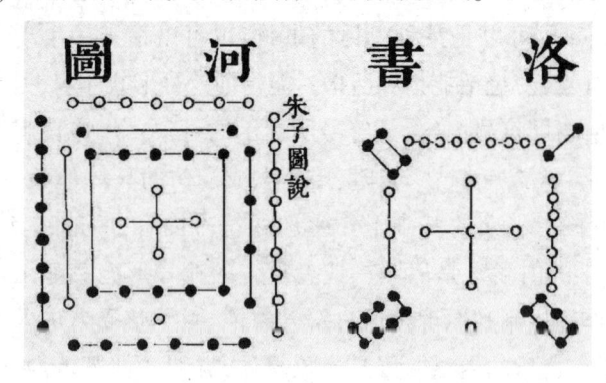

宋代河图、洛书

按照朱熹的看法，河图是总数五十五构成的黑白点易图，有以下几个形式内容特点：第一，总数五十五数。其数分布为一与六共宗而居乎北，二与七为朋而居乎南，三与八同道而居乎东，四与九为友而居乎西，五与十相守而居乎中。其数来源于天地之数，天一地二，天三地四，天五地六，天七地八，天九地十。天数五，地数五，五位相得而各有合。天一加五即地六，故一六共宗；地二加五即天七，故二七为朋；天三加五即地八，故三八同道；地四加五即天九，故四九为友。天数合计二十五，地数合计三十，凡天地之数五十五。《易学启蒙》曰：此河图之全数。① 第二，一二三四居内，六七八九居外；单数白点以象阳，偶数黑点以象阴。第三，河图各方一生一成，五行分布。即北方天一生水，地六成之；南方

---

① [宋]朱熹：《易学启蒙》卷一，《朱子全书》第1册，上海：上海古籍出版社、合肥：安徽教育出版社，2002年，第213页。

地二生火,天七成之;东方天三生木,地八成之;西方地四生金,天九成之;中央天五生土,地十成之。最终形成北水、东木、南火、中土、西金,顺行相生。

洛书是总数四十五构成的黑白点易图。图中黑白点各数排列有序,戴九履一,左三右七,二四为肩,六八为足,五为中央。奇数阳居正,偶数阴居隅。对线两数一九、二八、三七、四六皆合十。纵横数之,又皆十五。

河洛说法,由来已久,但意指何物,众说纷纭,莫衷一是。先秦有些经典文献记录有河洛之辞。如《尚书·顾命》载:"越玉五重:陈宝、赤刀、大训、弘璧、琬琰,在西序;大玉、夷玉、天球、河图,在东序。"《顾命》中所载,是周康王在大庙举行即位典礼时陈列的珍宝贵器,河图与大玉、夷玉并列,大玉、夷玉是玉石,天球应也是玉石球状物,按常理,河图似乎也应为玉石类。

《论语·子罕》云:"子曰:'凤鸟不至,河不出图,吾已矣夫!'"①此为夫子感慨,希望凤鸟至,河图出。凤鸟是一种祥瑞。河图,相传是黄河所出之图,应也是种祥瑞。

《易传》中亦有记录河、洛之辞:"是故天生神物,圣人则之。天地变化,圣人效之。天垂象,见吉凶,圣人象之。河出图,洛出书,圣人则之。《易》有四象,所以示也;系辞焉,所以告也;定之以吉凶,所以断也。""神物",指蓍龟,能窥视天地万物之规律,故谓之"神"。"圣人则之",是指圣人依蓍龟而效法自然。"天垂象",讲天地变化和天象,为显示吉凶的征兆,也是圣人效法之对象。河出之图和洛出之书,既称"圣人则之",那么,应也是某种展示吉凶的自然现象,与《论语》所指祥瑞之意是相符的。

《墨子》卷五《非攻下》称:"赤鸟衔珪,降周之岐社,曰:'天命周文王伐殷有国。'泰颠来宾,河出绿图,地出乘黄,武王践功。"②此言纣王无道,周王伐殷所遇祥瑞景象。绿通箓,是符命之文。河出绿图,即河图,与前面赤鸟衔珪等,乃作为周王伐殷的符命祥瑞之物。

---

① [宋]朱熹:《四书章句集注》,北京:中华书局,1983年,第111页。
② 吴毓江撰,孙启治点校:《墨子校注》,北京:中华书局,1993年,第221页。

《管子·小匡》篇中记载,齐桓公向管仲咨询三代之君治国经验,管仲回答:"夫凤凰之文,前德义,后日昌。昔人之受命者,龙龟假,河出图,雒出书,地出乘黄。今三祥未见有者,虽曰受命,无乃失诸乎?"① 这里,管仲引用昔日君主受命,出现图、书、神马(乘黄)三种祥瑞,说现在三祥都未出现,即使当上了国君,诸侯也不会拥戴的。可见《管子》亦以河图、洛书为祥瑞。

先秦经典文献记载的"河""洛"到底是什么祥瑞之物?自古以来都有着不同的认识。或以为河、洛为宝器,或以为乃上古时代的地图,等等。我们根据这些经典文献的原始记载推测,河图极有可能是黄河里出现的一种带有某种图形的玉石。因其出于黄河,故以"河图"名,而不以玉石名。这正如天球,实乃玉石物体,可能状似圆球,色若天者,故称之"天球"。河图有可能因其为美玉,可以表征吉凶,所以被奉为祥瑞之物。当然,仅据这些文献,我们尚无法确切得出"河图""洛书"具体是什么的结论。对于河、洛究竟是否为宋标榜的黑白点图案,其实既无法证实,也无法证伪。看图,应以理看,合理者取之,否则弃之,而不应纠缠于其源之是非不清。

29. 汉宋之间关于河图、洛书有什么说法?

汉代的河图、洛书大致有二意:一是视河图为八卦,洛书为九畴;二是将河出图、洛出书变成"龙马负图,神龟负文"的神话传说故事。

汉代开河洛说先河者为孔安国。孔安国在《尚书正义·顾命》篇针对"河图"一事曰:"伏羲王天下,龙马出河,遂则其文以画八卦,谓之河图。"孔安国构思了一个伏羲得河图以画八卦的传奇情节,以河图为八卦出现的先导。对于洛书,孔安国在《尚书正义·洪范》篇中解释"天乃锡禹洪范九畴"时提到:"天与禹,洛出书,神龟负文而出,列于背,有数至于九,禹遂因而第之,以成九类。"此为孔氏所构建的夏禹时水中有神龟背负"洛书"的故事,以为洛书就是"洪范"九畴。

孔氏之说,在汉代有一定影响。今存《易纬》余篇中有多处记载了

---

① 黎翔凤撰,梁运华整理:《管子校注》,北京:中华书局,2004年,第426页。

"龙图"之说。《周易乾凿度》云："河图龙出,洛书龟予。"①《通卦验》云："河出龙图,授帝戒曰:帝迹术感,其与侯房精谋。"②汉代刘歆和班固亦认同孔氏之说。刘歆以为："虙羲氏继天而王,受《河图》,则而画之,八卦是也;禹治洪水,赐《雒书》,法而陈之,《洪范》是也。"③班固还进一步指明,《洪范》"初一曰五行"至"畏用六极"凡此六十五字,皆《雒书》本文。东汉儒者王充也承袭此说："说《易》者皆谓伏羲作八卦,文王演为六十四。夫圣王起,河出图,洛出书。伏羲王,河图从河水中出,《易》卦是也。禹之时得洛书,书从洛水中出,《洪范》九章是也。故伏羲以卦治天下,禹案《洪范》以治洪水。"④

汉儒以河图为八卦、洛书为九畴,此说并不可靠。若以河图为八卦,那么先秦《论语》所载孔子感慨"河不出图",即是叹惜八卦未出。而我们知道,孔子时代八卦即已产生,岂不矛盾？《尚书·洪范》九畴指初一曰五行,次二曰敬用五事,次三曰农用八政,次四曰协用五纪,次五曰建用皇极,次六曰又用三德,次七曰明用稽疑,次八曰念用庶征,次九曰向用五福,威用六极。此是箕子向周武王提出的治理国家必须遵循的九条大法。孔安国套在大禹头上,以为这是大禹治水时有神龟负文而得,岂不张冠李戴？先秦古籍未明洛书内容,又何以断定六十五字《洪范》之文归洛书？汉人之所以神化其说,可能是受两汉鼓吹阴阳灾异的谶纬学说的影响。"谶"是预示吉凶的隐语,"纬"是汉代附会儒家经义所作之书。汉人利用谶纬学说,增加河洛的神秘性和感染力。较之先秦,将河洛视为传奇故事,这无疑已跨越了先秦河洛为祥瑞事物的界定。

对于河图、洛书,宋代出现了两种截然不同的看法。一种是肯定图书,并以黑白点数来描绘河图、洛书,用来解释《周易》原理,探寻八卦之源。学术界称之为图书学派,以刘牧、朱熹等为代表。另一种是否定图书,认为八卦产生于观天察地,而与河洛不相干,此说以欧阳修为代表。

---

① 林忠军:《易纬导读》,济南:齐鲁书社,2002年,第110页。
② 同上书,第191—192页。
③ [汉]班固撰,[唐]颜师古注:《汉书》卷二十七,北京:中华书局,1962年,第5册第1315页。
④ [汉]王充:《论衡》,上海:上海人民出版社,1974年,第428页。

图书学派的河图、洛书是黑白点阵的易图,与汉代称图书为八卦、九畴和传奇故事有着根本的不同。宋代图书学派的河图、洛书说主要包括以下几个内容:

第一,河洛是"图十书九"还是"图九书十"引发争议。北宋刘牧所倡河图,为一至九的自然数,总数为四十五;洛书为一至十的自然数,总数为五十五;于是称之为"图九""书十"。随后,王湜、朱震、朱元升、李简、薛季宣等俱袭其说。南宋蔡元定以为刘氏把河图和洛书颠倒了,主张以十数图为河图、九数图为洛书,即以五行生成之十数图为河图,称为"图十",以九宫九数图为洛书,称为"书九"。其理由有三:一是汉代孔安国、刘向父子、班固等诸儒,皆认为河图授伏羲,洛书赐禹;二是关子明、邵康节皆以十为河图,九为洛书;三是《系辞》说"天地之数五十有五",此数字是八卦产生的根据,与汉儒所述伏羲据河图而画八卦之意相符,而洛书应为九宫之数图,因为此数刚好与汉儒所言夏禹据洛书陈九畴之数合。朱熹亦同此说,将"图十书九"载于其《周易本义》卷首,遂成为南宋以来"图十书九"的流行说法。

第二,河图、洛书的图式结构和思想内涵的具体内容方面,宋儒有了详细的论述,而不再像汉儒那样简单地将河图与八卦、洛书与九畴配对。

从结构上看,河图、洛书都是五居中,河图一六、二七、三八、四九居四方,洛书则以单数居四正,偶数居四隅。何以五居中?五与周边各数关系如何?刘牧以为,中五为天地之数的天五,此中五可上驾天一而下生地六,下驾地二而上生天七,右驾天三而左生地八,左驾地四而右生天九。蔡元定、朱熹在《易学启蒙》中作了描述,认为中五代表五数之象,即河图的天一、地二、天三、地四及其中一点,洛书四正之一、三、七、九点及其中一点。同时,中五也是数字之五,河图之一二三四生数居五象本方之外,而六七八九十因五而得,附于生数之外;洛书之一三七九居五象之外,二四六八因五而附于奇数之侧。[①]

[①] [宋]朱熹:《易学启蒙》卷一,《朱子全书》第1册,上海:上海古籍出版社、合肥:安徽教育出版社,2002年,第213—214页。

河图与五行生成数、洛书与九宫数紧密结合。宋儒已明确将五行生成数作为河图的重要内容，即一六为水居北方，二七为火居南方，三八为木居东方，四九为金居西方，五十为土居中央；将九宫数作为洛书之排列。

其实，五行数早在《尚书·洪范》篇中就有提到，即一水二火三木四金五土之数。《礼记·月令》和《吕氏春秋》已见冬六夏七春八秋九之五行数。至汉代，五行生成数已极为普遍。如《易纬·乾坤凿度》载："天本一而立，一为数源，地配生六，成天地之数，合而成水性。天三地八木，天七地二火，天五地十土，天九地四金。"①班固《汉书·五行志》云："天以一生水，地以二生火，天以三生木，地以四生金，天以五生土。五位皆以五而合，而阴阳易位，故曰'妃以五成'。"②郑玄注《系辞》云："天一生水于北，地二生火于南，天三生木于东，地四生金于西，天五生土于中。阳无偶，阴无配，未得相成。地六成水于北，与天一并；天七成火于南，与地二并；地八成木于东，与天三并；天九成金于西，与地四并；地十成土于中，与天五并也。"③但观汉儒所述，言五行数不及河图，言河图不及五行数，二者并未融合，将五行生成数纳于河图，应是宋人的杰作。

宋代洛书九宫数，其来源可能也非无中生有，因其与汉明堂九宫数极为相似。《大戴礼记·明堂》篇称：明堂者，古有之也。凡有九室。九室之制，二九四，七五三，六一八。《周易乾凿度》中已有"太一行九宫"说法，太一所行九宫排列，与宋儒所倡洛书排列相同。1978年在安徽阜阳双古堆汝阴侯墓出土太乙九宫占盘，证明汉代文献关于九宫的记载是有根据的。宋儒口中的洛书九宫之法可能有一定渊源，但汉儒未言九宫即洛书，洛书即九宫，把九宫与洛书等同，恐怕是宋代的杰作。

第三，宋儒还对河图与洛书的关系作了表述。南宋朱熹、蔡元定以

---

① 林忠军：《易纬导读》，济南：齐鲁书社，2002年，第126页。
② [汉]班固撰，[唐]颜师古注：《汉书》卷二十七，北京：中华书局，1962年，第1328页。
③ [汉]郑玄：《周易郑康成注》，《文渊阁四库全书》第7册，台北：商务印书馆，1986年，第143页。

为:"河图主全,故极于十……洛书主变,故极于九。"①河图以五生数统五成数而同处于方,盖揭其全以示人而道其常,此为数之体。洛书以五奇数统四偶数而各居其所,盖主于阳以统阴而肇其变,此为数之用。河图主常,洛书主变;河图为体,洛书为用。

第四,在河洛与八卦关系上,宋儒作了较汉儒更为深刻的描述。宋儒图书派大多以为河、洛与八卦密切相联,但究竟是河图还是洛书,或是二者皆为八卦之源,则有不同见解。一种认为河图、洛书皆为八卦之源。刘牧在《易数钩隐图》中描述了河图则八卦之法,他说:"原夫八卦之宗,起于四象。四象者,五行之成数也。水数六,除三画为坎,余三画布于亥上,成乾。金数九,除三画为兑,余六画布于申,成坤。火数七,除三画为离,余四画布于巳上,成巽。木数八,除三画为震,余五画布于寅上,成艮。此所谓四象生八卦也。"②刘氏以八卦的卦爻阳表一、阴表二来计算八卦的卦画数,然后将其河图各成数配予八卦数以成八卦。另一种以为,河图为八卦之源,洛书为《洪范》之源。此以朱熹、蔡元定为代表,二人在《易学启蒙》中阐述了河图则八卦之法:"析四方之合以为乾、坤、离、坎,补四隅之空以为兑、震、巽、艮者,八卦也。"③

第五,河洛真伪辩。宋代图书学派大多认同河图洛书的真实性,欧阳修等人则对河图、洛书的真实性提出质疑。欧阳修以为,古籍中已明确指出圣人仰观俯察而画八卦,又说河图、洛书则八卦,这是自相矛盾的,从而否定伏羲授河图、画八卦。他认为河图应不在《易》之前。南宋薛季宣以为河、洛是地理图,俞琰则认为是宝器。但这种质疑的声音在当时来看并不是主流,反而在后来的清代学者中有着不同的反响。

30. 河图、洛书的奥妙何在? 在文化史上影响如何?

河图、洛书固然有其费解之处,但其蕴含着阴阳、五行对待流行之

---

① [宋]朱熹:《易学启蒙》卷一,《朱子全书》第1册,上海:上海古籍出版社、合肥:安徽教育出版社,2002年,第214页。

② [宋]刘牧:《易数钩隐图·遗论九事》,《文渊阁四库全书》第8册,台北:商务印书馆,1986年,第161页。

③ [宋]朱熹:《易学启蒙》卷一,《朱子全书》第1册,上海:上海古籍出版社、合肥:安徽教育出版社,2002年,第215页。

理,融通太极两仪四象八卦,为自然之法象,故不应轻率否定。今人读河、洛,应重点把握其奥义,看其合理可用之处。

首先,河、洛充满阴阳、五行对待流行之理。河洛的阴阳有两种:一以奇偶分阴阳,天数奇为阳,地数偶为阴;一以生成数分阴阳,一二三四生数为阳,六七八九成数为阴。河图内圈生数一阳与二阴对,三阳与四阴对,外圈成数六阴与七阳对,八阴与九阳对。各方以一六、二七、三八、四九生成数各阴阳相错而成。六由一与中五合而得,七由二与中五合而得,八由三与中五合而得,九由四与中五合而得,各处其方,因此阴阳相错之中有方位相对。以五行看,上火下水,左木右金,木火为阳,金水为阴,五行亦相对。故因其对而成其稳定结构,奠定其体,此为河图的对待。

但对待不离流行,流行不离对待。河图的流行可从先天生出之序和后天运行之序来辨别。河图的生出之序,《易学启蒙》认为是始下,次上,次左,次右,以复于中,而又始于下。① 下,指一六之水,上指二七之火,左指三八之木,右指四九之金,中指五十之土。以数看,即天一、地二、天三以至地十之序。以五行论,则为水木火金土。为什么是这样一个次序? 宋末元初儒者胡方平解释其因有二。一是阴阳错综而行。天一生水之后为地二生火,是因为水阴生于天一,火阳生于地二,二者方生之时阴阳互根,有水即有火,错综而生其端。二是河图五行产生的顺序是先轻清而后重浊。胡方平引朱熹语说:"大抵天地生物,先其轻清以及重浊。"② 天一生水,地二生火,水火二物在五行中最轻清,金木复生于水火,土又重于金木,这就是为什么先水火而后木金的原因。可见,河图的生出之序,虽为流行,但实质是基于五行的对待、一生俱生的关系。从后天阴阳运行次序看,河图之天数一三五七九,地数二四六八十各相连,阴阳皆自内达外,阳奇一、三、七、九,阴偶二、四、六、八,皆自微而渐盛,阴阳一消一息流行不殆。五行运行体现自北而东左旋相生

---

① [宋]朱熹:《易学启蒙》卷一,《朱子全书》第1册,上海:上海古籍出版社、合肥:安徽教育出版社,2002年,第214页。
② [元]胡方平:《易学启蒙通释》卷上,《文渊阁四库全书》第20册,台北:商务印书馆,1986年,第666页。

的规律，即北方水生东方木，东方木生南方火，南方火生中央土，中央土生西方金，左旋一周而金复生水。然而从对待之位看，则北方一六水克南方二七火，西方四九金克东方三八木，而相克者已寓于相生之中。可见，流行不离对待。

洛书也是对待流行之一体。洛书九数方位本相对，一三七九者，四奇数之阳，各居其中五本来方位之外；而二四六八者，四偶数之阴，各从其类以附于四奇数之侧。六与一、七与二、八与三、九与四因五而使各自一奇一偶阴阳相错。此为对待。洛书五行流行次序为右转相克，即水克火，火克金，金克木，木克土，右转一周而土复克水。流行顺序自北而西，右转固相克，然而从对待之位看，则是东南方四九金生西北方一六水，东北方三八木生西南方二七火，其相生者已寓于相克之中。此可见对待中有流行。

河图、洛书所表征的对待流行之理，清代江永曾用以解释音律有关现象。江氏以为，五音(宫商角徵羽)本于河图数，具体为一六羽水、二七徵火、三八角木、四九商金、五十宫土。五音按河图运行次序相生。不仅如此，江永还发现河图五音数隔八相生，河图数若从一至八，五音即从羽音至角，二音相生；若从二至九，五音即从徵音至商音，亦是二音相生。世传律吕，隔八相生。律隔八实隔七，由此律顺数至彼律为第八位，如子至未，黄钟宫生林钟徵；未至寅，林钟徵生太蔟商之类。简单以十二地支来看，即如自子本支起一数，子丑寅卯顺数至八位未，又自八位未起一数，顺数至第二个八位寅，如此最终形成子未寅酉辰亥午丑申卯戌巳(子)之生序。江永认为，河图五间之数即含律吕隔八相生之理。然而江氏对隔八相生内在的机理阐之未详。笔者以为，先将十二支分阴阳，将十二地支方位配以河图方位。因阳起于子，左极于巳，阴起于午，右极于亥，故子一阳，丑二阳，寅三阳，卯四阳，辰五阳，巳六阳，此是河图之左阳一片；午一阴，未二阴，申三阴，酉四阴，戌五阴，亥六阴，此是河图之右阴一片。依河图阴阳互根、对待之理和河图数之生出次序，有天一必有地二。如此，可知由一阳子生二阴未，二阴未生三阳寅，三阳寅生四阴酉，四阴酉生五阳辰，五阳辰生六阴亥。亥于阴极，则复生一阴午。一阴午生二阳丑，二阳丑生三阴申，三阴申生四阳卯，四阳卯生五阴戌,五阴戌生六阳巳,其阴剥尽则阳来,其阳大盛则转阴。气极于六,穷上反下,复命归根。江永的《河洛精蕴》,叙说河图五音之数即含隔八相生之理。

其次,河、洛蕴含太极两仪四象八卦之象。河图之奇偶数各相连,阴阳皆自内达外,由微而盛,恰似一太极图,图中阴阳两片,既对待成体,又流行消息。明代来知德称之为太极河图。两仪,即河洛黑白两点两片。四象,即河洛生成数构成一六太阴、二七少阳、三八少阴、四九太阳四象,又为四方五行水火木金四象。

则河图可为先天八卦。如何则法?朱子《易学启蒙》和胡方平《易学启蒙通释》有详述。八卦的产生,若从画卦的角度看,从太极至两仪到四象最后生成八卦,是按乾、兑、离、震、巽、坎、艮、坤之序生出,可排成一横图。乾、兑由太阳生,艮、坤由太阴生,巽、坎由少阳生,离、震由少阴生,分为四大块;而河图也是生成数相合分为太阳、太阴、少阳、少阴四大块;二者在结构之体上,是相通的。河图北水东木,此为太阴少阴之位,阴主静而守其常,故把河图的一、六太阴安上横图的太阴坤、艮,河图的三、八少阴安上横图的少阴离、震,即太阴对太阴,少阴对少阴。河图的南和西分别为火和金,为少阳太阳之位,南方少阳本应安上横图的少阳坎、巽,西方太阳本应安上横图的太阳乾、兑,如此四象才相符,但因阳主动而通其变,太阳、少阳在河图变八卦时会发生易位。因此,河图的南火二、七少阳之位,安上横图的太阳之乾、兑;河图的西金四、九老阳之位,只能安上横图的少阳坎、巽。如此看来,先天八卦与河图之间的这种相符,是立于阴静阳动的基础上的。看似牵强,但其说可通,不失至理,自然而为。

河图还可与后天八卦配。文王八卦图中,坎离当南北之正、子午之中,两卦各当水火之一象。离当地二、天七之火而居南,坎当天一、地六之水而居北。其他六卦,每卦也当一象。震卦为木之生,当东方天三之木。巽卦为木之成,当东南方地八之木。兑为金之生,当西方地四之金。乾为金之成,当西北方天九之金。艮为土之生,当东北方天五之土。坤为土之成,当西南方地十之土。又把坤、艮配中宫之五、十,因土寄旺于四季。其卦实与河图合。

洛书亦可配合八卦。先天八卦图的乾南、兑东南相当于老阳九、四之位。离东、震东北相当于少阳三、八之位。巽西南、坎西相当于少阴二、七之位。(洛书少阳、少阴之位与河图异。)艮西北、坤北相当于老阴六、一之位。

最后,河、洛为自然之法象。前述河洛含太极两仪四象八卦之象理,对待流行,反映了宇宙造化之规律,是天地万物内在数理。河图生成数全,五行俱生,形质已成,对待成万物之体,故常以河图为静为体。洛书陈四象八卦之象,气运流行,故常以洛书为动为用。河图辨阴阳之交媾,洛书察甲运之兴衰,相资以为体用。河、洛是自然法象,亦是人世之法则。如中国传统堪舆理论有四兽之说,即东青龙、南朱雀、西白虎、北玄武。朝南宅居之地宜四兽高低有秩,左高右低,前空后实。此实含河图奥义。观河图东边三阳内而八阴外,南边二阴内而七阳外,西边四阴内而九阳外,北边一阳内而六阴外。北、东皆阳在内阴在外,南、西皆阴在内阳在外。《葬经》云:"夫阴阳之气,噫而为风,升而为云,降而为雨,行乎地中则为生气。夫土者气之体,有土斯有气,气者水之母,有气斯有水,经曰土形气行,物因以生。"①生气即是阴阳和合之气。阳为起为升为实,阴为伏为降为虚。故青龙玄武内阳气充足而外土高昂,朱雀白虎内阴气沉浸而外土低旷。四兽高低皆有至理。由此可见自然法象之一斑。

河图、洛书在文化史上有着重要地位。河、洛不仅在宋代是图书学派的核心讨论主题,成为易学上的显学,而且还在某种程度上引导着后世象数易学的发展。南宋以降,后世谈象数易学者几乎都未能绕过河洛,或褒或贬,都将河洛视为易学重头加以辨析。宋末元初俞琰《读易举要》认为,前人并未指明河图、洛书与《易》大衍之数和天地之数的关系,此关系多为后人所附会。元钱义方《周易图说》认为伏羲作卦,非由图、书出。清黄宗羲《易学象数论》以为河、洛为四方所上图书。黄宗炎《图书辨惑》以河、洛为地理方册,载山川之险夷、壤赋之高下,原与作《易》无关。清胡渭《易图明辨》认为图、书不过为《易》兴先至之祥,伏羲氏作《易》之本不专在图、书,天地之数、生成之数皆非河图。

---

① [晋]郭璞:《葬书》,《文渊阁四库全书》本。

清毛奇龄《河图洛书原舛篇》以图为规画、书为简册，未尝实指其内容为何。近代以来，疑古派则以顾颉刚为代表，彻底否定河、洛。与此同时，肯定和崇尚河、洛者亦不乏其人。元吴澄、胡一桂等承朱子之说，坚信河图与《易》相关，驳疑古之论。明来知德《周易集解》、清李光地《周易折中》、胡煦《周易函书》、江永《河洛精蕴》亦对河、洛之说多有发明。民国杭辛斋重视河、洛，多发前人所未发。众多不同的声音，逐渐形成了一种独特的河、洛易学文化。

第三节 先、后天图及其他

31. 什么是先天图、后天图？其象数内涵如何？

所谓先天图，是指伏羲于无文时期依自然所画，非人力有意编造，但又尽备天地生物演化道理之图。先天图，主要指的是以乾、坤、坎、离为四正卦的易学图式，包括伏羲八卦次序图、伏羲八卦方位图和伏羲六十四卦次序图、伏羲六十四卦方位图等。后天图，即文王八卦图，指以震、离、兑、坎为四正卦，以表现万事万物之迹的易学图式。两类图为北宋邵雍所推崇。这里先着重分析伏羲八卦方位图和伏羲六十四卦方位图，二图示如下：

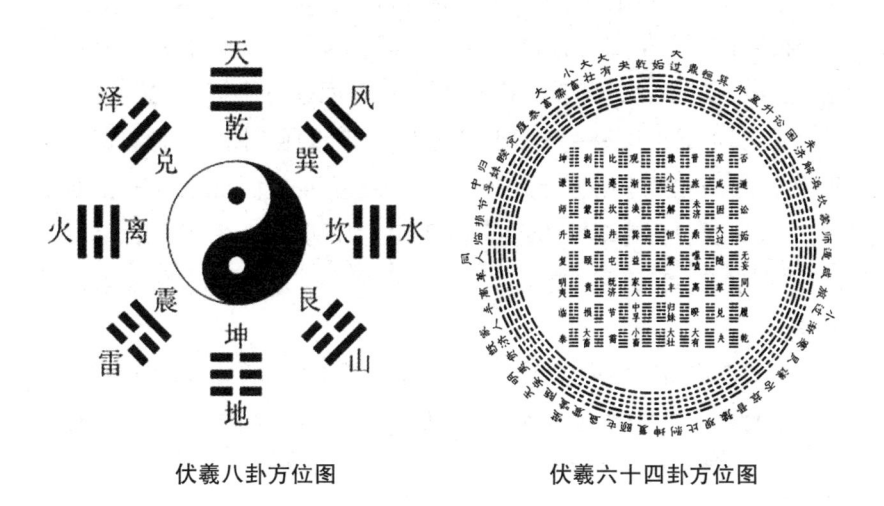

伏羲八卦方位图　　　　　**伏羲六十四卦方位图**

伏羲八卦方位图与伏羲六十四卦方位图内涵颇有相似之处，后者是在前者的基础上演生而成，后者的内八卦就是前者，二者所含的意蕴也颇为相似。

这两图的内涵，大体可以从图的"象"与"用"两方面来阐述。

象，即指图的结构形式。伏羲八卦方位图，乾居上，坤居下，离居左，坎居右，兑居左上，震居左下，巽居右上，艮居右下。乾坤坎离居四正，兑艮震巽居四隅。以纵中轴线看，左边震、离、兑、乾，阳爻渐多而阴爻渐少；右边巽、坎、艮、坤，阴爻渐多而阳爻渐少。以八卦相对的方位看，两卦刚好阴阳相对，符合《说卦传》所谓"天地定位、山泽通气、雷风相薄、水火不相射，八卦相错"。上之乾与下之坤对，即"天地定位"。左上之兑与右下之艮对，即"山泽通气"。左离与右坎对，即"水火不相射"。左下之震与右上之巽对，即"雷风相薄"。

伏羲六十四卦方位图的外圆图，是六十四卦所布一圆圈。左边三十二卦的内卦为乾、兑、离、震，外卦以乾、兑、离、震、巽、坎、艮、坤的次序自上而下布于四内卦之上，形成复至乾卦的半个圆。这一边，整体来看，从复至乾，为阳爻渐多而阴爻渐少。右边也是三十二卦，内卦自上而下为巽、坎、艮、坤，外卦以乾、兑、离、震、巽、坎、艮、坤的次序自上而下布于四内卦之上，形成自姤至坤的半个圆。这一边，从姤至坤，为阴爻渐多而阳爻渐少。两个半圆合在一起即是伏羲六十四卦圆图，图左的三十二卦与图右的三十二卦阴阳相对，阴阳爻数相等。

再看伏羲六十四卦方位图的内方图。横列下卦自下而上分别为乾、兑、离、震、巽、坎、艮、坤，横列上卦自右而左分别以乾、兑、离、震、巽、坎、艮、坤的次序一一布于下卦之上，由此形成方图。方图乾居右下西北方，坤居左上东南方，形成对卦。泰居左下东北方，否居右上西南方，形成对卦。自乾至坤的斜线，自下而上分别为乾、兑、离、震、巽、坎、艮、坤八个卦。自泰至否的斜线，自下而上分别为泰、损、既济、益、恒、未济、咸、否八个卦。

先天图有着丰富的思想内涵。首先是体现了阴阳对待思想。伏羲八卦方位图及六十四卦圆图，其图左右两边卦皆相错，阴阳爻总数相等。左、右边的阴阳爻是相对的。东边一画阴，便对西边一画阳。东边本皆是阳,西边本皆是阴。东边阴画都来自西边,西边阳画都来自东边。如姤在西,是东边五画阳过来;复在东,是西边五画阴过来,如此形成两边阴阳各各相对。所以说:"易是互相博易之义,观《先天图》便可见。"①"博易",即是指阴阳间的交易对待。

方图也是对待之体。伏羲六十四卦方图所示为"天地定位,否泰反类。山泽通气,损咸见义。雷风相薄,恒益起意。水火相射,既济未济"②,四象相交成十六事,八卦相荡为六十四卦。方图中的西北角乾与东北角坤,是天地定位。东南角泰与西南角否,是否泰反类。次乾是兑,次坤是艮,艮兑对待,是山泽通气。次否之咸,次泰之损,为咸损阴阳相对,为咸损见义。次兑是离,次艮是坎,是水火相射。其他卦也是如此。

其次是体现了阴阳相含、阴阳互根思想。东西两边呈现阴中有阳、阳中有阴、阴阳相对的局面。邵雍称:"无极之前,阴含阳也。有象之后,阳分阴也。阴为阳之母,阳为阴之父,故母孕长男而为复,父生长女而为姤。是以阳起于复,而阴起于姤也。"③先天圆图,自姤至坤是阴含阳,自复至乾是阳分阴。

最后是体现了阴阳变易思想。从图表卦画上看,左右图都体现出阴阳消息之象。左半圈,自震至乾,震一阳二阴,离兑二阳一阴,至乾三阳,呈现阳逐渐增多而阴逐渐减少的趋势,即阳长而阴消。达到乾时,即是乾之分。乾后接巽,到右半圈,巽二阳一阴,坎艮一阳二阴,阴长而阳消。至阴盛之际,则为坤之禽。所以,阴阳之间,一进一退,长、分、消、禽,又复为长,如此循环无端。

用,即是这些图的功用,大体可以归纳为三个方面。第一,邵雍的先天图,无论是伏羲八卦还是伏羲六十四卦圆图,皆可代表天地万物运行之序,用以解释天地万物之造化,形成一套完整的宇宙生发模式,并

---

① [宋]黎靖德编,王星贤点校:《朱子语类》卷六十五,北京:中华书局,1986年,第4册第1614页。
② [宋]邵雍著,郭彧、于天宝点校:《邵雍全集》第4册,上海:上海古籍出版社,2016年,第482页。
③ [宋]邵雍:《观物外篇》,《皇极经世书》卷十三,《文渊阁四库全书》第803册,台北:商务印书馆,1986年,第1065页。

由此引申到历史发展的演化之序,说明社会的治乱和世界的终始变化。自复至乾,为天地万物始生至壮极的过程;自姤至坤,为天地万物由壮而衰亡的过程。朱熹评述说:"一日有一日之运,一月有一月之运,一岁有一岁之运。大而天地之始终,小而人物之生死,远而古今之世变,皆不外乎此。"① 邵雍"元、会、运、世"的宇宙历史发展年表,就出自于此。第二,先天图阴阳对待、交易,形成万物生机之体,影响着中国古代哲学的思想内容,也是中国传统堪舆理论的重要思想根基。第三,先天图蕴含着人生处世之"心法"。图皆自中起,天地万物之理尽在其中,人之处世,亦应遵循事物变化之道,无过与不及。

我们再来看后天图。

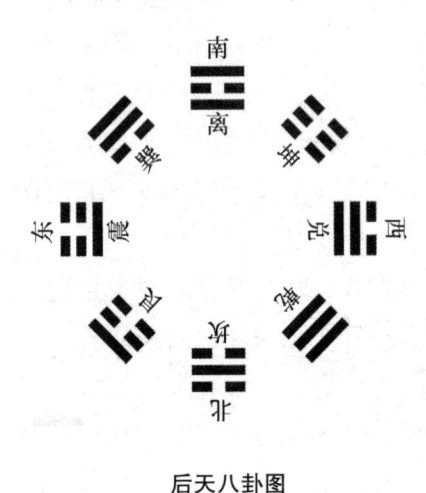

后天八卦图

文王八卦图,又称后天八卦图。震、兑、离、坎居四正,巽、乾、艮、坤居四隅。后天八卦何以如此排列呢?

宋代邵雍认为,《说卦》中"帝出乎震,齐乎巽,相见乎离,致役乎坤,说言乎兑,战乎乾,劳乎坎,成言乎艮"一段就是对此图的解说。明代来知德认为:"盖文王以伏羲之卦,恐人难晓,难以致用,故就一年春、夏、秋、冬方位,卦所属木、火、土、金、水相生之序而列之。"②

笔者以为,文王八卦的排列,应是方位五行、时气和卦象恰当一体,自然而为。东方属木,当春时节,为万物出生之地,震为雷为动,物生之初,多象征草木类,故出乎震。东南属木,当春夏之交,万物毕出,为万物洁齐之地,故谓之齐。巽为风,因风与木同气,故巽居东南。南方属

---

① [宋]黎靖德编,王星贤点校:《朱子语类》卷六十五,北京:中华书局,1986年,第4册第1616页。

② [明]来知德:《周易集注》,北京:九州出版社,2012年,第39页。

火,当夏之季,离为火为明亮之意,故万物皆能相见。西南属土,当长夏之时,为万物致养之地,坤为地,故坤置西南。西属金,于时为秋,万物告成于秋,物各得宜,不相妨害,因而为物之所说,兑为泽为毁折为说,与天同气,与金似,故兑居正西;西北属金,主立冬以后冬至以前,此时阴阳相薄,故曰"战",乾为天为金,故居西北;北属水,于时为冬,物之所归,坎为水为隐伏,故坎居北;东北属土,立春前后,一年之气于冬终止,而又交春,为万物终始之时,艮为山为止,所以"成言乎艮"。

何以后天八卦中,木、金、土各二,而水、火各一呢?清代江永说:"木金土各二者,以形王也。水火各一者,以气王也。"①此说似有道理,今依之。

在先天图与后天图的关系上,先后天八卦可相有而不可相无,是易之体用不可或缺的两个部分。易之体,是以阴阳交合而形成。先天八卦图中,以乾坤定南北,于象为纵;其他六卦列于其间,于象为横;从而形成"天地定位,山泽通气,雷风相薄,水火不相射"的对待相成的统一体,这是"对待以立其本"②。所谓"本",指伏羲八卦之结构,是易之功用发挥的基础和本体。易之用,是以四时进退之序为体现:后天八卦图中以震、兑位东西为横,为春秋之分,其他六卦纵于其间,以代表冬夏,从而迭为流行,循环无穷,发挥八卦作用。先天八卦以立易之本,后天八卦以致易之用,本立而用行,有其本才有其用,有其用才能体现其本,因而先、后天八卦密切联系,不可或缺。

32. 历史上有几种太极图? 其特征与意义何在?

汉代称太极为混沌之元气,宋代朱熹又称之为理。但宋代以前,只有太极之说,而未闻图示。宋代周敦颐首出太极图,此后历朝历代皆有人言太极图,从而形成多种太极图。历史上的太极图主要为四种:周氏太极图、单圆太极图、阴阳鱼太极图、来氏太极图。

---

① [清]江慎修著,郭彧注引:《河洛精蕴注引》,北京:华夏出版社,2006年,第31页。
② [元]胡方平:《易学启蒙通释》卷上,《文渊阁四库全书》第20册,台北:商务印书馆,1986年影印,第693页。

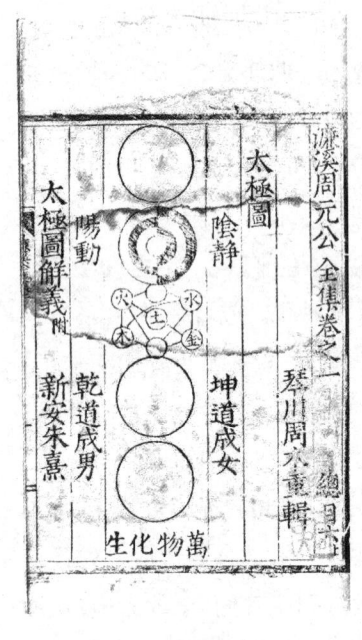

第一种，周氏（周敦颐）太极图。此乃由太极、阴阳两仪至五行、万物多圆组合的一个太极图。此图为北宋道学鼻祖周敦颐所列之图，载于杨甲《六经图》、朱震《汉上易传》、朱熹《太极图解》。

周氏太极图第一层是一个圆圈，表示混沌未分之太极。

第二层是黑白轮图。据杨甲《六经图》所载《周氏太极图》的黑白轮，是左白，白中无黑，右黑，黑中有白，其右书"阴静"二字，其左书"阳动"二字，下接第三轮五行生克层。据南宋朱震《汉上易传》，则为三轮黑白图，左外轮是白，白中有黑，右外轮是黑，黑中有白，白属阳，黑属阴。朱熹改图，将此轮按《汉上易传》排，但把阳动二字列于图左，而不居于下，表明阳中有阴，阴中有阳，此为太极生两仪之意。

第三层是五行变合图。杨甲《六经图》列火木分居左之上下，水金分居右之上下，土居中，各有线联系。二轮之阳动系于火水之间。意指阴阳交合，阳动化生金木水火土五行。《汉上易传》之第三轮，阳动不直接在线上。朱熹之《周氏太极图》，则用倒八线联系第二轮和第三轮，代表阴阳化生五行。笔者以为，杨甲《六经图》，第二层和第三层各自为是，且第二轮黑白分明，似乎更符契周氏太极图。以周氏太极图之本意来看，太极图各层间都未有线如此联系，说明各层应是独立的，不相杂合；且第二轮黑白分明表明阴阳化生五行前，阴就是阴，阳就是阳，阴阳各为阴阳之意。经过朱熹的改订，第二层黑白相间，已是阴阳交感，又添第二层与第三层之间连线，表明阴阳生五行。既然阴阳交感，五行已生，那第二层岂不与第三层意蕴不分明？朱子打破各层的独立，其实未必符合周氏太极图原貌。

第四层是乾坤万物生化图，意指阴阳五行之精凝而化生乾坤男女两大类事物,再化生万物。

总的来说,周氏太极图展现了太极至万物的宇宙生成之过程,蕴含着天地万物生存之理。朱熹说:"至于先生然后得之于心,而天地万物之理,巨细幽明,高下精粗,无所不贯于是,始为此图,以发其秘尔。"①此图式旨在表征《周易》的基本精神,以图式象数阐发义理,推动了宋代图书象数易学的发展。后来的程朱理学继承者受此图及其思想的影响也是很深的。周氏太极图在易学和理学中都有着不可忽视的影响和地位。

第二种,单圆太极图。此图是一个空心圆,见之于林至《易裨传》、俞琰《易外别传》、张理《易象图说外篇》等。空心圆,象征无形无象之太极。本无形无象不可画,然非要画图不可,只能勉强绘以空心圆。②

第三种,阴阳鱼太极图。此图似鱼,现代人因而称之。正式的名称,见于赵撝谦《六书本义》之"天地自然之图"、赵仲全《道学宗主》之"古太极图"。清胡渭《易图明辨》也有收录。

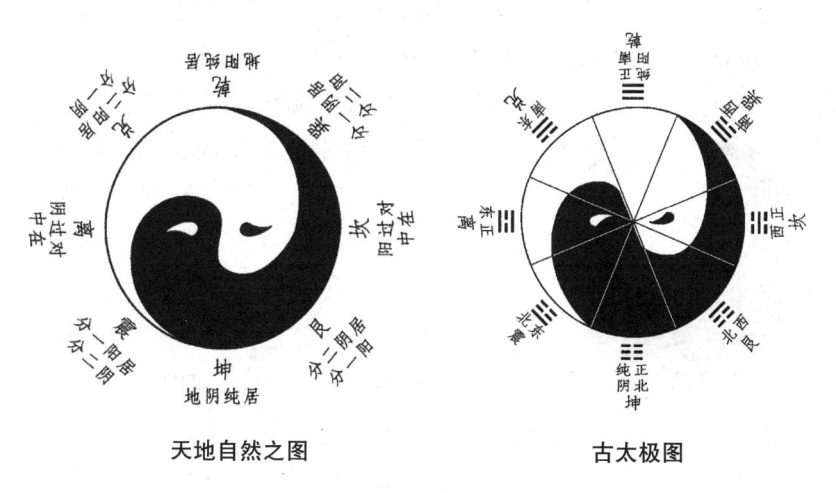

天地自然之图　　　　　　　古太极图

天地自然之图为一大圆,内含黑白阴阳两仪,从大圆边生起,阳生子极于巳,阴生午极于亥,绕圆心由外而内互旋,形成一个反"S"形。圆中东西各有一小撇,即鱼目,左白为阳,右黑为阴,两小撇向外撇,象

---

①　[宋]朱熹:《再定太极通书后序》,《晦庵先生朱文公文集》卷七十六,《朱子全书》第24册,上海:上海古籍出版社、合肥:安徽教育出版社,2002年,第3654页。
②　参见朱伯崑主编:《周易知识通览》,济南:齐鲁书社,1993年,第493页。

征阴中有阳，阳中有阴。大圆外安先天八卦，于各卦上标注阴阳分数。古太极图与天地自然之图类似，所不同的是：黑白阴阳起点不一，古太极图白起于东北丑艮之间，黑起于西南未坤之间；阴阳鱼目方向亦不相同，古太极图鱼目向内撇；古太极图以线长将圆划分为八等份，外标注卦象与方位。

现在许多人绘太极图，或将黑白左右易位，或将黑白生点错置，或将阴阳鱼目换成圆点，或将阴阳鱼目标于南北，或去八卦符号与文字者，皆为后人错标，不符本意。

此阴阳鱼太极图之意义，首先在于将周氏太极图中太极至万物的化生各层融合为一个图式，名为太极，实阴阳两仪、四象、八卦皆在其中，在哲理上说明了太极与阴阳不一不二、太极至八卦一生俱生的关系，深藏着太极含两仪四象八卦的奥妙。其次，此图将太极中阴与阳的相互对立，阴阳互根、转化、盈虚消长等关系皆表露概括无余。最后，此图综合了太极图、先天图，推动了图书易学的发展和创新。

第四种，来氏太极图。此图为明代来知德自作之图。

此图中画空心圆，以象太极。阴阳两仪绕中心圆生起、旋转，阳起于子，阴起于午，由内而外，由微而显，由显而著，一消一息。来知德曾用此图示先天六十四卦图，阴阳盈虚消长与先天图似，可知此图与先天图有渊源。来氏书中又有"太极河图"，河图本一二三四居内，六七八九居外，内外单数阳连成一片，偶数阴连成一片，阳以白色，阴以黑色，五十居中不变，与此图恰同。可见，从表现形式上看，来氏太极图集太极图、河图、先天图为一身，极大地表现了太极阴阳对待、流行。在来氏看来，伏羲先天主对待，文王后天主流行，而其太极图则兼对待流行主宰之理。因而，其图简而意深，颇有创意。

33. 什么是卦变图？如何理解卦变图的象数意蕴？

卦变，是指某卦的阴阳爻变动，而引起此卦变成另一卦，展示卦与卦之间的变化关系，反映卦所自来的问题。用以表现如此卦卦关系的图式即为卦变图。卦变说发源于《周易》经传，形成于汉唐，成熟分化于两宋，发展于元明清。汉唐卦变说多以乾坤为本，借助十二消息卦表达卦卦关系，用以诠释《周易》"刚柔、上下、往来"等概念，以注经释传为旨归。荀爽的乾坤升降卦变说、虞翻的十二消息卦变说为汉唐典型卦变说。但汉唐卦变说皆有文无图。卦变图始于宋代，有李挺之的变卦反对图和六十四卦相生图、朱熹的卦卦变图、俞琰的六十四卦直图，以及清人绘制的虞翻卦变图等。各人的卦变图不一样，其具体的象数意蕴也有所不同。

虞翻卦变图见于清黄宗羲《易学象数论》、胡渭《易图明辨》等，大抵为清人根据汉末三国虞翻的十二消息卦变说绘制而成。虞氏卦变图倡导乾坤生坎离，乾息而生复、临、泰、大壮、夬，坤消而生姤、遁、否、观、剥消息卦，再由消息卦生其他杂卦。一阴一阳之卦各六（复、师、谦、豫、比、剥，姤、同人、履、小畜、大有、夬），变自复、姤；二阴二阳之卦各九（临、升、解、坎、蒙、明夷、震、屯、颐，遁、无妄、离、家人、革、讼、巽、鼎、大过），变自临遁；三阴三阳之卦各十（泰、恒、井、蛊、丰、既济、贲、归妹、节、损，否、益、噬嗑、随、涣、未济、困、渐、旅、咸），变自泰、否；四阴四阳之卦各九（大壮、大过、鼎、革、离、兑、睽、需、大畜，观、颐、屯、蒙、坎、艮、蹇、晋、萃），变自大壮、观。① 阴阳消息代表一年十二个阶段的阴阳消长变化。虞氏称："变通趋时，谓十二月消息也。泰、大壮、夬，配春；乾、姤、遁，配夏；否、观、剥，配秋；坤、复、临，配冬；谓十二月消息相变通，而周于四时也。"② 卦变的根底在于十二消息之往来。虞氏

---

① 虞翻卦变易例本身并不是如此齐整，如其一阴一阳共十二卦，其中除豫自复卦、谦自剥卦外，比、履、小畜等皆非从一阴一阳消息卦来：履自讼，比自师，小畜自需。二阴二阳卦共三十卦，其中来自临卦者有四，自观卦者有四，自遁卦者有五，自大壮卦者有六。其他如中孚、小过、大过、颐等反复不衰卦，非遵从几阴几阳自某消息卦来易例。三阴三阳卦亦不全准泰否卦而来，如丰卦为噬嗑卦所变来。虞氏卦变图是清人的发明，出自清人之手。

② ［唐］李鼎祚：《周易集解》卷十三，《文渊阁四库全书》第 7 册，台北：商务印书馆，1986 年，第 816 页。

称:"谓十二消息。九六相变,刚柔相推,而生变化。"①总的来看,虞氏的消息是以汉时卦气为根据的,力图通过十二消息将六十四卦打通连成一片。其"阳息阴消"采取后卦在前卦消息的基础上母生子子生孙一气呵成,若以后世所谓后天、先天之分来看,当属于后天消息范围。所以,虞氏卦变图揭示的是十二消息基础上的六十四卦卦变关系。

李挺之的李氏卦变图见于南宋朱震《汉上易传》、清胡渭《易图明辨》等。其图有二:一是变卦反对图,一是六十四卦相生图。我们先看其变卦反对图。

李氏变卦反对图

---

①　[唐]李鼎祚:《周易集解》卷十五,《文渊阁四库全书》第 7 册,台北:商务印书馆,1986 年,第 838 页。

李氏变卦反对图的特点和奥秘在于：

第一，首宗乾坤，以乾坤为万物之祖。乾坤为卦变根基，乾坤各逐一变其爻，以成他卦。秩序井然，排列清晰明了。

第二，每所变之卦，按反对卦列图。反对卦，即是把一个卦颠倒来看，成两个卦。如“坤卦一阳下生反对变六卦图第四”，初爻所变之卦为复卦，二爻所变之卦为师卦，三爻所变之卦为谦卦，四爻所变之卦为益卦，五爻所变之卦为比卦，上爻所变之卦为剥卦。因复与剥卦、师与比卦、谦与益卦皆各成反对卦，故图中成对显示。余仿此。此既反映了乾坤与所变之卦之关系，又反映了每一变成卦之间的反对卦关系，形成六十四卦犹如树形的结构模式。

第三，其乾坤卦变反映了乾坤阴阳交感的思想底蕴。汉末虞翻卦变说主张乾坤消息流行，反映的是后天阴阳消息之道。李氏主张以乾坤相索而变成他卦，如其图中大过、中孚、离三卦本体为乾卦，坤与乾交，则乾卦初六阳爻变则成大过卦，乾卦三四爻变则成中孚卦，二五爻变则成离卦，故其以为“乾体而坤来交”。

我们再看李氏六十四卦相生图。

李氏六十四卦相生卦变图，首先强调以乾坤为宗，视乾坤为变生之根本；其次由乾坤经三交变生复姤、临遁、泰否等三组辟卦；最后由辟卦变生他卦。我们将六画之卦的爻位配 123456 看其卦变法则。李氏卦

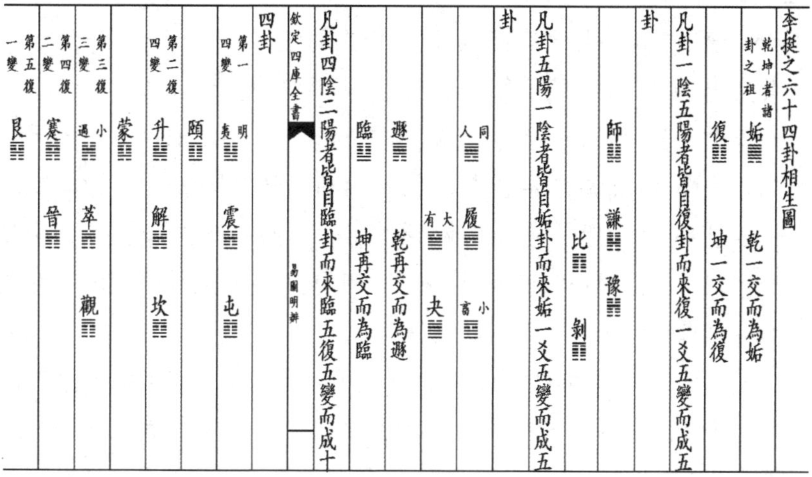
李挺之六十四卦相生圖
乾坤者諸卦之祖 姤 乾一交而為姤
復 坤一交而為復
凡卦一陰五陽者皆自復卦而來復一爻五變而成五卦
師 謙 豫
比 剝
凡卦五陽一陰者皆自姤卦而來姤一爻五變而成五卦
同人 履 小畜
大有 夬
遯 乾再交而為遯
臨 坤再交而為臨
凡卦四陰二陽者皆自臨卦而來臨五復五變而成十四卦
欽定四庫全書 易圖明辨
第一四變 明夷 震 屯
頤
第二復四變 升 解 坎
蒙
第三復三變 小過 萃 觀
第四復二變 蹇 晉
第五復一變 艮

					钦定四库全书				
凡卦四阳二阴者皆自遯卦而来遯五复五变而成十四卦	第一卦	第二变	第三变	第四变	一变	二变	第三变	第四变	凡卦四阳二阴者皆自否卦而来否三复三变而成九卦
	讼	无妄	革	睽	兑	否	姤	井	泰
	巽	家人	丰	需			既	贲	坤三爻而为泰
	鼎	离	大壮			乾三爻而为否	节	损	

（上表为示意，原文为竖排繁体）

李氏六十四卦相生图

变相生是按主变之爻自下而上变起。其一阴一阳卦，主变之爻为乾坤初交之爻，即复姤之初爻，一爻变动，按 23456 顺序变化。二阴二阳卦，主变之爻为乾坤所变之下二爻，即临初、二两阳爻，遯初、二两阴爻。其变法：前二变为一爻变。先变二阴或二阳之上面一爻（下面一爻不动），即临之九二、遯之六二，按 3456 穷尽爻变。再变下爻（上面一爻不动），即临之初九、遯之初六，亦按 3456 穷尽爻变。后三变，为初、二两爻同变，按 34、45、56、35、46、36 顺序自下而上变完。三阴三阳卦，主变之爻为内卦三爻。其变法：先变最上面一爻，次中一爻，最后下一爻，按 456 变出去。可见，其变法还是有相当的统一性，即将主变之爻（需两爻变时，主变之爻为两爻），自下而上逐爻变尽。

表面上看，李氏卦变与十二消息卦变具有某种相似性。李氏卦变图和相生图，都强调乾坤生消息卦，再由消息卦生其他杂卦，此与虞氏十二消息卦变的思路类似；从卦变易例来看，李氏卦变亦有采用几阴几阳卦自某卦的范式；从卦变结果来看，李氏乾坤一爻变、二爻变、三爻变的卦变结果与虞氏卦变有相同之处。

实际上，李氏卦变图与虞氏卦变图的象数意蕴是有区别的。李氏卦变不主十二消息卦，而主复姤、临遯、泰否六消息卦。其乾坤至消息卦的变法，强调乾坤相索动爻之变，而不是阳息坤阴消乾义。李氏消息卦生众卦时,是自下而上的变法,采取几复几变的形式展开,卦变的顺序采取的是主变之爻自下而上逐爻变化。在杂卦与消息卦的关系上,李氏此变法显然没有虞氏卦变突显母生子、子生孙的消息之意,而是父母生子女,子女六子并列。一阴一阳、二阴二阳、三阴三阳消息卦变易例齐全、统一。六十四卦除乾坤和所用复姤等六消息卦外,余五十六卦尽归于各消息卦中,无重复也无变例存在,干净利索。总之,李氏不主十二消息,其卦变与虞氏有明显分野。

李挺之为先天学倡导者邵雍之师。在先天学的视野下,李氏卦变图无论是反对卦排列形式还是思想内容,都与邵雍先天易学具有高度的契合。先天、体用、变应、交变是先天易学的内在逻辑架构和思想进路。天地造化,卦画之生,是乾坤分立天地两仪变应、交易而最终形成六十四卦的过程,其间展示了自乾坤至六十四卦的先天消息。李氏卦变图将消息卦及所生杂卦按反对卦排列的形式结构及其背后的乾坤定位思想,正契合了先天学乾坤变应、交易的思想观点。李氏卦变的"消息"亦与先天学消息默然同契。李氏采十辟卦中的复、临、泰、姤、遁、否六卦作为消息卦。此六卦之内卦为震、兑、乾、巽、艮、坤,恰包含于先天八卦中。李氏卦变走的是有别于汉代卦变的路径,开了先天卦变的先河。

朱熹卦变图与李氏六十四卦相生图极为相似。凡一阴一阳卦各六,皆从复姤而来,其排列自下而上即复、师、谦、豫、比、剥、姤、同人、履、小畜、大有、夬。二阴二阳卦前两变相同,但朱熹卦变图对李氏卦变图二阴二阳后三变作了改变,以小过、萃、观接临、升。三阴三阳卦,朱熹将泰和否补全其变卦,以尽其变之穷。此外,朱熹多了四阴四阳卦、五阴五阳卦例,四阴四阳卦与二阴二阳卦、五阴五阳卦与一阴一阳卦卦变结果一样,只是排列顺序首尾颠倒。

朱熹卦变图之所以对李氏卦变图进行了修改,是出于对李氏卦变法则的纠正。在朱熹看来,"某之说却觉得有自然气象,只是换了一爻。非是圣人合下作卦如此,自是卦成了,自然有此象。汉上易卦变,只变到三爻而止,于卦辞多有不通处。某更推尽去,方通"[1]。汉上指

---

[1] [宋]黎靖德编,王星贤点校:《朱子语类》卷六十七,北京:中华书局,1986年,第1666页。

南宋朱震。朱震卦变采李氏卦变说。李氏的卦变结果，一阴一阳卦、三阴三阳卦、二阴二阳卦的前两变，无论是主变之卦与消息卦还是前后相邻的复变卦之间，都是只换一爻（实是一卦内两爻互换）。问题在于，二阴二阳卦的后三变，如临卦系第三变，李氏以为变成小过、萃、观，如此则是以3、4为主自下而上两爻同换；第四变为蹇、晋，是以3、5为主自下而上两爻同换；第五变为艮，是以3、6为主变。如此是四爻同变，换了两爻。朱熹将李氏后三变打乱重新编排。我们以临卦系为例，朱熹第三变为小过、蹇、艮，其变成小过是以3、4为主，小过动爻变蹇、艮，其实只变了4爻；第四变为萃、晋，萃以4、5为主，动爻之变实只为5爻；第五变为观，上升至5、6爻。朱熹卦变的临、升、小过、萃、观几个复变大环节，主变之爻依次为12、23、34、45、56，虽主变为两爻，后主与前主爻相连来看，则主变之爻却只有一爻。其后三变将李氏之两爻同换改为一爻变，如此"只是换了一爻"，变法简约统一。李氏卦变列有一阴一阳、二阴二阳、三阴三阳卦例，虽未有重复之卦，其主变之爻止于下卦三爻，即朱熹所称"只变到三爻而止"，未能极尽其变，验之于《象辞》多有不通。朱熹于是补充了四阴四阳卦和五阴五阳卦例。如此，自一阴一阳而至五阴五阳，朱熹将各卦极尽其变，以期克服李氏、朱震变止三爻，与《象辞》不通之病。以换一爻的方法穷尽其变，如此卦变铺陈而出，颇有"自然气象"。

笔者以为，朱熹卦变图虽在李氏卦变图基础上修改而成，但其旨趣却与李氏相差甚大。李氏卦变具有鲜明的先天意蕴，而朱熹卦变却无。朱熹在李氏、朱震基础上修正二人不统一的卦变法则，强调的是乾坤卦变成六十四卦的卦变有序性、条理性。朱熹又于《易学启蒙》中基于变占法则列三十二卦变图，反复则为六十四图，把四千零九十六卦并为一个整体，总而为一图。自乾至坤从前往后，反之自坤至乾从后往前，卦变之顺序相反，但卦数一样，如此展现了由乾坤两卦变至六十四卦再变至四千零九十六卦的"之卦"卦变的内在逻辑和奥义。变占图直接目的是为变占而设，但其中的条理却是与《本义》卦变图一致。卦变图揭示一卦变成六十四卦的内在象数条理，而变占图只不过是朱熹将李氏卦变图一爻变、两爻变、三爻同变生消息卦的变法拓展至任意一卦变其他六十三卦,将卦变图运用于变占的变法的符号展示。由此而言,朱熹的卦变反映的是之卦变占的意蕴。

宋末元初,俞琰吸收前人图式,将各组卦变图整合成一个图,即先天六十四卦直图。此见于《易外别传》,《道藏》和《四库全书》皆载有其图。

先天六十四卦直图

此图中,乾,纯阳,居菱形之上;坤,纯阴,居菱形之下。坎离,阴阳之交,坎为阴中含阳,离为阳中含阴,居乾坤之中。其余六十卦,皆生于、分居乾坤上下之间。从上往下,第一层为乾。第二层一阴五阳之卦有六,第三层二阴四阳之卦加离有十五,第四层三阴三阳之卦有二十,第四层四阴二阳之卦加坎有十五,第六层五阴一阳之卦有六,第七层坤。上下、左右卦数皆对称。

以菱形图中心轴看四周,各层对线无不一一阴阳相错,如临卦对遁卦、同人卦对师卦之类。以菱形中纵轴看各层左右,皆阴阳爻数相等,各层左右卦依次两两相反,如第五层左边临卦与右边观卦成反卦。十二辟卦皆位于各层始末,皆可一一变出中间各卦,其变化井然有序。以菱形中横轴即第四层看,上下各层相应位之上下两卦,无不为对卦之反卦关系。如第二层一阴五阳之履卦与第六层五阴一阳之豫卦为对卦之反卦(豫之对卦为小畜卦,小畜卦之反卦为履卦)。从坤左旋,自坤中一阳生而为复,逾临、泰、大壮、夬,升至五阳,遂为六阳之纯乾;自乾中一阴生而为姤,逾遁、否、观、剥,降至五阴,遂为六阴之纯坤。一升一降,上下往来,契合先天图阴阳对待、消息之道。四阴二阳与坎并列,四阳二阴与离并列,亦皆井然有条理。全图六十四卦,毫无重出之病。

俞氏以此图比拟人身结构,以此说明丹道修生之道。俞氏曰:"《易外别传》者,先天图环中之秘,汉儒魏伯阳《参同契》之学也。人生天地间,首乾腹坤,呼日吸月,与天地同一阴阳。《易》以道阴阳,故伯阳借《易》以明其说。大要不出先天一图,是虽易道之绪余,然亦君子养生之切务。"①先天六十四卦直图就是一人身的先天图。乾为天,坤为地,分居上下。离阳中含阴为日,坎阴中含阳为月,居乾坤之中。此于人身而言,首象乾,腹象坤,心象离,肾象坎,居人身之中。人身与先天图之天地日月一一对应,俞氏由此建构了人身的先天图。俞氏阐述六十四卦的先天内涵,引入丹道修生,故其象数意蕴与前人卦变又大为不同。

总体而言,卦变图具有丰富的象数意蕴。卦变图的结构,是由卦爻按一定法则变化,编织成一张巨大的若有生命之网。网的各支点之间,既各有其位,又相互依存,相互交通而生生不息。从思维角度看,其中蕴含着有序思维、整体思维、辩证思维等科学思维方法,不容忽视。从思想内涵来说,其中体现了阴阳交易变易、生生之谓易、通变思想等丰富的哲学理义,有着莫大的人生启示,亦值得借鉴。

当然,我们也应看到,六十四卦是代表天地万物之符号,然而天地万物之内在关系是否有如卦变图一样的交通规则,有如此严密的交通关系?换句话说,卦变图是否为自然法象?这是值得进一步思考的。

---

① [宋]俞琰:《易外别传并叙》,《道藏》第20册,北京:文物出版社、天津:天津古籍出版社、上海:上海书店出版社,1988年影印,第312页。

第四章 《周易》义理思想

第一节 《周易》义理范畴与基本命题

34. 如何理解《周易》义理的成因与背景?

"义",即意义、含义,"理",即原理、道理。《周易》义理指《周易》卦象、卦名、卦辞、爻辞的文义、道理。

早期,《周易》有一项功能——卜筮。那个时候人们遇到疑难的问题,喜欢占卜一下,问问天意,《左传》中就记载了很多卜筮案例。于是,《周易》的卦爻辞也就自然地被认为是卜筮的占断之语。然而,有识之士却发现卦爻辞不仅仅是卜筮断语那么简单,在其背后隐藏着一项重要内容——德行修养。

这还要从周朝的天命观说起。所谓的天命观是指人们对上天神灵的观点和认识。殷商时期,人们相信上天神灵具有超自然力量和权能,能够支配和主宰人们的命运。以至于当武王伐纣之时,商纣王却满不在乎地认为自己有上天保佑,别人不能拿他怎么样。但随着殷商的灭亡、周朝的建立,西周的政治家们对夏朝、商朝兴衰成败的教训进行了总结和反思,最后得出的结论是十分令人警醒的:夏、商两朝灭亡的根本原因不是上天的问题,而是统治者失德。也就是说,夏、商两朝后期的统治者们道德败坏,鱼肉百姓,结怨于民,最后他们被老百姓抛弃,也被上天抛弃,从而失去政权,失去天命。因此周朝初期的政治家如文王、武王、周公等人十分强调道德的重要意义,不厌其烦地告诫自己的子孙要吸取夏、商两朝的教训,居安思危,施行德政,只有这样才能得到人民的爱戴和拥护,也才能得到上天的垂青和眷顾,所谓"皇天无亲,唯德是辅。民心无常,惟惠之怀"①。

从上述可知,殷末商纣王的天命观是非理性的,相信上天会永远保佑自己,而不论自己德行的好坏。而周朝早期政治家的天命观则是理性的,强调"天命靡常"②"惟命不于常"③,只有人的德行与上天匹配,才能得到上天的眷顾和保佑,即王者配天、以德配天。周初政治家鉴于夏、商二代的教训,对于德行、德政的重视程度可谓无与伦比。他们在给《周易》系卦爻辞的时候,同样反复申明了这一点。其结果就是,《周易》卦爻辞多是对道德修养意义、原理和方法的阐述。然而,当时人们却把《周易》当作占卜的书籍,卦爻辞理所当然地也就被认为是占断之语了。"天不生仲尼,万古长如夜",直到春秋时期,孔子反复研读《周易》才发现其中蕴含着如此重要的秘密:《周易》原来是一部讲述天人之道的宝典,其中蕴含着极为丰富的人道教训和德行修养之旨。他感叹道:"《易》,我后其祝卜矣! 我观其德义耳也。"④是说对于《易经》,我把占卜看成次要的,而主要是看重里面的德义修养思想啊。后来,人们研究孔子的读《易》报告"十翼",发现孔子说得确实很有道理,于是在《易传》的基础上,顺着孔子的思路,继续发掘隐藏在《周易》卦象、卦名、卦辞、爻辞背后的文义和道理,深入阐发其中的人道教训和德义思想,这就形成了《周易》义理学派。

35.《周易》义理有哪些范畴?

《周易》义理范畴是指关于《周易》义理的最一般的概念,是后人研读《周易》的过程中创造出来并加以组织化的易学术语。这些术语具有高度的概括性,是分析《周易》义理的基本工具,反映了《周易》的基本原理和思维特点。下面择要介绍《周易》义理的几个范畴。

一是太极。出自《系辞传》:"易有太极,是生两仪,两仪生四象,四

---

① 《尚书·蔡仲之命》。
② 《诗经·大雅·文王》。
③ 《尚书·康诰》。
④ 丁四新:《楚竹书与汉帛书〈周易〉校注》,上海:上海古籍出版社,2011年,第529页。

象生八卦。"太,大也。极,尽头,极限。太极,就本意而言,是指最终的极限。后人对太极有多种理解。有的认为太极指物质世界的本原,是元气未分时的状态,如唐代孔颖达《周易正义》:"太极谓天地未分之前,元气混而为一。"①由太极分出阴阳二气,而后逐步生出四象、八卦以及万事万物。有的认为太极指卜筮时,蓍草未分的状态。《系辞上》介绍了用于卜筮的大衍之数:"大衍之数五十,其用四十有九,分而为二以象两……"太极即是指五十或四十九根蓍草混而未分的状态。还有的认为太极是阴阳合体的状态,如周敦颐《太极图说》:"无极而太极。太极动而生阳,动极而静;静而生阴,静极复动。一动一静,互为其根;分阴分阳,两仪立焉。"②

二是元亨利贞。出自《周易·乾》卦辞:"乾,元亨利贞。"《文言传》认为"元亨利贞"是指乾卦的四种德性:始、通、美、正。于人而言,为"仁、礼、义、智"四德。后来,"元亨利贞"又被理解为并举的一组范畴,如认为天之"元亨利贞"为"春夏秋冬",地之"元亨利贞"为"木火金水",又认为"元亨利贞"象征着万事万物"生、长、成、终"的过程。

三是道器。出自《系辞上》:"形而上者谓之道,形而下者谓之器。"老子说:"朴(道)散则为器。""道"是看不到、摸不着、无形象的,是隐藏在事物背后的道理和法则;"器"是看得见、摸得着、有形象的,指具体的器物。道器关系即本质与现象的关系,有形的事物都是道器的合体。

四是象理。《系辞上》说:"圣人立象以尽意。""象"是描述具有共同特征事物的征象、类象,这里指的是卦象。这句话是说,圣人以卦象的形式表达卦象背后的道理、意涵。《周易》由三部分组成:言、象、意。言指卦爻辞,象指卦爻象,意指卦爻辞、卦爻象所蕴含的义理。《系辞传》提出"书不尽言,言不尽意",是说天下的道理是不可能全部写出来的,已经写出来的也不足以完全包含天地大道。因此只能以象的形式来"尽意",弥补言语之不足。魏晋时期的王弼在《周易略例·明象》中

---

① [魏]王弼、[晋]韩康伯注,[唐]孔颖达正义:《周易正义》,北京:中国致公出版社,2009年,第276页。

② [宋]周敦颐撰,梁绍辉、徐苏铭等点校:《周敦颐集》,长沙:岳麓书社,2007年,第5页。

说:卦象是用来表明卦义的,卦爻辞是用来解释卦象的。学习《周易》首先要通过卦爻辞来理解卦象,再通过卦象来领悟卦义。卦义理解了,也就真正领悟了天地大道,才算是善易之人。

36.《周易》义理有哪些主要命题？如何理解其思想价值？

《周易》义理命题比较多,下面择要作一介绍。

一是"自强不息,厚德载物"。语出《周易》乾坤两卦《大象传》:"天行健,君子以自强不息""地势坤,君子以厚德载物"。《易传》以乾为天,以坤为地,认为天的特性是健,地的特性是顺。《易传》由天道联系人事,指出人们要效法天的刚健不息,做到自强不息;效法大地之德,以博厚的德行承载万物。"自强不息,厚德载物"实则是中华民族的内圣外王之道。自,指自己;强,强健。"自强"是向内求,是内求诸己,不断战胜自己的弱点、不合理的欲望,使自己的内在变得更加强大的过程。随着自强的持续积累,人的德行也就不断增加,其结果就是厚德。"载物"是向外的发用。这样二者合起来就是内修诸己、外达诸人的内圣外王之道。

二是"一阴一阳之谓道"。《系辞上》提出:"一阴一阳之谓道。""一阴一阳之谓道"简单说来指阴阳对立统一是宇宙万物的普遍法则。"一阴一阳"是一种指代和象征,就《周易》卦画来讲是指阴阳二爻,就卦象来说指代乾坤二卦,就数来讲则是指奇偶二数。就具体物象而言,阴阳的指代范围则更为广泛,如《易传》所列的:天为阳,地为阴;日为阳,月为阴;昼为阳,夜为阴;刚为阳,柔为阴;明为阳,幽为阴;男为阳,女为阴;君子之道为阳,小人之道为阴……也就是说自然社会的事物中存在着阴阳对立的两个方面,这是宇宙的普遍规律。这启发我们看待问题、分析问题要从正反两个方面入手,这样才能得出恰当、全面的结论。

三是"生生之谓易"。《系辞下》云:"天地之大德曰生。"又云:"日新之谓盛德,生生之谓易",孔颖达疏曰:"日日增新。"[1]按照孔颖达的

---

[1] [魏]王弼、[晋]韩康伯注,[唐]孔颖达正义:《周易正义》,北京:中国致公出版社,2009年,第262页。

看法,所谓"生"就是"日新"的过程;延伸于个人生活领域,就是不断修炼自己,使德行不断增长更新。"生生"是两个"生"字叠用,进一步强调了这种意涵,指出君子要效法宇宙的不断变化,不可懈怠,每天都要修养和提高自己的德行。"生生之谓易"表面上看是在说宇宙自然不断有新的变化和发展,但实质上是要表达人应该效法天地的不断变化,每天都要增进自己的德行。"日新其德"是孔子读《易经》的心得和体会,但这种说法由来已久。如《大学》引述商汤在洗脸盆上刻字,时时警醒自己:"苟日新,日日新,又日新。"是说每天都要使自己身体清新,更要不断修炼,使自己德行增益、焕然一新。《大学》又云:"《诗》曰:'周虽旧邦,其命维新。'是故君子无所不用其极。"是说周邦虽已年久,却始终能做到自我更新,所以,君子要竭尽全力,想出一切办法,不断提高自己的德行。《尚书·康诰》"作新民",同样是激励人们弃旧图新,日新其德。"日新其德"是基于对人类惰性和弱点的深刻认识提出的,人只要一松懈、一放逸,就可能做出失德之事,只有时时警醒自己,日日增进德行,方能走好人生之路。

第二节 《周易》义理的核心精神

37. 怎样概括《周易》义理的核心精神?

乾、坤是《周易》的门户,是六十四卦中最为重要、最为核心的两卦。《大象传》对乾、坤两卦义理作了一个整体的概括,即"天行健,君子以自强不息""地势坤,君子以厚德载物"。因为自然万物都含纳于天地之间,《周易》后面的六十二卦都是由乾、坤两卦演变而来的,所以乾、坤之道也就成为天地自然之道的代表,"自强不息,厚德载物"构成了《周易》义理的核心精神。

《周易》"自强不息,厚德载物"说是建立在"天人合一"思想基础之上的。"天人合一"是中华民族极为重要的思维模式,其基本要求是人道要合乎天道,人德要合乎天德。《周易》是"天人合一"论的圭臬之作。《四库全书总目提要·易类》说:"《易》之为书,推天道以明人事者也。"①也就是说圣人作《周易》的目的就在于模拟天道,显现天道,以此指导人道。《系辞上》说:"是故天生神物,圣人则之;天地变化,圣人效之;天垂象,见吉凶,圣人象之;河出图,洛出书,圣人则之。"是说上天以天地自然万物为人类生活"立法",人应该效法天地自然来生活和行动,使人事与天象保持一致。《文言》说:"夫大人者,与天地合其德,与日月合其明,与四时合其序,与鬼神合其吉凶。"这是说,人们的德行也要与天地之德保持一致。

什么是天道呢?古人看到四季轮回,周而复始;日月交替,运转不息;斗转星移,循环往复。又看到天体运行是雄健豪放、气势非凡、勇往直前、不知疲倦、从不间断、永不停息的,是任何力量也阻挡不住的。于是《易传》就提炼出一个"健"字来概括天道,即"天行健"。依据"天人合一"的观点,《易传》自然而然地要推出人道,即"自强不息",也就是说人也应效法天行的刚健,坚贞刚毅,不断进取。天的德行是"健",而地的德行是什么呢?孔子认为是"坤",即"厚顺",这就是"地势坤"。大地厚重和顺,无所不载,无论是好人、坏人、好的事物、坏的事物,统统都包容承载,默默承受,毫无怨言。同样地,人也应该效法大地的坤厚之象、深厚之德,以宽厚的德行为人处世,容载万物。与之类似,《周易》的其他六十二卦也都是依照这个逻辑和思路,一一展现天地自然之道,推出人道。如渐卦描述的是山上树木生长的过程,虽然每天树木长高不是很明显,但却日日都在增长,时间一长,就看得出效果了。《大象传》以此来推演人事,告诉人们好的德行、好的风俗也不是一蹴而就的,同样是一天一天培养和积累起来的,因此人们要重视积累的功夫。又如姤卦描述的是风行天下之象,风吹拂天下,遍触万物,无所不到。《大象传》以此来推演人事,告诉君王颁布法律政令也要通告四面八方,让大家都能知晓、执行。

38.《周易》义理核心精神的历史影响如何?

"自强不息,厚德载物"精神在我国历史上产生了极为深远的影

---

① [清]永瑢、纪昀等:《四库全书总目》上册,北京:中华书局,1965年,第50页。

响。在长期的历史实践中,中华民族积累的宝贵经验与历代思想家们关于"自强不息,厚德载物"的解读和阐发,被逐渐融入整合到这一命题之中,使之成为中华民族精神的核心内容,正如张岱年先生在《宇宙与人生》中说的,"任何一个文明民族都有其民族精神,而中华民族的民族精神可称为中华精神。我认为中华精神的核心内容就是'自强不息,厚德载物'。当然,中华民族精神具有多方面的丰富内容,但其核心可以用这八个字来概括"①。简而言之,"自强不息,厚德载物"的历史影响主要有以下两个方面的表现。

一是对德行修养的影响。重视德行修养的传统由来已久,据《尚书》记载,上古三代都十分重视德行修养。而自从《易传》提出"自强不息,厚德载物"这一命题之后,后世更是以之为指南,把德行修养作为人生头等大事,并提出了许多切实可行的实践方法,如孔子"为仁由己""君子求诸己",孟子"养浩然之气",荀子"权利不能倾也,群众不能移也,天下不能荡也。生乎由是,死乎由是",《中庸》"戒慎恐惧",董仲舒"以义正我",周敦颐"主静",张载"民吾同胞,物吾与也""为天地立心,为生民立命,为往圣继绝学,为万世开太平",朱熹"居敬而持志",王阳明"破心中贼",等等。这些方法都进一步丰富和发展了"自强不息,厚德载物"的精神意涵,造就了无数为后世称赞、德行卓著的正人君子,也使"自强不息,厚德载物"的信念深入人心,成为中华民族不朽的精神财富。

二是对历史实践的影响。孟子说:"故天将降大任于是人也,必先苦其心志,劳其筋骨,饿其体肤,空乏其身,行拂乱其所为,所以动心忍性,曾益其所不能。"②在中华民族漫长而曲折的发展史中,"自强不息,厚德载物"激励着一批又一批的哲人学者、志士仁人,令他们坚定信念、不畏艰难、发愤图强,经受各种考验,战胜各种艰难险阻,写出了熠熠生辉的鸿篇巨著,成就了流传千古的丰功伟业。如唐代杜佑积三十年之功,写成了一部震撼史坛的巨著《通典》;司马光信念坚定,艰苦卓

---

① 张岱年:《宇宙与人生》,上海:上海文艺出版社,1999年,第282页。
② 《孟子·告子下》。

绝,以十九年辛劳和汗水编纂出历史巨著《资治通鉴》,影响深远;李时珍用了二十七年时间刻苦钻研,跋山涉水,饱尝辛苦,写成了医药学名著——"东方药物巨典"《本草纲目》。还有无数的仁人志士,秉承"自强不息,厚德载物"的精神信念,在和平年代兢兢业业,勤勤恳恳,为社会发展做出贡献;在战争时期不畏艰险,奋勇抗敌,谱写了可歌可泣的壮丽诗篇。可以说,在中华民族的伟大实践中,"自强不息,厚德载物"已经成为国人不朽的精神支柱,也铸成了不可征服的伟大民族之魂。

39.怎样领悟《周易》义理核心精神的现代价值?

"自强不息,厚德载物"是炎黄子孙求生存、谋发展的经验总结和智慧结晶,有力地推动了中华民族几千年的伟大实践。近代思想家梁启超又将此语选为清华大学教训,激励着一代又一代的青年学子发奋图强,报效祖国。如今的时代发生着广泛而深刻的变革,但"自强不息,厚德载物"的古训仍对我们有着深刻的启迪作用。

一是要"自强不息"。其中有三个关键词:自、强、不息。"自",就是自己。相传刻在德尔斐阿波罗神庙上的最有名的一句箴言就是"认识你自己"。老子也说:"自知者明。"①尼采在《论道德的谱系》前言中说:"我们这些认知者却不曾认知我们自己。原因很清楚:我们从来就没有试图寻找过我们自己,怎么可能有一天突然找到我们自己呢?……我们对自己必定仍然是陌生的,我们不理解自己,我们想必是混淆了自己,我们的永恒定理是'每个人都最不了解自己',——对于我们自身来说我们不是认知者。"②可见,正确认识自己,对于一个人的成长具有十分重要的意义,但要真正认识自己却并非易事。一个人要真正认识自己,一方面要广博地学习各种学问,还要学会静坐体悟,明白自己的本来面目。在现实生活中,要有定力,做好自己,面对各种社会现象,要有正确的认识和理解,不迷信,不盲从。"强",老子说"自胜者强",就

---

① 《老子》第三十三章。
② 〔德〕尼采:《论道德的谱系》,周红译,北京:生活·读书·新知三联书店,1992年,第1页。

是要战胜自己的各种惰性、不当的欲望，使自己处于正知、正念、正道之中。"不息"，就是不停息，要刚健精进、始终如一、持之以恒、永不懈怠，亦如梁启超所言："乾象言，君子自励犹天之运行不息，不得有一暴十寒之弊。才智如董子，犹云勉强学问。《中庸》亦曰，或勉强而行之。人非上圣，其求学之道，非勉强不得入于自然。且学者立志，尤须坚忍强毅，虽遇颠沛流离，不屈不挠，若或见利而进，知难而退，非大有为者之事，何足取焉？人之生世，犹舟之航于海。顺风逆风，因时而异，如必风顺而后扬帆，登岸无日矣。"①"自强不息"要求我们为人处世遵守正道，持之以恒，绝不懈怠；好的学习、生活、工作习惯也要逐步养成，严格坚持，善始善终。如此长期积累下去，量变产生质变，人生必然会更加光明和美好。

二是要"厚德载物"。这是说要增厚自己的德行，以此容载万事万物。梁启超解释说："坤象言君子接物，度量宽厚，犹大地之博，无所不载。君子责己甚厚，责人甚轻。孔子曰：'躬自厚而薄责于人。'盖惟有容人之量，处世接物坦焉无所芥蒂，然后得以膺重任，非如小有才者，轻佻狂薄，毫无度量，不然小不忍必乱大谋，君子不为也。当其名高任重，气度雍容，望之俨然，即之温然，此其所以为厚也，此其所以为君子也。"②古人说，"水至清则无鱼，人至察则无徒"③"人非圣贤孰能无过"④。《论语·微子》云："无求备于一人。"天下间没有两片完全相同的树叶，也没有两个完全一样的人。人与人之间有着不同的禀赋和性格，如果不能以一种宽容的精神为人处世，就必然会出现摩擦，甚至造成难以调和的矛盾。"厚德载物"要求世人像大地无论高低贵贱、贫富美丑都能默默承载那样，以博大宽容的胸怀对待天下的人和事。值得一提的是，这里说的是宽容，而不是纵容。宽容的前提是坚守正义与正道，是有原则的对他人的理解、体谅和豁达大度。而纵容是指对过恶行为不加制止而任其发展。纵容会导致放纵和罪恶，而宽容则可以赢得

---

① 梁启超：《自立：梁启超论人生》，北京：九州出版社，2012年，第10—11页。
② 同上书，第157—158页。
③ 《大戴礼记·子张问入官》。
④ 《左传·宣公二年》。

友谊、赢得和谐、赢得发展。

当今,中华民族正昂首阔步走向未来。每一位国人都应牢记责任和使命,秉承"自强不息,厚德载物"的古训,振作精神,奋发图强,崇德修学,实干兴邦,为实现中华民族的伟大复兴贡献力量。

第三节 《周易》经传义理与易学义理派

40. 什么是易学义理派?它是怎样形成和发展的?

《周易》是一部十分古老的典籍。从汉代开始,由于儒家经学的确立和发展,《周易》被尊为"五经"之首。从那时起,学者们撰写了大量的《易》注,对《易经》和《易传》进行阐述和解说,并由此形成了一门专门研究《周易》的学问,即易学。

清代学者在编纂《四库全书》时,把历代易学家分为两派六宗。两派即象数派和义理派。六宗即以太卜之遗法为代表的占卜宗,以京房、焦赣为代表的禨祥宗,以陈抟、邵雍为代表的造化宗,以王弼为代表的老庄宗,以胡瑗、程颐为代表的儒理宗,以李光、杨万里为代表的史事宗。六宗中的占卜宗、禨祥宗、造化宗归属于象数派,老庄宗、儒理宗、史事宗则归属于义理派。象数派着重于通过《周易》卦爻象及其所象征的物象和诸如阴阳奇偶之数、九六之数、大衍之数及天地之数等有关数字解释《周易》经传文义。而义理派注重从卦名、卦爻辞和卦象中所蕴含的意义和道理来解释《周易》。

《四库全书总目提要》将义理派的创始人确定为魏时的王弼,但严格说来,义理派发端于《易传》,它以儒家伦理观、道家阴阳观来解说《易经》,为易学义理派打下了坚实的理论基础。汉代以费直为代表的易学注重从文意解说《周易》,算是开了易学义理派的先河。魏晋时期,以王弼、韩康伯为代表的玄学派易学,一扫烦琐的象数解《易》之风,注重从义理角度解读《周易》,成为义理派的实际创始人。唐代孔颖达奉太宗之命主编《周易正义》,采用王弼、韩康伯的注释,加以疏解,推动了玄学派易学的发展。宋代是义理派易学发展的高峰期。程颐《周易程氏传》提出"体用一源,显微无间"的易学命题,认为易理寓于有形的易象中,易象显现易理,易理涵摄天地、人生之理,是继王弼《周易注》之后,易学义理派的又一经典力作。另外,宋代胡瑗《周易口义》、李光《读易详说》、朱熹《朱子语类》中的易学讲述、杨万里《诚斋易传》、张载《横渠易说》《正蒙》、杨简《杨氏易传》《己易》都是易学义理派的重要著作。元、明、清三代,易学义理派创获不是太多,主要是对程颐、朱熹的义理之学进行注释、解读和总结。比较有代表性的著作有:元代保巴《易体用》,明代胡广奉命编纂的《周易大全》,清代《御纂周易折中》《御纂周易述义》《日讲易经解义》,王夫之《周易内传》《周易外传》等。近现代有学者从现代管理学、社会学等方面解读《周易》,进一步推动了《周易》义理学的发展。

41. 易学义理派怎样汲取《周易》义理来建构思想体系?

中国古代有一个很有意思的学术传统,那就是思想家们喜欢在诠释经典中,逐步建构起自己的思想体系。易学家当然也不例外,比如王弼在用老庄注解《周易》时,也在借用《周易》阐述其玄学理论。当然,要论汲取《周易》义理来建构思想体系的代表,当属宋明道学。宋明道学是中国古代哲学的烂熟时期,其五大流派,即理学派、数学派、气学派、心学派和功利学派都或多或少从《周易》义理中汲取营养,来建构自己的思想体系。下面就以理学派为例,看看他们是如何从《周易》中吸取理论资料和思维形式,来建构自己的思想体系的。

"理学开山"周敦颐在解读《周易》方面有两本重要的著作——《太极图说》和《通书》,这两部著作都以《周易》作为学术根基,穷究天地万物的根源,阐述发挥太极之意蕴,构建起了"太极→阴阳→五行→万物"的宇宙生成图式和以"诚"为目标的修养路径,将儒家宇宙论、本体论、心性论、功夫论熔于一炉,建立了理学史上第一个高度哲学化的天人之学,并实现了天人之学的心性论转向,在思想史上影响深远。

理学奠基人程颐的思想也主要是在对《周易》的解释中形成和发展的。程颐在分析《周易》之易象与易理的关系过程中,提出了一个重要的解释原则,即"体用一源,显微无间"。体,指易理、本体;用,指易象、发用。他认为隐微、无形的易理与可见、有形的易象，二者是一体的，不可分割。无形的易理，当以易象显示出来；而有形之易象，必然源于无形之易理。由于认为《周易》是"五经之首""大道之源"，程颐把这个解释原则进一步提升为一般的哲学原理，即"事理一致，显微一源"，他说："至显者莫如事，至微者莫如理，而事理一致，显微一源。"①这样，程颐就把天理与人事相统一的关系构建起来了，也完成了易学到理学的过渡。在他看来，天理与人事是一体的：天理是根本，是人事的依据；人事是发用，是天理的表达。在此基础上，他又将天理与人性联系起来，提出了道德修养的原理和方法，认为性即理，天理可以显现于万事万物当中，在人身上的体现便是性，人的修养就是要同于天理，也就是要回归人本善的天性。

上述两位理学大家都成功地汲取《周易》义理来建构思想体系，为后人做出了榜样：周敦颐借助《周易》"太极""两仪"等范畴解释天地万物的形成，构建起儒家的宇宙论，并对《周易》进行了富有创造性的心性论解读，为儒家成圣思想提供了理论依据。程颐则是在解读《周易》过程中，实现了"体用一源"到"理事合一"的理论转向，将"天理"作为其哲学的最高范畴，统摄宇宙本体和价值本体，建构起了理学本体论，且在此基础上进一步提出了心性论和功夫论。

42. 当代如何借鉴易学义理派的思想方法？

通常说来，不同的学科有各自的研究方法，但不同的学科也可能有某些具有共性的研究方法，这就为方法借鉴提供了可能。易学义理派在诠释《周易》过程中，借《易》发挥，进行了融通、转化和创造性的工作，从而构建起自己的思想体系。"他山之石，可以攻玉"，当今的学术研究也可以借鉴易学义理派的思想方法。

一是要重视经典的研究。经典是经久不衰的万世之作，是经过无数人阅读，在各个知识领域具有典范性、权威性的著作。可以说，经典就是经过历史淘洗选择出来的"最有价值的书"，具有不朽的价值。

---

① [宋]朱熹编辑：《二程语录》卷十五，北京：中华书局，1985年，第242页。

《周易》被奉为"大道之源",位居群经之首,即有此殊荣。经典是一个开放的系统,是一个学科的奠基之作,是绵绵不尽的源头活水。像《周易》,仅一部作品,即可形成享誉古今的"易学";像莎士比亚,仅一人之作,即可成为举世共研的"莎学";其他的还有"老学""庄学""红学"等等。可以说,古今中外的很多经典之作,都开创出一个研究系统,让不少学人乐此不疲,终生为之;也让很多读者涵泳反复,受用一生。因此,当今的学者也需向古人学习,要特别重视对经典的研究,可根据时代特点和社会需要,结合自己的研究方向和兴趣,从经典中挖掘出相关的思想和智慧,用于指导理论研究和社会实践。

二是在诠释经典的过程中,建构自己的理论思想。古代思想家在给《周易》作传作疏的过程中,逐步建构了自己的思想体系。如宋明理学借助《周易》完成的理论构建,堪称后世的典范之作。当今时代也同样可以借鉴这种做法。在学术研究中,在解读本学科经典著作的过程中,可将自己的思想融合和嫁接进去,建构属于自己的理论体系。在具体操作过程中,可以采取多种方法,如进行跨学科研究,运用多学科的理论、方法、成果对某一课题进行研究,或将经典中的理论与其他相关理论进行横向比较与纵向比较、求同比较和求异比较等,从而得出自己的富有创见性的思想。如宋代李光《读易详说》、杨万里《诚斋易传》,从历史角度来解读《周易》,诠释卦爻辞,成为史事易宗的代表。王宗传《童溪易传》、杨简《杨氏易传》《己易》,则借鉴心性之学,以心解易,富有创见,成为心易学派的代表。又如当今学者从现代管理学角度研究《周易》,提出了"管理易"思想。凡此种种,都说明搞学术研究,一方面要有严谨的治学态度,重视经典研究,掌握本学科的系统知识,打好学科基础,另一方面还要有广阔的知识视野,多从其他学科考虑问题,这样才能够为研究深入和理论创新提供强有力的保障。

第五章 易学占筮法度

第一节 占筮渊源稽考

43. 什么叫"占卜"？其形成的原因何在？商代以前存在占卜现象吗？

占卜的主要目的就是解除心中疑问。就占卜本身而言，人们在占卜之前不知道所卜之事是否能得到神的赞许，心里充满了对结果的期待与迷惑。《左传·桓公十一年》云："卜以决疑，不疑何卜？"《礼记·曲礼上》曰："卜筮者，先圣王之所以使人信时日，敬鬼神，畏法令也，所以使民决嫌疑，定犹与也。"占卜之术就是用来"决嫌疑，定犹豫"，这也是对占卜功用的简要概括。现实考虑和功利目的可谓占卜活动的起因和归宿。卜、筮是两种非常古老、原始的占卜方法，至少在汉代以前相当长时期内，两者一直结合在一起。

卜与筮是商代最重要的两种占卜形式，两周时期也不例外。商周时期，卦画往往被刻在甲骨上，这就是卜、筮并用的证明。考古发现，骨卜在距今五千多年的新石器时代就已经出现，但龟卜大约于商代中期才有。筮和卜不同，筮的特点主要在于筹算，通常选用蓍草等植物作为工具。"蓍"字从艸，"筮"字从竹，文字本身也足以说明其材质。司马迁《史记》卷一百二十八《龟策列传》记载："下有伏灵，上有兔丝；上有捣蓍，下有神龟。"古人还将充当算筹的蓍草与龟联系起来，用意是突出蓍草占卜的神秘性。《左传·僖公十五年》称："龟，象也。筮，数也。"龟主象，筮主数。汉代卜法已经衰落，筮法兴起。

在卜、筮并用的时代，占卜顺序也有讲究，一般都是先卜后筮；如果卜、筮得出的结论相互矛盾，卜人通常认为卜比筮更重要，应该相信卜，此所谓"筮短龟长"。据《左传·僖公四年》载：

> 初，晋献公欲以骊姬为夫人，卜之，不吉；筮之，吉。公曰："从筮。"卜人曰："筮短龟长，不如从长。且其繇曰：'专之渝，攘公之羭。一薰一莸，十年尚犹有臭。'必不可。"弗听，立之。

意思是说，晋献公要立骊姬为夫人，可是卜与筮结果相互抵牾。献公宁愿选择符合自己愿望的筮的结果，遭到卜人的坚决反对，晋献公最终没有听从。可见古人对于卜筮的结果也不是完全迷信。

44. 什么是"龟卜"？龟卜仪式是怎样进行的？其意义何在？

早期人类认为，某些动物的骨头，特别是龟骨，具有特殊的神秘灵性，可以充当沟通人、神的媒介。早期占卜，内陆地区使用的是鹿或牛、羊的肩胛骨，临海或临湖泊地区使用的则是龟的背甲或腹甲。卜人通过对骨面钻凿或烧灼，然后观察骨头的裂纹以求取神谕。所谓"甲骨文"，就是兼指这两种在龟甲和兽骨上遗留的文字。骨面上的裂纹呈一纵一横状，"卜"字正好象其形。后来龟卜取代骨卜，汉代以来则专以龟卜为卜。司马迁《史记·龟策列传》、班固《汉书·艺文志·数术略》蓍龟类等，所言之"龟"即专指龟卜。《周易·系辞下》曰："定天下之吉凶，成天下之亹亹者，莫大乎蓍龟"；"蓍之德圆而神；卦之德方以知"；"神以知来，知以藏往"。《史记·龟策列传》明言："王者决定诸疑，参以卜筮，断以蓍龟，不易之道也。"

《史记·龟策列传》是专记卜筮活动的列传。"龟策"指龟甲和蓍草，古人用它们来占卜吉凶。《礼记·曲礼上》云"龟为卜，策为筮"，说明古时卜用龟甲，筮用蓍草。《太史公自序》曰："三王不同龟，四夷各异卜，然各以决吉凶。略窥其要，作《龟策列传》。"

在古人眼中，占卜所用的甲骨，实乃人与神之间的中介；卜筮选择用龟甲作卜具，在于其更具灵性。正是出于对卜骨和卜甲之灵性的确信无疑，殷人将其用于乞求上帝和祖先的赐兆祷福；而卜骨和卜甲也因其灵性，起到沟通人与帝、人与祖灵之间信息交流的媒介作用。

龟卜的过程一般是：首先命龟，就是通过咒语祈请神灵，并向神灵提出要决疑的问题，祈请赐知；然后再灼钻，根据纹理观象判断吉凶之预兆，事后还要进行验证，刻辞记录。从命龟到观兆，遵循一系列的礼仪程式。《史记·龟策列传》中记载了这种命龟仪式："卜先以造灼钻，钻中已，又灼龟首，各三；又复灼所钻中曰正身，灼首曰正足，各三。即以造三周龟，祝曰：'假之玉灵夫子。夫子玉灵，荆灼而心，令而先知。而上行于天，下行于渊，诸灵数箣，莫如汝信。今日良日，行一良贞。某欲卜某，即得而喜，不得而悔。即得，发乡我身长大，首足收人皆上偶。不得……灵龟卜祝曰：'假之灵龟，五巫五灵，不如神龟之灵，知人死，知人生。某身良贞，某欲求某物。即得也……可得占。'"这些命龟的咒语内容基本保持着殷商时期占卜的仪轨旨趣，即祈求神灵时首先要表达对祈求对象的尊敬和崇拜，待到得兆和观兆之后，还要有谢神的祝辞。浙江大学吴土法等从《周礼》中钩稽出取龟、选龟、衅龟、攻龟、开龟五项整治卜龟的工序，以及陈龟、贞龟、定龟、视高、命龟、作龟、占龟、系币八项天子庙享卜日的礼事，其中取龟、选龟、衅龟、攻龟、开龟、命龟、作龟、占龟、系币九项均能从地下出土实物和出土文献中找到可靠的依据；陈龟、贞龟、定龟、视高四项可以在《仪礼》《礼记》等古籍中得到佐证；衅龟、开龟、占龟诸项与殷礼有着明显的不同，与周礼则彼此契合。这不仅证实了《周礼》中有关龟卜事宜的具体材料基本上是可信的，而且还说明了龟卜礼仪当属周礼内容。

45."龟卜"对古代先民生活有什么影响？

商代诸王几乎逢事必卜，大而至于发动战争、祭祀、王位继承之类国家大事，小而至于饮食起居、婚嫁出行等日常琐事，渗透于生活的诸多方面。甲骨文内容涉及商代社会的各个领域，殷商先民几乎事无巨细都要通过占卜的方式，乞求上天神灵的旨意。占卜操作过程中的或然性和偶然性，以及对占卜结果解释的随意性和目的性，致使卜人有可能在一定的范围内根据自己的预设目标对占卜结果作出取舍，何况卜之不吉还可再用筮占，一次不行还可进行二次、三次。《左传》记载晋献公欲立骊姬为夫人之筮,属于殷商之后的历史记载,但是在神灵面前进行的占卜仪式所具有的神圣感与对占卜结果解释的任意性则形成了鲜明的反差。占卜活动一旦成为政治和伦理的附庸,实质上就是君权通过占卜这种形式以神权方式得到强化。可以说,这种具有多重社会功能的占卜活动,一方面阻断或者延缓了殷商时代宗教观念上升为理论形态的可能性,一方面又钳制了自然科学与抽象思辨精神的发展。

第二节 《周易》筮法

46. 什么是"筮法"?先秦典籍对筮法有什么记载?

"筮法"是用蓍草等植物作为筹算工具、具有系统理论的一种占筮技艺。作为系统的理论化的"筮法",《易传》"大衍之数"保存了相对完整的先秦卜筮技艺。此外,《清华大学藏战国竹简》中,《筮法》简是唯一保持着原来成卷状态的竹简。它在被发掘时还保持着当初成卷的样子,简上的编号排序无一错乱。据推测,其反面可能有一层丝织品,用以稳固竹简,这种竹简形制尚属首次发现。《清华大学藏战国竹简》的整理报告从2010年开始公布,其中第四辑包含三方面内容,除了《筮法》之外,还有《别卦》和《算表》,这些都是研究先秦筮法的重要资料典籍。

47. 先民是怎样依卦推论的?今人从中可以获得什么启示?如何理解揲蓍成卦的意蕴?

用《周易》占筮包含两个主要程序。其一是揲蓍成卦,即通过一定数目的蓍草的变化来求得卦象,《周易·系辞上》所谓"大衍之数"对应这一程式及其内容。其二是判断吉凶,也就是依据卦爻变化,作出吉凶判断。大衍揲蓍之法有几个基本的步骤:第一步,依照易学"大衍之数五十,其用四十有九"之说,拿五十根蓍草出来,取出一根不用,象征天地未开;然后用余下的四十九根来布卦。所谓"分二以象两",此"分二",即分成两半,此"象两"即象征天地、阴阳。第二步,是"挂一以象三"，就是从分好的两堆蓍草中的一堆里，拿出一根夹挂在手指上，或置于一边。这里的"象三"，就是象征天、地、人三才，其中的"一"就是表征人。所谓"挂一以象三"，就是从天、地之中分出人来，这样，天、地、人三才就齐全了。第三步，是"揲之以四以象四时"，就是说，把这两堆蓍草的数目分别除以四，最后的结果就是各余下小于或者等于四的一堆，以此模拟春夏秋冬四时交替的过程。第四步，是"归奇于扐以象闰"——象征一年中的闰月。这就完成了第一变的步骤。然后"五岁再闰，再扐而后挂"，就是又重新来一遍，此为二变。其后"四营而成易，十有八变而成卦"，是说经过第三变得出的四种结果——三十六、三十二、二十八、二十四；三变之后的结果只有这四个数字。那么这四个数字"四营而成易"，就是再把这个结果除以四，得数便是九、八、七、六，对应易学皆有所指。其中，九称为老阳，八为少阴，六为老阴，七为少阳。物老则变，到了老阴、老阳，它就会变，这就是变爻，也叫动爻。

可见，卦象的形成是通过"揲蓍"推演而成，体现了"太极生两仪，两仪生四象，四象生八卦"的阴阳演变成卦原理。在这个变化过程中，有时阴盛阳衰，有时阳盛阴衰，有时阴阳相衡。这几种情况符合阴阳互根、消长、变化、转化、更新的动态运动法则，契合天地自然运行规律。《周易》正是以这看似简单的象数符号来表征宇宙万物的化生理则，闪烁着中华先贤独特的生存智慧。

48. 什么是"天地之数"与"大衍之数"？二者关系如何？

"大衍之数"和"天地之数"均出自《周易·系辞上》：

> 大衍之数五十，其用四十有九。分而为二以象两，挂一以象三，揲之以四以象四时，归奇于扐以象闰，五岁再闰，故再扐而后挂。天一地二，天三地四，天五地六，天七地八，天九地十。天数五，地数五，五位相得而各有合。天数二十有五，地数三十，凡天地之数五十有五。此所以成变化而行鬼神也。

朱熹认为："天地之数，阳奇阴偶，即所谓'河图'也。"台湾学者孙振声在《白话易经》注释中说："这一段，说明占筮所用的数字，是以天地之数为依据","数字有奇数和偶数,奇数属于阳,偶数属于阴,天阳地阴","这些数字构成了宇宙间各种不同的变化象征,就如同神鬼般神奇的推算判断出来了"。在《易传》中,有关"天地之数",讲得清楚明白,但"大衍之数五十",却没有明言。

为什么大衍之数为五十,其用四十有九,而非大衍之数四十九,其用五十呢?《周易集解》对此数注为:"叁天两地者,谓从三始顺数而至五、七、九,不取于一也。两地者,谓从二逆数而至十、八、六,不取于四。"这样就出现阳数三、五、七、九,阴数二、十、八、六,共八个数,并与八卦相配。天为生数,是一,地为成数,是五,天数二十五,地数三十,天地生成之数共五十五。大衍之数五十,而已有成数五在其中,故天地生成之数五十五减去五,即为五十。其用四十九者,天地生成之数虚生数一与成数五,存而为用数,五十五减去六(1+5),得数是四十九。天为生数是一,地为成数是五,用数是四十九。天地为父母是生与成,用数是生数与成数产生之数。

关于大衍之数,古往今来众说纷纭。《汉书·律历志第一上》谓:"是故元始有象一也,春秋二也,三统三也,四时四也,合而为十,成五体。以五乘十,大衍之数也,而道据其一,其余四十九所当用也。"①近人杭辛斋则说:"故四十五与五十五,为天然分化之界限,非人力所能增减,合之一百为全数。全数之内,分阴分阳,当然阴阳各得五十。故'大衍之数五十,其用四十有九'。其一不用,而盈虚消息,即由此一生生不已,其数不穷。"②

《周易注疏》杂采诸说,如京房认为:"五十者,谓十日,十二辰,二十八宿也。凡五十,其一不用者,天之生气,将欲以虚来实,故用四十九焉。"③马融指出:"《易》有太极,谓北辰也。太极生两仪,两仪生日月,日月生四时,四时生五行,五行生十二月,十二月生二十四气。北辰

---

① [汉]班固撰,[唐]颜师古注:《汉书》卷二十一,北京:中华书局,1962年,第983页。
② 杭辛斋:《杭氏易学七种·易数偶得》,民国八年(1919)研几学社刊本,第955页。
③ [晋]韩康伯注,[唐]陆德明音义,孔颖达疏:《周易注疏》卷十一,台北:商务印书馆影印文渊阁《钦定四库全书》第0007册,第0537a页。

居位不动,其余四十九转运而用也。"①荀爽曰:"卦各有六爻,六八四十八,加乾坤二用爻,凡有五十,乾初九'潜龙勿用',故四十九也。"②郑玄称:"天地之数,五十有五,以五行气通,凡五行减五,大衍又减一,故四十九也。"③王弼云:"演天地之数,所赖者五十也,其用四十九,则其一不用也,不用而用以之通,非数而数以之成,斯《易》之太极也,四十有九数之极也。夫无不可以无明,必因于有,故常于有物之极,而必明其所由之宗也。"④

宋儒朱熹则声称:"大衍之数五十,盖以河图中宫天五乘地十而得之,至用以筮,则又止用四十九,盖皆出于理势之自然,而非人之知力所能损益也。"⑤

金景芳认为,以上诸说,或牵附《图》《书》,如朱熹,或杂以老庄,如王弼等,或凭臆穿凿,如京房、马融、荀爽,皆毫无根据。⑥古人卜筮为什么五十五策不全用而只用四十九策?是因为五十五策全用,最后得不出七八九六,不能达到筮的目的。金景芳指出,"大衍之数五十"之后脱"有五"二字。⑦高亨等亦同意此说。

第三节 《周易》筮法变通

49. 焦赣《易林》如何变通《周易》筮法?

《焦氏易林》源于《周易》,是对传统《易》卦筮法的更新和发展。《焦氏易林》在六十四卦基础上复变六十四,亦即一卦变六十四,六十

---

① [晋]韩康伯注,[唐]陆德明音义,孔颖达疏:《周易注疏》卷十一,台北:商务印书馆影印文渊阁《钦定四库全书》第 0007 册,第 0537a—0537b 页。
② 同上书,第 0537b 页。
③ 同上。
④ 同上书,第 0536b 页。
⑤ [宋]朱熹撰:《原本周易本义》卷七,台北:商务印书馆影印文渊阁《钦定四库全书》第 0012 册,第 0683d 页。
⑥ 金景芳著,吕文郁、舒大刚主编,舒星编校:《易通》第五章,《金景芳全集》第 1 册,上海:上海古籍出版社,2015 年,第 53 页。
⑦ 金景芳讲述,吕绍刚整理:《周易讲座》,长春:吉林大学出版社,1987 年,第 51 页。

四卦变四千零九十六卦;六十四卦中的一卦变为另一卦称为"之卦",然后在"之卦"后配以相应的占辞。《焦氏易林》占辞与《周易》卦爻辞同是占辞,但《焦氏易林》大多用四言韵语,偶见三言格式。其四言占辞文辞精练,古雅玄妙。尚秉和考证研究指出,《焦氏易林》在占辞的取象上与《周易》一脉相承,实乃易象之渊薮,并保留了众多久已失传的用象规则。

50. 京房"纳甲法"是怎样产生的? 有何特点?

京房"纳甲法"是京房易学的重要组成部分。京房,本姓李,推律自定为京氏,东郡顿丘(今河南清丰西南)人。他受学于梁人焦赣,焦赣自称学《易》于孟喜,京房以为焦氏《易》即孟氏之学。焦赣常说:"得我道以亡身者,必京生也。"[①]汉元帝初元四年(前45),京房举孝廉为郎,后任魏郡太守。他多次上疏论说阴阳灾异,引《春秋》与《易》为据,批评朝官,得罪了宦官石显,又与治《易》的权贵五鹿充宗学说相非,最终以"非谤政治,归恶天子"的罪名被斩首弃市,果然应了焦赣的谶语。

京房说《易》,长于灾变,以风雨寒温为候,各有占验。正是为了推论阴阳,进行各种预测,京房一方面继承了上古易学的文化成果,另一方面进行新的创造,其主要成果之一就是"纳甲法"。

"纳甲法"是变通传统易学的一种象数推演方法。其中所谓"甲"系十天干之首,举"甲"以概括十天干,所以称作"纳甲"。所谓"纳"就是把十天干纳入乾、坤、坎、离、震、巽、艮、兑这八卦之中,并与五行、方位相配合。具体而言,就是:乾纳甲,坤纳乙,甲乙为木,表示东方;艮纳丙,兑纳丁,丙丁为火,表示南方;坎纳戊,离纳己,戊己为土,表示中央;震纳庚,巽纳辛,庚辛为金,表示西方;乾纳壬,坤纳癸,壬癸为水,表示北方。

"纳甲法"的基本特点是:通过十天干的配合,继而引入了十二地支,让"六十甲子"的时间流程与一年四季相对应,显示节候的时空变化,为阴阳灾异的推演提供了一个基本模式。

---

① [汉]班固:《汉书》卷七十五《京房传》,清代乾隆武英殿刻本。

东汉时期，京房创造的纳甲法被道教炼丹家魏伯阳所继承和发挥。魏伯阳作《周易参同契》，以震、兑、乾、巽、艮、坤六卦表示一月中阴阳的消长，甲、乙、丙、丁、戊、己、庚、辛、壬、癸十干表示一月中的日月地位。如震表示初三日的新月，受一阳之光，昏见于西方庚地；兑表示初八日的上弦月，受二阳之光，昏见于南方丁地；乾表示十五日的

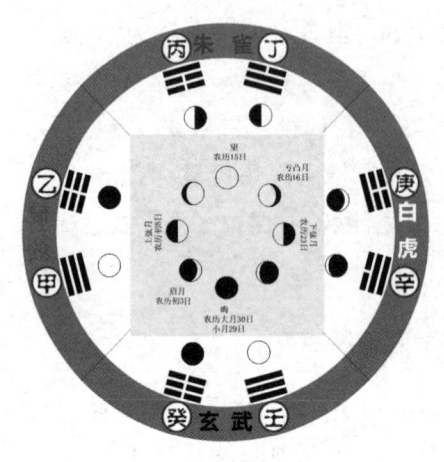

月体纳甲法

望月，受三阳之光，昏见于东方甲地。这叫作望前三候，象征阳息阴消。巽表示十六日的月象由圆而缺，始生一阴，平旦没于西方辛地；艮表示二十三日的下弦月，复生一阴，平旦没于南方丙地；坤表示三十日的晦月，全变三阴，伏于东北。这叫作望后三候，象征阳消阴息。坎离二卦配戊己，居中央代表日月本位，在丹道上则代表药物，这是较为通行的"月体纳甲法"。

唐宋之际，有《火珠林》一书流行，则又把西汉京房推测灾异的"纳甲法"与魏伯阳的丹道"纳甲法"相汇通，引入了六亲、二十八星宿等符号系统，形成一个庞大、复杂的象数体系，构筑为一个推断灾异，有理、数、象作根据的占筮运作系统。至今，此法依然在民间有很大的影响。

51. 扬雄《太玄经》与《周易》筮法有什么联系和区别？

扬雄《太玄经》模仿《周易》体裁而撰成。他用一玄、三方、九州、二十七部、八十一家、七百二十九赞，模仿《周易》之两仪、四象、八卦、六十四重卦、三百八十四爻。其赞辞，相当于《周易》之爻辞。《周易》有《彖传》《象传》等"十翼"，《太玄经》亦作《玄冲》《玄摛》等十篇作补充说明。

"玄"，意为玄奥，源自《老子》"玄之又玄"。《太玄经》以"玄"为核心，糅合儒、道、阴阳三家思想，成为儒家、道家及阴阳家之混合体。扬

雄运用阴阳、五行思想及天文历法知识,以占卜形式,描绘世界图示,提出"夫作者贵其有循而体自然也""质干在乎自然,华藻在乎人事"等观点。《太玄经》含有一些辩证法观点,对祸福、动静、寒暑、因革等对立统一关系及其相互转化情况均作了阐述,认为事物皆按九个阶段发展;其每首"九赞"皆力求写出事物由萌芽、发展、旺盛到衰弱以至消亡的演变过程,甚至说天有"九天",地有"九地",人有"九等",家族有"九属"。凡事都用"九"去硬套,反映了扬雄的形而上学特点。东汉宋衷及三国吴人陆绩曾为《太玄经》作注。晋人范望又删定二家之注,并自注赞文。另有北宋司马光《太玄经集注》、清人陈本礼《太玄阐秘》等。

《太玄经》是扬雄在精研《周易》的二进制后演绎而出的三进制体系,充分地诠释了天、地、人的互动理念,被誉为世界上最早的三进制体系著作。

第六章　易学断卦依凭

第一节　阴阳五行与干支

52. 什么是阴阳五行？"阴阳"与"五行"是怎样构成一个理论系统的？阴阳五行理论对于断卦有何作用？它是"伪科学"吗？如何正确认识其历史与现实意义？

　　阴阳是中国古代哲学的一对重要范畴。任何事物都有相互依存又相互对立的两面，我们把其中诸如前进、上升、活跃、积极、主动、光明等一面称为阳，而把诸如后退、下降、安静、消极、被动、黑暗等另外一面称为阴。

　　阴阳观念产生较早，最初的阴阳指代某些自然景象，如日光的向背等等。许慎《说文解字》谓阴者："暗也，水之南、山之北也。"又释阳曰："高明也。"西周时期，伯阳父就以阴阳二气相迫来解释地震的产生原因。春秋时期，人们亦多以阴阳二气来解释气候与节气的变化，以应四时。老子《道德经》发展了阴阳学说，把阴阳作为对立统一的概念予以论述，形成了贵柔守雌的尊阴思想。《易传》以阴阳来解释《易经》原理，并概括为一阴一阳之谓道。阴阳概念遂从最初的指代某些具体的自然景象，转而成为表征事物既相互对立又相互统一的高度抽象范畴。从阴阳观念的形成到阴阳学说的发展，体现了事物由特殊到一般、由具体到抽象的过程。

　　五行，指的是金、木、水、火、土五种物质及其运行。"五行"一词，最早出现在《尚书》的《甘誓》与《洪范》中。《甘誓》云："有扈氏威侮五行,怠弃三正,天用剿绝其命。"《洪范》云:"鲧则殛死,禹乃嗣兴,天乃锡禹洪范九畴,彝伦攸叙……五行:一曰水,二曰火,三曰木,四曰金,五曰土。水曰润下,火曰炎上,木曰曲直,金曰从革,土爰稼穑。润下作咸,炎上作苦,曲直作酸,从革作辛,稼穑作甘。"五行各有其性质特征:"水曰润下",表示水的滋润、下行、寒凉、闭藏;"火曰炎上",表示火的温热、向上;"木曰曲直",表示木的生长、升发、条达、舒畅;"金曰从革",表示金的沉降、肃杀、收敛;"土爰稼穑",表示土的生化、承载、受纳。这五行最初是指构成万物的五种具体材质,又称"五材"。在《尚书·洪范》之后,经过许多学者的推演,五行逐渐超越具体事物而成为抽象的符号代码。人们以此作为观照万物的凭借,于是最初的五材成为万物分类的代码或框架。

春秋以前,阴阳与五行各自独立,阴阳自阴阳,五行自五行。春秋以后,情况发生了变化。阴阳与五行被用来服务于共同目的,即解释天地自然诸现象。于是,阴阳与五行逐渐汇拢、融通。至战国末,出现了阴阳、四时、五行为一体的阴阳五行学说。[①]

经过整合之后,阴阳、五行之间便有了化生关系。宋代周敦颐在《太极图说》中对阴阳五行学说有精辟论述:"阳变阴合,而生水火木金土。五气顺布,四时行焉。五行,一阴阳也。"万物归为五行,而五行又可以归结为阴阳。按照周敦颐的说法,五行是阴阳二气交互作用的产物,阴阳是五行内在变化的动力。阴阳之气,又总是通过五行并寓于五行而得以体现。也正是由于这样一种相互作用的关系,阴阳五行才融合为一个完整的严密学说。

阴阳五行对于断卦有着至关重要的作用,甚至可以说是易学断卦的灵魂。易学断卦,是立足卦爻的阴阳、五行属性,通过阴阳之间的相互作用,以及五行之间的相生相克关系来进行的。离开阴阳五行,断卦理论系统就难以成立。

阴阳五行通过归类方法对世界万物作了划分。在这个系统中,世界万物成为有序的组合。从天上到地下,从动物到植物,从低级到高

---

① 容志毅:《重论阴阳五行之学的形成》,《中华文化论坛》2003年第1期,第60—66页。

级,无论是大还是小,只要存在就都可以在阴阳五行体系里占有一定的位置。

作为中国古代哲学的重要内容,阴阳五行与现在的科学方法论是有一定区别的,两者不是一个层次上的概念。科学,主要指自然科学,它是反映客观事物固有规律的知识体系,其重要特征是可实验性和可重复性。由于阴阳五行理论无法像自然科学一样进行实验或检验,有人给它戴上了"伪科学"的大帽子,非得将之绞杀消灭不可,这显然不是尊重历史的态度。

我们应该看到:第一,阴阳五行并非完全独立于具体事物之外的抽象概念;相反,它存在于具体事物之中,与具体事物是一般与特殊的关系。第二,从使用方法看,阴阳五行学说确实是难以实验、检测,不同于自然科学,但它通过比类、归纳对世界万物进行认知与判断,这个过程体现了丰富的辩证法思想,其方法自成体系,有着严密的思维逻辑。第三,更重要的是,阴阳五行学说是对自然规律的一种把握,是人们长期的变革自然、社会实践的经验总结。

几千年来,阴阳五行学说发挥着重要的历史作用。首先,阴阳五行学说是中国哲学思想的重要内容,是中国哲学方法的重要组成部分,对于认识世界、改造世界具有重要的认识论和方法论意义。其次,阴阳五行学说在中国古代社会发挥着重要的社会功能。这一学说是古代农耕的重要根据,有力地促进了中国古代农业的发展;与此同时,它为中国古代的伦理纲常、社会秩序、朝代更替提供了理论依据,发挥了特有的政治功能。最后,阴阳五行学说深刻地影响了中国文化,其理论渗透到中国传统文化的方方面面,包括哲学、宗教、天文历法、中医、文学艺术、建筑等,促进了中国文明的发展。这些都是不容忽视的。

当然,阴阳五行学说也有局限性。这一学说是古人依据有限的经验认识概括出来的,把天地万物都归结为五行生克关系,不足以反映复杂多样的情况,因而要辩证地看待这个学说。正如郭沫若所说:"我们不要看见五行说后来的迷信化,遗祸于世过深,便连它发生时的进步性都要推翻打倒,那是不科学、不辩证的看法。"①

53. 什么是天干、地支？它们是怎样形成的？有什么象征意义？

天干有十,即甲、乙、丙、丁、戊、己、庚、辛、壬、癸。地支有十二,即子、丑、寅、卯、辰、巳、午、未、申、酉、戌、亥。最初,天干和地支是分别流行的。有人认为,天干的产生与十日有关;也有人认为,天干产生于古代的祭祀;还有人认为,天干源于农业生产活动。《尚书·尧典》称:"乃命羲和,钦若昊天,历象日月星辰,敬授民时。"文中言及的"羲和"是尧帝时期的天文官。整句话大体是讲,尧帝命令羲和,敬顺上天,观察与记录日月星辰的运行规律,传授给老百姓一种时间流程。据说在这个过程中,慢慢形成了十个"天干"的符号,并且用以表达年月变化与周转,以指导农业生产。对于地支的产生,也有众多说法,或以为源于自然法象,或以为出于祭祀求子,或以为与月亮变化有关。尽管对干支的产生莫衷一是,但对干支源于象形,及其后来在象数方面的运用,大多数人应该是认同的。

古人将十天干与十二地支配合用以记时。甲丙戊庚壬五天干为阳,乙丁己辛癸五天干为阴。子寅辰午申戌六地支为阳,丑卯巳未酉亥六地支为阴。阳天干配阳地支,阴天干配阴地支。第一个天干甲配第一个地支子,即甲子;第二个天干乙配第二个地支丑,即乙丑。如此类推,从甲子至癸亥,形成"六十甲子"。我们在出土的甲骨文中发现了完整的干支纪日表,说明至迟在商代已运用干支循环系统来纪日。后来,人们又用干支来纪时、纪月、纪年,形成了一种独特的纪时系统,也是我国古代使用历史最为悠久的纪时系统。

断卦使用的干支,有着多方面的象征意义。

首先,干支具有自然法象的象征意义。

这从天干地支的含义可见一斑。干支之意,在《史记》《汉书》《说文解字》《经典释文》中均有所记载。十天干的含义是:

---

① 郭沫若:《十批判书》,《郭沫若全集》之"历史编二",北京:人民文学出版社,1982年,第408页。

甲，《说文解字》："从木，戴孚甲之象。"意思是说，"甲"从属于"木"，指草木种子裂开硬壳发出芽尖，意指植物萌生。

乙，《说文解字》："象春草木冤曲而出，阴气尚强，其出乙乙也。"所谓"乙乙"，形容草木柔软，意指初生植物曲折地生长。

丙，《说文解字》："万物成炳然。""丙"与"炳"同义，意指植物生长炳然可见。

丁，《说文解字》："夏时万物皆丁实。"古之"丁"本用以形容草木的形状，意指到了夏天，植物已达强壮、结实之状，如人之成丁。

戊，《释名》："戊，茂也，物皆茂盛也。"意指植物枝叶繁茂。

己，《释名》："己，纪也，皆有定形可记识也。"意指万物生长形状已达最大化，向外发展之势停止，因而有形可记识。

庚，《说文解字》："象秋时万物庚庚有实也。"意指植物收敛有实而更其生。

辛，《释名》："辛，新也，物初新者皆收成也。"意指植物结实成熟，成种新生。

壬，《说文解字》："象人裹妊之形。"意指植物果种任养之状，如人之怀妊。

癸，《史记》："癸之为言揆也，言万物可揆度。"意指植物任养之后，揆度欲出，与"甲"之剖符形象前后相随。

十二地支的含义为：

子，《释名》："子，孳也，阳气始萌，孳生于下也。"意指阳气始动，万物滋生萌于地下。

丑，《释名》："丑，纽也。"意指寒气内聚，阳气未伸。

寅，《释名》："寅，演也，演生物也。"意指万物始生。

卯，《释名》："卯，冒也，载冒土而出也。"意指万物经过严寒考验之后破土而出。

辰，《释名》："辰，伸也，物皆伸舒而出也。"意指阳气发动，雷电震响，农耕播种时节到来，植物焕发生机。

巳，《说文解字》："巳也，四月阳气已出，阴气已藏，万物见，成形彰。"意指阴气收敛，阳气发萌，万物彰显出壮大的样态。

午,《释名》:"午,忤也,阴气从下上,与阳相忤逆也。"意指万物盛大,阳气却由盛转衰,阴气由下逆袭而上。

未,《史记》:"未者,言万物皆成,有滋味也。"意指万物果实皆有滋味。

申,《释名》:"申,身也,物皆成,其身体各申束之。"意指阴气大盛,万物之体开始收敛。

酉,《说文解字》:"酉,就也,八月黍成,可为酎酒,象文酉之形也。"意指八月黍熟可以酿酒,暗示有所成就。

戌,《史记》:"戌,言万物尽灭。"意指万物终了。

亥,《释名》:"亥,核也,收藏百物,核取其好恶真伪也。"意指万物纳藏。

其次,干支具有时间象征意义。

干支用于纪年、纪月、纪日、纪时,这就使干支被赋予一定的时间意味。

年:每个干支为一年,由甲子开始,满六十年称作一甲子或一花甲子。一甲子后,又从头算起,周而复始,循环不息。此称为干支纪年法。

月:夏历的正月由寅开始,至十二月丑止。每个月的地支固定不变,然后依次与天干组合。而月干可由年干来推定。推定之法为:

　　甲己之年丙作首,乙庚之岁戊为头。
　　丙辛岁首寻庚起,丁壬壬位顺行流,
　　若言戊癸何方发,甲寅之上好追求。

例如,甲己年的正月是丙寅月,二月是丁卯月,三月是戊辰月,其他月类推。从甲子月到癸亥月,共六十甲子,刚好五年。

月地支代表季节性:寅卯辰为春天,寅为孟春,卯为仲春,辰为季春;巳午未为夏天,巳为孟夏,午为仲夏,未为季夏;申酉戌为秋天,申为孟秋,酉为仲秋,戌为季秋;亥子丑为冬天,亥为孟冬,子为仲冬,丑为季冬。

日:由甲子日开始,按顺序先后排列,六十日刚好是一个干支的周期。

时：由甲子时开始，但记时的地支固定不变，每天十二个时辰。每日时干可由日干推定。推定之法为：

　　甲己还加甲，乙庚丙作初；
　　丙辛从戊起，丁壬庚子居；
　　戊癸何方发，壬子是真途。

即甲己日时辰天干从甲算起，子时天干为甲，丑时天干为乙，如此轮转。

时辰表

时间	23:00—00:59	01:00—02:59	03:00—04:59	05:00—06:59
时辰	子	丑	寅	卯
时间	07:00—08:59	09:00—10:59	11:00—12:59	13:00—14:59
时辰	辰	巳	午	未
时间	15:00—16:59	17:00—18:59	19:00—20:59	21:00—22:59
时辰	申	酉	戌	亥

最后，干支还具有空间象征意义。天干、地支分处于不同方位，代表不同的空间格局。

方位干支表

方位	东	南	中	西	北
天干	甲乙	丙丁	戊己	庚辛	壬癸
地支	寅卯辰	巳午未		申酉戌	亥子丑

关于地支与五行的关系，有以辰戌丑未属中央土者。笔者以为，辰戌丑未是四季土，辰有东方木的余气，未有南方火的余气，戌有西方金的余气，丑有北方水的余气，应寄于东南西北。

54. 易学如何依凭干支起卦、断卦？干支结合的"六十甲子"对于易学象数推演的作用如何？

易学占测法主要有两种，一种是"六爻纳甲法"，另一种是"梅花易数法"。两法皆可依凭干支起卦。兹先介绍"六爻纳甲法"的时间干支起卦,"梅花易数法"的干支起卦见后文。

顾名思义,"六爻纳甲法"就是将《易经》六十四卦配上干支以推论吉凶的占卜方法。其具体操作,需将年、月、日、时的干支换成数,年、时以十二地支的序数计,即子为 1 数,丑为 2 数⋯⋯月以农历一至十二月的序数计,日以农历初一至三十的序数计。

首先,将年、月、日数之和除以 8,所得余数为上卦数;将年、月、日、时数之和除以 8,所得余数为下卦数。其次,按数卦对应法把前面所得余数换成卦。数与卦的对应为 0 坤、1 乾、2 兑、3 离、4 震、5 巽、6 坎、7 艮、8 坤。再次,以年、月、日、时数之和除以 6,得余数为动爻数,按余数 1 为初爻,2 为二爻,3 为三爻,4 为四爻,5 为五爻,6 和 0 为上爻的次序标明动爻(注意:按时间干支起卦,所得卦象只有一个动爻)。最后,把卦的各爻装纳甲、安世应、定六亲,则起卦完成,可以断卦了。

例如,农历庚子年乙酉月癸亥日午时(2020 年 8 月 1 日 12:00)之时间起卦:2020 年为子年,其数为 1;而 8 月之数为 8;1 日之数为 1;12 点为午时,其数为 7。

上卦为:(年+月+日)÷8,取余数,即(1+8+1)÷8,余数为 2,为兑卦。

下卦为:(年+月+日+时)÷8,取余数,即(8+1+1+7)÷8,余数为 1,为乾卦。

动爻数为:(年+月+日+时)÷6,取余数,即(8+1+1+7)÷6,余数为 5,动爻为五爻。

此卦上卦为兑,下卦为乾,兑为泽,乾为天,兑与乾合,即成"泽天夬卦",动爻为五爻。

装纳甲:根据所成之卦,按纳甲装卦歌,从下装起,乾震坎艮四阳卦纳支顺轮,坤巽离兑四阴卦纳支逆布。

　　　　乾金甲子外壬午,子寅辰午申戌。
　　　　震木庚子外庚午,子寅辰午申戌。
　　　　坎水戊寅外戊申,寅辰午申戌子。
　　　　艮土丙辰外丙戌,辰午申戌子寅。
　　　　巽木辛丑外辛未,丑亥酉未巳卯。

离火巳卯外巳酉,卯丑亥酉未巳。

兑金丁巳外丁亥,巳卯丑亥酉未。

坤土乙未外癸丑,未巳卯丑亥酉。

此卦下卦为乾,故夬卦初爻甲子,二爻甲寅,三爻甲辰;上卦为兑,故夬卦四爻丁亥,五爻丁酉,上爻丁未。

安世应:所谓"世应",乃是按一定规律将干支装入卦爻中而产生的位阶表达。世应所处的爻位,分别叫"世爻"和"应爻"。在解卦时,世爻代表"我"方,应爻代表"他"方(也包括所测之事)。在"六爻纳甲法"中,六十四卦按照一定规则分为八组,称作"八宫",又名"卦宫"。其排列顺序与先天卦序有所不同,其中乾、坤、坎、离、艮、震、巽、艮、兑八个纯卦为首卦,各领一宫,每宫各有八卦。就五行属性而言,各宫首卦具有决定性的地位,其余七卦皆从属于首卦。

"世爻"是按所起的卦在本宫卦中的位置来排,"应爻"与"世爻"隔二爻。八宫卦各宫首卦,"世"在六爻,"应"在三爻,各宫二卦"世"在初爻,各宫三卦"世"在二爻,各宫四卦"世"在三爻,各宫五卦"世"在四爻,各宫六卦"世"在五爻,各宫七卦"世"在四爻,各宫本卦"世"在三爻。此卦为坤宫六卦,"世"在五爻,"应"在二爻。

定六亲:所谓"六亲"本是社会伦理的一种关系名称,历代说法不一。最具代表性的是:父、母、兄、弟、妻、子。后来,"六亲"被引申到术数学中,用以表示测算中各种因素的相互关系。由于纳甲所用的"卦",各有六爻,方便与六亲对应,于是形成了以"我"为基点的推算过程。不过,"六爻纳甲法"中的"六亲"与一般社会伦理中的"六亲"概念有所不同,包括:父母、兄弟、子女、官鬼、妻财以及"我"。[①]

"六爻纳甲法"中的"六亲"关系如何呢?首先,以起得之卦所在卦宫的五行为主,为"我",生"我"者为父母,由"我"所生者为子孙,克我者为官鬼,我克者为妻财,比和者为兄弟。

安六神:所谓"六神"指的是青龙、朱雀、勾陈、螣蛇、白虎、玄武。"安六神"的方法是,先以日干论初爻所属六神,再从初爻往上排六

---

① 关于"六亲"的内涵,本章第三节还会进一步展开论述,这里仅作举要性阐发。

神、青龙、朱雀、勾陈、螣蛇、白虎、玄武秩序一定，循环轮转。甲乙日起青龙，丙丁日起朱雀，戊日起勾陈，己日起螣蛇，庚辛日起白虎，壬癸日起玄武。此日为癸亥日，初爻起玄武，二爻排青龙，至上爻排白虎。

夬卦上兑下乾，最后装成的卦为：

```
        乙酉月    癸亥日
        坤宫:泽天夬            坤宫:雷天大壮
六神    【本    卦】           【变    卦】
白虎    ━━  ━━   兄弟丁未土     ━━  ━━   兄弟庚戌土
螣蛇    ━━━━━   子孙丁酉金 世  ━━  ━━   子孙庚申金
勾陈    ━━━━━   妻财丁亥水     ━━━━━   父母庚午火 世
朱雀    ━━━━━   兄弟甲辰土     ━━━━━   兄弟甲辰土
青龙    ━━━━━   官鬼甲寅木 应  ━━━━━   官鬼甲寅木
玄武    ━━━━━   妻财甲子水     ━━━━━   妻财甲子水 应
```

从上述可见，干支是易学起卦的重要依据，也是易学装卦的关键。易学装卦，无论是卦爻的天干地支纳甲还是安六神，都离不开干支。

干支对易学断卦之推演有着重要作用，表现在：其一，象数推演的过程。占卦各爻的旺衰，主要是通过干支尤其是日建、月建干支来判别的。如春季，寅卯木旺，巳午火相，亥子水休，申酉金囚，辰戌丑未土死。夏季，巳午火旺，辰戌丑未土相，寅卯木休，亥子水囚，申酉金死。秋季，申酉金旺，亥子水相，辰戌丑未土休，巳午火囚，寅卯木死。冬季，亥子水旺，寅卯木相，申酉金休，辰戌丑未土囚，巳午火死。离开日建、月建干支，占卦将无法判定其强弱程度，因而在断卦时也就难以定论客我双方的力量对比，更无法说明世爻、用神的主动被动问题以及生克程度。其二，断卦中卦爻象数之间的推演。其核心是五行的生克关系，而干支是五行的载体，离开干支，五行无以着落，断卦则无下手之处。

第二节　体用互变与神煞

55. 什么是主卦、变卦、日建、月建？如何从内外因对卦象、爻象进行分析？

"主卦",即占测时所获得的六画重卦,这是占测断卦的主要对象。主卦六爻中某一爻或某几爻发生变动之后得出的某卦,称之为"变卦"。日建和月建是我们占测时的时间。

日建,即日辰,占测当天的值日地支。日建者,即子、丑、寅、卯、辰、巳、午、未、申、酉、戌、亥,十二地支周而复始。地支为一日之主,行一日之令,掌一日生杀之权。《卜筮正宗》云:"问卦先须看日辰,日辰克用不堪亲,日辰与用相生合,作事何愁不趁心。"①意思是讲,"日辰"是问卦首先要考虑的因素,如果日辰地支存在冲杀的情况,那就很不利;如果日辰与问者自身五行不冲杀,而是相互和合,就不用担忧了。

月建,即月令。正月建寅,二月建卯,三月建辰,四月建巳,五月建午,六月建未,七月建申,八月建酉,九月建戌,十月建亥,十一月建子,十二月建丑。月份起止以农历节气算,如立春节开始至雨水气末为止,称之为寅月。月建,主一月三旬之令,掌管万物之提纲,巡察六爻之善恶,操生杀之权柄。月令能助卦爻之衰弱,能挫卦爻之旺相,制服动变之爻,扶起"飞""伏"之用。占断六爻地支与月令相冲者为月破,用神临月破之日者最不宜,是为衰亡、不吉。忌神临月破,则凶性减弱,难成伤害。月建不入爻,亦为有用;月建一入爻,愈见刚强。月建入卦动而作原神者,为福更大;动而作忌神者,为祸更凶。不入卦者,缓之;入卦者,速之。故《黄金策总断》云:"月建乃万卜之提纲,岂可助桀而为虐。"②

特别要注意的是,断卦中常遇到日生月克、日克月生和月破日值、

---

① 故宫博物院编:《增删卜易·卜筮正宗》,海口:海南出版社,2000年影印,第259页。
② 顾颉主编:《卜筮集成》第1册,重庆:重庆出版社,1994年,第214页。

月值日冲等情形,以何为重?日建、月建有相同的生杀权力,所谓同功同权。但以经验来看,还是有些侧重,须结合问卦而论:占今日事,侧重日建;占月内事,侧重月建。

对卦象、爻象进行分析时,必须分清卦因。卦因分为内因和外因。主卦为断卦的主要对象,体卦或世爻、用神之所在,故称之为内因。变卦、日建、月建会影响主卦之好坏,我们称之为外因。首看内因,以体卦或世爻和用神爻为中心,看其在主卦内的动静、喜忌及与卦爻之生克冲合关系。再看外因,辨别变卦变爻状态,以及日月建辰生克属性。最后内外结合,看体卦或世爻、用神之旺衰、生克,断其吉凶和应期。

56. 什么是体用、生克冲合?如何运用这些概念来分析卦象?

"体用"理论主要为梅花易数法所运用。"体"代表占测之人,"用"代表他人或占测之事物。体用之间,体为主,是整个占测的中心立极点;用为宾,围绕体而展开关系。占测所得之卦有本卦、互卦、变卦之分。本卦为占测最初所得之重卦,包括上下两经卦。互卦,是以本卦去了初、上两爻,以中间四爻再分之两卦,即以二至四爻构成一个互卦,三至五爻构成另一个互卦。变卦,为本卦动爻阴阳变化之后得出的某卦。本卦表示事情当下的态势,互卦表示事情发展的中间态势,变卦表示事情的终结态势。

体用的划分,是以八卦重卦中的经卦来定的,且在本卦的两经卦上,而不在互卦和变卦的两经卦上。梅花易数古法的体用划分遵循两条原则。一是以动静分体用。因为体是静止不动的,所以本卦中不动之经卦为体,有动爻之经卦为用。此所谓"于本卦分体用,此一体一用也"①。二是以内外分体用。本卦为内;本卦之外的变卦及占测人三要(眼、目、心)所及事物和占测时所现之十应(天时、地理、人事、时令、方卦、动物、静物、言语、声音、五色)而对应的卦,皆归为外。简括而言,此体用划分,乃以本卦不动之经卦为体,其他包括外在事物对应之卦皆

---

① [宋]邵康节:《梅花易数》,北京:九州出版社,2011年,第70页。

为用。此所谓"体一用百"①。内外分体用与动静分体用,相同的地方在于,体卦是不变的;不同的地方在于,前者将"用"的范围扩大至外在的全部占测所及事物。比如占测所得本卦《蛊》卦,初爻动,则《蛊》卦中的上经卦艮卦为体为主。《蛊》卦二至四爻组成兑经卦,三至五爻组成震经卦,兑为泽,震为雷,雷泽合而成《归妹》卦,这就是互卦的象数理趣。《蛊》卦初爻动,阴阳属性互变,成"艮山乾天"的《大畜》卦,这就是变卦的象数理趣。若以一体一用论,则艮卦为体,下经卦巽卦为用为事。若以一体百用论,则艮卦为体,用卦巽、互卦《归妹》、变卦《大畜》及外应之卦皆为用。现今有人提出以动爻所在卦象为体,无动爻所在卦象为用,与古法相反;亦有人提出,以内卦为体,外卦一例为用;等等。依笔者之见,古时一卦一断,自是以动者为用,静者为体;现一卦亦有多断,体用亦可互变,关键是所测对象的中心转换。如测失物,所测重点在于失物与己之关系,体用取法则以静卦为体为己,动卦为用为物;若所测重点在于失物本身的状况如何,则角色互换,以动卦为体,静卦为用。

六爻纳甲法不运用体用理论,运用的是六爻世应理论、用神理论。世应指世爻和应爻。本卦的应爻与世爻相隔两爻,即世爻在本卦初爻,则应爻在本卦四爻,世爻在本卦三爻,则应爻在本卦上爻。一般而言,世爻代表占测主体;应爻代表占测客体,具体所指依占测事项不同而有所分别。如占出行,世爻指出行人,应爻代表出行地和出行环境;占婚姻,世爻指自己,应爻指对象或对象所处环境。通常而论,世为主,应为宾,世应相生相合,意指宾主相投;世应相克相冲,意指宾主两情不和。用神,用事之神,是根据六亲来划分的占测对象。用神取用法则,我们后文叙述。

所得占卦,有生克冲合现象。这种生克冲合理论,是梅花易数法和六爻纳甲法都运用的理论。

生克,指的是五行的生和克,包括八卦的五行生克和八卦各爻所纳干支的五行生克。

八卦所属:坎属水,离属火,艮、坤属土,震、巽属木,乾、兑属金。

---

① [宋]邵康节:《梅花易数》,北京:九州出版社,2011年,第70页。

天干所属:甲木、乙木、丙火、丁火、戊土、己土、庚金、辛金、壬水、癸水。

地支所属:子水、丑土、寅木、卯木、辰土、巳火、午火、未土、申金、酉金、戌土、亥水。

五行相生,金生水,水生木,木生火,火生土,土生金;五行相克,金克木,木克土,土克水,水克火,火克金。参阅下图:

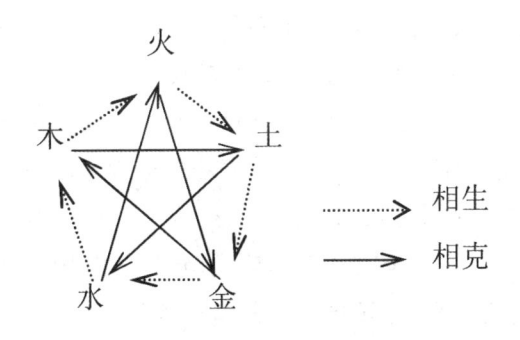

五行生克图

冲合,主要指十二地支之间冲与合的关系。

冲有六冲:子午相冲、丑未相冲、申寅相冲、卯酉相冲、辰戌相冲、巳亥相冲。

合有六合、三合。"六合"指的是十二地支两两相合,共有六组:子丑合土,寅亥合木,卯戌合火,辰酉合金,巳申合水,午未合火。"三合"指的是每三个地支合为一组,共有四组:申子辰合水,寅午戌合火,亥卯未合木,巳酉丑合金。

如何以体用、生克冲合概念来分析卦象呢?我们从梅花易数八卦体用和六爻纳甲两方面分别叙述。

八卦体用,主要是以体为中心来看体用之间的阴阳、五行生克关系。

首先,区分体用互变之卦,以体卦为主,他卦皆为用。其次,辨别体用之阴阳。在八卦中,乾震坎艮四卦为阳,坤巽离兑四卦为阴。体卦、用卦的阴阳属性不同,所造成的吉凶趋向也不同。大抵所期待之好事应该是阴阳相和,坏事则必定是阴阳相背而无感通、五行相克。比如测婚姻感情,若体卦、用卦的阴阳相异,说明夫妻感情相吸相合;若体卦、用卦同阴或同阳,则阴阳相背,预示夫妻暌离,感情不和。最后,考察体用的五行生克关系,以断吉凶。《梅花易数》提到:体克用,诸事吉;用克体,诸事凶。体生用,有耗失之患;用生体,有进益之喜。体用比和,则百事顺遂。体卦的五行为我为主,与其他卦的五行相较,若体卦与用卦五行比和(五行属性一致)主吉祥而有力;用卦生体卦,主多助力,做事易成少力,为事半功倍之意;体卦克制用卦,主多阻力,不得要领,费大力方可成事;体卦生助用卦,主多耗损,白费力气而无成,伤神烦恼;用卦克制体卦,主招灾大败,受伤重创,乃大凶之兆。

体用生克的程度如何,需辨识体用的旺衰。如何识旺衰呢?一看体之卦气,宜盛不宜衰。盛者获得时令之气助,如震、巽之卦,得木旺于春,离火旺于夏;乾、兑之卦,得金旺于秋,坎水旺于冬,坤、艮之卦,得土旺于辰戌丑未月。二看体党众寡。党,有利壮大势力的同党,体现为生助我五行或与我五行相同的卦,如卦体是火,而互变皆火,则是体之党多;如用卦是水,而互变皆水,则是用之党多。《梅花易数》称:"体盛则吉,体衰则凶。用克体固不宜,体生用也非利。体党多而体势盛,用党多则体势衰。"①

至于卦象所应何事何物,则可透过体用八卦所代表的物象来察看。卦中有生体之卦,看是何卦。如乾卦生体,则主公门中有喜益,或功名上有喜,或因官有财,或问讼得理,或有金宝之利,或有老人进财,或尊长惠送,或有官贵之喜。又看卦中有克体之卦者,看是何卦。如乾卦克体,主有公事之忧或门户之忧,或有财宝之失,或于金谷有损,或有怒于尊长,或得罪于贵人。之所以如此断,是乾卦所代表的万物类属为:天、父、老人、官贵、头、骨、马、金宝、珠玉、水果、圆物、冠、镜、刚物、大赤色、水寒等。②

六爻纳甲法在用生克冲合来分析卦象时,与梅花易数体用法有点儿区别。体用法用八经卦来论体用生克,六爻纳甲法则一般不用八经卦而用重卦六爻所纳干支来论生克冲合作用。六爻纳甲法重世爻和用

---

① [宋]邵康节:《梅花易数》,北京:九州出版社,2011 年,第 44 页。
② 八卦取象,源起《说卦传》,主要是依据八卦的卦象和卦德对事物作八分法。

神爻,二者是六爻纳甲断卦的核心。具体分析卦象时,立足世爻和用神之爻,一看本卦内部世、用与他爻的五行生克、冲合关系;二看其与日建月建、他卦他爻等外因的生克冲合关系。喜他爻和日月建五行生扶、比助世、用,忌他爻和日月建泄克世、用。凡测吉庆之事喜他爻和日月建三合六合,而测忧疑祸患、出行、行人不宜逢合。忧疑祸患逢合难解难结。出行、行人遇合为绊住,动而不动。凡测喜庆之事,用神、世爻都不宜冲,冲则必散,而谋事难成。凡测官讼忧患之事,用神宜冲,冲之则吉。

57. 什么是神煞？有人说"神煞是迷信",如何从象征角度认识神煞的符号语言意义与现代功能？

神,为天地万物某一方面和某几方面的主宰者。《说文解字》曰:"天神,引出万物者也。从示、申。"煞,表征对人不利的灾星、凶神恶灵。神与煞其实是一类事物,吉者为神,一般代表吉祥;凶者为煞,一般代表不吉。世用不同,神煞可能互变,此时为神,彼时为煞。这一切,都是符号表征。

易学断卦中的神煞主要有两种。一种是六兽神煞,即青龙、朱雀、勾陈、螣蛇、白虎、玄武。另一种是星煞。

六兽起源于古人对天体的观测。古人以为,地球上空有二十八星宿,这些星宿对地球影响巨大。为了更好地识别和把握其禀性和功能,古人以北极为中央,把二十八星宿划分为四个区域,每个区域以一种动物来命名,于是就有了东方苍龙、南方朱雀、西方白虎、北方玄武四象。东方为甲乙木,其色青,故六爻预测中甲乙日起青龙。《易冒》云:"青龙之神,左居东方,权司甲乙,而主文事,以木德为化。"[①]木德仁慈,故青龙表征慈善、忠诚,主福禄、喜庆之事。南方为丙丁火,其色火红,故六爻预测中以丙丁日为朱雀,凤凰来祥。《易冒》云:"朱雀舞端门,南方司丙丁,而主封章弹谏文学,以火为德。"[②]火主炎、躁动,又主文明,

---

① [清]程良玉:《易冒》卷一,《四库全书存目丛书》子部第67册,济南:齐鲁书社,1995年,第23页。

② 同上。

故朱雀具有火德特征,主口舌、雄辩、文印。西方为庚辛金,其色白,故六爻预测中以庚辛日为白虎起煞。《易冒》云:"白虎之杀,右居西文,权司庚辛,而制武备,以金德为刑。"①西方属金,金乃肃杀、砍伐德性,所以白虎为煞,主血光伤灾、损伤、刀剑枪伤,主痛苦、疾病、丧亡孝服。北方为壬癸水,其色玄,故六爻预测中以壬癸日为玄武行功,其象形为龟蛇。在空间布局中,龟与蛇组合而成一类灵物。《易冒》云:"元武从帝座,北方司壬癸,而主计谋筹画机巧,以水为德。"②玄武,一作元武。北方属水,水主智,诡计多端,故玄武主暧昧、盗贼、淫乱、欺骗、虚伪等。四象围绕中央北极而定,中央为戊己土,所以戊起勾陈,己出螣蛇。《易冒》云:"勾陈之象,实名麒麟,位居中央,权司戊日,盖仁兽而以土德为治也……螣蛇之将,职附勾陈,游巡于前,权司己日,盖火神而配土德以行也。"③勾陈主田土之争,勾绊、纠缠、迟滞、顽固、牢狱之灾。螣蛇主虚惊怪异之事,麻烦纠缠。

六神吉凶诀:

  青龙百事尽和谐,朱雀文书公事来,
  勾陈克世争田土,螣蛇入梦十分乖。
  白虎主多惊与厄,若言元武失其财。④

六神歌断:

  发动青龙万事通,进财进禄福无穷;
  临凶遇杀都无碍,惟忌临金与落空。
  朱雀交重文印旺,杀神相并谩劳功;
  是非口舌皆因此,持水临空却利公。
  勾陈发动忧田土,累岁迍邅与杀逢;
  持木落空方脱洒,纵饶安静也迷蒙。

---

① [清]程良玉:《易冒》卷一,《四库全书存目丛书》子部第67册,济南:齐鲁书社,1995年,第23页。
② 同上。
③ 同上。
④ 顾颉主编:《卜筮集成》第1册,重庆:重庆出版社,1994年,第136页。

螣蛇发动忧萦绊,怪梦阴魔暗里攻;
　　持木落空方始吉,交重旺相必然凶。
　　白虎交重丧事恶,官司病患必成凶;
　　持金坐世妨人口,遇火临空便不同。
　　玄武动摇多暗昧,若临旺相贼交攻;
　　土爻相并邪无犯,带杀依然咎在躬。①

　　另一种是星煞。这是由星相学演变而来的一些星曜。星煞的种类多达上百种,但常用到的包括太乙贵人、禄神、驿马、天喜等。《增删卜易》云:"诸书星煞最多,予留心四十余载,独验贵人、禄神、驿马、天喜。"②

　　天乙贵人歌诀:甲戊庚牛羊,乙己鼠猴乡,丙丁猪鸡位,壬癸蛇兔藏,六辛逢马虎,此是贵人方。

　　丑牛,未羊,子鼠,申猴,亥猪,酉鸡,卯兔,巳蛇,午马,寅虎,此为地支生肖。以上日辰天干,爻中若见相应地支,便是贵人星。譬如甲戊庚日占卦,爻中见丑未者即是天乙贵人。天乙贵人,多主贵人扶助,逢凶化吉。

　　禄神:甲日到寅,乙日到卯,丙戊禄在巳,丁己禄居午,庚禄居申,辛禄在酉。

　　假令甲日占,卦爻中见寅为禄;乙日占,卦爻中卯为禄。余仿此。禄神,主进食禄,招财大喜。

　　驿马:申子辰马到寅,巳酉丑马在亥,寅午戌马居申,亥卯未马在巳。

　　此以日辰地支论。假令申、子、辰日占,卦爻中见寅即为马。余仿此。驿马,主奔驰不懈,劳累奔波。

　　天喜:春戌,夏丑,秋辰,冬未。

　　此以四季论卦爻地支。假令春天三个月占,卦爻中见戌即为天喜。余仿此。天喜,主喜庆之事。

　　神煞,是不是一种迷信呢?六爻断卦中的神煞,存在于干支与卦爻

---

① 顾颉主编:《卜筮集成》第1册,重庆:重庆出版社,1994年,第138页。
② 故宫博物院编:《增删卜易·卜筮正宗》,海口:海南出版社,2000年影印,第76页。

中,并非是一种独立存在的能够主宰天地万物、具有无上创造性和主宰能力的神灵。它本身正如青龙、白虎之类,只是一种象征性名称,具有符号代码意义。断卦时,若过分崇尚神煞的作用,而置卦爻的五行生克于不顾,则易步入迷途。

在断卦中,神煞大多是通过日与月的干支来定的。不同时间有不同神煞,各安其位,各司其职。《易冒》云:"盖有司月司日之将,亦有司时司贵之神,权有重轻,而司日月者为要。"①干支不同,同样的卦爻具有不同的神煞。所以,神煞最终来源于干支,由干支所决定,只不过是干支作用的一种符号信息。

从发生作用的情况看,所占事物的信息必须与神煞相关,神煞才能发挥作用。具体事物与神煞之间有对应关系,才可取该神煞的信息之象来断事;如果物、象之间不存在彼此对应的关系,则不能取该神煞的信息之象,否则就会张冠李戴,贻笑大方。比如,占断产妇生育如何,如果贵人与禄神并临,是不是二者都会发生作用呢?根据占测事物与神煞相关性原理,我们只能取天乙贵人之象来占断,而不能用禄神。因为天乙贵人主帮扶,生育时能逢凶化吉;而禄神主食禄,与产妇临盆生育无关。

从发生过程看,神煞本身并不直接显示主宰作用,而是通过四象五行及其生克关系来发挥功能。如甲日起卦,卦之初爻为青龙,并不是真的有青龙神灵降临其位,而是甲日天干将五行之木的特性寓于该卦初爻,卦中的六亲作用实是通过木与各爻五行的生克冲合来显示。《易冒》云:"青龙为仁,金克木则吉而不吉。白虎为杀,火克金则凶而不凶。元武为水智,能胜朱雀之争。勾陈为土信,能制元武之狡。此复以物情推之而合也……故六神吉者,喜生、喜助、喜动、喜持世,六神凶者,宜制、宜化、宜散、宜逢空,复加于六亲好恶而悔吝自昭。"②《卜筮正宗》称:"易卦阴阳在变通,五行生克妙无穷,时人须辨阴阳理,神煞休将定

---

① [清]程良玉:《易冒》卷一,《四库全书存目丛书》子部第67册,济南:齐鲁书社,1995年,第22页。

② 同上书,第24页。

吉凶。"①

因而,神煞更多的是一种象征,其"能指"的实质是作为一种干支五行与占测事物之间的信息关联符号。神煞对卦象吉凶的评判,并不起决定作用。

但也应看到,神煞符号的"所指"乃是宇宙天体万物的运行作用规律。神煞这一理论的运用,牵涉广泛的知识领域,它尝试了一种宇宙天体与人事的结合、宇宙规律与卦爻的结合,体现了古人对天体的认知和自觉运用,反映了古人的智慧。

第三节　六亲取用与生克应期

58. 什么是六亲？怎样理解卦象与六亲的配合？易学中的"六亲"与社会伦理中的"六亲"有何联系和区别？

六亲,即父母、兄弟、子孙、官鬼、妻财、我。卦象与六亲的配合,有两种情形。

第一种是梅花易数中的六亲配合。其法以八经卦论体用六亲。所得主卦中不动爻之经卦为体卦、为"我",主卦中有动爻之经卦,以及互卦、变卦中各经卦为用、为他。六亲具体配法为,与体卦五行一致者为兄弟卦,生体卦五行者为父母卦,体卦五行生者为子孙卦,克体卦五行者为官鬼卦。如占得《解》之《小过》,《解》卦上三爻构成的"震"卦为体卦,其五行属木,为"我";下三爻构成"坎"卦,其五行属水,生体卦震卦所属之木,故为父母。变卦《小过》中,上三爻构成震卦,其五行属木,与体卦震卦之五行属性相同,故为兄弟;下三爻构成"艮"卦,其五行属土,为体卦"震"卦五行所克者,故为妻财。

第二种是六爻纳甲法中的六亲配合。其法视本卦所属本宫五行为己,将占卦各爻与本宫五行论生、克、比和而定名。与本宫同五行者为兄弟,克本宫五行者为官鬼,生本宫五行者为父母,本宫五行所生者为

---

① 故宫博物院编:《增删卜易·卜筮正宗》,海口:海南出版社,2000年影印,第258页。

子孙，本官五行所克者为妻财。《火珠林》说：

　　　　卦定根源，六亲为主；
　　　　爻究旁通，五行而取。

例如：

离宫：火风鼎　　　　　　　　离宫：火水未济
【本　卦】　　　　　　　　　【变　卦】
▅▅▅▅▅　兄弟己巳火　　　　▅▅▅▅▅　兄弟己巳火　应
▅▅　▅▅　子孙己未土　应　　▅▅　▅▅　子孙己未土
▅▅▅▅▅　妻财己酉金　　　　▅▅▅▅▅　妻财己酉金
▅▅▅▅▅　妻财辛酉金　　　　▅▅　▅▅　兄弟戊午火　世
▅▅▅▅▅　官鬼辛亥水　世　　▅▅▅▅▅　子孙戊辰土
▅▅　▅▅　子孙辛丑土　　　　▅▅　▅▅　父母戊寅木

　　此例占得鼎卦之未济卦。在"八宫卦"系统中，鼎卦属离宫，本身五行为火。本卦、变卦纳上干支后，将各爻地支（天干不用）五行与本宫五行火相较而得出各爻六亲。值得提醒的是，变卦各爻六亲，是按照本卦所属宫卦而论，非按变卦本身所属宫卦来论。

　　六亲是用神取用的根基。确定用神，即是确定占测对象属于六亲中哪一类。《卜筮正宗》载：凡占祖父母、父母、师长、家主、伯叔、姑姨，与"我"父母同辈，或与父母年若之亲友，及墙城、宅舍、舟车、衣服、雨具、求雨、绸布、毡货、章奏、文章、馆室，俱以父母爻为用神。凡占功名、官府、雷电、鬼神、丈夫、夫之兄弟同辈，及夫之相与朋友，乱臣、盗贼、邪祟、忧疑、病症、尸首、逆风，俱以官鬼爻为用神。凡占兄弟、姊妹、姊妹丈、妻之兄弟、世兄弟、结盟同寅，及知交朋友，俱以兄弟爻为用神。凡占嫂与弟妇、妻妾，及友人之妻妾婢仆，物价、钱财、珠宝、金银、仓库、钱粮、什物、器皿，及问天时晴明，俱以妻财爻为用神。凡占儿、女、孙、侄、女婿、门生、忠臣、良将、药材、僧道、六畜、禽鸟、顺风、解忧避祸，及问天时、日月星斗，俱以子孙爻为用神。①

———————————

　①　故宫博物院编：《增删卜易·卜筮正宗》，海口：海南出版社，2000年影印，第274页。

由此可见,定六亲的目的之一,是为了方便选取用神,以确定断卦的立足点。六亲的实质是依据五行的相生相克推广至人事所形成的人事生克整体。

社会伦理关系也存在六亲说法。如晋杜预注《左传》之六亲为"父子、兄弟、姑姊、甥舅、婚媾、姻亚"[1]。《汉书》以父、母、兄、弟、妻、子为六亲。王弼注《老子》"六亲"为"父子、兄弟、夫妇也"[2]。

易学断卦中的"六亲"与这种社会伦理中的六亲有一定的联系。易学六亲取法于伦理六亲,二者都着眼于人世安排。但二者又有巨大的差别。从数量上看,易学中的六亲比社会伦理中的六亲多了"官鬼"一项。从思想内容上看,社会伦理中的六亲,表征一定血缘关系或姻亲关系的人群,是真实的生命个体。易学六亲着重体现的则是人事中一种整体的生克关系,是对社会人事的抽象归纳,具有一定的符号象征意义,其主体可以为生命个体,也可以是钱财等非生命之事物。

59. 什么是生克应期?怎样掌握生克应期要领?

应期,即预测应验的时间。应期有多种,有生克应期、旬空应期和逢合应期等。

梅花易数法的生克应期,是根据体卦与用卦的旺衰和五行生克关系来定应期。其要点可归纳为四句:旺体遇生遇比都吉利,得时当令即是吉。旺体遇克遇泄也无妨,除去克泄亦为吉。衰体遇克遇泄都非利,生起克泄凶即起。衰体遇生遇比不全吉,旺来生吉衰比凶。每句的前半句为体卦自身的旺衰和承受的用卦生克压力状态,后半句为应期条件和结果。生,为生体卦五行者;比,与体卦五行相同者;克,为克体卦五行者;泄,体卦五行所生者。我们以第四句为例进行应期解析,体卦无日建、月建时令生助或遭日建、月建时令克制,体党少,则本身处于衰弱状态,此时逢用卦生或比肩帮扶,那么占测结果则会有吉有凶。应吉时的应期为再逢生扶体卦的日建或月建,应凶时的应期为再逢克泄体

---

[1] 杨伯峻编著:《春秋左传注》(修订本),北京:中华书局,1990年,第1458页。
[2] [魏]王弼著,楼宇烈校释:《王弼集校释》,北京:中华书局,1980年,第43页。

卦的日建或月建。

六爻纳甲法占卦以世爻和用神为中心,合原神(生扶用神五行者)为一组,为我;仇神(用神五行所克者)、忌神(克用神五行者)为一组,为他。他我双方通过地支间的生克冲合产生作用,我胜他则吉,他胜我则凶。六爻纳甲法的生克应期,就是基于他我地支间的旺衰、生克关系来判断占测结局的应验时间。

掌握六爻纳甲法生克应期的要领在于:首先,把握他我双方的旺衰程度、力量对比。他我双方的力量格局,关键在日月建、动爻对于他我力量的抑扶关系。受日月建和动爻、变爻生扶的一方力量增强,受日月建和动爻、变爻抑制的一方力量减弱。其次,具体分析生克他我、改变他我双方力量格局的爻或日辰,即是所测之事物的应期。此爻休囚或安静,则值日生旺之时为应事之期。此爻化空,则出空之时为应期。此爻入墓化墓,待冲墓之时为应期。此爻逢合,待冲开之时为应期。此爻逢冲,待合起之时为应期。

例如:占货物交易如何,摇卦得《同人》之《家人》卦。

公历时间:2014年7月15日10时0分;农历时间:甲午年六月十九日巳时。

干支:甲午年 辛未月 丁亥日 乙巳时

旬空:午未

神煞:驿马—巳 桃花—子 日禄—午 贵人—酉,亥

离宫:天火同人(归魂)   巽宫:风火家人

六神	【本　　卦】		【变　　卦】	
青龙	▅▅▅▅▅▅ 子孙壬戌土	应	▅▅▅▅▅▅ 父母辛卯木	
玄武	▅▅▅▅▅▅ 妻财壬申金		▅▅　　▅▅ 兄弟辛巳火	应
白虎	▅▅▅▅▅▅ 兄弟壬午火		▅▅　　▅▅ 子孙辛未土	
腾蛇	▅▅▅▅▅▅ 官鬼己亥水	世	▅▅▅▅▅▅ 官鬼己亥水	
勾陈	▅▅　　▅▅ 子孙己丑土		▅▅　　▅▅ 子孙己丑土	世
朱雀	▅▅▅▅▅▅ 父母己卯木		▅▅▅▅▅▅ 父母己卯木	

此例以世爻为己,妻财申金爻为交易,为用神。用神财爻生世为有钱可赚。但赚钱多少,何时可赚呢?用神旺相,则钱多进财;用神休囚,

则钱少或损财。从生扶用神角度看,虽妻财申金受月建未月所生,但死于日辰,又受兄弟午火发动克制,说明此月有所赚,然不多;妻财不旺,待值申月当旺必交易颇丰,钱财大进。从克用神即忌神角度看,兄弟午火为忌神,生旺发动但处旬空中,一旦它出了甲申旬,逢值午日当旺,定要克制申金,此日交易大亏,损钱财。

60. 什么是旬空应期与逢合应期?其要领何在?我们今天应该如何认识古人这种预测模式?

旬空应期和逢合应期为六爻纳甲法所用。旬空,以十天干一个轮回为一旬,配以十二地支,每一旬有两个地支无天干相配,此二地支在此甲旬中即为旬空。假如甲子日至癸酉十日为一旬,旬内无戌亥,故曰甲子旬中戌亥空。六甲旬空起例:甲子旬中戌亥空,甲寅旬中子丑空,甲辰旬中寅卯空,甲午旬中辰巳空,甲申旬中午未空,甲戌旬中申酉空。

旬空,有不实、虚假、死亡等意味。落旬空之爻,好比处真空之中,既不能生克他爻,也不受他爻生克。然旬空之爻出空之时,往往能发挥其生克作用,左右占测结局。此出空之时即旬空应期。

其要领,首先是区分旬空是真空还是假空。假空是本身还有生克能力,只是暂时处旬空,无法发挥作用而已。真空是本身无生克能力,即使"出空"了也不能左右结局。《卜筮正宗》云:"如旺相旬空,或休囚发动,日辰生扶,动爻生扶,动爻变空,伏而旺相,此等旬空到底有用……如休囚安静,或日辰克,动爻克,伏而被克,静逢月破,值此旬空者,谓之真空,到底空矣!"①旬空之爻在受日建与月建生扶、其他动爻生扶和本身发动三种情形下是假空,在本身休囚安静无生扶、受日月建冲克和受其他动爻冲克三种情形下为真空。其次是有用之空的应期在于旬空之爻出空、填空、冲空之时。出空,旬空为一旬之内,过了此旬即是出空。填空,爻出旬空后逢值日之时。如占卦时为甲辰旬寅卯空,逢旬后逢寅卯时便为填空之时。冲空,日辰冲旬空之爻。若申酉空,逢寅卯日冲起应验。具体来说,动空生旺,出旬之时;动空逢合,待出空逢冲

---

① 故宫博物院编:《增删卜易·卜筮正宗》,海口:海南出版社,2000年影印,第277页。

之时;动空逢冲,待值日之时;静空生旺,待出空逢值或逢冲之时;静空逢合,待出空逢冲之时;静空逢冲,待出空逢合之时;动空入墓,待出空逢冲或冲墓之时;动而化空,待动爻出空逢值之时应事等。最后是断旬空应期还必须注意时间点的长短问题。常有此问:出空之值日应事,但到底是哪年哪月哪日的值日呢？一般来说,这要求根据具体所测之事来定。若测月内事,则于当月内寻出空冲空之日;若测当日事,则于时辰上来推旬空,寻出空冲空之时辰;若测流年事,则在月上推旬空,于年内十二月寻出空冲空之月应期;若测终身运气,则按年推断旬空,于年上寻出空、冲空之年应期。贵在变通。

逢合应期,占测时利用六爻间地支的三合、六合作用关系推断人事进展的时间。三合、六合,其实质是通过合的方式,改变敌我双方格局的能量,从而左右预测结局。

把握逢合应期的要领在于:先认准改变双方能量格局的三合或六合的合点。敌我双方能量主要来源于日建月建和卦中动爻,合点也就存在于敌我双方与日建月建和卦中动爻的合处。具体来说,以世爻、用神为中心,查看世爻、用神与其他动爻、日建月建的合处是否合起用神,合为原神、用神者吉;以忌神为中心,查看忌神所在爻与动爻及日建月建逢合关系是否合起忌神,合起忌神者凶。次看三合六合成局与否,以断应期。预测时若卦中用神动而成三合、六合局,或临日、月三合六合全者,当日应之吉凶。三合、六合局有一爻冲破者,必须逢合之期才应吉凶。如有一爻静两爻动者,待静爻值日应吉凶。合局者,一爻静而逢空,或动而化空,待出空之期应吉凶。如空而逢合,静而逢合,必待冲合之期应吉凶。三合、六合者,或与日、月合者,必待冲合之期应吉凶。如合局入墓或动而化墓,必待冲墓之期应吉凶。如三合、六合局逢绝或一爻绝者,必待绝爻生旺之期应吉凶。

占卦预测,向来因其预测之玄乎,不为常人所知,而颇具神秘性,亦导致不被人正视,被推入迷信之途。人们常问,占卦所得卦象为什么能用以占测人或事物呢？其实道理很简单。六十四卦符号是对天地万物的整体模拟和象征,而天地万物包括人在内有着共源性和宇宙全息性,宇宙万物与人总是处在一定的时空之中并呈现某种作用关系、态势。

卦爻只是占测之人与事物关系、态势的信息符号体现，故而能通过解读这种符号来断其结果。总的来说，这种占卦的方式，是以卦爻和干支作为符号来象征处于一定时间空间的人及所测事物，并通过卦爻和干支的阴阳五行生克关系来判定吉凶。占卦预测的思想基础和依据，在于天地人三才之道及天人本一不二的思想。

当然，这种占卦的理论也有着极大的局限性。我们知道，占卦理论是对万事万物进行类分和经验总结基础上抽象出来而形成的卦爻、干支作用关系理论。这种理论带有抽象性和模糊性，并不能详细具体地反映复杂多变的事物及其信息。另外，占卦断卦是对卦爻、干支的符号诠释，受到诠释者个人知识、技能、素养等因素的影响，诠释会有差异，从而影响断卦结果。正因如此，我们应辩证地看待易学占卦，一方面要看到它某种程度上可为人们提供决策行动的参考，另一方面也绝不能夸大其作用。

下编 易学致用

宇宙天地,有体有用。所谓"体"原指事物的本体,也称作实体;而"用"则指作用、功用或用处。"体用"的概念,在先秦典籍中早已出现。《周易·系辞上》说:"故神无方而易无体。"意思是讲,神的奥妙不拘泥于一方,而《周易》象数的变化也不固定于一体。否泰盈虚、屈伸进退,难以预料,这就是"神";变化周流,这就是"易"。如果说,八卦所代表的基本象征物"天地雷风水火山泽"这些东西是固定的,背后有个"道",那个"道"可视为"体",那么八卦组合衍生所出的六十四卦,其所代表的事物则是千变万化、无穷无尽的。把握这种"变",是《周易》的核心精神。

既然其立足点在于"变",研究易学推演的功用就是一个十分重要的问题。所以,《周易·系辞上》又说"显诸仁,藏诸用"。什么东西"显诸仁"呢?《系辞上》略去不说,但联系上下文可知这就是"道体"。因此,这句话可以理解为"道体"看不见,却能够从诸多仁德中体现出来。至于"藏诸用",其句法与"显诸仁"是一样的,也省略了"道体"这个主语。根据这样的逻辑,"藏诸用"可以理解为"道体"蕴藏于平日所见诸多事物的功用之中。

正因为《周易》的"道体"需要通过"效用""功能"来体现,诸子百家都以《周易》为基础来建构理论体系,尤其是儒释道三家更是如此。随着时代的发展,易学向各个领域延伸,天文历法等方技术数也都援《易》以为用。这些方面,即是本书下编所要侧重介绍的。

第七章 易学与儒释道三教

第一节 儒教对易学的传承与贡献

61. 如何理解儒家、儒学、儒教三个概念？

第一，儒家。公元前771年西周灭亡，中国进入了群雄纷争的春秋战国时期。时局的动荡和旧制度的瓦解促使人们更多地转向对天下兴亡的思考，"处士横议"一时间风起云涌。在对社会制度、人际关系和处事道理的广泛探讨中逐渐形成了诸多观点不尽相同的学派。各学派的领袖人物针对一些社会问题或是四处游说，推行自己的政治主张，或是著书立说，广纳门徒。这一时期人们的思想空前活跃，在中国文化史上形成了一个空前繁荣的百家争鸣局面。最有影响的主要是儒家、墨家、道家和法家。我们通常所说的儒家就是指这一时期形成的以孔子、孟子和荀子为代表人物的学派。他们的代表作分别是《论语》《孟子》《荀子》。

儒家学派的兴起，推源于尧舜而以孔子为肇端，到了战国时期已经成为重要的学派之一，它以孔子为师，以六艺为法，崇尚"仁义"和"礼乐"，提倡"忠恕"和"中庸"之道，主张"德治"和"仁政"，重视道德伦理教育和人的自身修养。儒家非常强调教育的功能，认为重教化、轻刑罚是国家安定、人民富裕安定的必由之路；主张"有教无类"，认为对统治者和被统治者都应该进行教育，使全国上下都成为道德高尚的人。在政治上，主张以礼治国，以德服人，呼吁恢复"周礼"，认为"周礼"是实现理想政治的最佳选择。到了战国时期，儒家分为八派，重要的有孟子和荀子两派。孟子的思想主要是"民贵君轻",他提倡实行"仁政",并提出了"性善论",认为人性本善,为儒家道德修养奠立内在性的理论之基;与孟子不同的是荀子,他从社会现实与人的行为结果之关联立意,提出了"性恶论",认为人性本恶,须以"礼法"规约——这种激烈的思想碰撞也折射出当时新旧制度交接之际的社会动荡。

第二,儒学。所谓"儒学",就是儒家学派的思想文化学说。如果说"儒家"是从身份上认定的一个概念,那么"儒学"则是从特定文化传承角度认定的一个概念。

西汉武帝时期天下一统,国家强盛,为了进一步维护大一统的局面,亟待建立与之相适应的社会思想体系。而此时的董仲舒吸收了道家、法家等多家思想对传统儒学进行了改造,把"君权神授"和大一统思想相融通,强调社会治理应以儒家思想为根本,建议帝王"罢黜百家,独尊儒术"。他的新儒学为汉武帝所采纳,从此儒家思想逐渐成为封建社会占统治地位的正统思想,研究"四书""五经"的经学也就成了显学。

汉朝以后,历朝历代都对"四书""五经"进行了大量的阐释和发挥,儒学也由此经历了一个漫长的变迁过程。魏晋时期清谈之风盛行,儒学逐渐演变成了玄学。唐代儒学虽然居正统地位,但是随着佛教和道教的盛行,也逐渐融合了诸多佛道思想。到了宋代,儒学迎来了一个发展的高峰——理学,其中以周敦颐、程颢、程颐建树最高,而朱熹则是宋代理学的集大成者。北宋理学肇始于周敦颐,程颢、程颐曾师从于他,二人的著作被后人合编为《二程集》。他们把"理"视作哲学的最高范畴,认为理无所不在,不生不灭,不仅是世界的本原,也是社会生活的最高准则。在穷理方法上,程颢强调"正心诚意",而程颐则强调"格物致知"。二程理学思想的出现,标志着宋代理学思想体系的正式形成。到了南宋时期,朱熹继承和发展了二程思想,建立了一个完整的理学思想体系。在人性论上,朱熹提出了"存天理,灭人欲"的思想,并深入阐释这一观点,使之更为系统化。程朱理学在南宋后期开始为官方所接受和推崇,经元到明清正式成为国家的统治思想,朱熹的理学成为科举考试的考试题目,儒学作为官方主导思想体系的地位之牢固可见一斑。

第三,儒教。"儒教"一词首先出现于《史记》,其《游侠列传》谓:"鲁人皆以儒教,而朱家用侠闻。"到了汉代末年,儒者蔡邕开始正式使用作为名词的儒教:"太尉公承夙绪,世笃儒教,以《欧阳尚书》《京氏易》诲受四方。学者自远而至,盖逾三千。"但是儒教存在与否,素来是学界争议颇大的一个问题。主张儒教存在的一方以任继愈先生为代表,他们认为"儒教是教"的依据是儒家经典神圣化建立了儒教神学体系。神学化的儒家,把政治、哲学和伦理三者融为一体,形成了庞大的儒教体系,在意识形态中一直占据着正统地位。儒教的来源,一是殷周时期的天命神学和祖宗崇拜的宗教思想,一是孔子创立的儒家学说。宋代创立的理学标志着儒教的成熟。儒教崇奉的对象是"天地君亲师",有神灵系统和祭天、祀孔的仪式,经典是"六经",中央的国学和地方的府、州、县学就是儒教的宗教组织,学官就是儒教专职的"神职人员";儒教不讲出世,不相信鬼神的存在,奉行祖先崇拜。与此同时,把成贤成圣作为现实世界的最高理想追求;其教义就是宗法制度和宗法思想的神化和宗教化。而反对的一方则认为儒教是一种以政治学说为核心的教化而非宗教,并不具备宗教的属性。

62. 汉代以来儒家易学最具代表性的十位传人是谁?各有什么特点?

汉代以来,历朝历代都有诸多儒家学者对《易经》进行过注解和阐释,这也构成了独具特色的儒家易学。其中最具代表性的十位传人是:汉代的京房,三国的虞翻,魏晋的王弼,唐代的孔颖达、李鼎祚,宋代的程颐、朱熹、蔡元定、胡瑗,清代的李光地。

京房,本姓李,汉元帝时举孝廉为郎、魏郡太守。京房治"易学",师从梁人焦赣。焦赣善于把灾异与政治相联系,而京房则创新性地把这种联系置于《易》学框架之内,开创了京氏易学,并试图以此推行自己的政治主张。他获得了汉元帝的信任,由此开启了仕途生涯。

虞翻承袭了西汉易学传统,他把象数作为主要工具,以八卦与天干、五行和方位相结合来诠释《周易》经传,将卦气说引向卦变说,形成了一整套庞大而完备的以象解《易》的方法。虞翻易学将汉易引向了极其复杂的以象解易之路,也为"象数易派"奠定了坚实的基础。

王弼是义理派《易》学大家。汉代象数学派兴起，著名经学家京房、郑玄、马融、虞翻等创立了卦气、纳甲、爻辰等诸多学说，又引灾异纬候解说《周易》，这使得《周易》本有的哲学思想被掩盖而未能在预测中得到应有的发挥，《易》学发展走到了一个极端的状态。王弼力排诸儒之议，将老庄思想引入了易学的诠释领域，重倡义理之学，使《易》学研究风气为之一变。王弼对象数派的穿凿附会给予了彻底批判，也对孔子《易》学有所发展。

　　孔颖达著有《周易正义》一书，继承和发展了王弼易学。他会通儒、玄，重视以义理解《易》。在《周易正义序》中，他指出，"易理备包有无，而易象唯在于有"。他以无为道，以有为器。他的易学思想采纳了两汉以来的象数易学思想，重新肯定了象数派思想的价值，表现出象数与义理两者兼顾的特点。他主要依据《易传》来对《周易》经传进行解释，这对后世产生了很大的影响，也成为宋代象数、义理呈现合流之势的思想渊源。

　　李鼎祚所著的《周易集解》博采汉魏晋唐马融、荀爽、虞翻、王肃、蜀才、崔憬等三十五家的易说，使濒于失传的汉代象数学及诸家易说得以保存至今，成为研究汉代易学的十分珍贵的资料。在《周易集解》中汇集了易学中象数派各家的注释，其中引荀爽、虞翻、干宝等人的注释最多；对王弼、何晏、韩康伯等义理派易学家的注释也有所采，但总体上是采取排斥态度的。书中李鼎祚自己的注释和评论甚少，所以《周易集解》可以看作李鼎祚为前人易学所做的一部合集。

　　程颐著有《伊川易传》一书，这是一部义理派名著。他借解释《周易》卦辞爻象来阐明义理，并在《伊川易传·序》中提出"体用一源，显微无间"的理学命题。他认为无形的理寓于有形的象之中，理与象即是理与事的体用关系；易象反映天地万物之物象，易理则概括了天地之理；理不仅是天地万物的根本，更是社会等级、人生道德的由来。其学以人间世事为讨论的核心，堪称《易》学史上的一次重大革新，被多数儒家学者视为《易》学之正宗。

　　朱熹著有《周易本义》一书，他认为《周易》是卜筮之书，作《周易本义》就是要还《周易》本来面目。1986年5月上海古籍出版社出版的朱熹注本《周易本义》卷首有河图图、洛书图、伏羲八卦次序图、伏羲八卦方位图、伏羲六十四卦次序图、伏羲六十四卦方位图、文王八卦次序图、文王八卦方位图、卦变图等九个图,与陈抟、邵雍象数学接近。易经是孔子哲学思想的来源,而朱熹注解的《周易本义》可以看作是对孔子哲学思想的一种别具一格的诠释。

蔡元定的易学著作主要有《经世指要》《大衍详说》等。其基本的观点是,以"十"为河图,以"九"为洛书,但两者又相互表理,共此一易,认为伏羲据河图而作《易》,出自天意。蔡元定易学成就的另一方面是对邵氏易学的研究。邵氏先天之学经过邵伯温、王湜、张行成、祝泌等人解说而为众人所知。蔡元定研究邵氏易学的一个重要成果就是他的《皇极经世指要》,该书以《易》解说邵氏之学,皆得其要,从某些方面而言已经远远超过了邵伯温的注释,故而成为学者学邵氏易必读之书。

胡瑗著有《周易口义》一书,《四库全书》本为十二卷。胡瑗易学以义理为宗,"象数殆于扫除略尽"。他继承了王弼注重义理的学风,但排斥以老庄解《易》,通过解释卦爻象和卦爻辞阐发儒理,提出"天地为乾坤之象,乾坤为天地之用",主张天道与人事的贯通。胡瑗不信汉唐注疏,自立新解,甚至大胆疑经改经,书中改经之处多达十余处。胡瑗易学对后世影响很大,开宋代以来以义理说《易》的先河,尤为理学家所宗。

李光地曾为康熙校理编辑《御纂周易折中》(又称《周易折中》)一书,该书以程颐《伊川易传》、朱熹《周易本义》为主,吸收了多家的易学思想。他认为复、无妄、中孚、离四卦为圣贤心学,善用消息盈虚观天道而修人事。他对宋易融会贯通,卓然成一家之说。

63. 儒家易学思想贡献可以概括为哪几个方面?对当今的人生修养有何启迪?

儒家易学思想历经千年的发展历程,成为儒家思想的重要组成部分,也成为中国思想史上浓墨重彩的一笔,为中国思想史做出了重要贡献。这主要表现在以下几个方面:首先,孔子以"述而不作"的原则,撰写了诠释《易经》的初步文本，经过后人的整理与发挥而成为《易传》，附于《易经》，成为后世诸家学者易学思想的渊源。第二，儒家易学思想把政治制度与《周易》联系起来，为政治制度的建立和稳定找到了思想依据。第三，儒家易学思想把社会伦理制度与《周易》结合起来，为社会伦理制度的创立和传播提供了坚实的思想基础。

纵观儒家易学思想的贡献可以看出，我们当代人首先要加强文化学习，特别是对《周易》等经典古籍的学习，从中吸取其思想精髓，提高自己的文化修养。其次，我们在日常的文化学习中要注意融会贯通，能够把书中的知识运用到自身的实践中，从而不断地提升自己的认知水平。最后，对于学到的知识要举一反三，开动脑筋，有自己的理解和阐释，进而不断地提升自己的理论水平。

第二节　道教对易学的应用与创新

64. 什么是"道教"？道教怎样应用和发挥易学智慧来构建其文化体系？

道教是以"道"为基本信仰，以羽化升仙为最高目标，且融合多种文化因素，具有复杂思想内容的华夏民族传统宗教。[①]　关于道教的起源，学术界存在不同看法。中国道教协会前副会长陈莲笙道长在《道教知识答问》一书中指出：一种意见认为道教由黄帝和老子创立，称作"黄老道"，以黄帝道历纪元元年作为计算道教创立的年份，故道教创立至今已有四千七百多年历史；另一种意见则认为道教是东汉末年由张陵创立的，至今也有一千八百多年历史。他虽然没有对这两种代表性意见的由来进行追溯，也没有表示倾向性立场，但却为我们认识道教的历史与现实打开了一扇大门。

近年来，詹石窗综合学术界的诸多研究成果，将道教分为三大形态：第一，原初道教，以黄帝为旗帜，肇端于将近五千年前；第二，古典道

---

① 参看詹石窗：《易学与道教符号揭秘》，北京：中国书店，2001年，第3页。

教,以老子《道德经》出现为标志,形成于春秋战国时期;第三,制度道教,以张道陵(原名张陵)创立正一盟威之道为标志,形成于东汉末。三种形态,前后相续,逐步完善,展示了道教的历史发展过程。值得注意的是,从东汉末以来,道教都是制度化的,故而一般来说,所谓道教实际上就是制度道教。

作为中国本土的传统宗教,道教拥有一个庞大的文化体系,包括神仙信仰、方术仪式、伦理戒律等。为了构建自己的文化体系,道门中人必须要从传统典籍中吸取营养,为文化体系确立牢固的理论基础,《周易》作为中国传统文化的根基就成了道门中人的首选。"道门中人不光是要对《周易》作出解释,更重要的还在于把它作为一种基础性的典籍应用到道教信仰理论体系的各方面去。只要打开道教经典,几乎到处都可以看到易学应用的蛛丝马迹。"①实际上,易学"观物取象"的方法、阴阳五行的原则、刚柔得中的理路、辩证分析的思维,已成为道教文化体系的构建基础和贯穿始终的灵魂。

65. 有人提出了"道教易学"概念,你认为成立吗?如果成立,其证据何在?

"《道藏》中基本没有完整的、专门通过对《周易》经、传的直接注解来阐发道教信仰、教义思想的经文。尽管如此,道经中运用《周易》之理及其卦爻象来阐发道教的信仰和教义思想的情况却不在少数,并因此而形成了道教义理学的重要一枝——道教易学。所谓道教易学,主要指的是道教中的易学,即以《周易》的卦爻象、卦数及历代易学中围绕着《周易》经、传本身及对其阐释中出现的种种概念、命题来对道教的信仰尤其是教义思想进行解说的一种学术形式。"②应该说"道教易学"的概念还是可以成立的。从早期道教太平道的《太平经》、天师道的《老子想尔注》和金丹道教的《周易参同契》来看,这三部道教经典都与《周易》有着密不可分的联系。特别是《周易参同契》的横空出世更

---

① 詹石窗:《易学与道教符号揭秘》,北京:中国书店,2001年,第11页。
② 章伟文:《道教易学综论》,《中国哲学史》2004年第4期。

是确立了道教易学的理论基础。魏晋南北朝时期,道教易学更为重视对《周易》理论的实际运用,在这一时期的道书中出现了众多关于八卦神、八卦坛场、道教八卦法器的记载。隋唐时期道教易学又开始重新关注《周易参同契》,道教各家纷纷以卦气说、阴阳五行说、纳甲之说等为基础对《周易参同契》进行注释。他们认为阴阳消息是天道和人伦共同遵循的规律,而这种规律就是由《周易》卦爻变化体现出来的。"宋以后,易学内丹学、道教易图学、道教易老学成为道教易学发展的三种主要形式。易学内丹学主要是以个体为本位,对天道之理进行切身之体悟,以求得个体与天道相通、相融的具体方法和路径;道教易图学则主要以易图的形式对天道之理进行理论探讨,以为道教内丹修炼提供理论的指导;道教易老学则主要对上述这种人天之学进行理论的综合,以体用的方式贯通天与人、道体与器用,沟通形上与形下,建构起以道教内丹炼养学为主旨的特殊的天人之学。三者的侧重点各不相同,但共同构成了宋以后道教易学的整体。"①

66. 道教对易学的创新表现在哪些方面?有什么特点?

首先,道教运用易学为道教理论体系的建立提供了基本的思维模式。道教运用《周易》思想阐释天道,运用《周易》的象数、义理等形式来论道的属性和道的特征等,并为道教确立了终极的宗教目标,即羽化升仙。其次,道教的方术活动丰富了易学的象数语言。道教外丹家创新性地把《周易》的象数、义理运用于道教经典的制作过程中,尤其是把八卦方位等运用于修道炼丹的药物、火候、鼎器等实际操作当中,使《周易》的思想变得切实可行,而内丹家则运用《周易》的象数、义理、体用、八卦方位等来阐释内丹的修炼理论,这也是易学史上前所未有的突破和创新。最后,道教把《周易》作为道教教义的理论基础,运用《周易》来阐释人伦教化,阐述道教修行的层次和路径以及修道成仙、长生不老等问题,创新性地把《周易》贯穿于道教教义的始终。

---

① 章伟文:《道教易学综论》,《中国哲学史》2004 年第 4 期。

第三节　佛教对易学的应用与发挥

67. 二程认为："看一部《华严经》，不如看一《艮》卦。"这种说法是不是表示佛教与易学没有任何关系？该如何看待？

《华严经》全称《大方广佛华严经》，历来被大乘佛教所推崇，有"经中之王"之美誉。由于其中直接彰显了佛陀广博无尽、圆融无碍的因行果德，加上"华严"是经中之海，无所不摄，因此其所展现的境界更是巍巍壮观，不可思议。它是佛陀成道后在菩提场等处，借普贤、文殊诸大菩萨显示佛陀的因行果德庄严，广大圆满、无尽无碍妙旨的要典。

此经汉译本有三种：第一，东晋佛驮跋陀罗的译本，题名《大方广佛华严经》，凡六十卷，为区别于后来的唐译本，又称为"旧译《华严》"，或称为《六十华严》。第二，唐武周时实叉难陀的译本，亦题名《大方广佛华严经》，凡八十卷，又称为"新译《华严》"，或称为《八十华严》。此译本现流传最为广泛。第三，唐贞元中般若的译本，也题名《大方广佛华严经》，凡四十卷，全名是《大方广佛华严经入不思议解脱境界普贤行愿品》，简称为《普贤行愿品》，或称为《四十华严》。

《华严经》是"释迦牟尼成佛后宣讲的第一部经典，它义理丰富、逻辑严密、准确无误，用佛教的话说，便是'了义、圆融无碍'的经典。在《华严经》中，有一个妙喻贴切地表达了'圆融'的概念，这便是'帝释天之网'。它取材于印度神话，说天神帝释天宫殿装饰的珠网上，缀联着无数宝珠，每颗宝珠都映现出其他珠影。珠珠相含，影影相摄，重叠不尽，映现出无穷无尽的法界，呈现出圆融谐和的绚丽景观。它直接导致了一个宗派的兴起。唐朝时，对《华严经》的传播和研究空前地兴盛起来。从杜顺和尚开始，'华严宗'开始倡导；而贤首大师，即法藏法师将其发扬光大，集'华严宗'之大成。从此，'华严宗'成为汉地八大宗派之一，绵延至今"①。

---

① 龙树菩萨释著，迦色编著：《图解华严经》，西安：陕西师范大学出版社，2008年，第2页。

《艮》卦是《周易》第五十二卦，其卦象艮上艮下，艮为山，为止，艮者，止也。其爻辞为："初六，艮其趾，无咎，利永贞；六二，艮其腓，不拯其随，其心不快；九三，艮其限，列其夤，厉，薰心；六四，艮其身，无咎；六五，艮其辅，言有序，悔亡；上九，敦艮，吉。"《序卦传》："物不可以终动，止之，故受之以艮。"《象》："兼山，艮。君子以思不出其位。两山相并，故曰兼山。止莫如山，今相重，止义弥大。君子观此象，故思安所止，不出其位。中庸所谓存诚慎思也。"艮卦卦德：情刚性刚，情止性止。

可以看出，《艮》卦之意应该理解为时动则动、时止则止、动静结合、不失其宜。这与《华严经》的"圆融"思想颇为相似，可谓是异曲同工、殊途同归。二程认为："看一部《华严经》，不如看一《艮》卦。"① 正是此意。自佛教传入中国，佛教就开始了与中国本土文化相互结合、相互影响的历程。历经千年，佛教与易学早已形成了易佛会通的局面。二程此语应理解为：第一，《华严经》与《艮》卦是"千江映一月"，《华严经》的圆融与《艮》卦的动静结合思想在本质上是一致的。第二，《华严经》篇幅为八十卷，《艮》卦只有寥寥数语，对于学习者来说，《艮》卦可谓言简意赅。第三，《华严经》是佛教经典，又为译本，要读懂此经必须具备一定的佛学素养；而《艮》卦是《周易》第五十二卦，《周易》是中国哲学思想的根基，不论儒道都对其进行过深入的研究和发挥，自然更加容易参悟和理解。

68. 有学者提出"易佛会通"，你认为成立吗？如果成立，其证据何在？

佛理圆觉，不可执着；易道广大，感而能通。依文滞义，都非真理。如前所述，佛教自传入中国伊始便开始步入与中国本土文化相互结合、相互影响的发展历程，也正是在这样的发展历程中佛教逐渐地在中国落地生根，最终形成了中国化的佛教——禅宗。《周易》作为中国思想文化的元典，佛教与之结合及相互影响也是必然之事。

---

① [宋]程颢、程颐著，王孝鱼点校：《二程集》上册《遗书》卷六，北京：中华书局，2004年，第81页。

魏晋南北朝时期,时人大量翻译佛经,由此开启佛教与中国本土文化全面地相互影响、彼此互通的历史进程。"当时名僧,立身行世,与清谈者酷肖,并同时精通内外典籍,于儒家之《易》及道家之'道',常能信手拈来,同佛家之'般若''涅槃',互相发明,相得益彰。"①此间以僧肇般若学和竺道生佛性论最为突出。到了隋代,中国佛教第一个宗派天台宗的创始人智𫖮在《四教义》中对南北朝各家佛教学说进行了总结概括,并一一进行了深刻的批判。在此基础之上,他提出了新的佛教价值论——"一念无明法性心",这也是中国佛教从般若学向涅槃学转变的过程中逐步确立起来的新的价值观——涅槃佛性论。智𫖮在佛性论中充分肯定了易佛会通的意义,其主要著作有《法华玄义》《法华文句》《摩诃止观》等。智𫖮的易佛关系论观点在当时颇具代表性,他总结了南北朝时期易佛关系的各种观点,并且开启了唐代宗派佛教对佛易关系新的认知时代。"智𫖮是中国佛教发展过程中,易佛相互结合影响的一个关节点,代表了易学与佛教结合于互相影响的第一个阶段的终结和第二个阶段的开始。"②到了唐代,李通玄以《周易》解说华严学,在更高的层次上体现出了佛学与易学的会通。"李通玄揭示了佛教华严学的一个重要方面的内容,即表明华严学始终在中国固有思想文化的制约、诱导下发展演变。他的华严学从'趣入'、'刹那际三昧'角度,'以有明玄',运用易学来沟通现实与理想,此岸与彼岸。"③李通玄之后宗密创立的以易学"圆相"来解释佛教教义的思想更是把易佛会通推上了一个更高的层次。

69.历史上有不少佛教高僧潜心研《易》,留下不少成果,能否试举几例略加述评?

蕅益智旭是明代四大高僧之一,中国净土宗第九代祖师,著有《周易禅解》。在此书中,他在深明佛学、易学大义的基础上,以"援禅以证

---

① 王仲尧:《易学与佛教》,北京:中国书店,2001年,第2页。
② 同上书,第3页。
③ 同上书,第5页。

易,诱儒以知禅"为目的,融合了易学与禅学的思想,运用了大量的佛教用语来解释《周易》。他认为《周易》的基本概念是乾刚、坤柔,这与佛理思想是一致的。他用伏羲先天八卦方位图式描绘佛境:"一念菩提心,能动无过生死大海,《震》之象也。三观破惑无不变,《巽》之象也。慧火干枯,业惑苦水,《离》之象也。法喜辩才,自利利他,《兑》之象也。法性理水,润泽一切,《坎》之象也。首楞严三昧,究竟坚固,《艮》之象也。凡此,皆《乾》《坤》之妙用也。"①此外,他还认为:"易理之铺天匝地,不问粗精,不分贵贱,不论有情无情。禅门所谓:'青青翠竹,总是真如;郁郁黄花,无非般若',正此谓也。"②在蕅益智旭看来,佛法与易理不二,两者殊途同归。王仲尧先生认为:"智旭之《周易禅解》一书与前任的易佛互解之作的最大的不同之点,是将易学与佛学完全等同。在儒佛关系方面,他实际上比延寿和契嵩更大跨前一步;他不再区分儒佛二者。他的注意点,是如何使二者在同一的价值观下会通。他的易佛互解,也既不同于李通玄的以易说佛,亦不同于曹洞宗的以易解禅。表面上他将《周易》经、传之旨皆归之佛陀教化,实际上他是将佛法干脆归为易理的本来内涵之中。"③

  紫柏真可亦是明代四大高僧之一,他撰写的《解易》作为易佛会通的重要著作流传至今。紫柏真可非常强调变化的问题,他认为整个世界就是处在一个变动不居、生生不息的状态之中,他说:"如伏羲未画之先,岂无易哉?然非伏羲画之,则天下不知也。予读苏长公《易解》,乃知六十四卦,三百八十四爻,虽性情有殊,而无常则一也。何者?《乾》若有常,则终为《乾》矣,《离》自何始?《坤》若有常,则终为《坤》矣,《坎》自何生?故《乾》《坤》皆无常,而《离》《坎》生焉。至于一卦生八卦,一爻生六十四爻,不本于无常,则其生也穷矣。此就远取诸物而言也。"④他认为"易有理、事、性、情",这也是世界变化的根本。"然易

---

① 谢金良:《〈周易禅解〉研究》,成都:巴蜀书社,2006 年,第 197 页。
② 同上书,第 198—199 页。
③ 王仲尧:《易学与佛教》,北京:中国书店,2001 年,第 352 页。
④ [明]紫柏真可:《紫柏老人集》卷二十二《解易》,《紫柏大师全集》,上海:上海古籍出版社,2013 年。

有理事焉,性情焉,卦爻焉,三者体同而名异,何哉？所在因时之称谓异也。苟神而明之,理可以为事,事可以为理,则性与情,卦与爻,独不可以相易乎哉？如易之数,爻情是也,如易之理,卦性是也。数明,则吉凶消长之机在我而不在造物也;理通,则卷万而藏一,虽觅神之灵,阴阳之妙,亦莫(非)吾陶铸也。"①王仲尧先生曾评价紫柏真可的《解易》:"他的'心统性情'、心应无累为理、情化为理的说法,与宋儒天理、人欲之辩如影随形,几乎如出一辙。无论是本体之心还是本有之自心,真可都把它作为本原,在此基础上,他进一步强调:'佛法者,心学也','开明自心者,佛学也',这种说法与此前的佛教宗派教理思想截然不同。这难道不是一种大创造吗？"②

---

① [明]紫柏真可:《紫柏老人集》卷二十二《解易》,《紫柏大师全集》,上海:上海古籍出版社,2013年。
② 王仲尧:《易学与佛教》,北京:中国书店,2001年,第350页。

第八章 易学与天文历算

第一节 易学的天学历算底蕴

70.《易经》乾坤两卦多言"龙",这是什么"龙"？能否从天文历算角度作出解释？

　　星占,就是依据日月星辰的变化,对人事吉凶作出判断和预测。《周易》卦爻辞中就保留有一些古代星占的内容。闻一多将乾解释为"斡",认为斡即北斗七星,而乾卦中的龙指的就是"龙星",龙星在天、在田指的是不同季节龙星在天空中的不同位置。① 龙星右角是"天田",所以"见龙在田"里的"田"即"天田",亦为一个星名;"见龙在田",就是说"龙星"在这个"天田"里。"见龙在田,利见大人",意思是说,见到龙星在天田星附近出现,有利于拜访有地位的贵人。龙系指东方七宿;田为天田星。天田共有二星,为角属。角星北面为天子籍田。角有二星,左为法官,右为将帅,一文一武。由"龙"现于"田"这一星象,得出"利见大人"的断占结论。如《乾》卦,就是通过对龙星位置变化的观察,来决策人们之行事。"潜龙勿用",就是看到秋分的龙星时,劝人们不要有所举动,耐心等待时机。

　　"六龙"可解释如下：当苍龙星位于太阳附近时,人看不到被太阳光芒遮住的苍龙星,称之为潜龙。之后,龙角与天田星同时出现在地平线上,称之为"见龙在田"。再后来,苍龙星全部出现,即"或跃在渊";

---

①　闻一多:《周易义证类纂》,《清华学报》第 13 卷第 2 期,1941 年 10 月。

当苍龙星宿升到最高点,横跨南天,人们看到"飞龙在天"。之后,龙体开始下沉,即"亢龙有悔"。最后,苍龙整体又落回地平线以下。而"群龙无首"不能解释为这个天文周期的最后一部分。如果把簸箕放在外面,没有簸箕的龙是内卷的,而在古文中,"群""卷"两个字恰恰通假。也就是说,这最后一句的意思是卷体的苍龙从天上俯冲下来,头已经落到地平线以下。由此可见,"龙"字本身就是一幅远古时代的星象图。中国古籍中最典型的以龙表示东方七宿的文字是《周易》。《周易·乾卦》云:

> 初九,潜龙,勿用;
>
> 九二,见龙在田,利见大人;
>
> 九三,君子终日乾乾,夕惕若厉,无咎;
>
> 九四,或跃在渊,无咎;
>
> 九五,飞龙在天,利见大人;
>
> 上九,亢龙,有悔;
>
> 用九,见群龙无首,吉。

对这一段文字的解释历来有很多种。闻一多认为,"《乾》卦六言龙,(内'九四,或跃在渊',虽未明言龙,而实亦指龙。)亦皆谓龙星。《史记·天官书》索隐引石氏曰:'左角为天田',《封禅书》正义引《汉旧仪》曰:'龙星左角为天田'。九二'见龙在田',田即天田也……《后汉书·张衡传》曰:'夫玄龙迎夏则凌云而奋鳞,乐时也,涉冬则掘泥而潜蟠,避害也。'玄龙即苍龙之星,迎夏奋鳞,涉冬潜蟠,正合龙星见藏之候……《象传》曰:'时乘六龙以御天',天言'御'者,天以斗为枢纽,而斗为帝车。'乘六龙以御天'犹乘六马以御车耳。"①此见解极为精辟。近年来,又有学者对这段文字进行了深入的探讨。有研究者综合夏含夷及陈久金等学者的观点指出,《乾》卦中龙与星象的关系十分明了:"'初九'潜龙指冬天,苍龙全体处于地平线下(中国天文神话谓地平线之下为渊)。九二爻'见龙在田,利见大人',是苍龙东升,角宿出现在东方地平线之上的情景。九三爻'君子终日乾乾,夕惕若厉,无咎',指

---

① 闻一多:《周易义证类纂》,《清华学报》第13卷第2期,1941年10月。

'苍龙正处于从地平线处上升的阶段','龙位即相当于君子之位'。九四爻'或跃在渊,无咎',表现龙身'跃上天空'。九五爻'飞龙在天,利见大人',指'初昏时苍龙位于正南方'。上九爻'亢龙有悔',表示'苍龙升至高位之后,开始下行'。用九'见群龙无首,吉',龙无首,指东方苍龙七宿的'角宿'(代表龙头)'隐没不见,而苍龙其它各个部分在初昏时仍呈现在西方地平线以上'……《乾》卦六爻正表现东方苍龙从潜隐到出现、飞升、高亢,然后一步步伏沉,回归潜渊的循环过程。"①

《周易·乾卦》中的七爻虽都取象于龙星,但兆辞的凶吉却是依神兽龙的生态特征来判定的。比如,龙出现于田中、处在君位、从渊中跃起、在天上飞翔、卷起身体以至见不到头(群龙无首),都是神兽龙的正常状态,因而兆辞都呈现吉利,至少是没有什么不好(无咎);然而处于冬眠时的潜伏状态(潜龙)或僵直着颈躯(亢龙),则属龙的不利或非正常状态,因而都预示着不吉。

《周易·系辞上》说:"易与天地准,故能弥纶天地之道。仰以观于天文,俯以察于地理,是故知幽明之故。"意思是说,"易"可以弥纶天地之道,即于天地之道无所不包。就天象的比拟来说,易道犹如众星环北极而旋转一样,太极居中,八卦环外,旋转不已,天地之道尽在其中。若从古代天文学的角度而论,太极即为北辰,名"太一",亦谓北极。孔子在《论语·为政》中说:"为政以德,譬如北辰,居其所而众星共之。"北辰为天地交运总汇之处,乃天体之总枢。北辰之称为天枢,在后世书中多有类似记载,《后汉书》云:"故曰天者北辰星,合元垂耀建帝形,运机授度张百精。"②《文献通考》云:"北极五星在紫微宫中,一名天极,一名北辰。其纽星天之枢页。天运无穷,三光迭耀,而极星不移。故曰居其所而众星共之。"③后世的易学家多以北辰为太极,喻为阴阳聚会之灵府、河洛内蕴之中心。北辰建极也说明"斗纲"与四时的关系,对天

---

① 陈江风:《天文与人文——独异的华夏天文文化观念》,北京:国际文化出版公司,1988年,第157—158页。

② [南朝宋]范晔撰,[唐]李贤等注:《后汉书》志第十,北京:中华书局,1965年,第3213页。

③ [元]马端临:《文献通考》卷二百七十八,北京:中华书局,1986年,第2205页。

体中二十八宿的定位有很重要的意义。在先秦时就有这方面的记录，如《鹖冠子·环流》的"斗柄东指，天下皆春；斗柄南指，天下皆夏；斗柄西指，天下皆秋；斗柄北指，天下皆冬"。此段关于天象的记叙，标识出北斗运转与春夏秋冬四季循环之间的关系。虽然四时季节与太阳光照有关，但是北斗运转起了导向标志作用。组成北斗的有七颗星，其中，天枢、天璇、天玑、天权四星为魁，玉衡、开阳、摇光三星为柄，合称北斗七星。根据功能，北斗七星又被称为斗纲，其运转标志着四季变化，人们也据此为二十八星宿定位。从东宫苍龙（角宿）为岁纪，至鹑鸟立中为春天，这种观象授时的标准，显然是古代历法切合农事的优势所在。易与天文历法的契合，也是中国古代天文学的特色之一。

71.《周易·系辞上》有"神无方而易无体"的说法，有人认为是一种迷信，有人说其中有古代天文学内涵，该如何理解？

对于"神无方而易无体"，《周易正义》注曰："方、体者，皆系于形器也，神则阴阳不测，易则唯变所适，不可以一方、一体明。"孔颖达疏曰："神则寂然虚无，阴阳深远，不可求难，是无一方可明也。易则随物改变，应变而往，无一体可定也。""云易则'唯变所适'者，既是变易，唯变之适，不有定往，何可有体，是'易无体'也。"①方，古人亦称"方所"，就是方位的意思，无方就是没有具体的位置，无所在也就无所不在。"神无方"就是说，宇宙生命主宰的功能无所在，也无所不在。韩康伯注曰："夫变化之道，不为而自然，故知变化者，则知神之所为。"②老子《道德经》第六十章也说："以道莅天下，其鬼不神。"这实际上是以自然之道消解了殷周以鬼神左右人事的迷信思想。韩康伯、孔颖达所领会的"易无体"，是因为时时变易而无"体"，不是以"无"为体，而是体之"无"。而《易传》说"生生之谓易"，易是生生不息的，是刚健有为的创生。唯有"体"无，才有"生生不息"之大用，也就是说不能把事物的迁

---

① 《十三经注疏》整理委员会整理，李学勤主编：《十三经注疏·周易正义》，北京：北京大学出版社，1999年，第268页。
② 同上书，第283页。

流不息、变动不居这样的运动变化本身当作"无"。

此论明显不同于赫拉克利特所说的"万物皆流""人不能两次踏入同一条河流";后者所言乃"纯粹"的运动观念,貌似关注流变,其实也就取消了运动本身。"神无方而易无体",这里的神不是作为偶像崇拜的神,而是中国文化的神,是"天人合一"的法则,也就是所谓的"道"。这里所提出的"神"既是对于变化莫测的天地自然与社会人事内在规律的描述,更是主观精神对于外部世界的自我体悟与参与,是主观精神与客观实在的统一。

72. 初学者读到《周易·系辞上》"通乎昼夜之道而知"总觉得难解,如何通过"感而遂通"来领悟其中的大智慧?

《周易》把宇宙万事万物高度抽象概括为由阴阳两种属性组成的八卦符号,而《周易》哲学的象征理趣颇可触类旁通。《周易·系辞下》云:"仰则观象于天,俯则观法于地,观鸟兽之文与地之宜,近取诸身,远取诸物,于是始作八卦,以通神明之德,以类万物之情。"这种抽象和概括,来自于古圣先贤的仰观俯察,观物而不滞于物,如此才能通达形而上神明的德性,类推形而下万物的情理。《坤·文言》曰:"君子黄中通理,正位居体,美在其中而畅于四支,发于事业,美之至也。"君子只有守持中道,才能通达事物的道理。这也是"中庸之道"思想的根源。

《周易·系辞上》云:"《易》无思也,无为也,寂然不动,感而遂通天下之故,非天下之至神,其孰能与于此!"这里的"至神",反映的是本体与认识合二为一的一种状态,似乎既无所思,又无所为,实际是处于阴阳之间、动静之间,含机待发,一旦静极生动,阴阳交感,则天下万事万物之理无不畅晓通达。老子《道德经》关于"有""无"关系有如是见解:"反者道之动,弱者道之用。天下万物生于有,有生于无。"如果说这里的无思无为是"无",感而遂通是"有",相对于老子"有生于无"的悟道哲思,那么从"寂然不动"到"感而遂通"的过程就是一种由"无"到"有"致用的境界。

孔颖达在《周易正义》中解释说:"易无思也,无为也"者,任运自然,不关心虑,是无思也;任运自动,不须营造,是无为也。"寂然不动,感而遂通天下之故"者,既无思无为,故"寂然不动"。有感必应,万事皆通,是"感而遂通天下之故"也。故谓事故,言通天下万事也。"非天下之至神,其孰能与于此"者,言易理神功不测,非天下万事之中,至极神妙,其孰能与于此也。此《经》明易理神妙不测,故云"非天下之至神",若非天下之至神,谁能与于此也。① 孔颖达的解释把老子《道德经》的自然哲学与《易经》的大道演化变通思想统合起来,让我们看到了万事万物发生、发展的自然历史过程。

不仅如此,《周易·系辞上》又云:"易与天地准,故能弥纶天地之道。仰以观于天文,俯以察于地理,是故知幽明之故。原始反终,故知死生之说。"意思是说,《周易》所讲的道理与天地齐等,所以囊括了天地的运行变化规律。那些善于观天象、察地理者,就能够知晓事物隐藏和显现的原因。取法于天地,以易理探究事物发展的始末,不违背天地的法则,就能够透彻明了死生的道理。

《周易·系辞上》又云:"夫《易》广矣,大矣。以言乎远则不御,以言乎迩则静而正,以言乎天地之间则备矣。"这段话虽然不乏《易传》作者的褒扬赞美之意,但不失为古人对《周易》哲学内涵的丰富性和广博性的认识和理解。正如《周易·系辞上》所说,"法象莫大乎天地,变通莫大乎四时,悬象著明莫大乎日月",宇宙之间,可以效法的最大形象就是天地,而天地之道则需要"通乎昼夜之道而知","刚柔者,昼夜之象也"。由此则如《周易·系辞上》所言:"引而伸之,触类而长之,天下之能事毕矣。"《周易》就是以天地之道为准则,确立人生规范的。

第二节　易学对天文历算的影响

73. 中国古代最有代表性的天体结构理论是什么？与易学有关系吗？

盖天说、浑天说和宣夜说,是我国古代关于宇宙结构学说的三个主

---

① ［魏］王弼、［晋］韩康伯注,［唐］孔颖达疏:《周易注疏》之《周易兼义》卷七,清嘉庆二十年南昌府学重刊宋本《十三经注疏》本。

要流派,合称"论天三家"。据《晋书·天文志》记载,汉代已经形成了"一曰盖天,二曰宣夜,三曰浑天"的所谓"论天三家"的天体结构学说。这三种宇宙结构理论后来都有人继承和发展,但以浑天说影响最大,居于古代宇宙理论的主导地位。

盖天说早在西周时就已提出,反映了古人的天圆地方思想。到了汉代,盖天说又有进一步的发展。成书于西汉中期的《周髀算经》是这一学说的代表作,它对早期"天圆如张盖,地方如棋局"的盖天说加以改造,提出了"天象盖笠,地法覆盘"等新的学说,意思是说天像斗笠盖在上面,地像平整的盘子倒扣在下。可见盖天说在发展过程中也有不同的见解,如南北朝时祖暅《天文录》所说:"盖天之说,又有三体:一云天如车盖,游乎八极之中;一云天形如笠,中央高而四边下;一云天如欹车盖,南高北下。"①

浑天说起源于战国时期,到了汉代有很大的发展。史籍所载明确的浑天说直到东汉张衡造浑天仪并作《浑天仪注》时才正式提出。东汉科学家张衡是浑天说的集大成者,唐《开元占经》卷一引《浑天仪注》曰:"浑天如鸡子。天体圆如弹丸,地如鸡子中黄,孤居于内,天大而地小。天表里有水,天之包地,犹壳之裹黄。天地各乘气而立,载水而浮。"浑天说是一种以地球为中心的宇宙结构理论。浑天说比盖天说进了一步,认为全天日月五星附丽于"天球"上运行,地球如鸡蛋黄一样居于中央,这与现代天文学的天球概念十分接近。例如,对于恒星的昏旦中天、日月五星的顺逆去留,都采用浑天说体系来描述,所以,浑天说不只是一种宇宙学说,而且是一种观察天体运动的计算体系,类似现代的球面天文学。

与张衡同一时代的天文学家郄萌对宣夜说进行过表述。宣夜说否定了天壳的存在,以为天是无色无质的广袤空间,天体并不受想象中的天壳的约束。作为中国古代的一种宇宙学说,宣夜说描绘的主要是宇宙的一种状态,这种状态演示了中国古代学者眼中的一种混沌的无限运动。

---

① [宋]李昉等:《太平御览》卷二引,北京:中华书局,1960年影印,第9页。

宣夜说较盖天说和浑天说都更接近宇宙的本来面目。可是，这一学说只是停留在思辨性论述的水平上，并没有对天地结构作定量化描述，所以严格地讲还不能称作一种宇宙学说，其影响远不及浑天说。

《易传》以天地之道为人类行为的准则，将天道和人道合而为一，对中国人的世界观产生了深远的影响。历代易学家都对这种"天人合一"的世界观有所阐发，认为人道本于天道，如人的聪明智慧和仁义道德源于阴阳二气之精者。这种观念成为儒家推行道德教化的经典依据之一。在《易传》看来，人道虽效法天道，但不等于说人在自然面前无所作为，人应尽己之力，与天地相协调，并协助天地成就其化育万物的功能，此即《易传》所说"天地设位，圣人成能"。

74. 什么是"卦气"说？什么是"六日七分"？这两种理论是在什么背景下形成的？与易学关系如何？

"卦气"说首见于《孟氏章句》，京房亦用之，其法唯《易纬稽览图》所载较详。《新唐书·艺文志》称："孟喜章句十卷。"《新唐书·历志》僧一行解释"卦议"曰："十二月卦出于孟氏章句，其说《易》本于气，而后以人事明之。""据孟氏冬至初《中孚》用事……消息一变，十有二变而岁复初，其《坎》《震》《离》《兑》二十四气次主一爻，其初则二分二至也。"另据《汉书·京房传》，京房"事梁人焦延寿……其说长于灾变，分六十四卦，更直日用事，以风、雨、寒、温为候，各有占验，房用之尤精"。孟康注曰："分卦值日之法，一爻主一日，六十四卦分为三百六十日，余四卦，震、离、兑、坎，为方伯监司之官。所以用震、离、兑、坎者，是二至二分用事之日，又是四时各专王之气。各卦主时，其占法各以其日观其善恶也。"①

"卦气"说的要旨是以坎、震、离、兑四正卦主一年之冬、春、夏、秋四季，再以此四卦的二十四个卦爻分主一年二十四节气：坎卦初六爻主"冬至"，九二爻主"小寒"，六三爻主"大寒"，六四爻主"立春"，九五爻主"雨水"，上六爻主"惊蛰"；震卦初九爻主"春分"，六二爻主"清明"，

---

① ［汉］班固撰，［唐］颜师古注：《汉书》卷七十五，北京：中华书局，1962年，第3160页。

六三爻主"谷雨"，九四爻主"立夏"，六五爻主"小满"，上六爻主"芒种"；离卦初九爻主"夏至"，六二爻主"小暑"，九三爻主"大暑"，九四爻主"立秋"，六五爻主"处暑"，上九爻主"白露"；兑卦初九爻主"秋分"，九三爻主"寒露"，六三爻主"霜降"，九四爻主"立冬"，九五爻主"小雪"，上六爻主"大雪"。每个节气又分三候："初候""次候""末候"。因每个节气为十五天，故每候主五天。这样，由二十四节气又推衍出七十二候。再以六十四卦去掉四正卦所余六十卦分主一年三百六十五又四分之一日，即三百六十五又四分之一除以六十，等于六又八十分之七日，亦即每卦主六又八十分之七日，此即古人谈卦气时所谓"六日七分"的来历。

孟氏"卦气"说作为一种占验之术，本质上是通过把卦象与天文历法相结合，以八卦配八风（八节），以坎、离、震、兑四正卦之二十四爻配二十四节气，以十二消息卦，每卦六爻，凡七十二爻，配一年之七十二候，并试图以此构造出一个"与天地合其德，与日月合其明，与四时合其序，与鬼神合其吉凶"的"天人合一"模型，借以比附人事，由此形成所谓"卦气"说。"卦气"说是古人在观察自然界四时变化的基础之上，以节候的误差引出灾异的占验。例如《易纬通卦验》即以每日、每候卦气的寒温清浊来附会人事的善恶。除了以卦气附会人事的吉凶，这些叙述中也包含了先民们长期积累下来的关于天气、物候和天象等方面的知识。

《说卦》可以看作记录了古人早期的"卦气"之说。《说卦》称："帝出乎震，齐乎巽，相见乎离，致役乎坤，说言乎兑，战乎乾，劳乎坎，成言乎艮。万物出乎震，震东方也。齐乎巽，巽东南也。齐也者，言万物之絜齐也。离也者，明也。万物皆相见，南方之卦也。圣人南面而听天下，向明而治，盖取诸此也。坤也者，地也，万物皆致养焉，故曰致役乎坤。兑，正秋也，万物之所说也，故曰说言乎兑。战乎乾，乾，西北之卦也，言阴阳相薄也。坎者，水也，正北方之卦也，劳卦也，万物之所归也，故曰劳乎坎。艮，东北之卦也，万物之所成终，而所成始也，故曰成言乎艮。"依京房八卦"卦气"说，震卦"春分"时节万物萌生，巽卦"立夏"时节万物出齐，离卦"夏至"时节万物尽现，坤卦"立秋"时节万物得到大地的滋育而长成,兑卦"秋分"时节万物丰收而欣欣向荣,乾卦"立冬"时节是阴阳二气相搏而战,坎卦"冬至"时节万物归藏,艮卦"立春"时节万物终则有始,这样才形成一个完整的循环。《系辞》称"寒往则暑来,暑往则寒来,寒暑相推而岁成焉"。《易传》所作的义理阐发并非泛泛而谈之空论,而是生发于象数基础之上,其思维方式与《易经》"观象系辞"的特殊阐述方式一脉相承。

75. 汉唐之间几乎所有天文历算家、数学家都推崇易学,为什么?

西汉时代,易学家将易与历法中的四时节气联系起来,《周易》在历法上被广泛应用。西汉时代的著名易学家孟喜,创立了阴阳灾变之说,而后世传孟喜"卦气"说。孟喜"卦气"说大约于汉宣帝时行世,这时正是汉武改历之后,朝廷颁行太初历,其"卦气"说受到太初历的影响和启发。历代易学倡导的"天人合一"观,将天道之必然和人道之当然统一起来,成为中国哲学有关天人之学的一大特色。汉唐之间的一些天文历算家如刘歆、僧一行等人都推崇易学,把易学作为解释天地运行规律的说理依据。《易传》提出了"顺天应人"之说,如"火在天上,大有。君子以遏恶扬善,顺天休命""天地革而四时成,汤武革命,顺乎天而应乎人"。君子要修治法则,明确时令,以便掌握时令季节变化的法则,适应时节以安排生产与生活。其基本要求在于:人的行为既要顺应天道,又要尽乎人事,充分发挥人的能动因素。

第三节 易学与天文历算结合的特点与作用

76. 邵雍《皇极经世书》是怎样把易学与天文历算相结合的?

《皇极经世书》六十四卷,为宋代邵雍所撰。根据《四库全书总目提要》,邵子数学本于李挺之、穆修,而其源出于陈抟。当李挺之初见邵子于百泉,即授以义理性命之学。其作《皇极经世》,盖出于物理之学,所谓"易外别传"者是也。其书以元经会,以会经运,以运经世。起于帝尧甲辰,至后周显德六年己未。凡兴亡治乱之蹟,皆以卦象推之。

朱子谓："皇极是推步之书。"可谓能得其要领。又说：元会运世之分，无所依据。十二万九千余年之说，近于释氏之劫数。水、火、土、石，本于释氏之地、水、火、风。且五行何以去金去木？乾在《易》为天，而经世为日；兑在《易》为泽，而经世为月。以至离之为星，震之为辰，坤之为水，艮之为火，坎之为土，巽之为石，其取象多不与《易》相同，俱难免于牵强不合。但邵子在当日，用以占验，无不奇中，故历代皆重其书。且其自述大旨，亦不专于象数。

77. 从古代天文历算与易学的密切关系中可以发现什么思维方式？

西方天文学主张从主客观分离的角度，冷静"客观地"观测天体运动的轨迹，研究其运行变化之规律。中国古代天文历算则是以人为天地宇宙的基点，将人作为天地间的有机组成部分；古人认为，天地的运转、四时的更迭，周而复始，天、地、人是一个不可分割的完整系统，人生天地之间要顺天应时，才能颐养天年。先民依照天文历算来指导自己的日常生活，逐渐形成了顺应自然、"天人合一"的思维方式，从天、地、人三者的关系中自然生发出宇宙是一个大系统的整体性思想观念。这种"天人合一"的整体性思维方式深刻地影响了中医等传统医学的基本理论。古人认为天人之间存在着相似的构造，也就是说天人之间有着同构性。如作为中医理论圭臬的《黄帝内经》将人与宇宙自然看成一个相互感应、相互影响的大系统，认为"人体小宇宙，宇宙大人体"。《黄帝内经素问·上古天真论》称："上古之人，其知道者，法于阴阳，和于术数，食饮有节，起居有常，不妄作劳，故能形与神俱，而尽终其天年，度百岁乃去。"这也就是著名的"人体小宇宙"的理论。这一理论后来被进一步发展，如汉代董仲舒提出了著名的"天符人数""天人相应"等一系列"天人合一"的哲学命题。这种"天人合一"的思维模式，广泛地影响了中国古代的哲学、医学、天文学等领域，在《吕氏春秋》《淮南子》等书中，都可找到大量的例证。

78. 易学与天文历算相结合的结果如何？如何评价其历史作用？

中国古代天文作为一个独立、完善、悠久的观星系统，对中国文化的影响之深，不言而喻。《周易》和天文历法存在着紧密的关联，源远而流长。《易》以道阴阳，而日月正是天地之间最具有代表特征的阴阳之象，故有"日月为《易》"之说。在中国文化史上也先后出现了以《易》论历和以历论《易》的思想流派。南宋的丁易东在《易象义·易统论上》中总结了十二种论《易》流派，其中就把以历论《易》单独列为一派。他说：

> 以历论《易》者，若京房卦气，以《乾》初九为子月辟卦，以《坤》初六为午月辟卦是也。夫十二月卦，始《复》终《坤》，论其大体可也。至若始于《中孚》，而终于《颐》，每以六日七分应一候，仅合七日来复一语，而于他卦无所发明。至一行之说，则又以起历二始、二中、二终之数，附会大衍，不但于易义无所取，于易数亦未尝合焉。

关于易学与天文历法的关系在《周易》的《经》《传》中就已初现端倪。如《周易》卦爻辞中不但有很多对日月星辰等天象的直接或间接描述，而且也多处用到了干支纪日，如《蛊》卦辞有"先甲三日，后甲三日"，《巽》卦六五爻辞有"先庚三日，后庚三日"等。《革·大象》明言"泽中有火，革；君子以治历明时"，更有《系辞上》直接把易数与历数糅在了一起：

> 大衍之数五十，其用四十有九。分而为二，以象两；挂一，以象三；揲之以四，以象四时；归奇于扐，以象闰；五岁再闰，故再扐而后挂。天数五，地数五，五位相得，而各有合。天数二十有五，地数三十，凡天地之数五十有五，此所以成变化而行鬼神也。乾之策二百一十有六，坤之策百四十有四，凡三百有六十，当期之日。二篇之策，万有一千五百二十，当万物之数也。是故四营而成易，十有八变而成卦。八卦而小成。引而伸之，触类而长之，天下之能事毕矣。

清人皮锡瑞曾批判说："六十四卦直日用事，何以震、离、兑、坎四卦不在内，但主二至二分，乾坤为诸卦之宗，何以与诸卦并列，似未免削趾适履,强合牵附。"①应该说,皮氏的批判还是切中要害的。如唐代的僧一行编制了一部历法,命名为"大衍历"。擅长数学的僧一行非常准确地推算出历法编算所需要确定的年和月的天数。据考证,他是用了不等间距二次插值法的新的数学方法,才获得这些科学数据的。这无疑是对数学和天文学的一大贡献。但是,他却机械地套用《易传》的一些术语,如"五行""揲四""三才""两仪""象""爻""生数"等,拼凑出一套与之相应的计算公式,通过牵强附会式的神秘解释,将之纳入"天人合一"的象数模式,而熄灭了数学发现的星星之火。

在古人看来,"天人合一"的"天"是有意志有情感的,并非现代科学研究对象的纯粹客体;而且,天上的日月星辰,对人的吉凶祸福、命运都有影响。古人"推天道"的目的是"明人事"。《周易·象传》言"观乎天文,以察时变",易学与天文学相互结合最终而形成的是星占学的体系,这一体系所特有的概念,如"三垣""四象""二十八宿"这些本身从天文发展而来,又与现代科学体系中天文学的内容相区别,对此而作出的那种牵强附会比附古代筮法的神秘解释,即使能够自圆其说、独立发展,亦难免削足适履,与现代天文学的解释相去甚远。"天人合一"思维方式的先进性、合理性因素,曾经使中国古代天文学、数学、医学取得过辉煌的成就,但是这种"天人合一"思想影响下的哲学本体论倾向,没有产生现代科学所需要的主客分离前提下的方法论,使得中国古代天文学、医学等长期受控于这种带有神秘色彩的思维模式,最终未能自觉走上现代科学理论发展完善的轨道。

---

① [清]皮锡瑞:《经学通论》,上海:中华书局,1954年,第20页。

第九章　易学与风水建筑

第一节　风水文化的易学基础

79. 有人说,看"风水"是迷信,对此该作何评价?

何谓风水?《葬书》(亦称《葬经》)云:"葬者,乘生气也。"①"气乘风则散,界水则止","古人聚之使不散,行之使有止,故谓之风水"。②这是关于风水的一个明确界定,其中关于"生气"的说法一直被后人所继承和发挥。我们可以简单地说,"风水"首先是一种客观存在,无论"风"还是"水"都是自然存在的现象。其次,"风水"也是一种文化。从这个层面讲,"风水"就是人与时空环境相互关联、相互作用的学说,既有自然因素,也有主观因素。从术数学的操作法度看,古代所谓"风水"分为阳宅风水和阴宅风水两大系列。阳宅风水,指活人所居处的时空环境及其相互作用;阴宅风水,指墓地的时空环境及其作用。

在以往较长一个时期,"风水"一词往往与"迷信"相提并论。这些年来,尤其是 2004 年"首届中国建筑风水文化与健康地产发展国际论坛"在人民大会堂开幕和国内首个"建筑风水文化培训班"的开办,使风水是科学还是迷信的问题升温。孰是孰非,众说纷纭。对于这一争论,其实不应带着感情色彩去盲目辩解"风水是科学抑或是迷信",只

---

① [晋]郭璞:《葬书》,《四库术数类丛书》第 6 册,上海:上海古籍出版社,1991 年,第 12 页。
② 同上书,第 14 页。

有深入分析问题产生的原因和风水的实质,才是作出公正客观评价的基本前提。

　　风水被认为是迷信,很大程度上因其"玄乎"。一是风水作用的"玄乎":关系人生安危、命运曲直、吉凶祸福、子嗣贵贱等。风水是否真有其用?这大概非一般人所能明晰解释,故世人谓之"玄"。有的人崇拜,有的人鄙夷。二是风水术的"玄乎":派系众多,理论不一,鱼龙混杂,又玄乎其玄,神秘不可窥视,让人无所适从,由此而被讥为"迷信"。

　　批判风水的人和视风水为迷信的人,毫无疑问,是否定风水作用的。这种人的风水观,与其说是不相信风水的作用,不如说是不理解或不相信风水的实质,不了解风水对人产生作用的思想根基和方式。

　　风水理论强调人所处的时空及其对人的作用的观点,显然是看到了人是自然界和人类社会的一个有机组成部分,必然受到外在事物的影响。风水强调人与自然、人与社会的和谐相处,体现了"天人合一"的思想理论。其基本的价值取向,还是关注外在时空属性对人的吉凶影响。因而,就风水理论这一根本的"天人合一"思想而言,应无可厚非。但风水何以会影响甚至决定我们的富贵贫贱呢?这让有些人不理解。这种不理解,实际上是不了解风水的作用方式。风水对人产生作用的方式,不是杂乱无章的,而是依据一定的原理和基本原则,是由注重"天人合一"的宇宙规律表现形式诸如阴阳五行生克关系模式推演而出的。换句话说,风水作用的实质就在于人天关系。基于这种关系,易学风水理论将人与外在时空视为一个整体,通过阴阳五行八卦等类分法将人和时空对应起来,再根据人和时空的阴阳五行八卦作用关系,利用类推思维模式,来分析人在某个时空中的状况及其吉凶。视风水为迷信者,显然会质疑这种类推模式是否经得起科学检验。的确,这种类推模式并不完全遵循自然科学中的逻辑关系,因而从科学的角度看可能难以理解。但我们绝不能因为其不符合实验科学逻辑而讥其为迷信。其实,将"非科学"等同于迷信,这本身也不合逻辑。当然,有的人还会问,即使风水经得起检验,那么人在时空环境中只有屈服的份儿吗?是人定胜天还是天定胜人?是力胜命还是命定力?这无疑是视风水为迷信者的终极质疑。关于人力与外在时空环境,在笔者看来,二者是非一不二的关系,是一个事物的两面,不存在谁决定谁的问题。即使是天胜人,也只能说明我们人力的无能无助,因为易学风水理论绝不是讲这种相胜是由于某种外在神灵的主宰,进而我们也不应因不明所以而讥之为迷信。从这些方面来说,古人关于风水的理论还是有一定合理性的,简单地以迷信来概括风水,是不贴切的。

认为风水是迷信的人,还有一个特别重要的误解,就是错误地将风水等同于风水术。风水术,是以人及其住所为中心,考察人与自然、社会环境以及天时的关系,并做出趋吉避凶行为的一种术数,即利用和操纵风水的术数,又称堪舆术、相地术、青乌、青囊术等。风水术根源于人们选择居住地的活动和经验,以及对宇宙自然规律的认识和利用。但由于人们的认识能力、知识构成、认识视野及认识经验不一样,风水术作为术者操控风水的理论,也就带有强烈的主观色彩。加上风水术往往秘而不宣,其理论也见仁见智,难以统一,其中鱼龙混杂、良莠不分,难免出现欺世诳人现象,成为骗人的工具。对于风水是否起作用、如何起作用的解释,更是莫衷一是,既无当代实验科学依据,又神乎其神,因而被视为迷信也在所难免。当然,并不是所有的风水术都与迷信有关,有些风水术确实能够把握住风水的实质,依据人天关系的作用方式改善人居环境,对人类不无益处。因此,对于风水术而言,一言蔽之以"迷信",也是不贴切的。将某些风水术的迷信成分等同于风水迷信,也是不明事理的做法。总之,只有深入了解风水及风水术的实质,才能比较客观地评价其是否为迷信,忽视这一点,也就成独断论了。

80. 历史上主要有哪些风水流派?它们与易学有何关系?

所谓"风水流派",指的是"风水术数"流派或者"风水学"流派,总的来说有两大宗派:形势宗和理气宗。形势宗偏重地形地势,以"龙穴砂水向"来论吉凶,主要崛起于江西,又称江西派,代表人物为杨筠松。形势宗又可分为:峦头派、形象派、形法派。峦头派侧重龙、穴、砂、水等山川形势。形象派将山川形象地拟成某种东西,根据该物的属性来判定阴阳宅的归属及其与龙砂水的关系。如某山峦似坐佛,于坐佛肚脐处下穴，其他如美女梳妆、嫦娥奔月等，不胜枚举。形法派依据形象与穴场的某种固定关系或规律来安排风水。

理气宗以阴阳、五行、八卦、卦气、干支、河图、洛书、时运等理论为立论要素，来论述二十四山风水。民间俗语有云"峦头无假，理气无真"，说的就是风水理论中峦头理论较为统一明了，而理气理论纷杂难明。理气宗派别繁多，归纳起来大致有三类：干支派、易卦派、天星派。每派下又分许多小门派。

第一，干支派。干支派包括三合派和命理派。

(1) 三合派中"三合"有多种含义。一指龙、水、向三者相合，"龙合水，水合向"。二指二十四山各分三合：申子辰三合水局，坤壬乙同；寅午戌三合火局，艮丙辛同；巳酉丑三合金局，巽兑癸同；亥卯未三合木局，乾甲丁同。该派核心理论在于三合五行长生十二宫，主要原理就是利用干支三合五行的长生、沐浴、冠带、临官、帝旺、衰、病、死、墓、绝来论二十四山的龙水向的关系。三合派中又有多种小派，如杨公古法三合派、赖氏三合派、正五行三合风水派、向起长生三合派等，其区别主要在起长生法的不同。

杨公古法三合派，以七十二龙五行起长生、沐浴、冠带、临官、帝旺、衰、病、死、墓、绝、胎、养，强调龙、水来自生旺方，去水流归墓库方，要求龙水交媾，龙、水、向三合。

赖氏三合派，由宋代赖布衣发明，特重人盘消砂。

正五行三合风水派，由徐善继《地理人子须知》和徐世颜《地理要义》所倡导，强调立足水口，结合龙脉和水脉的左旋或右旋来辨三合五行四大局，以四大局来考察龙水生旺。

向起长生三合派，根据向上某字属于某三合五行而论四大局，以排龙、水、向的生旺配合。王彻莹的《地理直指原真》、赵九峰的《地理五诀》以及叶九升的《地理指南》为其代表作。

(2) 命理派根据宅主八字的阴阳五行喜忌，配合二十四山方位及事物属性来论吉凶和作出调理。此派民国以来方始兴盛。

第二，易卦派。易卦派是以八卦或六十四卦为载体的风水理论。其中包括八宅派、净阴净阳派、玄空大卦派、玄空六十四小卦派、龙门八局等。

(1)八宅派,主要运用于阳宅风水。此派将男女年命或阳宅分成东、西两组,震巽坎离为东四宅(命),乾坤艮兑为西四宅(命),主张东西宅不能相混,东四宅命人宜住东四宅,西四宅命人宜住西四宅,并将人命或座山配游星论吉凶。有伏位、天医、生气、延年四吉星和五鬼、绝命、祸害、六煞四凶星,根据宅卦或人的命卦起伏位,排出四吉星和四凶星,再与宫位相较。此派又分两种:一种是《八宅明镜》强调的以人命为主,起游星论吉凶和选择或东或西四宅;一种是《阳宅三要》强调的主、门、灶的东西四宫配合。

(2)净阴净阳派,又称纳甲派、翻卦派。将二十四山纳入先天八卦中,乾纳甲,坤纳乙,艮纳丙,巽纳辛,离纳壬、寅、午、戌,坎纳癸、申、子、辰,震纳庚、亥、卯、未,兑纳丁、巳、酉、丑。乾坤离坎为阳,震兑艮巽为阴。按先天八卦之阴阳论吉凶,主张向与水阴阳不混为吉,阴阳相混为凶。此派又使用九星翻卦法,八卦翻出九星,即以向上卦为辅弼,从中爻变起,依次下、中、上、中、下、中变化,排出九星武曲、破军、廉贞、贪狼、巨门、禄存、文曲,其中辅弼、武曲、贪狼、巨门为吉水,破军、廉贞、禄存、文曲为凶水。该派以宋代静道和尚的《入地眼全书》为代表。

(3)玄空大卦派,将二十四山分成父母三般卦,将二十四山所括的六十四卦分为江东卦、江西卦和南北卦三般卦,根据父母三般卦和东西南北三般卦的卦卦关系和卦运来安排风水。明末的孙长庚和清代的张心言为其代表人物。

(4)玄空六十四小卦派,将二十四山分成先天六十卦(乾坤坎离四卦不用),依据六十卦之间关系及卦时气进行抽爻换象以安排风水。玄空六法,即玄空、雌雄、金龙、挨星、城门、太岁六法,是根据二十四山内在的先天八卦抽爻换象而形成的六法理论。民国谈养吾为其代表人物。

(5)龙门八局,根据二十四山的先、后天八卦之间的沟通来消砂纳水立向。

第三,天星派。天星派指根据星宿或星运来布置的风水理论,主要包括星宿派、玄空飞星派等。

(1)星宿派,利用天上二十八宿的五行来论二十四山各方位的五行属性,以坐向星宿五行为主,考察周边龙、砂峦头的星宿五行与其生克关系以论吉凶。

(2)玄空飞星派,清代兴起,以蒋大鸿、章仲山、沈竹礽为代表。其法主要有三:一是排龙立穴,二是飞星布盘,三是收山出煞。飞星布盘及风水论断是其重中之重。飞星布盘,先布三元九运,将当旺元运之数入中宫,分山、向两盘,依阴阳顺逆飞排洛书九宫,以坐山和向首所飞临之星为重点,辨其生旺或衰死,察其宫星组合,再配合峦头形势以论吉凶。

以上为当今风水术界主要风水流派的大致分类,此分法并不是绝对的,各派之间常有互通,并非泾渭分明。比如净阴净阳派,既用八卦,又用天星;玄空大卦派、玄空六十四小卦派等亦运用天星,玄空飞星亦运用八卦等。另外,除以上各派外,尚有一些小门派也各成一家,如五行派、金锁玉关派、奇门派、紫微数派等。

风水术各宗派中,理气宗、形势宗都与易学有着莫大的关系。理气宗中,玄空大卦派和八卦派乃以八卦或六十四卦为载体来辨析阴阳宅的八卦象形、卦气、卦运等,以此来辨别吉凶,其整个理论的中心即是八卦或六十四卦。其他理气宗派别,如天星派、干支派等,无一例外地注重阴阳之气及阴阳属性,其核心概念亦是阴阳,所运用者依然不出五行之外。形势宗似乎与易学没有关联,但我们仔细考察就会发现,其各派依然暗含阴阳五行生克属性的运用,讲究天地人三才之道的会通。当然,并不是风水各派的所有内容都全然体现易学,其实很多派别所运用的东西是易学原本所无或并不专有的,比如三合派和命理派以干支为载体,干支即非易学专有内容。不过,总的来说,若是离了易学阴阳五行,各派也就无法成其为风水派别了。

81. 现存最具代表性的风水著作有哪些?从中可以读出什么易学内容?

风水流派不一,奉行的经典也不统一。纵观中国风水发展历史,各宗派都涌现出了一些颇具代表性的风水著作。

形势宗的代表性著作:

（1）《葬书》（据《宋志》本名《葬书》，后来术家尊其说者改名《葬经》）。旧题东晋郭璞撰，收录于《四库全书》。此书主旨在于强调"葬乘生气"，提出"风水之法，得水为上，藏风次之"。

（2）《撼龙经》一卷、《疑龙经》一卷、《葬法倒杖》一卷（通行本）。此三卷旧题杨筠松著，收录于《四库全书》。《撼龙经》论述山龙脉络形势，分贪狼、巨门、禄存、文曲、廉贞、武曲、破军、左辅、右弼九星，各为之说。《疑龙经》辨别龙与穴之真假。《葬法倒杖》论倚、盖、撞、粘诸占穴之法，顺杖、逆杖、缩杖、离杖、没杖、穿杖、斗杖、截杖、对杖、缀杖和犯杖等倒杖十二条，另附二十四砂葬法。

此外，《灵城精义》《发微论》《玉髓真经》《地理天机会元》《雪心赋》《地理人子须知》等也是形势宗重要著作。

理气宗的代表性著作：

（1）《宅经》。旧题《黄帝宅经》，收录于《四库全书》。其法乃将宅分十天干十二地支乾艮坤巽共二十四路，考寻阴阳休咎，辨析移宅吉凶，描述修宅次第之法及宜忌。

（2）《八宅明镜》。清箬冠道人著。以八卦统领二十四山，分东、西宅命，以乾坤艮兑为西四宅，坎离震巽为东四宅，将人命福元亦分为东、西四命，讲究命、宅、门、灶的配合，强调东西宅不能相混。为八宅派所奉行。

（3）《地理五诀》。以干支三合五行的长生、沐浴、冠带、临官、帝旺、衰、病、死、墓、绝来论二十四山的龙砂穴水向的关系。为三合派所奉行。

（4）《催官篇》。宋赖文俊撰。分龙、穴、砂、水四篇，运用天星属性和天星分布，说明山川走势吉凶。为三合派、天星派所奉行。

（5）《青囊经》三卷。旧题黄石公著。阐述天地形气推原入用之道。

（6）《青囊奥语》一卷。旧题唐杨筠松撰。阐述二十四山挨星之法。

（7）《青囊序》一卷。旧题筠松弟子曾文辿所作。主要描述二十四山阴阳五行配合之理以及分房论断。

（8）《天玉经内传》三卷、《外编》一卷（通行本）。旧题唐杨筠松撰。讲述江东、江西、南北三般卦和二十四山父母三般卦的配合奥蕴。

（9）《都天宝照经》。阐述峦形、理气、水法、向首、挨星配合法度。

《青囊经》《青囊奥语》《青囊序》《天玉经》《都天宝照经》，合称"五经理气"，为理气宗最重要的经典。

这些经典，诠释了风水的作用原理和方法，而其诠释路径基本是通过易学来展开的，从中可看到易学阴阳、五行、八卦、河图洛书等内容。

阴阳方面:《葬书》言"葬者,乘生气也"，生气即是阴阳和合之气，"夫阴阳之气,噫而为风,升而为云,降而为雨,行乎地中,而为生气"。①《发微论·雌雄篇》说:"山属阴,水属阳,故山水相对有雌雄。然山之与水又各有雌雄。阳龙取阴穴,阴龙取阳穴,此龙穴相对有雌雄。阳山取阴为对,阴山取阳为对,此主客相对雌雄也。"②这是以阴阳来分山水龙穴之雌雄对待。《青囊序》以阴阳来划分二十四山:"二十四山分顺逆，共成四十有八局,五行即在此中分,祖宗却从阴阳出。阳从左边团团转,阴从右路转相通,有人识得阴阳者,何愁大地不相逢。"③《宅经》全书以阴阳来展开论述，提出"夫宅者,乃是阴阳之枢纽,人伦之轨模"④。

五行方面:体现于形势宗经典中五行的形象符号或模式系统，如《玉髓真经·五星龙髓第一》曰:

  太极未判混沌成,凿开混沌天地明。
  二气融液交构精,元气元形会结生。
  天上行次有五星,地下行龙分五形。
  五星五形均一体,地下五形参五星。

以五行来命名和判定山峦形体，也体现于理气宗经典中方位、时运的五行生克模式系统，如《天玉经》存在大量五行之辞，诸如"甲庚丙壬俱属阳,顺推五行详;乙辛丁癸俱属阴,逆推论五行"⑤"寅申巳亥水来长,五

---

  ① [晋]郭璞:《葬书》,《四库术数类丛书》第6册,上海:上海古籍出版社,1991年,第16页。
  ② [宋]蔡元定:《发微论》,《四库术数类丛书》第6册,上海:上海古籍出版社,1991年,第192页。
  ③ [唐]曾文辿:《青囊序》,《四库术数类丛书》第6册,上海:上海古籍出版社,1991年,第85页。
  ④ 顾颉主编:《堪舆集成》第1册,重庆:重庆出版社,1994年,第1页。
  ⑤ [唐]杨筠松:《天玉经》卷二,《四库术数类丛书》第6册,上海:上海古籍出版社,1991年,第102页。

行向中藏"①等。

八卦、易图方面：如《入地眼全书》载有河图生成篇、洛书生成篇、伏羲先天八卦对待夫妇、文王后天八卦合十夫妻、黄石公翻卦掌诀等。

可见，无论是形势宗还是理气宗风水著作，都不离易学内容。

第二节 易学文化与风水实践

82. 什么是罗盘？怎样使用罗盘？如何从罗盘结构体悟易学精微？

罗盘是风水术家勘察阴阳宅时用来定位或调理风水的工具。大多数罗盘是内圆外方，内圆盘面嵌于外四方盘面中间，可转动。也有罗盘只有内圆而无外方盘面的，但较少使用。当今风水术家使用的罗盘种类，按材料来分，有铜盘、漆盘；按磁针构造来分，有水罗和旱罗。按采用的风水理论来分，有三种：一种是三合盘，又称杨公盘；一种是三元盘，或称蒋盘、易盘；还有一种是三合三元综合盘。三合盘、三元盘、综合盘的盘面结构略有些不一样。主要区别在于，三合盘的二十四方位有天地人三盘，地盘（正针）用来定向，人盘（中针）用来消砂，天盘（缝针）用来纳水。三元盘只有地盘，而无人盘和天盘，但多了先、后天八卦层等。综合盘则兼具三合盘、三元盘的结构。另外，罗盘的尺寸不一样，盘面结构也不同，少则一二层，多至五十来层。

我们以台湾东定一尺二综合罗盘为例来看其盘面内容。其内盘层如下：

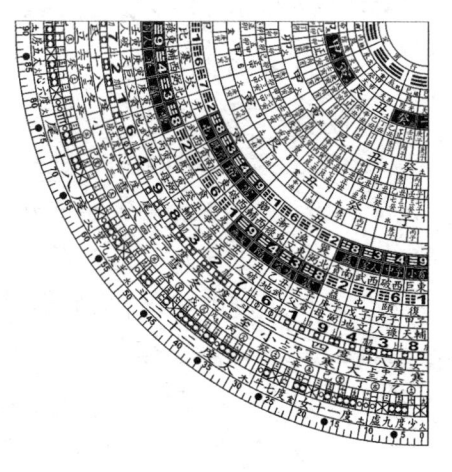

台湾东定一尺二综合罗盘

---

① ［唐］杨筠松：《天玉经》卷三，《四库术数类丛书》第 6 册，上海：上海古籍出版社，1991 年，第 103 页。

0. 天池。即海底,由顶针、磁针、海底线、圆柱形外盒、玻璃盖组成。磁针一端尖,指南;一端有角,指北,固定在顶针上。使用时,将磁针与海底线重合。

1. 公司名称及产品名称。

2. 先天八卦。乾南、兑东南、离东、震东北、坤北、艮西北、坎西、巽西南。

3. 九星坤卦例及劫曜煞。

4. 八路四路黄泉煞。歌诀:庚丁坤向是黄泉,坤向庚丁切莫言;巽向忌行乙丙上,乙丙需防巽水先;甲癸向上忧见艮,艮逢甲癸祸连连;辛壬乾路最宜忌,乾向辛壬祸亦然。

5. 二十四天星。自壬山至亥顺时针,依次为天辅、天叠、阴光、天厨、天市、天培、阴玑、天命、天官、天罡、太乙、天屏、太微、天马、南极、天常、天钺、天关、天汉、少微、天乙、天魁、天厩、天皇。

6. 正针二十四山、正体五行(地盘)。

7. 穿山七十二龙。审来龙过峡属何甲子,定来龙吉凶。

8. 正针百二十分金(地盘)。

9. 中针二十四山、星宿五行(人盘)。

10. 中针百二十分金(人盘)。

11. 透地平分六十龙。推算穴后到头来气之纯杂。

12. 三七正五名。

13. 缝针二十四山、后天卦合十水法(天盘)。

14. 缝针百二十分金(天盘)。

15. 先天十二地支。

16. 先天方图六十四卦之卦运数、卦象。

17. 先天方图六十四卦卦名。

18. 先天方图六十四卦贪狼九星及南北三般卦。

19. 先天圆图六十四卦之卦运数、卦象。

20. 先天圆图六十四卦卦名。

21. 六十甲子配六十四卦。

22. 先天圆图六十四卦之贪狼九星含三元三般卦。

23. 先天圆图六十四卦卦爻顺排及卦运数。
24. 先天圆图六十四卦抽爻换象。
25. 时宪二十八星宿。
26. 太阳列山二十四节气。
27. 浑天度二十四山五行。
28. 开禧二十八星宿星度数。
29. 开禧二十八星宿星度吉凶。
30. 开禧二十八星宿配星度五行。
31. 三百六十周天度数。

怎样使用罗盘呢？首先，校对罗盘的准确性。查看罗盘内外盘面有无缺损，外盘边缘是否正方形，内盘天池指针与盘面南北及外托盘十字红线是否重合。其次，端正罗盘使用姿势。双脚略分开，双手把持罗盘外盘，置于胸腹高度，保持水平，将罗盘外方边沿贴近或平行于测量物。最后，转动内盘，使内盘天池磁针与天池海底线重合，磁针小孔一端与红线上两小红点重合。此时，方盘十字红线压着内圆盘地盘上二十四山中的某字，即为某座向。但在实际操作中，罗盘的使用是非常复杂之事。各派风水术理论不同，对罗盘的使用要求也是不一样的，有的用地盘立向、人盘消砂、天盘纳水，有的纯用地盘；罗盘测量点也可能不同，如测量房子大门外的事物方位时，有的在房屋屋檐滴水处下罗盘，有的在大门处下罗盘，还有的在房屋中心处下罗盘。一般而言，运用哪派风水术理论，就按该派理论的要求使用罗盘，不宜混杂。

罗盘层数越多，涉及的内容也就越复杂，蕴含的易学内容越丰富。以上例罗盘来看，我们会发现罗盘的结构亦不离易学。第一，从罗盘层面形式来看，许多层面的形式都是从易学阴阳八卦而来，比如先天八卦、先天六十四卦方圆图，皆为宋邵雍先天易学中的重要图式和内容。第二，先天方图、圆图的六十四卦之卦运数，取自先天八卦的洛书数，采取的是先天八卦与洛书的配合模式，体现了易学象数结合原则。第三，既有先天的八卦、六十四卦，又有后天的天、地、人盘方位，体现了易学先后天结合的思想内容。第四，既有八卦、六十四卦的方位对待，又有二十四节气的分布，体现了易学卦位与卦气的结合、易学先后天对待流行的思想内容。第五,立足罗盘整个层面,由内向外看,从天池太极到先后天八卦,再到二十四山、六十四卦,以至周天三百六十度各方位,恰似易学太极生化之过程。整个罗盘,缩小至太极,放大推衍至周天三百六十度,小大之间,依照内在的阴阳、五行、八卦、六十四卦属性及其易学作用关系,缩放自然,有条不紊。可以说,一个罗盘就是一个融阴阳、五行、八卦、六十四卦及天地万物时空为一体的小宇宙。

83. 古代风水建筑是如何借鉴易学象数理则的?

古代风水建筑,诸如家居、祠堂、坟墓、桥梁等,常依据风水易学理论来布局、施工。唐朝长安城、明清北京城及明十三陵、清东西陵等皆是其中典型。我们以明清北京城为例来看其风水建筑对易学象数理则的运用。明清北京宫城,亦称紫禁城,为明清两代皇宫建筑。四面各有一门,正南为午门,东为东华门,西为西华门,北为玄武门。自南至北,为宫城中轴线,线上历经太和门、太和殿、中和殿、保和殿、乾清门、乾清宫、交泰殿、坤宁宫、坤宁门、天一门、钦安门等。分前朝、内廷两部分,前朝是皇帝发号令、举行大典之地,以太和殿、中和殿、保和殿为中心,左文华殿,右武英殿,分列两旁。三大殿以北为内廷,乃皇帝处理政务和后宫之所。

北京城的宏观结构是依据天星三垣理论来构建的。古人将天空中央划分为三垣:太微、紫微及天市垣。紫微居北天之中,是天帝居所。人间仿此,皇帝必居"紫微宫",设最大宫殿太和殿于故宫中央,凸显皇帝为最高最大主宰之意。太微垣在紫微垣东北角,为天帝布政之地,对应着故宫太和殿及左右文、武官署衙门。天市垣为交易之所,对应着今菜市口、珠市口、骡马市一带。故宫建筑的整体立意,突出君臣民之主次,体现了易学法天象地及天地人三才之道的思想底蕴。

故宫的整体结构布局暗合阴阳、五行、八卦易象。易学强调一阴一阳之谓道,左阳右阴,动阳静阴,阴阳相济对待流行。此宫城以南北中轴线界分左右阴阳:左为阳,设置文华殿、文渊阁、东华门等;右为阴,设置武楼、武英殿、西华门等。左边南三所,为皇太子宫室;右边慈宁宫、寿康宫等,为皇后、宫妃居所。这体现了以文为阳、以武为阴,以男为

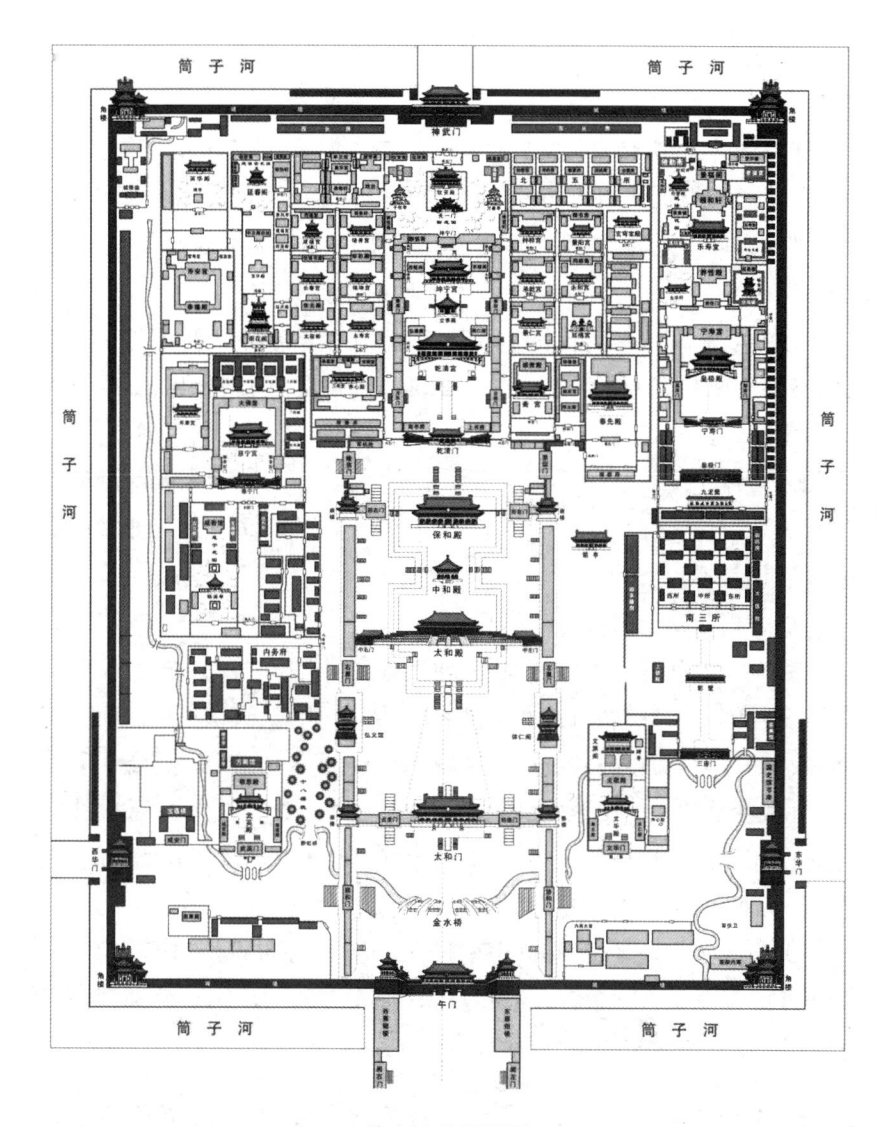

故宫建筑平面图

阳、以女为阴,是易学阴阳概念的应用。宫城又分前朝和内廷:前朝多为君臣相见、活动场所,为动为阳;内廷主要是后宫居住之地,为静为阴。如此一动一静,阴阳合德。

故宫各殿门是按照河图五行来布局的。太和殿位居中央,巍然屹立,广场宏大朗明,取土为尊之意;东有东华门、文楼、体仁阁等,取东为木为仁之意;南有午门,属火;西有武楼、武英殿、弘义馆等,取西为金为伐为义之意；北有玄武门，属水。各殿门的铜钉数量也暗合河图五行。故宫午门、玄武门和西华门钉皆九横九纵81颗，而东华门八行九列72颗，少了一行铜钉，其中缘由可能是：东方属木，若九行九列铜钉，一则铜钉为金，二则河图四九为金，如此重金克木，不吉；若去东边铜钉不用，则不合四方之体，故列八行铜钉，取河图三八为木之意，削减金克之分量。

故宫多处宫殿名出自易学八卦，如乾清宫来自乾卦，坤宁宫来自坤卦，交泰宫来自乾坤组合的泰卦。建筑分布亦符合八卦意蕴，如水自西北方引入，绕而从东南方流出，乃取后天八卦乾为天门，巽为地户，水自天门入自地户出之意。乾清宫与坤宁宫一南一北，契合先天八卦乾南坤北天地定位。交泰宫位于乾清宫与坤宁宫之间，又暗指乾坤父母交感而生机昌泰。

故宫建筑对于易数也特别重视，尤其是九数和九五数。故宫有九千九百九十九间房间，宫城中心太和殿有九层台阶，午门、玄武门、西华门等宫门铜钉取九列九行，九龙壁面由270块组成，天坛三层四面台阶各九级，三层坛面栏板共360块，数目皆为九或九的倍数。易卦爻阳为九，九数在易数中为阳数之最大者。又六爻之中以五爻为君，故轴线上皇帝所用和出入城楼如太和殿、保和殿、午门、天安门等皆横阔九间，纵深五间，取九五之数，合易学"九五"至尊之象数理义。

北京故宫大至整个规划，中至门、楼、台、阶等布局，小至铜钉数目，处处不乏易学象数之痕，由此可见古代风水建筑与易学象数理则的紧密关系，易学对建筑的深刻影响。

84. 历史上许多儒家代表人物也有过风水实践，其中是否体现易学内涵？

历史上的儒生对风水褒贬不一，有人不屑一顾，也有人大加赞美。如果说王充、司马光、张载、程颐等代表了批评风水的一派儒者，那么朱熹、蔡元定可以说对风水情有独钟。朱熹曾经论及冀都和尧都的风水，他说："冀都是正天地中间，好个风水。山脉从云中发来，云中正高脊处。自脊以西之水，则西流入于龙门西河；自脊以东之水，则东流入于海。前面一条黄河环绕,右畔是华山耸立,为虎。自华来至中,为嵩山,是为前案。遂过去为泰山,耸于左,是为龙。淮南诸山是第二重案。江南诸山及五岭,又为第三四重案。"①又说:"尧都中原,风水极佳。左河东,太行诸山相绕,海岛诸山亦皆相向。右河南绕,直至泰山凑海。第二重自蜀中出湖南,出庐山诸山。第三重自五岭至明越。又黑水之类,自北缠绕至南海。泉州常平司有一大图,甚佳。"②当孝宗山陵选在会稽时,朱熹认为"多水泉沙砾",非土肉深厚之地,要求重新择地,《宋史》载:"熹竟上状言:'寿皇圣德,衣冠之藏,当博访名山,不宜偏信台史,委之水泉沙砾之中。"③"夫山陵之卜,则愿黜台史之说,别求草泽,以营新宫,使寿皇遗体得安于内,而宗社生灵,皆蒙福于外矣。"④朱熹要求重新择风水宝地来安置寿皇遗骸,深信鬼神可招祸福于人之风水效验。他认为冀都、尧都是好风水的理由,是基于《葬书》的四兽说。《葬书》谓左青龙、右白虎、前朱雀、后玄武,一处好风水,要求四兽齐全,既各居其位又有情相照,讲究玄武垂头,朱雀翔舞,青龙蜿蜒,白虎驯俯。这种描述虽然不能直接彰显易学象数内容,但若深入分析,却可以发现其所承载的易学理趣,因为四兽配合本身即遵循了易学的阴阳法则。左青龙贵在高大蜿蜒,右白虎贵在驯俯。四兽有情相顾,又体现阴阳合德。如果朱熹未谙四兽呼应的格局、未晓风水理论的易学理趣,又岂能不像其他一些儒者那样讥讽风水的全无义理,反而会评论该地"好个风水"呢?

第三节 当代建筑借鉴易学风水的思考

85. 有人说楼盘规划与建设应该讲究风水,你怎么看?

当今,有许多城市楼盘为追求商业利益,密建滥构,以致房屋奇形

---

① [宋]黎靖德编,王星贤点校:《朱子语类》卷二,北京:中华书局,1986年,第1册第29页。
② 同上。
③ [元]脱脱等:《宋史》卷四百二十九,北京:中华书局,1977年,第12764页。
④ 同上书,第12765页。

怪状、尖射冲斜、散乱无序、割裂天地人三才联系、违背"天人合一"思想。如何避免这种乱象？笔者以为，借鉴易学风水理论是有所裨益的。

首先，易学风水理论强调"一脉贯通"。所谓"一脉"就是龙脉，而"贯通"是说龙脉之真气、正气畅行无阻。在传统风水学的工作程序中，有"寻龙、踏砂、观水、点穴"的步骤。"寻龙"就是寻找龙脉发端和走向；"踏砂"就是沿着祖山走向，四方查看周围环境；"观水"就是观看水流是如何环绕龙脉走向行进的；"点穴"乃是确定龙脉最终聚气之焦点。这四个步骤，以"寻龙"为起点，说明古人对龙脉的高度重视，而其后的三个步骤也是紧紧围绕龙脉而采取的技术操作。从这个角度看，"龙脉"问题乃是易学风水理论的核心。正如《易经》的卦象连缀一样，"龙脉"只是一种比喻或象征，其本质说到底乃是为了气行通畅。唐代地理学家卜应天在《雪心赋》第一章"地理之宗"里说："盖天地开辟，山峙川流，二气妙运于其间，一理并行而不悖。"意思是讲，在太极未分之前，天地山川唯有一气流行，当太极运动，天地分开，于是有了阴阳二气的感通。阴阳虽有分别，当流行贯通的道理却是一致的。所以，地理学家以为，山虽然静，而其妙却在运动之中；水虽然在运转，而其妙却在安静之中。一动一静，交相呼应，这就是阴阳之气感通流行的法则。根据这种理论，来检讨当代人居建筑，就应该注重各建筑物之间彼此通透，疏密得当，才能保障居处的安详。

其次，易学风水理论凸显"协和有情"。所谓"协和有情"指的是前后左右各建筑物要有呼应。古代易学风水学家不是孤立地进行某种机械操作，而是把建筑布局与周边环境当作一个整体来考虑，并且引入象征的符号表征系统，于是有了青龙、白虎、朱雀、玄武的概念。青龙代表东方，白虎代表西方，朱雀代表南方，玄武代表北方。它们两两对应，恰如夫妻一样，恩爱有加。具体而言，讲究的是玄武气象重峦叠嶂，形势起伏有力，左右青龙白虎旗鼓相当，端正整齐，护绕有情，明堂河水曲曲回抱，案山朝山秀丽光彩迭宕，水口周密，交节关锁，整个自然画面呈现层次、动态、曲线的立体感，极富审美效果。在讲究自然形势前提下，易学风水理论强调通过打造人工建筑风水，调理某种缺陷，比如设置宝塔、楼阁、亭台等标志物，这种标志物常置于水口或高处，既彰显风水效应,又增添景观意味,将风水物的设置与景观设计融为一体。总之,这种风水布局,并非随意取景,而是遵循阴阳和合法则,暗含着易学风水的文化精神。

最后,易学风水理论讲究人宅一体。《宅经》说,"凡人所居,无不在宅"①,"故宅者,人之本。人以宅为家居,若安即家代昌吉,若不安即门族衰微"②。基于这种重视宅舍的精神,易学风水理论专家将建筑环境人性化。《宅经》甚至以宅舍建筑所需的自然物来比附人体:"以形势为身体,以泉水为血脉,以土地为皮肉,以草木为毛发,以舍屋为衣服,以门户为冠带。若得如斯,是事俨雅,乃为上吉。"③在《宅经》作者看来,人宅一体,宅是人体的放大,人体是宅的缩影。把宅舍建筑生命化,一方面可以激发保护宅舍与周边环境的意识,另一方面可以给居者以安全感,形成息息相依的情感纽带,这无疑有助于居者的身体健康与精神健康。

以上三个方面仅仅是略举,从中可以看到易学风水理论"以道为要、以人为本、以居为安"的整体思路。当今的人居楼盘建筑规划若对此有所借鉴,相信可以减少盲点,提升境界,有助于安居。

86. 当代很多城市千篇一律,如何从易学风水角度分析?

郑玄说:"易一名而含三义:易简,一也;变易,二也;不易,三也。"④易学风水也讲三易,尤其体现在实践操作中。易简,事物缤纷万千却大道至简。风水讲究的是"天人合一"思想,"一"即太极,契合易简理趣。风水理论根基是太极,万千造化亦来自太极。朱子曰:"太极只是天地万物之理。在天地言,则天地中有太极;在万物言,则万物中各有太极。未有天地之先,毕竟是先有此理。动而生阳,亦只是理;静而生阴,亦只

---

① 顾颉主编:《堪舆集成》第 1 册,重庆:重庆出版社,1994 年,第 1 页。
② 同上。
③ 同上书,第 4 页。
④ 《十三经注疏》整理委员会整理,李学勤主编:《十三经注疏·周易正义》,北京:北京大学出版社,1999 年,第 5 页。

是理。"①太极之义，正可谓理之极致。有是理即有是物。太极在阴阳中，而非在阴阳外。两仪、四象、八卦、六十四卦，实为太极的演化，这种演化就是"变易"。太极衍生万物，而万物皆内涵太极，此正所谓物物一太极，理一而分殊！太极在易学风水上的展开，体现了自然与人类的相互关联，即"天人合一"；而"合"的精神贯彻即是"对应感通"法则。易学风水的核心精神总括起来可以说是：以生气为灵魂，以和合为原则，以阴阳为纲要，以"零正"②为导向，以五行八卦生克为作用，讲究对待流行，生生不息。

易学风水的生态追求，目的是选准趋吉避凶的自然环境。其根本点在于维护和运用自然生气，服务于人的健康生活。这种生气并非仅仅指地气、空气之类的具体物质存在，易学风水更注重的是时空配合所造成的具有生生不息性质的某种形式。生气的形成，是通过形气、卦气、时气、人气的阴阳和合及其内在五行生克的作用方式来规范的。具体要求有如下四端：第一，形体配合，包括象、数、质三个因素。落实到风水形势上，这些因素又通过五星或九星的符号来昭示。《天玉经》说："五星配出九星名，天下任横行。"③五星是金木水火土五种峦头形态。而五星又有九种变体，即贪、巨、禄、文、廉、武、破、辅、弼，此是以星名指代形峦。阴宅强调龙砂水穴的形峦正行，阳宅主要看门、户、房、床、灶、井的形体，称作内外六事。第二，卦气配合，即形体空间方位与卦爻气象的配合。《天玉经》说："父母阴阳仔细寻，前后相兼定；前后相兼两路看，分定两边安。卦内八卦不出位，代代人尊贵；向水流归一路行，到处有声名。龙行出卦无官贵，不用劳心力；只把天医福德装，未解见荣光。倒排父母荫龙位，山向同流水。十二阴阳一路排，总是卦中来。关天关地定雌雄，富贵此中逢。翻天倒地对不同，机密在玄空。"④

---

① [宋]黎靖德编，王星贤点校：《朱子语类》卷一，北京：中华书局，1986年，第1册第1页。
② "零正"是风水学中的一个重要概念，见于杨筠松《天玉经》，说的是朝向选择首先要找准时气旺方，以旺方为"正"，以衰方为"零"，达到东西南北四向"合十"。
③ [唐]杨筠松：《天玉经》卷二，《四库术数类丛书》第6册，上海：上海古籍出版社，1991年，第99页。
④ 同上书，第93—94页。

其中所谓"父母"代表乾坤两个基本卦,先将乾坤父母确定了,震、坎、艮、巽、离、兑六个子女卦的相应位置也就明确了。根据八卦方位格局来看来龙去脉,就能找到贵格。而最为重要的是要能看破"玄空"(无形之道、真穴所在)中的机密,通过卦象的感通,激发生气,为宅舍主人所用。此经又说:"龙要合向向合水,水合四吉位。合禄合马合官星,本卦官旺寻。"①讲究形体所在卦位之间的阴阳和合、兼顾有情关系。第三,时气配合。斗转星移,时间变化,风水所临时气也变迁不居。关于时气有太岁流年说,有二元八运说,有三元九运说等。形体不仅有卦气的定位,还有时气上的安排,形气卦气的生死,不光是形体上外在的生死,也体现在内在的时气旺衰变迁引发的生死。形体之间的阴阳雌雄配合看时气,零正生旺衰死亦看时气。时气变迁,有时阴不再是阴而变为阳,阳不再是阳而变为阴,故形体生机、卦位相合;若遇时气不及,零正颠倒,阴阳不合,也难以达到"天人合一"、趋吉避凶的目的。如《青囊序》云:"山管山兮水管水,此是阴阳不待言。识得阴阳元妙理,知其衰旺生与死。不问坐山与来水,但逢死气皆无取。"②强调好地形还得配上好时气,如果山水形态不能与时气的阴阳五行感通相助,而是相克制约,则虽旺而衰,乃至进入死地。所以看清旺、相、休、囚、死的变化,是至为关键的一环。第四,人命配合。易学风水最后的落脚点无疑是人,哪怕形气、卦气、时气皆妥,但若人命不合,风水上则认为是吉而凶死。形气、卦气、时气、人气是易学风水的四种维度,四者之间相互影响、彼此渗透,体现共生性。此为风水之"不易"大义。什么是"人命"呢?即一个人出生的年、月、日、时,称作"四柱"之命。在古代堪舆家心中,人之生命,作为一种自然过程,乃上天赋予。一个人出生的年月日时,也通过干支来体现,而干支内在本质是"五行"。所以,堪舆家进行风水布局,还得考虑"人命"五行与空间五行的相生相克问题,唯有二者相生有助,才是好格局。这在今天看来似乎存在不合时宜的因素,

---

① [唐]杨筠松:《天玉经》卷二,《四库术数类丛书》第6册,上海:上海古籍出版社,1991年,第100页。
② [唐]曾文迪:《青囊序》,《四库术数类丛书》第6册,上海:上海古籍出版社,1991年,第85页。

但其中所贯注的时空统一、天人相应精神却是值得肯定的。

"简易""不易"之道固然显明,但要真正落实,却要通过"变易"来实现。因时间在不断变化,人亦皆各有其特殊性,要真正做到形气、时气、卦气和人气的统一,形成风水生气,以利于人居,非简单之事。风水始终处于变化之中,此即易学风水三易之"变易"大义。体现在风水选择上,就是要因地制宜,因时变通。风水是个活泼泼的东西,任何按图索骥、依葫芦画瓢的做法,都是未理解风水理论精髓的作为。

基于此,我们反观当今,各城市经纬度不一,其卦气、时气有别,自然形体更是千差万别,因而城市及其建筑理应千姿百态,各有个性。遗憾的是,我们所能看到的大多是大同小异的城市建筑。这就违背了三易原则,无法达到与天地合一,难以形成利于人居的"生气",反而会因为不顾具体情况而造成"死气",贻害于人。一个城市的规划与建设,应该立足于当地的形气、卦气、时气、人气来安排,才是合乎易学风水理论的应有之举。

87. 当代社会生态遭到破坏,环境污染严重,易学风水对于扭转这种局面有作用吗?如果有,应该采取什么措施?

易学风水的思想核心是"天人合一",旨在追求人与自然和谐相处,并通过趋吉避凶来造福于人。尊重自然是前提,利用自然规律是手段,实现人与自然和谐共生是效应和目标。

易学风水之"天人合一"的思想根基,是把人视为自然的有机部分,自然乃是人的身体延伸。《阳宅十书》第一部分"论宅外形"中就提到自然与人的休戚与共:"人之居处,宜以大地山河为主。其来脉气势,最大关系人祸福,最为切要。"[1]《葬书》把这种关系加以细化,认为"形如植冠,永昌且欢。形如投筭,百事昏乱。形如乱衣,妒女淫妻。形如灰囊,灾舍焚仓。形如覆舟,女病男囚。形如横几,子灭孙死。形如卧剑,诛夷逼僭。形如仰刃,凶祸伏逃。牛卧马驰,鸾舞凤飞,腾蛇委蛇,鼋鼍鱼鳖,以水别之。牛富凤贵,腾蛇凶危。形类百动,葬皆非宜,

---

[1] 顾颉主编:《堪舆集成》第2册,重庆:重庆出版社,1994年,第191页。

四应前接,法同忌之"①。这段描述以种种比喻象征,说明自然形态对人体的诸多影响:既有正面的,也有负面的;既有积极的,也有消极的;既有善的,也有恶的。由此可见,易学风水理论对自然环境是极为重视的。为达到趋吉避凶的目的,易学风水理论主张在进行建筑实践之前首先对自然环境进行详细考察,选择合乎易学风水法则的山川形势,比如龙砂来势深远,形体伟岸,山峦端正圆净,开面有情;穴土肥润,五色光明,忌烂泥污土;水贵形曲,水质清甜,忌苦涩难闻等。这种重视人与自然关系的易学风水理论,势必要求人类尊重山水形势,不任意破坏自然、污染环境,不然则会受到反蚀。

易学风水理论不仅重视自然环境的考察,而且要求根据不同的人文需求选择相应的空间地理形势。《阳宅集成》列有书房、衙门、店屋、寺观与居宅不同的易学风水要求:"书房则取文明之象,不忌咸池高耸,文笔生尖。衙门则喜规模宏敞,不妨堂阜尊严,公庭宽大。市肆店房偏宜路冲险要,何嫌去水桥梁?庵堂寺观反要水冲龙脊,岂惧高山长岭?"②按照古代堪舆家的看法,有些地形为住宅所忌,但与书房、衙门、店屋、寺观却相宜。这种区分,既反映了自然风水与人文环境协调的思路,也体现了一些特殊讲究。易学风水理论警戒各种煞害,特别反对人为造就的声煞、味煞等,针对此提出了不少调理的对策。

易学风水理论尽管存在一些糟粕,但也体现了环境保护、人文关怀的深邃思考。面对当今的生态环境问题,我们可以通过以下几种方式来改善:

第一,构建山水合一的宜居城市。建筑学和城市规划学者吴良镛在《"山水城市"与21世纪中国城市发展纵横谈》中提到中国城市把山水作为城市构图要素,山、水与城市浑然一体,蔚为特色。形成这些特

---

① [晋]郭璞:《葬书·杂篇》,《四库术数类丛书》第6册,上海:上海古籍出版社,1991年,第33—34页。
② [清]王道亨编纂,[清]姚廷銮著,李祥白话释意:《阳宅集成》,北京:中医古籍出版社,2010年,第239页。

点的文化背景是中国传统的"天人合一"哲学观。① 从易学风水理论的立场看,即充分运用自然特色,根据山峦属性来构建城市布局,同时做好山峦的保护和维护工作。

要适时适地种植物,改善自然环境。在风水调理中,植物是常用的手段,其作用也是显著的。特别是大片的植物,有利于造就"制煞"效应,如改变山峦形体的不足,改变某方位的生气来路,阻挡噪音等。此外,植物也有助于达成吸收有毒气体、减少污染、美化视觉的景观效果。

还要充分利用水的作用。水在易学风水中是与山相对的自然物。水于山具有界气作用,《山洋指迷》云:"气者,水之母也;水者,气之子也。有气斯有水,有水斯有气。气无形而难见,水有迹而可求。水来则气来,水合则气止。水抱则气全,水汇则气蓄。水有聚散,而气聚散因之;水有浅深,而气之厚薄因之。故因水可以验气也。"② 水是生命之源,以水引气,既可造就事物的钟灵毓秀,也能发挥水界分空间、曲绕空间的景观作用。

第二,依据不同人文要求来安排建筑,以促进人文生态的改观。比如界分不同行业、身份、层次的人群,规划不同建筑等。这一点尤其值得注意,因为人们往往容易认识到自然生态问题,却忽视人文生态问题。

---

① 吴良镛:《"山水城市"与 21 世纪中国城市发展纵横谈——为山水城市讨论会写》,《建筑学报》1993 年第 6 期。
② [清]王道亨编纂,[明]周景一著,李祥白话释意:《山洋指迷》,北京:中医古籍出版社,2010 年,第 164 页。

第十章　易学与中医养生

第一节　易医会通概观

概观易学与医学会通的研究,可以说走过了一条非常坎坷的道路。20世纪初,唐宗海写成了《医易通说》,目的在于"为医学探源,为易学而引绪"。该书从一个特定层面说明中医是科学的,在易医会通方面着重论述了人体八卦理论及其生理、病理、诊断、治疗原理,既对前代易医会通研究成果予以总结,又开创了20世纪易医会通研究的先河。近代名医恽铁樵是反对"废医存药"的,他主张以中医本身学说为主加以创新,在《群经见智录》中论述了医与易的关系,认为"易理不明,内经总不了了"。

中医和易学都注意描述人与自然变化之间的关系。相比而言,易学侧重于从宏观上把握人与自然的关系,它告诉人们自然是如何变化的,人类如何才能够趋吉避凶;而中医则在更多层面具体描述人体健康与自然的关系。按照中医的立场,人是自然的一部分,顺应自然则生,违背自然则死,疾病就是大自然对不顺应它的人的一种惩罚。易学和医学两者在思维本质上是一样的,都主张天人一理。所谓"一此阴阳",正说明易与医在阴阳学说基本点上是融通的。对于这一点,在20世纪前半叶,无论是中医界还是易学研究界,都是有共识的。

到了20世纪50年代,易医会通研究趋于低潮,尤其是十年"文化大革命"期间,易经、中医、阴阳五行都被打入封建迷信的行列,易医会通研究成为禁区。

80年代以来,易医会通研究逐渐趋热。研究涉及易学和医学的各个方面,如易医相关的历史研究、易医相关的思维方式研究、易医象数学研究、易医理论体系研究,等等。在短短二十几年中,研究易医会通的著作出版了几十本,有关易医会通的论文竟达数百篇之多。有关易医会通的专门学术会议开了几十次。在易与医关系如"医源于易""易医会通"方面,大部分研究者都是持肯定态度的。当然,也有一些研究者提出相反的意见,认为易医会通研究的结果不可能超出传统思维范畴而给人们带来什么意外的惊喜。因为易医会通研究不足以囊括中医学的全部课题,只有中西医融汇并与现代科学一起在各个研究课题中全面展开,中医学的发展才有可能达到应有的深度。所以,我们不能不看到不少易医会通研究还处于低层次比附、无根据猜想、想当然拔高和低水平重复的阶段,对中医深层次的理论本质、思维模式的研究还远远不够。

另一方面也要看到,近年来,易医会通研究也取得了长足的进步。开展易医会通研究,目的是将易学的观察、思维方法论运用于中医,让中医对自身有一个透彻的了解。当代易医会通研究有必要吸收前沿自然科学、社会科学、哲学的新成果,在相似性模拟的基础上向更高层次的模式化综合发展,以促进中西医的融汇发展和中医现代化,最终建立起一种分析基础上的模式化综合型的现代医学。

88.什么叫"易医会通"?目前关于易医会通课题有哪些代表性成果?

关于"易医会通",张介宾《医易义》有一段精辟论述:"乃知天地之道,以阴阳二气而造化万物;人生之理,以阴阳二气而长养百骸。《易》者,易也,具阴阳动静之妙;医者,意也,合阴阳消长之机。虽阴阳已备于《内经》,而变化莫大于《周易》。故曰天人一理者,一此阴阳也;医易同源者,同此变化也。岂非医易相通,理无二致,可以医而不知易乎?"[①]照此论述,可知"易医会通"也就是天人一理,一此阴阳;医易同源,即同此阴阳变化之至理。

---

① 张景岳:《类经图翼》附翼卷一《医易义》,《文渊阁四库全书》本。

易医会通的研究成果，明确了中医学在《周易》的渗透和影响下，经过借鉴、沿用的历程，融合气、太极、阴阳五行、八卦理论，并按中医学自身的发展规律而充实、提高，认为易学对中医的影响就是为中医提供了思维模型和思维方法，反过来，中医学的发展又充实和补充了易学的思维科学和生命哲学。两者会通，形成新的易医思维模型和思维方法，推动了中医学的理论发展，造就了不可替代的医疗优势。

1991年，李俊川、萧汉明主编的《医易会通精义》一书由人民卫生出版社出版。该书凡41.6万字，前有任继愈、萧萐父先生序。其后正文由导论和上下卷构成。上卷共12章，论述要目包括：《周易》中的医学萌芽，《易纬》与中医气象学，《周易》和《黄帝内经》，易理在《伤寒论》中的体现，杨上善《黄帝内经太素》的易学思想，《周易》与孙思邈的学术思想，王冰与《内经·素问》，《周易》与金元四大医学流派，张介宾论医与《易》，《本草纲目》与《周易》，方以智的易学与医学，清人医易会通举要。从这些章目看，该书上卷主要考察中医经典文献与《周易》的关系，同时论及历史上一些中医流派以及著名医家汲取易学思想精华以建立理论体系的情况。下卷共7章，论述要目包括：历代医家对《周易》阴阳学说的实践和发展，五行学说与中医基础，《易传》象论与藏象经络学说，针法中的易理，推拿按摩的太极八卦说，《周易参同契》与养生，医易会通的新前景。与上卷相比，下卷侧重探讨中医基本理论、疗治技术与《周易》原理的关系。该书是1949年以来有关易医关系问题研究最为系统的一部学术著作，也是20世纪后期一部总结历代易医相关研究成果的代表作，对后来的进一步探讨具有重要推动作用。

《周易研究》杂志1997年第1期刊载了武汉大学萧汉明教授的文章《医〈易〉会通之我见——兼与李申兄商榷》一文。其中，关于易医会通与传统医学的现代化、传统医学能否前进等问题的讨论，令人关注。2003年，萧汉明的学术专著《易学与中国传统医学》由中国书店出版。萧汉明指出，中医近现代的遭遇实在过于坎坷。它由生理、病理、诊断和药理等诸方面组成的独特、完整的理论体系和古朴的系统思维方式，完全无法被西方近代医学所接受，但当一切古老学科都先后被近现代思潮征服时,唯独这一古老的中医学居然还能生存下来。① 80 年代以后,当西方对医药费用居高不下以及化学药品的厌恶情绪日趋蔓延时,中医药学也开始成为世界医学注目的课题。尽管如此,中医学离传统所曾达到过的最佳状况还有很大距离,它还没有真正自觉地把握住自己未被近代医学甚至现代医学所取代的内在合理性。在萧氏关于易医会通与传统医学现代化问题的论述中,可以看到他对于自觉掌握中医学内在合理性的主张。按照他的看法,只有了解中医学运用阴阳五行学说建构的各种单项的和复合的"天人"模型后,才有可能百尺竿头更进一步。为了中医学的现代化,首先应当实实在在地回归传统,回归太极思维。易医会通不只是一般地讲好阴阳五行,而是要讲得前无古人后有来者,直到讲得与当代甚至后代的科学成就能一拍即合为止。易医会通要实现这一理想绝非易事,需要易医以及多学科的更长期、艰苦的探索。

中医学运用阴阳五行学说建构的各种单项的和复合的"天人"模型也是目前研究易医会通课题较有代表性的成果。北京中医药大学张其成教授曾经以"象"模型为切入点,论述易医会通问题。他提出"象"思维是易医学共同的思维方式,是易医会通的交点。②"象"思维包括"象"思维模型和"象"思维方法,他认为"象"思维方法是一种模型思维方法。"象"思维模型有卦爻模型、阴阳模型、易数模型、五行模型、干支模型等多级同源、同质、同构的子模型。他进而探讨了"象"思维具有整体性、全息性、功能性、关系性、超形态性、时序性以及重直觉、体悟、程式、循环的特征,指出这一特征正是易学、中医学理论的本质。中医学与西医学的本质差别就是"模型论"(宏观)与"原型论"(微观)的差别,两者各有优劣,应该是互补的。

张其成教授进一步提出,一切模型都来源于实践。随着实践的发展,模型也在流动、变化、更新之中,易医"象"模型也不例外。由于生命世界的高度复杂性,借助一种或几种模型往往不能详尽地、精确地反

---

① 萧汉明:《易学与中国传统医学》,北京:中国书店,2003 年,第 16 页。
② 张其成:《易学与中医》,南宁:广西科学技术出版社,2007 年,第 238 页。

映原型的结构、属性和行为。正确的态度应该是对这一思维模型与人体生命原型进行双向研究,抛弃错误,修正不足,逐步寻找到一种合理的、逐步逼近原型的模型。这就不能不借助于多学科的尤其是现代科学的新成果、新手段,在更高层面上修补、提高和发展中医。

现代中医所面临的关键问题,应该是在真正认清"象"思维的前提下,继续把握宏观、整体、动态认知生命的大方向,致力于研究怎样弥补微观、分析、形态方面先天不足的问题。具体地说,就是继承整体性,强化分析性;继承动态功能性,强化形态结构性;继承主观性、直观性,强化客观性、逻辑性;继承求同性,强化求异性。相对地说,中医的重点应放在后者,而西医的重点应放在前者。在思维模式的层面上使中西医达到一种最佳配置上的调节,实现形而上意义上的中西医结合,这无疑是中医发展的走向,也是实现中医现代化的前提。"象"思维模式是目前研究易医会通课题较有代表性的成果之一。

89. 上个世纪末以来有关易医会通问题发生过哪些争论?焦点是什么?应如何评估?

上个世纪末以来,对"易医会通"的争论实际上源于对阴阳和五行学说的不同认识。主要争论的议题包括:

(1)医是否源于《易》。大部分研究者都持肯定态度,认为《易》与医是一般与个别、普遍与特殊的关系,医源于《易》是毋庸置疑的。但也有一些研究者提出相反意见,认为中医理论与易学无关,医既不源于《易》,也无会通之处,这一研究是毫无意义的。

(2)《易经》《易传》是否是中医学的直接理论渊源。持肯定意见者认为,《周易》经传都为《黄帝内经》等医学原典所直接汲取;持否定意见者则认为,《易经》自产生后直到隋唐以前,长达一千六百多年的时间内,对中医几无影响,将医理与《周易》联系起来,主张医生必须通晓《周易》,是从明末才开始的思潮。

由上述情况可知,许多学者不认同唐代以前存在易医会通的事实,但主张隋唐以后出现了易医会通的走向。分歧的焦点是在隋唐以前,尤其是《黄帝内经》与《周易》有没有关系的问题。肯定派承认两者有密切关系,《周易》对《黄帝内经》有重要影响;否定派否认两者之间有关系。

我们认为,如果继续纠缠易医是否会通,或者医是否源于《易》的问题,对中医本身的发展是毫无意义的。但如果将此项研究导入以下问题:易医会通的焦点在哪里?这个焦点对中医学的形成和发展起到了什么样的历史作用?当今易医研究与中医理论研究、临床研究有什么深层次的关系?易医思维模式与价值体系在西医的冲击下如何实现转型升级?找到易医会通的焦点并获得相应成果,对中西医汇通、对中医现代化或许会有一些战略上的帮助。

易医会通的焦点,只能是在深层次的思维模式层面。如前所述,有些中医学者从一个特定的层面即思维模式的层面探讨了这一问题,提出"象"思维是医易学共同的思维模式,是易医会通的焦点。"象"思维包括"象"思维模型和"象"思维方式,简称为"象模式",该模式是易医会通的焦点。

易医学(东方医学)采用的是"模型论"思维方式,遵从"元气论"和"天人合一"的哲学传统,在"象"模型支配下,采用横向、有机整合的方法认知生命,形成并遵从"元气论"的传统。中医在看待人的生命时,从"气"入手,"气"既是生命的最小物质,又是生理动态能。"气"的生命体现必然导致整体性、功能性、直觉性、程式化的方法论。"气"是中医学的最基本模型,也是一种"象"。如前所述,气—阴阳—五行—天人—象数模型是中医学的思维模式。中医遵循这一思维模式,一开始就没有走向机械、分析之路。①

西医学(西方医学)采用"原型论"的思维方式,遵从"原子论"和"二元对立"的哲学传统,采用分析、实验还原的方法认识人体生命。西方传统认为原子是世界本原,有限、有形的原子构成物质及其运动,运动的根源在原子的外部,原子与原子之间是间断的、虚空的,要认识"原子",必须采用分析、还原的方法,由此发展出17世纪以机械自然观为背景的西方近代实证医学。

---

① 何敏、张继主编:《易医会通研究》,南京:南京大学出版社,2014年,第22页。

易医学与西医学思维方式的差别,学术界有"元气论"与"原子论"、"整体论"与"还原论"、"系统论"与"分析论"、"功能论"与"结构论"等观点,我们认为中医学与西医学思维方式的本质差别是"模型论"与"原型论"的差别。中医学和中国传统生命科学采用的是"模型论"思维方式,即从功能模型、关系虚体出发建构人体生命系统;而西医和现代生命科学采用的是"原型论"思维方式,即从解剖原型、物质实体出发建构人体生命系统。

　　按照现代实验科学的评价体系,中医理论基础存在一些缺陷,它较多地通过"取象比类"思维方式来完成疾病诊断和辩证施治,未能对思辨原理进行现代科学的有效检验,尤其是经络学说、藏象学说,很难与现代实验科学取得一致的发展方向,存在许多神秘性因素,故而曾经被当成"伪科学"予以批判。不过,必须指出的是,用西方实验科学的标准评判以《易经》阴阳学说为基础的中医学,这正如以打篮球的标准去评判打排球的状态,不具备合理性。事实上,对生命疾病的治疗并非只有实验科学一个途径,以易学辩证法为纲要的中医学在处理疾病与环境的关系、解决心灵问题上可以发挥整体把握、标本兼治的优势。一旦学术界破译了中医学的传统思维模型代码,对其方药配伍的奥妙有了深入的微观认识,或将产生一场新的医学革命。

90. 近年来关于易医会通课题的讨论有什么新进展?

　　21世纪以来,关于易医会通课题的讨论有了新进展。其中,比较具有启发意义的看法是:易学将太极阴阳理论与元气说相结合,用以解释宇宙存在及其相互作用与变化的规律,中医也是建立在对这个规律的把握之上的。易医会通统一在阴阳学说上。阴阳学说在本质上揭示了物质系统产生、发展、壮大、衰退、灭亡的过程。五行学说是阴阳转换的一种细化,它揭示了自然物质系统中五种不同的运动形式及其阴阳关系。在阴阳五行学说的指导下,中国前贤领悟到精密仪器观察不到的物质运动状态,从而对事物的相互作用方式与本质拥有独到的深刻认识。易医会通理论承认物质在空间中的连续性、统一性、关联性、有序性,凸显了生命关怀价值,注重环境与生命过程的相互影响。开展易医会通研究,就是为了更准确地了解和把握传统医学的"模型论"思维方式,将继承与创新结合起来,推动中医现代化和中西医的有机结合。

第二节　易学与中医理论

91.《周易》经传是否论及医疗问题？如果有,其思想意义如何？

关于《周易》经传的医学思想内涵问题,学者们作过许多发掘与分析。概括起来,有如下几方面值得注意:

一是《周易》卦爻辞里的确存在关于疾病与疗治的记录。

(1)《豫》卦六五爻辞:"贞疾,恒不死。"这是说,有了疾病,正确治疗并且树立坚定恒久的信念,就不会死亡。

(2)《遯》卦九三爻辞:"系遯,有疾,厉;畜臣妾吉。"这是说,逃遯时被杂物牵扯,行动不便,导致疾病加重;若有臣妾帮助,就会改观。

(3)《兑》卦九四爻辞:"商兑未宁,介疾有喜。"这是说,多方切磋,形成了可行方案,疾病治疗有了乐观的效果。

(4)《艮》卦六二爻辞:"艮其腓,不拯其随,其心不快。"这是说,脚肚子长久不动,连带臀部也不能动,引起心理上的不舒服感受。

(5)《艮》卦九三爻辞:"艮其限,列其夤,厉,薰心。"这是说,腰部长时间不动,造成肌肉疲劳,好像肌肉撕裂一样,这种感觉反映在心理上好像火焰熏烧一般。①

二是《周易》为先民的疾病治疗提供了方法论指导。

例如《泰》《否》《损》《益》等卦,分别阐述阴阳对立面的排斥与统一、阴阳对立面的相互转化哲理,对中医药学的影响很深,成为中医药文化中的重要思想方法。

《周易》经传作为中医学的思想基础,影响到了中医学的脏腑学说、经络学说、生理与病理学说。《周易》的卦象思维被后代医家所继承和发挥。例如张介宾《易医义》以卦象为大纲,分析疾病成因与疗

---

① 参看何敏、张继主编:《易医会通研究》,南京:南京大学出版社,2014年,第141页。

治:"泰为上下之交通,否是乾坤之隔绝,既济为心肾相谐,未济为阴阳各别。大过、小过,入则阴寒渐深,而出为症痞之象。中孚、颐卦,中如土藏不足,而颐为膨胀之形。剥、复,如隔阳、脱阳。夬、姤,如隔阴、脱阴。观是阳衰之渐,遁藏阴长之因。"认为疾病的各种情况均可以卦象阴阳来观照。"欲赅医易,理只阴阳……总不出于一与二也。故曰天地形也,其交也以乾坤;乾坤不用,其交也以坎离。"①以卦象分析了病症的临床表现,也即疾病的症候。

《黄帝内经》以五行的生克说明疾病的病理变化。张介宾进一步用《周易》经传卦象加以解释,如"离火临乾,非头即藏;若逢兑卦,口肺相连;交坎互相利害,入东木火防炎。坤、艮虽然喜暖,太过亦恐枯干;坎为木母,震、巽相便,若逢土位,反克最嫌;金水本为同气,失常燥湿相干;坤、艮居中,怕逢东旺,若当乾、兑,稍见安然"②。

易具医之理,医得易之用。人们企图改变天地自然规律是不可能的,但却可以在一定条件下改变人身的阴阳变化。如果将《周易》经传所阐述的变化规律和中医学相对照,就会发现《周易》经传中的所有爻象、卦象、物象、意象都包含了中医学的基本道理。易学揭示的是"天地之道",即关于世界的一般本质和规律;中医学揭示的是"身心之道",即关于人体生命的特殊本质和规律。易学普遍规律对中医的诊断分析和医疗实践具有一定指导意义,而中医的诊断分析和医疗实践又对易学所揭示的普遍规律具有阐释、佐证和深化作用。从几千年的临床实践看,中医遵循《周易》经传的"卦象"思维而进行的辩证施治,取得了令人满意的疗效,至今仍有不可替代的优势。

92. 易学影响中医理论主要体现在哪些方面?其价值何在?

易学影响中医理论主要体现在:

(1)气—太极。

我国上古时代,就已有"气"的概念。到了战国时期,"元气"学说

---

① 张景岳:《类经图翼》附翼卷一《医易义》,《文渊阁四库全书》本。
② 同上。

逐渐流行,成为表征万物本原的重要理论基础。明朝宋应星更有专门的《论气》一书,认为宇宙本源为"气"(即"元气"的简称,古用"炁"字)。其中《气声》篇说:"盈天地皆气也。"[①] 该篇进一步指出动物、植物、矿物皆"同其气类",生物与非生物之气的本质虽然一样,但其衍生的形态、功用却有所不同。炼气养生注重的是摄取生物、植物的清新之气,以培补自身精气。

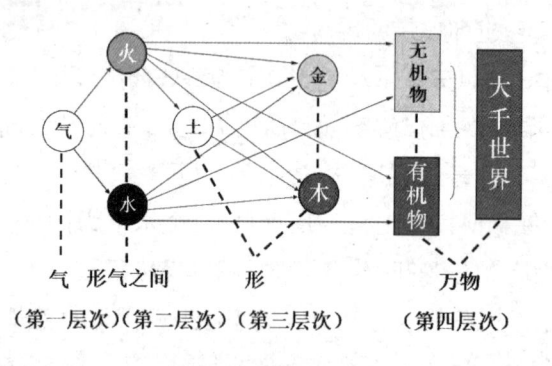

万物生成演化模式图

古人以为,万物的存在是"由'气'而化'形','形'复返于'气'"的形气互变关系。宋应星《论气·形气》篇说,"以为形矣而有气",相反则"以为气矣而有形"。中医看人之气色,与气功的发气治病,都是调动和利用气与形之间的消长转化,实际上就是运气。例如,水火二气"既济"而形成土,再通过土而形成金木,然后逐步演变成万物,一方面是土石金属矿物等生成无机物,另一方面是从土中摄取养分而生长植物,形成有机物。如图所示,其"二气五行之说"有四个层次的演进过程(气——形气之间——形——万物),比较完善地展示了万物生成演化模式。

传统的"元气"说与太极理念关系极大。从某种意义上看,可以说"气"聚而成太极,太极之虚返归元气。太极表述的内容颇为广泛,是无所不容的,宇宙中任何层次的事物都可以用太极学说进行解析。太极学说展现给你一张图,如果没有这方面的知识,当然无法把握其精神。然

---

① 详见[明]宋应星:《宋应星学术著作四种》,南昌:江西人民出版社,1988年。

而,一旦有了《易经》卦象的媒介,就知道它是无所不容的文化表征。初看起来,它似乎什么都没说,但事实上却告诉我们宇宙的基本形式内涵,告诉我们宇宙中所有事物生、长、壮、老、已的变化规律。①

如前所述,这张古太极图是东方前贤流传下来的。邵雍说:"伏羲之易,初无文字,只有一图寓其象数。"②照邵雍的看法,伏羲所作先天八卦根于太极图,伏羲仰观俯察和各种体会,才画出八卦来。八卦后来又被演化成六十四卦,作为《周易》的核心内容流传甚广。

古太极图

(2)太极—阴阳。

《周易·系辞上》说:"易有太极,是生两仪,两仪生四象,四象生八卦。"所谓"两仪"就是阴阳,由此而有太阴、太阳、少阴、少阳,谓之"四象",由四象两两相重而有"八卦"。

《易经》八卦作为一种符号体系,可以表征宇宙间的万事万物,人体生命当然也在其涵括的范围之内。八卦作为最基本的符码,通过阴阳演绎,形成了天地定位,并演化变通,于是有了先天八卦与后天八卦两大图像体式。这种图像体式可以用来表征人体生命现象。如果说八卦对生命体的表示可以称作"生命八卦"的话,那么通过对应与变通,就可以逻辑地推演出"先天生命八卦"与"后天生命八卦"的概念。如何理解这样的生命符号表征呢?

第一,先天八卦与生命的关系。

所谓"先天生命八卦"乃是对未出生生命的一种符号表征。这就

---

① 参见谢文纬:《两部天书的对话:〈易经〉与 DNA》,北京:北京科学技术出版社,2006年,第 19 页。
② [宋]朱熹:《晦庵先生朱文公文集》卷三十八,《四部丛刊》本。

先天生命八卦图

是说,生命在娘胎里的状态,可以通过先天八卦的阴阳关系来呈现。在经卦里,每一卦三爻,其阴阳爻象的构成是不同的:乾卦三爻纯阳;坤卦三爻纯阴;其他六卦为子女卦,爻象或一阴二阳,或二阴一阳,阴阳爻的排列位置各有变化。

从先天八卦的图像上可以看出,当对应双方构成一条连线时,阴阳爻的总和都处于"零"的状态:

$$乾 + 坤 = (+3) + (-3) = 0$$
$$坎 + 离 = (-2+2) + (1-1) = 0$$
$$兑 + 艮 = (-2+2) + (1-1) = 0$$
$$震 + 巽 = (-2+2) + (1-1) = 0$$

这里的"零"首先表示先天状态下,阴阳是平衡的,看起来是平静的,故而古人以先天为"体",体静而不动。然而,生命体并非真的完全静止,"零"只是阴阳正负交感达到了一个中和程度,此所谓"太极未分",阴阳一体。

以上式子,其和都是零,体现了先天八卦的对立统一关系,阴阳两两之间既对立又互补。①

第二,后天八卦与生命的关系。

---

① 参见互子:《易道中互》,广州:花城出版社,2009年。

后天生命八卦图

所谓"后天生命八卦",就是生命体诞生之后的八卦符号标示。人从娘胎里诞生出来后,原有的静态平衡即被打破,此所谓"静极而复动"。

我们看后天八卦,除了心位的"离"和会阴的"坎"可以互补之外,其他诸卦的阴阳都不能互补。就"震"和"兑"而言,虽然"震"是两个阴一个阳,"兑"是两个阳一个阴,但是"震"的两个阴是在上面,而"兑"的两个阳却在下面,这是不同位的,不同位就不平衡。其他两个对应组,即"坤"与"艮"、"乾"与"巽",不仅阴阳卦爻不对等,而且不同位,由此有了阴阳的激荡。

后天八卦表示宇宙万物的矛盾运动,当然也包括了生命体的矛盾运动。按照"易医会通"的精神,生命体遵循后天八卦阴阳矛盾运动,必将呈现由小到大、由弱到强的"生老病死"过程,这是不可抗拒的自然规律。但是,如果能够领悟易学的转换原理,由后天八卦回归先天八卦,处理好生命个体与环境的阴阳平衡关系,那么延缓衰老,甚至返老还童不是完全不可能的。历史上有不少修行者,诸如道教正一派创始人张道陵,净明道祖师许逊,金丹派传承人张伯端、陈楠、石泰、薛道光、张三丰等都享年百余岁,就是例证。

(3)阴阳—五行。

阴阳是五行的纲要,五行是阴阳的变通。阴阳五行理论在《黄帝内经》中被广泛运用于说明人体生命的功能结构、病理变化以及疾病的诊断与治疗。易学的气—太极—阴阳—五行象数模型为建立中医学作出了巨大贡献。许多学者认为,以易学阴阳五行理论为基础的中医学,很可能成为解决未来科学统一性的一个起点,易学、中医学综合"天地人合一"的系统方法论很可能是探讨宇宙—人体统一性规律的根本方法,这将引发一场新的科技革命。从这个意义上说,易医研究直接关系到中国传统文化现代价值的重新确认。

93. 近年来出现了许多易医会通疗法,诸如"时间疗法""易数疗法""易乐疗法"等,如何评估其价值?

(1)时间疗法。

中医时间疗法有着悠久的历史。它的形成除了与易医对人体生理病理诊断治疗的研究认识水平有关以外,还与古代天文、历法的发展水平密切相关,特别是和《易经》的"天人相应"哲学思想分不开。古代先民认为,人和天地、自然都来源于气,受到阴阳、五行规律的支配,因此人和自然具有相通或相类的关系。《黄帝内经》还把掌握时空观纳入了评定医生医术水平的标准之中:"上知天文,下知地理,中知人事,可以长久,以教众庶,亦不疑殆,医道论篇,可传后世,可以为宝。"这些论述既体现了"易医会通"的基本精神,也提供了"时间疗法"的要领。

关于"时间疗法"的机理与具体操作,中国古代医书有不少记载。如《黄帝灵枢·顺气一日分为四时》说:"夫百病者,多以旦慧、昼安、夕加、夜甚。"讲明了病况在一天的变化情况。基于观察与经验,古代医书多有涉及人体生理、病理与昼夜节律、七日节律、四季节律、年节律问题。依据时间节律理论,中医在诊断治疗方面创立了子午流注疗法和灵龟八法。

第一,子午流注疗法。"子午流注"是关于人体内气流转的一种表述,而子午流注疗法就是按照内气流转规律而采取的治疗方法。

"子午流注",以子午言时间,以流注喻气血。子午,表示时间演变过程中阴阳消长的情况。流注,喻人体气血运行,有如流水灌注。以一天分为十二时辰,一个时辰分属一经。中医针灸根据人体时辰节律取穴治疗,也有根据人体时辰节律用药治疗的。比如说,在卯时和酉时这

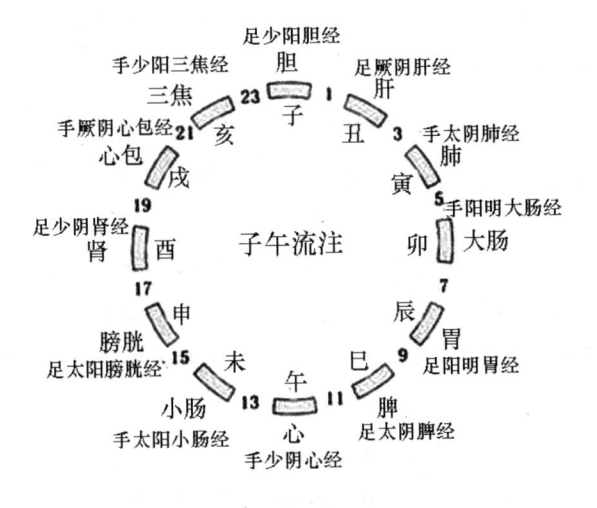

子午流注图

两个时辰,是阴阳平衡的时候,应该没有什么大问题,但是有阳虚或阴虚的病人,就会有问题了。这是为什么呢？比如卯时,为早晨5—7点钟,天刚亮的时候。本来,正常人在这个时辰里的阴阳是平衡的,但阳虚的人却并非如此。此类阳虚者到了卯时就表现出症状——拉肚子,这叫"五更泄",每天早晨天未亮之前即肠鸣泄泻,所以也叫"晨泄"。致病原因主要是肾阳虚,命火不足,不能温养脾胃,所以也叫"肾泄"。平时饮食可适当补充改善畏寒体质的食物,如羊肉、狗肉、虾、韭菜、栗子等。与此同时,煲汤时适当放一点胡椒,炒菜稍微放点辣椒和生姜,都有利于驱寒保暖。用药把阳补上来了,阳和阴平衡了,拉肚子就好了。上午的时候,阳长阴消,借助这个天机,补给温阳之药,就比在其他时候给药效果要好;相反,傍晚时分,阴长阳消,在这个时候补给养阴之药,效果就比其他时刻要好。十二时辰疗法,类似于借助外环境气场,为人体注入适宜的能量。如治疗肾病,选用酉时,即如打仗获得外来援兵,敌我交战,我方兵力大增则可歼敌无数,自然就可以获得最后的胜利。所以,用好昼夜节律,对我们的健康非常重要。

第二,灵龟八法。这是运用八卦原理推导演算奇经八穴"开阖"的一种治疗方法。

作为时间疗法的重要组成部分,灵龟八法以八穴归八卦,就是以八个穴位纳入八卦系统的阴阳、五行、干支、术数、方位等全息信号,以沟通人体与整个大自然的联系。这一疗法全面地运用了易经的"天人合一"理论,是易医会通的光辉典范。

易医时间疗法采用整体观察的方法,侧重于人体节律的把握和临床应用,对疾病的诊断与治疗具有重要的实践意义。这类疗法强调依据一生节律、年节律、月节律和昼夜节律特点而因时因地因人制宜,往往可以获得更加满意的临床疗效。比如,"冬病夏治"方法就是从古代"春夏养阳,秋冬养阴"的四季养生基础上不断发展和总结出来的临床治疗方法,至今仍受到广泛的认可和运用。展望易医时间疗法的前景,还是很乐观的。在全面汲取传统医学精华基础上,引入现代科学研究方法,将使易医时间疗法理论与实践获得相应的发展和提高,焕发新的活力。

(2)易数疗法。

易数疗法即八卦象数疗法,简单说,就是患者通过默念一组按易医之理排列的八卦象数而达到治病健身目的的气功疗法。这种疗法自古有之,它遵循"法于阴阳,合于数术"的精神,以中医藏象理论为基础,以八卦象数为传递信息的媒介,形成一种简单易行的操作法度。

深奥的"宇宙代数学"——八卦象数,包括八卦的象与数。八卦的象与数密不可分,实为一体。所谓"象以定数""数以征象",一部《周易》全在象与数。《周易》以象数组成符号和公式,它是易学最古老的语言,用以说明宇宙间的自然现象及社会现象,是天道、物道和人道的缩影。因此,八卦象数必然储备丰富的宇宙信息。既然如此,就可以通过默念,把载有丰富宇宙信息的易学象数转化为人体内具有一定能量的次声波,从而调节人体的生理病理状态,变无序为有序,使人体生物场、宇宙引力场与地球磁场协调共振,以达治病健身之功效。当患者默念一组八卦易数的时候,会形成具有一定能量的信息波,这些信息波从大脑向体内各脏腑全方位输出,唤醒、激活、发动各脏腑和细胞中的相应能量,完成两项任务:一是整体功能的调节;二是向局部"病灶"冲击,使"病灶"部位结构从无序转化为有序,从而使人体经络通畅、阴阳平衡、气血调和,达到治病健身之目的。

"太极生两仪,两仪生四象,四象生八卦",这一过程自然就形成一个次序,表现为先天八卦之数是:乾为一,兑为二,离为三,震为四,巽为五,坎为六,艮为七,坤为八。易数疗法,首先体现的即是先天八卦象数与人体的对应关系[①]:

先天八卦象数与人体经络、部位对应表

卦名	序数	五行	属性	自然	人体
乾	1	金	健	天	督脉、脑、头部、头骨、颜面、颈、胸部、右足、大肠、脊椎、右腿、骨骼、右下腹(主元气)
兑	2	金	悦	泽	手太阴肺经、手阳明大肠经、头部外伤、口、肺、右肩、臂、牙齿、舌、鼻、咽喉、气管、咳嗽、痰涎、气喘、呼吸系统、脸颊、右肋、大肠、肛门、外伤、气虚、尿道口、皮肤等疾病
离	3	火	附	火	手少阴心经、手太阳小肠经、口、舌、咳嗽、痰涎、气喘、呼吸系统、脸颊、右肋、肛门、外伤、气虚、尿道口、血压低、皮肤病、头部外伤
震	4	木	动	雷	手厥阴心包经、手少阳三焦经、肝脏、筋、爪、左肋臂、妇科、腿足、胁肋、外伤痛、烫伤、贫血、声带、神经、嘶哑、消化系统
巽	5	木	入	风	胆经、肝经、肝、胆、股、肱、左肩臂、头发、感冒、颈骨痛、哮喘、血管病、神经、胸、食道、肠道、淋巴系统、前额
坎	6	水	陷	水	足太阳膀胱经、足少阴肾经、膀胱、而、耳、背脊、腰、骨腰背痛、津液、肾、膀胱、尿道、血液、出血性疾病
艮	7	土	止	山	足太阴脾经、足阳明胃经、男生殖器、脾胃、消化不良、颧骨、鼻、乳房、手、指关节、肩、腰关节、肿瘤肿胀炎症、疖、痘、结石、左足、足背
坤	8	土	顺	地	任脉、生殖泌尿器疾病、消化系统疾病、行气、散并、调节三焦、新陈代谢疾病、心肺疾病

[①] 杨腾峰:《易医》,台北:商州出版社,2015年,第209页。

有先天,就有后天。先天八卦是天地自然之象的模拟,后天八卦则是宇宙万物运动的摹写。先天八卦的理论核心是描述宇宙的存在状态,即乾天为阳,坤地为阴。阳气由震、离、兑而升,至乾而极;阴气由巽、坎、艮而降,至坤而极。后天八卦的理论核心是揭示万物的变化,彰显事物诸多因素的生克制化。故先天八卦与后天八卦的功能关系是"先天为体,后天为用"。只有先天而无后天,就没有变化;只有后天而无先天,就没有根本。二者统一于阴阳五行,易数疗法蕴含了这一先天与后天的体用关系。

易数疗法也需要辩证施治、取数配方。遵循"八卦为体,五行为用,比类取象,以象定数,辩证施治,平衡阴阳"的原则,易数疗法采用先天八卦数"一、二、三、四、五、六、七、八"进行默读。与此同时,取"零"作为配方。对应于阿拉伯数字为:1、2、3、4、5、6、7、8。这八个象数的读法与平常的数字发声完全一样。配方中有0,仍读零。如3810,读作三八一零。

象数配方有多种形式。较简单的配方是一元结构,如 650 或 30;较复杂的配方则是二元或三元结构,如 650·30 或者 650·30·820 等。象数配方中"元"的组合,一般依据"母子补泻法",即需要补或泻时,其象数一般组合在一个"元"内;平补平泻时,其象数则单独置于一个"元"内。如肝血不足,可配方为 640,为水生木,以补肝血;如肝气郁(实),可配方为 430 或 4300,为木生火,以泻肝郁;介于虚实之间,需要平补平泻,如股痛,可配方为 50 等。各元中间用圆点隔开,默念时稍停顿。

易数疗法配方见下表①:

八卦象数疗法参照表

病 痛	数码组	八卦象数治疗
无病养生保健	念 015830	1【乾】督脉主壮阳。 5【巽】肝胆经主疏泄。 8【坤】任脉滋阴,主脾胃。

---

① 杨腾峰:《易医》,台北:商州出版社,2015 年,第 211 页。

续 表

病　痛	数码组	八卦象数治疗
心情不好	念 35000	2【兑】为心。 5【巽】为肝胆。
手腕痛	念 00072000	7【艮】为手,关节。 2【兑】为外伤。
坐骨神经痛、腰痛	念 7640,07640,或 000764000	7【艮】为腰痛。 6【坎】肾经膀胱腰骨。
下肢关节扭伤、炎痛	念 000743000 或 000743	7【艮】治关节痛。 4【震】为腿足。 3【离】治外伤。

在象数配方中,0 正如"甘草"一样,具有特殊的内涵与功能,故使用很普遍:古人用"0"表示太极之元气浑然之象;若没有太极"0"这个无形之气的牵制,八卦也就不存在了。因此,它是象数配方中不可缺少的。临床体验表明,0 的基本功能是强化信息波的能量,以通经气、调阴阳。一般地说,并列 0 的个数为偶数者偏滋阴,并列 0 的个数为奇数者偏温阳;0 位于象数前者稍显偏阴,后者稍显偏阳。

与现代医疗形成鲜明对比的是,易数疗法不用药物,不用器械,通过默念八卦象数,针对性地把体内某一部位失衡的阴阳重新调回到平衡状态。该疗法简单易行,故而有人称之为"无形的中药,不动之气功"。

对于这种疗法,站在不同角度,会有不同的认识和评估。我们不赞同将之说得神乎其神,但也不主张彻底否定。从精神调剂的方面看,默念某种数字,至少可以达到集中注意力,从而忘记牵挂,纾解紧张,缓和病痛的效果。

(3) 易乐疗法。

元代朱丹溪云:"乐者,亦为药也。"东方易乐中所言五音六律,乃天地之合气所成。大量研究发现,这些音律与人体生物频率有着密不可分的关系,但人之共性不能代替个性。根据个体生命时间节律及人体气场、阴阳五行、干支数理,结合易理、医理,找出人体生命音阶和病理音阶,也找出天地间阴阳二气相搏、相摩、相撞、相合产生的音律,用不同质之乐器演奏发出五声,依据"同气相求""同声相应"之易学原理与人体五脏六腑引起谐振,应用"削其太过,补其不足"的易医会通之理,达到保健、疗治之目的,就是易乐疗法。

在具体操作上,易乐疗法通过角、徵、宫、商、羽五音与五脏五行的属性关系来选择曲目,对人体进行调养治疗。

第一,角调式乐曲。

角音,通肝胆之气,由舌部发出。其特点是:构成了大地回春,万物萌生,生机盎然的旋律;曲调亲切爽朗,生气蓬勃,如暖流温心、清风入梦,具有"木"之特性,可入肝;主要调节神经系统,对内分泌系统、消化系统也有调节作用。此类乐曲包括《春之声圆舞曲》《蓝色多瑙河》等。

第二,徵调式乐曲。

徵音,通心和小肠之气,由齿部发出。其特点是:旋律热烈欢快、活泼轻松,构成层次分明、情绪欢畅的感染气氛,具有"火"之特性,可入心;主要调节循环系统,对神经系统与精神系统也有调节作用。此类乐曲包括《步步高》《狂欢》等。

第三,宫调式乐曲。

宫音,通脾胃之气,由喉部发出。其特点是:风格悠扬沉静、淳厚庄重,有如"土"般宽厚结实,可入脾;可调节消化系统功能,对神经系统、精神系统也有一定作用。此类乐曲包括《春江花月夜》《月光奏鸣曲》等。

第四,商调式乐曲。

商音,通肺和大肠之气,由腭部发出。其特点是:风格高亢悲壮、铿锵雄伟,具有"金"之特性,可入肺;可调节呼吸系统功能,对神经系统、内分泌系统也有一定影响。此类乐曲包括《第三交响曲》《悲怆》等。

第五,羽调式乐曲。

羽音,通肾和膀胱之气,由唇部发出。其特点是:风格清纯,凄切哀怨,苍凉柔润,如天垂晶幕,行云流水,具有"水"之特性,可入肾;主要对泌尿与生殖系统有调节作用。小提琴协奏曲《梁祝》《二泉映月》等中国式的吹打乐,可归入羽调式音乐。

与易数疗法一样,易乐疗法也不需要打针、吃药,只需要调乐施治,通过五音的组合与变通形式,调动人体正能量,提高人体免疫力,对人体没有任何毒副作用。当然,易乐疗法不是万能的,它作为辅助性疗治或者平日的养生是可以的,但却不能替代其他药物治疗等。若病灶明显,需要及时进行药物治疗就必须用药,要遵医嘱,不可盲目,以免造成失误。

第三节 易学与养生文化

94. 什么叫"易学养生"？有何文化理论体系？

"易学养生"指的是以易学思想为指导的养生理论与养生实践。其思想要领是:顺应自然环境、四时节气变化,主动调整自我,保持人与自然、社会的和谐,遵循易学象数,颐养身心、增强体质、预防疾病,从而延年益寿。

易学养生博大精深,内容丰富多彩,具有多种流派、多个方法,如"时辰养生""易数养生"等等,古往今来,一直被众多仁人志士不断实践和研究。然而,这些研究至今未有清晰的理论体系,缺乏深度,这在一定程度上影响了养生学的传播和发展。因此,在前人研究的基础上,对易学养生学进行归纳、总结,建立理论体系,对易学养生学的实践、发展都有积极意义。元代易学家俞琰说过:"人受冲和之气,生于天地间,与天地初无二体。若能悟天地橐籥之妙,此心冲虚湛寂,自然一气周流于上下……自可与天地齐其长久。"[1]易学本身体现的是宇宙大规律,它所蕴含的养生智慧,重在探究生命的本质,从根本上追寻适合个体的养生方法。

易学养生有一个以"道、理、法、术"为构成要素的文化理论体系。

易学养生以"道"为本原,此与道家之"道"相通,讲究"道法自然"。道存在于天地间,存在于生命运动中。虽然养生可以有千法万术,但最根本的是要合乎自然。

易学养生讲的"道",存在于人们生活之中,此所谓"道不远人"。

---

[1] [宋]俞琰:《周易参同契发挥》卷上,明刻本。

另一方面,"道"是养生的最终体现,人们在养生过程中,实践"道"的要求,最终合于"道",合乎自然。相反,背离了"道",人则生病患疾,此所谓"人自远(离)道"。

易学养生以"理"明"道",揭养生之秘"理"。理是用来解释说明养生之道的,也是阐述养生方法、原则的理论。如"天道循环""整体观念""平衡阴阳"及藏象理论、经络学说等等,均是阐明养生之"道"和养生机理,使人们知其然,更知其所以然。

易学养生以"法"演"理",将养生理则演化为养生范式,使之成为某类养生操作技术或养生实践的指导性原则,为日常生活服务,如"起居有常""饮食有节""动静适宜"等要求。"法"体现养生之"道",为养生实践指明方向。

易学养生之"术"是养生的具体操作技术,体现为一定的操作程序、步骤、过程。大家所熟悉的导引、禹步、内丹等,皆属此类。禹步,又称步罡踏斗,是以后天八卦为依凭展开的动态修养功夫。路时中《无上玄元三天玉堂大法》卷十九《三五步罡品》云:"夫步罡者,飞天之精,蹑地之灵,运人之真,使三才合德,九气齐并……九步象九灵万罡之祖也。""凡步星之际,先运出三元五行之神,然后蹑履也。"内丹综合应用易理象数,集结太一、炉火、黄老等精神要旨,将九转神丹的静态炼养与纳甲象数的时节应用有机统一起来。

总体而言,任何一种易学养生功夫,都在一定程度、一定层次上统合了"道""理""法""术"。从这个角度说,没有不含"道""理""法""术"的易学养生实践。具体到养生活动中,人们不能为了"术"而追求"术",而应在通其术的过程中,进一步知其法,晓其理,明其道。以"道、理、法、术"为构成要素的易学养生文化蕴含着先民的健康智慧,这种健康智慧经历了千百年的生活检验,被证明是有实际效果的。当下正在实施健康中国计划,继承与发扬这份文化遗产,相信对于个体健康、家庭健康、社会健康是有裨益的。

当然,我们强调易学养生文化的传承与发扬,并非意味着固步自封。正如传统中的其他技艺需要现代化一样,易学养生文化也应该与现代科技接轨,借鉴现代科技方法,寻求理论上的新突破。对养生理论的研究,不能仅仅满足于阴阳五行、藏象经络、气血津液的传统解说,不能单纯应用直观、思辨、猜测的方法应对现代的需要,而应采用科学的思维、方法、技术手段,使养生理论有创新性发展,为全面提高我国养生保健水平服务。

95. 易学为养生实践提供了什么指导性原则？如何在实际生活中贯彻落实？

易学养生原则强调：每个人都是个性的存在,养生也要量身定做。比如,人出生的地点、时辰,影响个体的先天体质;天道循环,决定了养生也要周而复始;养生要顺应四时,遵循节气变化;好宅住出好心性。

进行易学养生首先要准确地判断自己属于什么体质,这可以从"天地人"这三个方面来进行甄别。

第一,天时。天时影响人的体质。人跟人体质不同,究竟根源在哪儿？首先就是个人出生的时间,其中蕴含着人生密码[①]。

第二,地利。所谓"一方水土养一方人"。

第三,人体。主要是指遗传基因,它是个体养生之钥匙。

根据"天地人"三方面因素,易学养生概括起来有以下原则：

(1) 天道循环；

(2) 平衡阴阳；

(3) 整体观念；

(4) 顺天应人；

(5) 饮食有节；

(6) 起居有常；

(7) 动静适宜。

易学养生原则来自于人们的养生实践。易学养生之"道、理、法、术"文化体系,可提炼为"天道循环""平衡阴阳""整体观念""饮食有节"等养生原则。其中,"饮食有节"应特别加以强调,贪吃、管不住自己的嘴

---

① 洪丕谟、姜玉珍：《中国古代算命术》,上海：上海三联书店,2006年,第93页。

巴,往往最先"被上天请走",所以控制自己的饮食,不过量,是尤其应该牢记的。

96. 四季养生、风水养生、内丹养生的易学机理是什么?

先说四季养生的易学原理。

四季养生,意味着应按春、夏、秋、冬的季节变化来调整生活节奏,调理身心性情。春生、夏长、秋收、冬藏,不仅仅是自然万物随时令节律变化的实然存在,也是人们健康养生的应然作为。四季变化,产生不同的气场;人与万物,皆生存于这变动不居的气场之中;季节不同,养生方法亦有所不同。一句话,四季养生也就是因时制宜养生。①

《周易·系辞下》云:"天地氤氲,万物化醇。"人由自然气的物化而生成,自然界阴阳五行的运动,与人体五脏六腑之气的运动是相互对应的。四季养生理论旨在指导人们:遵循春、夏、秋、冬四季变化规律,依照生、长、化、收、藏的时节次第,科学调整脏腑器官,实现阴阳平衡,强身健体,延年益寿的目的。那么如何运用四季养生的理论呢?最重要的是遵循下列规律:

第一,阴阳运行的规律。"阳长阴消,阴长阳消",一年四季,阴阳气化。四季养生就要顺应这个规律来进行,做到"春夏养阳,秋冬养阴"。

第二,气机升降的规律。夏天是气机升得最高的时候,冬天是气机降得最低的时候。四季养生不能离开这一原理。

第三,天地开合规律。天地气化有开有闭,养生就要随其开而开,顺其合而合。什么时候开?比如春分的时候就应该开。春天来临,阳气始生,天气渐暖,白天渐长。随春起阳,这就叫作"开天门"。到了夏天,大自然生机勃发,人的身体活力也趋于旺盛。到了秋天,大自然气机逐渐关闭,即所谓"入地户"。到了冬天,经过较长久的活动,万物开始储藏,进入蓄养状态,为来年的春天作好准备。人也应该明白这个道理,注意在冬季蓄养,为来年储备能量。

---

① 唐译:《图解易经养生大全》,新北:新文创文化事业有限公司,2013年,第177页。

按照四季养生学说,生气和春天对应人体肝脏,所以春天着重养肝;夏天对应人体心脏,所以夏天着重养心;秋天对应人体肺脏,所以秋天着重养肺;冬天对应人体肾脏,所以冬季着重养肾。天地氤氲,有开有闭,四季变迁,循环往复。遵循四季变化,调理生活节奏,大自然是我们的老师,我们的养生就学着大自然就行了。

再说风水养生的易学原理。

我们所处的生活环境是由三部分风水因素构成的。一是大环境气场,也可称为外环境气场,包括周围山脉、河流道路、建筑、空气温度湿度、风雨雷电、季节变换等。二是中环境气场,也可称为局部环境气场,包括动植物等。三是小环境气场,也就是居处的宅舍。三个方面的因素对人体健康都会有直接或间接的影响。

风水养生的理论认为,气是万物的本源,太极即气,一气积而生两仪,两仪感通而五行俱备。万物莫不得于气,人也不例外。对于人而言,此"气"细分之,有父母给予的先天真气,也有后天吸入的气体,包括空气以及进食转化的谷气。

郭璞《葬经》云:"气生乎地中,其行也,因地之势;其聚也,因势之止……气乘风则散,界水则止。"由此可见,气的行止是有脉络可寻的。《葬经》还指出:"夫阴阳之气,噫而为风,升而为云,降而为雨,行乎地中而为生气……生气行乎地中,发而生乎万物。"①照此说来,所谓"气"有阴阳两个方面,阴阳感通,于是兴云降雨,氤氲变化,流行其间者无非一气。

从易学角度看,气的流行,乃是沿着河图轨道,按 S 型路径逐渐移动。有研究者指出,气场的微波频率从高变低,透入人体的部位是:皮肤→表层→深部→穿透。按中医经络学说,经络存在于皮下的筋肉之间,这是人体之气的通路,人体十二正经及奇经八脉均在这个层次。100—3000 兆赫的气场微波,可以进入人体表层或深部。根据频率与深度成反比的规律,就必须使频率比 3000 兆赫再大些,实验证明四千多兆赫比较合适。宇宙背景辐射的微波频率是 4080 兆赫,正巧是人体

---

① [晋]郭璞:《葬经》,《文渊阁四库全书》本。

所需。研究还发现,水是一种易于吸收微波能量的"极性分子"。根据传统风水学的"四灵说",住宅左有流水谓之青龙,右有长道谓之白虎,前有池塘谓之朱雀,后有丘陵谓之玄武,此为最贵之地。①

《周易·系辞下》云:"近取诸身,远取诸物。"环境气场范围可大可小。其大无外,其小无内。人身小宇宙,宇宙大人身。宇宙万物一气相通,人物互联成网。《周礼·天官·疾医》道:"阳窍七,阴窍二,与自然相通。"父母给的先天真气、后天呼吸之气,以及通过饮食而获得的水谷精微之气,互相交合,它们的矛盾运动构成了错综复杂的人体活动。

风水养生把环境作为一个有机整体系统,这个系统以人为中心,包括天地万物。风水养生就是要把握好各子系统之间的关系,包括人命与宅舍之间的关系,优化结构,寻求最佳组合。

风水养生非常重视各种环境气场对人体健康的影响和作用及其调整和化解,运用"万物皆有气"的基本原理,采用各种方法调适和营造良好的气场环境,保持和维护人体健康。

风水养生的易学原理就是运用八卦象数、河图与洛书模型、阴阳五行的符号思维,对住宅的内外环境进行巧妙处理,这将有助于疾病预防与治疗,尤其对许多慢性病更有独到的治疗效果。

最后说内丹养生的易学机理。

内丹养生是以外丹烧炼为象征的一种养生形式。它的出现虽然稍晚于铅汞合炼之类外丹术,但也源远流长。根据《周易参同契》等书记载,内丹术至迟在战国时代就已经流行,只是那时候未必使用"内丹"术语。汉代以来随着制度道教的诞生,内丹成为道门修炼成仙的一种方技。内丹养生继承传统文化中有关天道、形神、阴阳五行的学说,并与道教的仙道贵生、形神相依、以德养生等思想相结合,落实于具体的修炼实践中。内丹学认为,"天法象我,我法象天",仙丹不必外求,人体自身就是炉鼎,人的精气神就是药物。运用神去烧炼,能使人体内的精气神凝聚不散,结成圣丹,此即内丹。道教把人的精气神视为生命三

---

① 参见唐颐:《图解易经养生:中国养生智慧的源泉》,西安:陕西师范大学出版社,2012年。

宝,一首有名的道情叫《三宝歌》:

> 天有三宝日月星,地有三宝水火风,
> 人有三宝精气神,善用三宝可长生。

按照内丹学的理论与经验,人在高度入静状态下,可以升华自我的精神境界。在内丹养生实践中,内炼"精气神"是关键。这里的"精"是根本,"气"是动力,"神"是主导,"精气神"则生成人体赖以生存的能量流。这种能量流可以打通人体任督二脉和奇经八脉,达到阴阳平衡、健康长寿,乃至激发智慧。

北宋张伯端的《悟真篇》强调性命双修,即以人体内部性能量作为基本修炼物质和生理基础,积极开发人体性潜能与心理机能。就技术层面而论,则以大、小周天功法为其基本实践方式,讲究炉鼎、药物、火候等三大要素,分"筑基起鼎,炼精化气,炼气化神,炼神还虚,炼虚合道"这五个阶次,循序渐进地展开。内丹养生实际上是调整自身的内分泌功能和激素水平,提升神经系统、呼吸系统和血液循环系统等的自我控制能力,使人的微循环系统发生变化,在人体深层建立起一套稳定的调谐程序,这套程序和宇宙自然节律相一致,能在高层次上参与自然能量、物质、信息的大循环。

内丹养生以易学的"三才之道"、象数法度为根本,综合运用传统医学及生命科学理论,经实践证明有益于人体健康,至今依然被人们所关注。

第十一章　易学与传统术数

第一节　易学与灵棋课法

97. 灵棋课法的缘起与传承情况如何?

　　灵棋课法是一种以棋子作为占卜工具,通过抛掷棋子得出卦象进行预测的古占法。"灵"即应验,"棋"即十二颗棋子,"课法"意指其演占如课算之法。据《四库全书》记载,灵棋课法的操作分为三大步骤:首先,按照"三经"法度制作十二枚棋子。"三经"拟分上中下三个等级,上为君,中为臣,下为民,每个等级各刻四枚棋子。棋子用霹雳木或梓木、棘木、檀香木制作,形圆,周尺一寸二分,厚三分。刻"上"字棋子四枚,"中"字棋子四枚,"下"字棋子四枚,合为十二枚。其次,抛掷十二枚刻有"上""中""下"字的棋子,按其数量排出卦象。最后,根据所得卦象,参阅《灵棋经》对应的占辞来解读吉凶。如抛得二上三中一下,查《灵棋经》对应卦,书文为:"忧喜卦,余庆之象,阴居天位,兑泽正西。象曰:心有所忧,耿耿不寐,恐有患祸,而反福至,庆贺忻欢,大为吉利。"①灵棋所得共一百二十五卦,《灵棋经》一书载有这一百二十五卦的卦象、卦辞,并有晋颜幼明、南朝宋何承天、元陈师凯及明刘基四家注文。

　　灵棋课法是《周易》占卜系统的一种延伸。古《周易》卜筮是以蓍

---

① [汉]东方朔:《灵棋经》卷上,《四库术数类丛书》第6册,上海:上海古籍出版社,1991年,第216页。

草四营而成易,十有八变而成卦;卦成之后,对照《易经》卦爻象辞而预测吉凶。灵棋课法则弃揲蓍而代之以抛掷十二棋子,起课之法更为简便。《灵棋经》文也按照《周易》经文,列卦名、卦象辞。《灵棋经后序》称:

> 昔者圣人作《易》,以前民用。《灵棋》象《易》而作者也。《易》道奥而难知,故作《灵棋》以象之。《灵棋》之象,虽不足以尽《易》之蕴,然非精于《易》者又焉能为《灵棋》之辞也哉?①

灵棋课法起于何人?又是如何传承的呢?历来有多种解释。一种观点以为,灵棋课法有确切的作者。其中又有出自黄石公、张良、东方朔、刘安等人的不同说法。如南朝宋时期的刘敬叔认为,《灵棋经》出自汉张良,其于《异苑》中记载:十二棋卜出自张文成,受法于黄石公,行师用兵,万不失一。逮至东方朔,密以占众事。自此以后,秘而不传。晋宁康初,襄城寺法味道人忽遇一老公,着黄皮衣,竹筒盛此书,以授法味。其后,老公失其所在,而灵棋课法则由于法味道人的传授而逐渐播衍于世。按此说法,十二灵棋卜法应由张良发明,其理论来源于黄石公,初用以行师用兵,后传至东方朔,用以占卜众事。嗣后隐秘不传多载,而至晋宁康年间传至襄城寺法味道人,乃广传于世。《太平御览》、宋代《类说》等皆同此说。现代流行本以明清刻本为主,多题东方朔撰。

另一种观点以为,《灵棋经》不知所起。唐代李远所作的《灵棋经》序言开篇提到:

> 《灵棋经》者不知其所起。或云汉留侯张良,受之于黄石公,能知未然事,以占时用兵出行,万不失一。至汉武帝时,东方朔以覆射万事,亦皆奇中,用此书也。若好事者,或以倚声价,重其术,岂尽数公之为乎?②

---

① [汉]东方朔:《灵棋经》卷下,《四库术数类丛书》第6册,上海:上海古籍出版社,1991年,第266页。
② [唐]李远:《灵棋经序》,《四库术数类丛书》第6册,上海:上海古籍出版社,1991年,第198页。

《四库全书总目提要》介绍《灵棋经》时说：旧题东方朔等人作《灵棋经》，其实"大抵皆术士依托之词"①。《正统道藏》中的《灵棋本章正经》序言也有类似观点。此种观点以不确定的口吻质疑认为《灵棋经》出自张良等人的看法。

笔者以为，前者以为灵棋课法出于张良或东方朔等确切人物，并无实足证据，有待史料查证；后者虽然也是推测，但可能性较大，因这种质疑有一定道理。查《汉书》张良和东方朔的传记，只字未提"灵棋"一事。传中所记东方朔覆射，用的是"别蓍布卦"，这是《周易》的卜筮之法，而非灵棋课法。如果灵棋课法为其所发明及传授，何以不见于传记之中呢？古人著书，依托前人之名也是常有之事。

尽管灵棋课法的作者未能确定，但其出现的大致时间却可以定个下限。《四库全书总目提要》考证《隋书·经籍志》记有《十二灵棋卜经》，又发现《南史》所载"客从南来，遗我良材、宝货珠玑、金碗玉杯"②，实为经中第三十七卦象辞；经中之注出现东晋南朝的颜幼明，还有南朝宋何承天。如此相互印证，《灵棋经》在六朝以前就存在的结论是比较可靠的。

98. 灵棋课法如何体现易学的取象原则？

《易传·系辞传》曰："易者，象也；象也者，像也。"易学之象，有卦象、爻象，以及卦、爻象征事物。对卦、爻从不同角度进行审视，则有不同之象，易学的取象方法亦呈现多样性。一爻有一爻之象，可以爻位、爻性取象等；也有多爻组合变通之象，可由爻变、半象、互体、旁通、大象、卦体取象等。卦有经卦和别卦之分，经卦有三画卦取象，亦有八经卦构成的先、后天八卦易图取象；别卦有六画卦取象，亦有六十四卦组合动变而成的卦变、方圆易图取象。从爻到爻之间，再到卦，最后到卦卦之间，从小到大，皆有象存。这些取象之法，可归为阴阳取象、三才取象、八卦取象、六十四卦取象等；又总而括之分为卦爻德性取象、卦爻象

---

① 《灵棋经提要》，《四库术数类丛书》第6册，上海：上海古籍出版社，1991年，第197页。
② 同上。

形取象。但无论何种取象法则,都最终体现类比的取象原则。一句话,易学的取象原则,就是通过卦与爻的德性象形进行推衍,以类比天地万物。

　　灵棋课法仿《易》而作,并非全然遵循易学的取象法度。但是,我们发现,灵棋的制作、灵棋卦象的安排,以及卦象辞的解读,或多或少体现了易学的取象原则。首先看灵棋的制作。十二颗灵棋采取三经四纬的方式。三经,以上为君,中为臣,下为民,这契合易学的三才取象之道。略为不同的是,易学三才取象是天地人,是对天地万物的纵向划分;而灵棋是对人世的纵向身份划分。四纬,以一为少阳,二为少阴,三为太阳,四为老阴。易学讲究"一阴一阳之谓道",阴阳是事物变易发展的内在根源,阴阳两仪分四象,即是老阴、老阳、少阴、少阳。灵棋课法亦以易学的阴阳四象为纬,当作灵棋的内在德性根据。其次看灵棋卦象的安排。灵棋经卦之象,虽是通过抛掷而成,却蕴含着易学卦爻的取象思想。易学卦爻,以德性看,是法天地自然之理;以形象看,是摹拟天地万物之状,仰观俯察或揲蓍变化而成。灵棋一百二十五卦,由十二棋子抛掷所成,以此来问测吉凶,似乎只是概率问题,其科学性无法令人信服。但如果深入探析会发现,十二颗棋子并非随意确立,而是根据三经四纬思想构建的。天地万物、人生社会就是这么一种三经四纬的存在。棋子是对天地万物、人生社会的抽象的类比符号。用此符号来解释当下所遇到的情况,可以给人提供一个参照系,在一定程度上化解一些谜团。《灵棋经》一百二十五卦,以《周易》八经卦为本,是八经卦的扩展。大通卦、得志卦、不耕卦等二十六卦归乾卦统领;渐泰卦、富盛卦、事遂卦等八卦归巽卦统领;乐道卦、恶消卦、得禄卦等八卦归离卦统领;鬼灾卦、小戒卦、粗谐卦等二十卦归艮卦统领;益友卦、孤贫卦、忧喜卦等八卦归兑卦统领;大同卦、得失卦、平安卦等八卦归坎卦统领;神助卦、慎悔卦、福会卦等二十卦归震卦统领;不谐卦、口舌卦、扶危卦等二十六卦归坤卦统领;末为纯阴镘卦。之所以这样划分归属,是根据抛掷得出的卦画阴阳组合来定的。比如,第九得志卦,一上三中一下,上为一少阳,中为三老阳,下为一少阳,上中下皆是阳画,正是《周易》八经卦乾卦之象,故归属乾卦。所以,《灵棋经》中此卦下有小注"纯阳有位,乾天西北"。最后看灵棋卦象辞的解读。吉凶解读,是灵棋占卜的最终目的,也是整个灵棋课法最为关键的一环。能否准确解释卦象,是灵棋能否"灵"最为重要的一环。因此,解读的方式极为重要。灵棋卦象辞的解读,运用的依然是基于易学阴阳三才之道的三经四纬思想理论和结构模式。例如第二十卦:"未还卦(群阴制阳,坎水正北)二上一中四下流窜之象。《象》曰:田荒土虚,人民迁居,待年之丰,乃归故庐。"①《象》辞以田宅释此卦流窜之象。此卦画上二为少阴,中一为少阳,下四为老阴,两阴夹阳,乃《周易》坎卦之象。田土、人民之辞,是易学三才取象——上天中人下地。何以形成田荒土虚,人民迁居,流窜之象呢?《灵棋经》解者以为:"此课阳陷于阴,而下位阴盛,故为田荒土虚、人民逃散之象。"②此卦上下皆阴,阴兴至极,中阳孤弱,阳不能制,所以田荒人散。又何以"待年之丰,乃归故庐"?经解者认为:"然下已老,不相求合,小人得志既极必衰,而少阴之在上者反与我比,所以终归庐。"③关于经解者对《象》辞的解读,如果我们不清楚易学阴阳取象原则,这是难以理解的,但若有易学取象基础,则如春天之化冰。为什么说"群阴制阳"就会田荒人散呢?实际上,易学以阴阳归纳万物属性,取象阳进阴退,阳长阴消,阳大阴小,阳男阴女等。至于"少阴之在上者反与我比,所以终归庐",运用的是易学中阴阳同性相敌、异性相感的取象思想理论。遍观《灵棋经》其他一百二十四卦经文,无一不充塞着易学的阴阳三才取象法度。如前引《灵棋经后序》所说:"《易》道奥而难知,故作《灵棋》以象之。《灵棋》之象虽不足以尽《易》之蕴,然非精于《易》者又焉能为《灵棋》之辞也哉?"④

99. 灵棋经辞是怎样解释卦性的?

卦性,指卦的基本属性。《灵棋经》对一百二十五卦的卦性解说,

---

① [汉]东方朔:《灵棋经》卷上,《四库术数类丛书》第6册,上海:上海古籍出版社,1991年,第213页。
② 同上书,第213—214页。
③ 同上书,第214页。
④ [汉]东方朔:《灵棋经》卷下,《四库术数类丛书》第6册,上海:上海古籍出版社,1991年,第266页。

呈现一种比较固定的模式。我们以第八卦为例进行说明。《灵棋经》：
"第八小戒卦（阴盛克阳，艮山东北），一上二中四下慎防之象。《象》
曰：祸从下生，戒慎童仆，阴谋潜合，欲动手足。"①

首先，标明该灵棋卦归属《周易》八经卦中哪一统领卦。灵棋经文一般于卦名之后小注中明确卦象所属。此例中，经文于小戒卦后注明"艮山东北"，即是说此第八卦归属艮卦，取象于"一上二中四下"，上一为少阳，中二为少阴，下四为老阴，组合成《周易》艮卦象。

其次，高度概括此卦的象征意蕴，表明此卦的主体状态和发展趋势。经文通常以卦名和卦画之后的"XX之象"文辞加以说明。此例中，小戒卦名和"慎防之象"，描述了第八卦的主体象征。灵棋其他卦皆如此。如第二十五卦为忧喜卦，"余庆之象"；第二十七卦为辟恶卦，"威德之象"；第二十九卦为衰微卦，"复兴之象"；第三十二卦为病患卦，"计穷之象"；第六十七卦为方遂卦，"生成之象"；等等。卦名之后小注中简洁言辞标明阴阳状况，说明卦意依据。此例中，小注"阴盛克阳"，说明小戒和"慎防之象"的原因。此卦画中，上为阳，中下都是阴，尤其下四老阴，阳弱难敌盛阴，故称为"阴盛克阳"。

最后，回归现实生活，发挥此卦象征意蕴，比拟现实生活事物，预测吉凶。此例中，小戒卦《象》曰："祸从下生，戒慎童仆，阴谋潜合，欲动手足。"《象》以现实生活主仆状况来说明小戒和慎防之意。《象》之取象，不仅仅在于描述卦画的阴阳状况，而且对卦画本身的象意进行发挥。根据以象释象的方法，可以对《象》再作象的延伸，如何承天注曰："行人遇盗。居者忧奴婢为害。聚会有口舌。求事不遂。病者为下人咒诅也。"②何承天把此卦象意蕴应用到行人占、居者占、聚会占、求事占和疾病占等各方面。可见，《灵棋经》遵循其取象原则，通过类比方式和意象思维，可以尽情发挥。

---

① ［汉］东方朔：《灵棋经》卷上，《四库术数类丛书》第6册，上海：上海古籍出版社，1991年，第207页。
② 同上。

第二节　易学与太乙、六壬、遁甲

100. 什么是"太乙式占"？如何形成与流传的？其易学底蕴何在？《太乙淘金歌》基本内容是什么？

太乙，又称太一、泰一。在中国古代文化传统中，太一为天神贵者、天帝之别名，常居北极星，统领天上诸星神和人世。术数家根据古代的星象认识，发明了"太乙式占"，这是利用太乙式盘观测人事的古老术数法度。它与六壬、奇门遁甲一起，成为传统三大预测术。

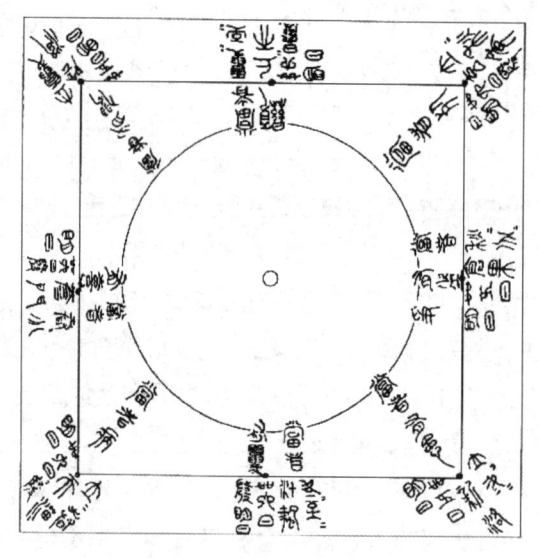

安徽阜阳汝阴侯墓出土式盘之一

太乙式盘是式占的工具。1977年安徽阜阳双古堆汝阴侯墓出土了一些式盘，有人认为其中一种式盘（如图）疑似西汉初的太乙式盘。式盘分圆方两盘：圆盘象天，故称天盘；方盘拟地，故称地盘。天盘嵌于地盘上，两盘同轴相系，天盘可旋转占卜。天盘以四条直线八分圆面，贯通中央，形成九宫。圆周八宫配以"一、八、三、四、九、二、七、六"之数，一为君，三为相，七为将，九为百姓，中宫"招摇"为吏，配数为五。地盘依二分、二至、四立等八节气划分八方，依次刻有当者有忧（冬至汁蛰卅六日废,明日),当者病(立春天溜卅六日废,明日),当者有喜(春分苍门卅六日废,明日),当者有僇(立夏阴洛卅五日,明日),当者显(夏至上天卅六日废,明日),当者死(立秋玄委卅六日废,明日),当者有盗争(秋分仓果卅五日,明日),当者有患(立冬新洛卅五日,明日)。

现今留传记录太乙占法的书籍,较早的有唐朝王希明的《太乙金镜式经》。《新唐书·艺文志》列其传,《四库全书》子部收录了该书。其式占法大致分为排盘和断局二步。排盘之法,首先依太乙所据时间确定太乙宫位和阴阳遁局。太乙采用五元六纪法,七十二年为一元,六十年为一纪,三百六十年为一大周期。太乙下游九宫,每宫居三年,不入中宫,二十四年一周,一元周转三次。以上元甲子年起算积岁。此时太乙所居宫,依年月日时阴阳遁局不同排布。年月日用阳遁局;时局则冬至后用阳遁局,夏至后用阴遁局。太乙阳遁局始于一宫,阴遁始于九宫。特别要注意的是,太乙九宫位与洛书九宫位排列不同,于洛书九宫逆袭一宫排布即乾一、坎八、艮三、震四、巽九、离二、坤七、兑六。太乙一生主、客二目,二目生主客大小将与计神八将等。太乙定位后,则一一排定二目、八将等。断局之法,主要依据太乙、二目、四神、八神及十六神方位关系而论,如以八将与十六神方位形成掩、迫、囚、击、关、格等局,占内外祸福,四神分野占水旱兵丧,三基、五福、大小游二限等预测社会治乱。

由此可见,古籍所载太乙式法与汝阴侯墓出土的式盘有很大不同。二者究竟哪个是太乙式占?我们以为,太乙为三式之一,而观其他二式遁甲与六壬,皆有神、门、将之类,关乎天、地、人盘,内容复杂,体系庞大,遁甲与六壬之间排盘断法皆有相似性。太乙居三式之一,理应类似遁甲、六壬。另外,清代《太乙数大全》所记篇目内容与《太乙金镜经》相类,其九宫数位亦相同,可见《太乙金镜式经》记载的太乙占法应当可信。1977年安徽阜阳双古堆汝阴侯墓出土的式盘疑非太乙式盘,因其内容极为简单,内圈九宫排布与洛书一致,而与《太乙金镜式经》所述九宫数位却不相同,抑或只是一种简化形式。

太乙式占具体源于何时,根据现有资料尚无法定论。《四库全书总目提要·太乙金镜式经》称"其术为三式之一,所传尚古"①。传说其产生于黄帝大战蚩尤之时,天帝命玉女持三式灵文,为国除害。《史记·日者列传》记载太乙术为孝武帝聚会占家决娶择日的七家术数之一。文献证明,太乙式占至迟在西汉初已广为流行。太乙式占的思想理论渊源可能是易学及历学。《四库全书总目提要·太乙金镜式经》中说:"核其大旨,乃仿《易》、历而作。其以一为太极,因之生二目,二目生四辅,犹易之两仪、四象。又有计神与太乙,合之为八将,犹易之八卦。其以岁、月、日、时为纲,而以八将为纬,三基、五福、十精之类为经,亦犹夫历也。"其五元六纪的太乙积岁法,毫无疑问与历法关系甚密。而《南齐书·高帝本纪》以太乙行宫记述自汉高祖五年至陈祯明元年的社会历史,这也证明了太乙与历法的关系。不知何因,太乙式占流传不广,除了唐《太乙金镜式经》《太乙淘金歌》及清代《太乙数统宗大全》有较为系统的阐述之外,其他记载不多。

相传太乙式法颇为神奇,但也遭遇众多非议,《四库全书总目提要》称《太乙金镜式经》所列乃"秦汉间纬书之遗,礼祥小数之曲说"。但观其法,与易学关系甚大。首先,太乙式盘排盘之法是基于《易传·系辞》的太极化生原理。《易传》中太极生两仪,两仪生四象,四象生八卦,八卦定吉凶。太乙以一为太极,生二目,即天目与地目,类"太极生两仪";二目生四辅,四辅即环绕北极星的四颗辅星,类"两仪生四象";四辅生计神八将,类"四象生八卦"。时局布盘分阴阳遁局,采取的是冬至阳局,夏至后阴局,这是易学阴阳原理的运用。《易传》以为,"一阴一阳之谓道",阴阳二气流转促使万物变化发展。阳气始于冬至,阴气始于夏至。太乙式盘中天地人盘的安排,暗藏易学天地人三才思想。天地人各盘的九宫布宫,与易学后天八卦相关联。《太乙淘金歌》定宫数位时说:

一天二火三为鬼,四木六金坤在七,

---

① 《太乙金镜式经提要》,《四库术数类丛书》第 8 册,上海:上海古籍出版社,1991 年,第 857 页。

八水九巽中应五,神宫定位天机秘。①

"一天"为天门乾宫位,"二火"为南方离宫位,"三为鬼"为东北艮宫位,"四木"为震宫位,"六金"为兑宫位,"七"为坤宫位,"八水"为坎宫位,"九"为巽宫位。太乙宫数位较洛书逆时针旋了一位,故称"一宫在乾"之类,这显然是对后天八卦的套用。其次,太乙式占解读也紧紧围绕易学阴阳、八卦理论。如《太乙淘金歌》论述"太乙式不同"时说:"二宫在离,主荆州、豫州。太乙临之,人君诛将相。"②随后解释道:"离者,南方之卦,明堂之位也,故太乙在离宫,犹人君处明堂而布政。人君当审顺逆,察正邪,则诛戮应之。"③此是阐明太乙居离宫卦象。《太乙淘金歌》在论述"数主阴阳"时提到"一三七九数单阳,不宜出军可自防;二四六八十单阴,伏匿隐藏作主强。一三五七九数为阳,二四六八十数为阴。若太乙主客二目在阳宫,数得阴为和;在阴宫,数得阳为和。和则利攻战,不和则利固守潜伏"④等,则是利用数与宫位阴阳关系得出人事利弊趋向。太乙与易学关系由此可见一斑。

《太乙淘金歌》收录于《古今图书集成》第六百八十七卷术数部。明朝刘养鲲于天启七年提及:"愚校三式,编太乙时,成以《淘金歌》为捷旨,纪验灾祥,用之于兵,无不刻应。"⑤该书可谓是学习太乙之术的方便法门,基本内容有三方面。第一,介绍了太乙式占的天目、计神等各基本要素的属性、吉凶特点及求法;第二,叙述了太乙的入局起法和式仪;第三,说明了太乙关、囚、格、掩、击等格局和星宫数之间关系的吉凶,描绘了太乙式占的解读要领。总的来说,该书的特点在于简明扼要。

---

① 《太乙淘金歌》,《古今图书集成》第477册,北京:中华书局,1934年影印,第34页。
② 同上书,第39页。
③ 同上。
④ 同上书,第36页。
⑤ 《太乙淘金歌叙》,《古今图书集成》第477册,北京:中华书局,1934年影印,第34页。

101. 什么是"六壬课"？如何推演？其式盘和推演过程与易学关系如何？近年来流行原因何在？如何评估其作用？

六壬课，是根据某一时间处于地盘和相应方位的天盘干支的阴阳五行属性及其关系进行推断的一种占卜术。它与太乙、奇门遁甲一起，成为我国传统三大预测术。

《四库全书》称六壬："大抵数根于五行，而五行始于水，举阴以起阳，故称'壬'焉；举成以该生，故用'六'焉。"①清代《六壬视斯》以为"壬乃阳水，天一生水，为数之始。壬寄在亥，亥属乾宫，为《易》卦首乾之义"，六壬之名以此为宗。又有观点以为，六十甲子中有六个壬——壬子、壬寅、壬辰、壬午、壬申、壬戌，所以叫六壬。前两种说法可合称为五行生成数说，后一种说法可称为甲子说。种种说法，皆是后人臆测，其名之究竟今已无可考。《吴越春秋》《越绝书》载有六壬卜课之事，可见六壬术可能起源较早，不会晚于春秋后期。近代以来出土了许多汉代的六壬式盘，可知六壬术在汉代已较盛行。

六壬课的推演，可总结为以下几个步骤：

(1) 查明月将、占时、日时干支。月将，即当月太阳入宫位置，入何宫即为何将。太阳每月中气过宫，一月一宫一将。正月雨水后为亥将，二月春分后为戌将，如此于十二宫依次逆行。

(2) 布天地盘。地盘为不动之十二地支位，天盘是"月将加时"顺排十二支所得出者。天盘随月将、占时而动。

(3) 演四课。四课是以日干支为基点，参照地天两盘地支而布置。

(4) 起三传。三传即初传、中传、末传。初传地支由四课干支的阴阳五行关系而确定，共有贼克、比用、涉害等九种关系。初传地支确定后，于此盘上看加临的是何地支，即为中传。中传地支确定后，于此盘上看加临的是何地支，即为末传。

(5) 布贵人、排天将。贵人起法视日干而定，有歌诀：

---

① 《六壬大全提要》，《四库术数类丛书》第 6 册，上海：上海古籍出版社，1991 年，第 471 页。

甲戊庚牛羊,乙己鼠猴乡,

丙丁猪鸡位,壬癸蛇兔藏,

六辛逢马虎,此是贵人方。

诀中贵人地支方位用十二生肖代表。每句前生肖为昼贵人,后生肖为夜贵人。如第一句,甲戊庚日昼贵用丑,夜贵用未。余仿此。天将凡十二,名序为:贵人、螣蛇、朱雀、六合、勾陈、青龙、天空、白虎、太常、玄武、太阴、天后。排法则视贵人所临地盘宫位而有顺逆之分。凡贵人临亥、子至辰六宫,天将顺布;凡贵人临巳、午至戌宫,天将逆布。

(6)定遁干、安六亲。遁干之法,依日辰所在何旬,则在此旬查三传地支所遁何干。六亲安法,主要是由三传支神五行与日干相较而形成。生日干者为父母爻,克日干者为官鬼爻,与日干比和者为兄弟爻,日干所生者为子孙爻,日干所克者为妻财爻,将此六样排于三传之上。

从形式上看,六壬课体可分天地盘面、四课分布和三传排列三块。凡事决断,有决于天地盘者,有仅决于四课者,有仅决于三传者。古人曾云"占断六处说",包括日上、三传、行年、本命等六个地方,于此六处取类神析事。按课体及运算次序来看,比较完整的占断之处应包括太岁、月建、正时、四课(四处)、三传(三处)、行年、本命等十二个地方。

六壬涉及月将、地天盘、四课、三传、贵人、遁干等组成部分。地盘是恒定不变的十二个地支,表示时间位置、地平方位和立体空间,其根源在于天体北极的近似不动。天盘是天文黄道十二宫,以太阳加临在地球旋转时辰上,所谓"月将加时",根源于太阳视运动。月将是当月太阳的日躔宫度。贵人实际是十干之合气。四课、三传为天盘月辰加地盘时辰而形成者。名目繁多,但总括起来,六壬的实质不外乎"推日月行度,参以时日"。从六壬的组成要素及其属性来看,六壬是天文律历的干支运用。

六壬不像太乙、奇门遁甲一样直接涉及易卦易象,但毫无疑问,六壬与大多数术数一样,也与易学有着密切联系。首先,六壬无论起课断课,其核心理论和操作原则还是依据阴阳五行学说。其次,六壬的起课方式仿易学太极生化过程,契合易学太极生化原理。《四库全书》所收《六壬大全提要》称:"(六壬)由干支而有四课,则亦两仪四象也;由发用而有三传，则亦一生二，二生三，三生万物也，以至六十四课，莫不原本义爻，盖亦易象之支流推而衍之者矣。"①该提要从思想进路入手，来谈六壬与易学关系，可谓言简意赅。最后，六壬在发展过程中不断形成许多六壬课经，课经的解释者常引《易》释课。其形式，常先解释课名及内涵，一般用"统（卦）之体"的表述，归于《周易》某卦；然后对课可能涉及的组合要素及预测状况进行论析，一般用"当应（卦爻辞）之象"的表述，点明此状况为《周易》某卦爻象。如繁昌课，先指出"凡夫妻年立德方发用为繁昌课……统《咸》之体，乃男女合感之课也"，接着是："象曰：阴阳和合，万物生成……甲己合，主生子黄色壮大，端厚好读书，得官也，当应《咸》'亨，利贞，娶女吉'象……行年值败绝刑害，为德孕不育，当应《咸》上六'咸其辅颊舌'之象。"②由此可见，六壬术所涉内容与易还是有很大关系的。当然，若仔细比较，便可看出六壬的起课与易学太极生化过程还是有很大不同。易学是于阴阳两仪上各安一阴、一阳而成四象，四象之间是并列关系。但六壬的四课之间，第二课是依第一课天盘基础而定，二者的关系类似于进化关系；由第三课到第四课的推演，也遵循同样原则。六壬的三传之间也类似于进化关系。

近些年六壬术兴起，原因是多方面的。首先，六壬术不仅与《易》相通，包含着丰富的哲学思想，而且还涉及天文历法，有一定的自然科学知识内涵。中国古代许多自然科学方面取得成就的著名学者也常常著六壬书籍，如唐天文学家僧一行著有《六壬明鉴连珠歌》《六壬髓径》等，宋科学家沈括也在其《梦溪笔谈》中述及六壬。这就使六壬在崇尚科学知识和科学精神的现代社会也易于被人所接受。其次，在发展过程中，六壬术数形成大量的可供参考学习的论著，如《古今图书集成》收录有《大六壬类聚》，《四库全书》收录有《六壬大全》《大六壬课经集》《大六壬指南》《御定六壬直指》等。最后，对于安身立命的需求，也使人们对六壬术产生巨大兴趣。然而，我们在看到六壬术流传及其对

---

① 《六壬大全提要》，《四库术数类丛书》第6册，上海：上海古籍出版社，1991年，第471页。

② 《六壬大全》卷六，《四库术数类丛书》第6册，上海：上海古籍出版社，1991年，第623—624页。

人们的生活产生极大影响的同时,也应该像对待其他术数形式一样,辩证地看问题。六壬作为一种术数法度,也有着许多不合科学和不合时代要求的因素,因而不能痴迷其中,以免误事。

102.《封神演义》《水浒传》等小说中的"土遁""水遁"等可以看作"奇门遁甲"的文学表现吗?"奇门遁甲"如何取法易学象数?

奇门遁甲,简称奇门,与太乙、六壬一样都是我国古代三大预测术之一。

奇有三奇,即乙、丙、丁,三奇加临,一般为吉。门有八门,休、死、伤、杜、景、惊、生、开,其中休、生、开三者为吉门。十干除三奇外,余七干,其中"甲"被认为最为显贵,常隐于戊、己、庚、辛、壬、癸六天干(或称"六仪")之中,"三奇六仪行九宫,唯独甲干不占宫"。因而古人说"遁甲,推六甲之阴而隐遁",故称奇门遁甲。据说,奇门遁甲源于黄帝时代,但从其构成要素来看,此术数法度的出现当不会早于战国时期。遁甲所用"二十四节气"是一个比较完整的体系,与西汉时期《淮南子》所陈述的节气内容相吻合。南朝范晔所著《后汉书·方术列传》中明确列有"遁甲"之名。根据目前的资料推断,奇门遁甲最有可能产生于汉代,最迟应不晚于南朝刘宋时代。

奇门遁甲术的主要经典著作有:《奇门法窍》《奇门遁甲统宗大全》《奇门遁甲元灵经》《遁甲演义》《奇门秘笈全书》等。

古代小说常出现土遁、水遁的情节描述。比如《封神演义》第三十七回:"子牙分付已毕,随借土遁往昆仑山来。"书中还细讲了土行孙的土遁本领。《水浒传》等古代小说中也出现过水遁等。此类情节所展示的隐遁术与奇门遁甲体系都有隐遁之意,但二者也有着显著的差别。土遁、水遁是古时方士借助水土物质而逃遁或者隐遁;奇门之遁是指六甲隐于六仪之遁。事实上,两者是两种完全不同的法度:方士五遁法是借物遁形所用之法术,属于法术范畴;奇门遁甲是利用天干地支八卦进行推演的一套理论,属于术数范畴。由于二术皆有神奇之处,又皆有隐遁之意,故世人常误以土遁、水遁为奇门遁甲的表现。

其实,奇门遁甲的神奇之处,不似土遁、水遁类超自然的神力表现,而是取法于易学象数。只要把握其中的易学象数理则，则奇门之神奇也能广为人识。奇门遁甲先是布局，再是断局，与太乙占法类似，其中涵蕴着丰富的易学象数意蕴。

首先，奇门遁甲的布局遵循易学天地人三才之道和阴阳五行八卦法则。

奇门遁甲有四盘，天盘、地盘、人盘和神盘。

地盘九宫，其方位取法于洛书九宫、八卦、十二地支，以之为恒定不动之盘。地盘九宫的阴阳五行属性，合于易学后天八卦及其阴阳五行属性。奇门经典篇章《烟波钓叟歌》曰："先须掌上排九宫，纵横十五在其中。次将八卦论八节，一气统三为正宗。"此即以九宫八卦讲地盘布局。

人盘，即八门之盘，象征人事。其属性与九宫八卦属性相对应：如开门对应西北乾卦，五行属金；休门对应北方坎卦，五行属水；生门对应东北艮卦，五行属土；伤门对应东方震卦，五性属木；杜门对应东南巽卦，五行属木；景门对应南方离卦，五行属火；死门对应西南坤卦，五行属土；惊门对应西方兑卦，五行属金。

天盘九星，代表"天"，表示天时对地球人类的影响。在布局时，天盘九星对应地盘九宫八卦：一宫对应天蓬星，属水；二宫对应天芮星，属土；三宫对应天冲星，属木；四宫对应天辅星，属木；五宫对应天禽星，属土；六宫对应天心星，属金；七宫对应天柱星，属金；八宫对应天任星，属土；九宫对应天英星，属火。

神盘，按其整体架构看，居于四盘最上层。盘上共有八神位：值符，螣蛇，太阴，六合，白虎，玄武，九地，九天。神盘并不是指真有神鬼，而是指暗藏于三盘之中的某种宇宙神秘力量。神盘与其他三盘的关系，恰如易学阴阳关系，三盘为宇宙外在显性阳物，神盘若宇宙内在隐性阴物，如此一阴一阳推动宇宙事物的变化发展。

不仅如此，奇门遁甲之取象也继承和发挥了易学八卦取象法[①]。奇门遁甲以八卦、八门、九宫、九星为基础，以此辐射万事万物，将万事

[①] 易学取象原则，详见本书第二章第一节有关内容。

万物纳入取象系统,建构了一个包容万事万物的象数体系。这种取象,实是对易学取象法则的直接推衍。

其次,奇门遁甲起局之程序,依洛书九宫和节气阴阳而轮转。三盘,除了地盘不动外,人盘、天盘皆依不同时间在九宫八卦位变动不居。总的来说,年家奇门和月家奇门,用阴遁不用阳遁。阴遁指逆向排盘,即按九宫次序逆布六仪、顺布三奇;阳遁指顺向排盘,即按九宫次序顺布六仪、逆布三奇。日家奇门和时家奇门,皆依夏至、冬至分阴遁和阳遁;冬至后到夏至前用阳遁,夏至后到冬至前用阴遁。此为《烟波钓叟歌》所说"阴阳二遁分顺逆"。

最后,奇门遁甲的测断亦是易学象数的运用。奇门断法的具体思路比较复杂,归纳起来有两点:一是确定用神,即大致先根据所测事物确定用神为何;二是以用神为中心,查看各盘之间阴阳五行的生克制化,从而进行测断。奇门用神取法众多,有值符值使用神法、事物宫位用神法、日时干支用神法等。但是,如同万物可归于三才一样,事物之众多用神,亦逃不脱三才用神的架构。奇门上盘象天,九星为主;中盘象人,八门为主;下盘象地,九宫为主。测天时,以九星为主,查其三盘生克,凡星克门吉,门克星凶。测人事,以八门为主,查其三盘生克,凡门生宫、宫生门吉,门克宫、宫克门凶,伤人事故凶。测地理,以九宫为主,门宫相生俱吉,相克俱凶。我们仔细分析这种三才用神取法,可以看出奇门用神的选择实际暗含了八卦物象法则,以三才、八卦、九宫为符号象征模拟万事万物,体现了易学的类推思维。

奇门的断法,确定布局后,乃以用神为核心,开展全方位的生克制化审查论断。首先看干支落宫的五行属性,进行横向比较。如日干克休门,指日干落宫五行克休门落宫五行。其次,居于一宫之内,查天地人神各盘之间五行生克关系,进行纵向比较。最后,复查各自的旺衰决定生克力量。从这种纵横交错的审查论断,可以看出重点在于用神与其所处之宫及他宫的关系权衡,其核心是五行的生克制化。

总而言之,我们可以毫不夸张地说,奇门遁甲就是三才、五行、八卦、九宫、星象、节气、洛书相互作用的大盘局。

第三节　易学与梅花易数、紫微斗数

103. 什么是"梅花易数"？为何遵循先天易学？

梅花易数是以八卦为核心，以八卦易数和八卦物象推演为基础，利用八卦之间五行生克关系进行占卜的一种术数。相传邵雍观梅之时，根据二雀争枝坠地而布卦，预测次日梅园女子坠地伤股之事，因而得名。梅花易数与六爻纳甲术是《周易》预测学两大系统理论和预测术。若将二者的易学架构相比较，可以看出其间有着明显的异同点。相同点主要在于：二者皆涉及八卦，包括八卦符号、卦象及八卦关系；皆强调以月建日辰关系论旺衰；皆以五行生克制化为理论要害。不同点主要在于：梅花易数以八卦为核心，不注重卦体六爻，其起卦、断卦皆以八经卦为单位；六爻纳甲术则关注卦体六爻，特别是世应二爻、用神爻及动爻的关系。梅花易数所涉八卦，不仅包括主卦、变卦四个八经卦，还包括互卦的八经卦；六爻纳甲术则不注重八经卦及其关系，其所涉八卦，主要是主卦所在之八宫卦。梅花易数着重于以八经卦为基础进行的八卦取象；六爻纳甲术则着重于六爻爻象。梅花易数推断时主要采取八经卦动静体用断法；六爻纳甲术则无体用断法，而采取六亲生克动变法。梅花易数运用的理论更倾向于先天易学；六爻纳甲术的理论则发源于京房易。

梅花易数占法的经典著作为《梅花易数》，旧题宋代邵雍著，书中载有此占法的象数易理基础知识、易数占断卦法、分类占法、易占实例、字画指迷及拆字杂编等内容。但据郑万耕先生考证，《梅花易数》非邵雍所作。郑先生以为，无论是史书有关邵雍的记录，还是同时代与邵雍交往密切之人如司马光、程颢等人的有关著述，都未提及邵雍作《梅花易数》一书；从《梅花易数》的内容来看，卷一载有"八卦象列"，卷五又有"六十四卦次序"，为抄录朱熹《周易本义》卷首所列"八卦取象歌"和"上下经卦名次序歌"，朱熹是南宋人，邵雍为北宋人，又《梅花易数》卷二有"三要灵应篇"，述及刘伯温，刘氏是明太祖朱元璋的宰相，乃元明之际的政治家,据此,《梅花易数》只能是明代以后人所著,并非邵雍之作;此外,《梅花易数》行文的语气也很值得怀疑,卷一所列"观梅占"讲"康节先生偶观梅","牡丹占"讲"先生与客往司马公家共观牡丹","邻人扣门借物占"讲"先生方拥炉""先生令其子占之",等等,这种称邵雍为"先生"的说法,丝毫没有自家著述的意味。更何况,"康节"乃邵雍死了十年以后(元祐年间)哲宗皇帝为了表彰他的功德而追赐的谥号,岂能自称"康节先生"!因而郑万耕先生说:"《梅花易数》一书错乱粗俗,不是邵康节先生所作,它只能是明代以后从事占卜的人杂抄前人占术的汇编。"①郑氏之语,言之凿凿,可谓切中要害。

梅花易数特重易数易象而不重卦爻辞。《梅花易数》说:"先天卦断吉凶,止以卦论,不甚用《易》之爻辞。后天则用爻辞,兼用卦辞,何也?盖先天者未得卦先得数,是未有《易》书,先有《易》理,辞前之《易》也。故不必用《易》书之辞,专以卦断。后天则以先得卦,必用卦画,辞后之《易》也。故用爻之辞,兼《易》辞以断之也。"②梅花易数之体用法,合于先天易学之体用论。其起卦用先天八卦序数即乾一、兑二、离三、震四、巽五、坎六、艮七、坤八,而非先天八卦数即乾九、兑四、离三、震八、巽二、坎七、艮六、坤一,亦非后天八卦数即乾六、兑七、离九、震三、巽四、坎一、艮八、坤二。梅花易数遵循的是先天易学。所谓先天易学,是以先天八卦和六十四卦图为符号基础,以画前原有"易"为思想基础,由此而阐发的学说。先天易学以为,后天之万事万物皆根于画前之易,为画前之易的自然展开。对此展开过程,邵雍曾经予以描述:"太极,一也,不动;生二,二则神也;神生数,数生象,象生器。"③基于这种象数理念,《梅花易数》在卦画上表现为先天八卦次序图,起卦采用先天卦序数,其实就是摹拟画前之易的展开过程,以此来窥测事物变化发展之轨迹。对此,《梅花易数》明确说:"盖圣人作《易》画卦,始以太极、两仪、四象、八卦加一倍数,自成乾一、兑二、离三、震四、巽五、

---

① 郑万耕:《关于〈梅花易数〉的几个问题》,《国际易学研究》第3辑,北京:华夏出版社,1997年,第41—46页。
② [宋]邵康节:《梅花易数》卷二,北京:九州出版社,2011年,第41页。
③ [宋]邵雍:《皇极经世书》卷十四,《文渊阁四库全书》本。

坎六、艮七、坤八，故占卜起卦，合以此数为用。"①

104."梅花易数"主要有哪些起卦方式？如何进行卦象推断？

梅花易数的起卦方式主要有以下几种：

(1)年月日时起卦。

年月日数之和除以八，余数为上卦数；年月日加时的总数除以八，余数为下卦数。年、时数以地支序数为准，如子一丑二之类。月、日数以具体阴历数为准，如正月一数，二月二数，初一为一数，三十日为三十数。卦数以零坤、一乾、二兑、三离、四震、五巽、六坎、七艮、八坤为准。以年月日时的总数除以六，得余数为动爻。余数一对应初爻，余数六或零对应上爻。

(2)直接以数起卦。

当有人求测某事时，可以让来人随意说出两个数，第一个数作为上卦，第二个数作为下卦，两数之和除以六，余数为动爻。或者可以随便借用其他能得到的两数起卦，如翻书、日历等。

(3)按声音起卦。

凡闻声音，所闻声数起作上卦，加时数配作下卦。如动物鸣叫声、叩门声、人语声皆可起卦。若所闻声音中有一间隔，可以把间隔前声数取作上卦，间隔后声数取作下卦，以上下卦数加时辰数取动爻。若语多，则用起初所闻一句或末后所闻一句，余句不用。

(4)按字的笔画数或字数起卦。

字少时，按笔画数；字多时，可用字数起卦。凡见字，如字数可均分，即平分一半为上卦，一半为下卦；如字数不可均分，即以少一字为上卦，取"天轻清"之义，以多一字为下卦，取"地重浊"之义。

(5)后天起卦。

第一，或观其人品，或取诸身，或取诸物，或因其服色，或触其外物。观其人品者，如老人为乾，少女为兑之类。取诸其身者，如头动为乾，足动为震，目动为离之类。取诸其物者，如人手中偶有何物，金玉及圆物

---

① [宋]邵康节：《梅花易数》卷二，北京：九州出版社，2011年，第41页。

属乾,土瓦及方物属坤之类。因其服色者,如红衣为离,黑衣为坎之类。触其外物者,如见大树为震卦,见花草小树为巽卦之类。

第二,以物或人所取之象为上卦,以其所在后天八卦方位之卦为下卦,以上、下卦数加时数除以六,余数为动爻。此后天起卦法是以八卦万物属数为上卦,以后天八卦方位为下卦,经常使用。

第三,见可数之物,即以此物起作上卦,以时数配作下卦,以此物卦数加时数除以六,余数为动爻。

(6)起卦加数法。

按年月日时起卦,一个时辰之内,只有某一特定的卦象,在同一时辰内,可能有多人来占问,不能以同一卦象断事,或有多人同来而问同一件事者,亦不能以同一卦象论之。这种情况可用加姓氏笔画数的方法起卦决之。

梅花易数占断主要运用的是八经卦,须先掌握八经卦各代表哪些物象,然后才能进行推断。卦象推断步骤可细分为:第一步,卦象明显表征所测事物时直读卦象。如测问牛走失于深山还是旷野之中,得山地剥卦。八卦物象中,坤象牛,艮象山,故可直读此卦意为牛走失于深山中。第二步,若直读不成,则成卦之后,看《周易》爻辞,参以卦名,以断吉凶。第三步,运用卦之体用断法。其法先分体卦、用卦,再论体用卦五行生克。① 第四步,看外应克应,如闻吉说见吉兆则吉,见凶则凶。第五步,断应期。古法以复验己身动静,坐则事应迟,行则事应速,走则愈速,卧则愈迟之类。今法多察体用旺衰,结合时令入卦,看主、互、变卦的体用五行生克定应期。

105. 什么是"紫微斗数"? 其形成与流传情况怎样? 如何运用易学象数来建构预测模型?

"紫微斗数",其名见于明神宗万历三十五年所编道教典籍《续道

---

① 参阅本书第六章第二节有关体用互变与神煞的内容。

藏》收录的三卷本《紫微斗数》。①"紫微"指北极星。"斗"为南斗、北斗,泛指南北斗各星。南北斗各星皆有其宫位数,以此推算禄命,称为"斗数"。各星斗依紫微分布,故称"紫微斗数"。紫薇斗数是以人出生时间确定的十二宫紫薇命盘及各宫的星群组合来推测人的命运吉凶的禄命术。这一术法认为,人与星有着特定关联,人出生时位于一定次序的星曜及其组合决定了其人生命运。其法是先排盘安星,再断盘。排盘安星大致分为以下几个步骤:首先,安命身与十二宫。安命身,依出生月份及日辰定:以寅宫为一月,顺数黄道十二宫至出生月;于出生月上按子时顺数至出生时为身宫,逆数为命宫。安十二宫,从命宫之后开始,不分男女一律逆时针挨排兄弟、夫妻、子女、财帛、疾厄、迁移、仆役、官禄、田宅、福德、父母。其次,起寅首,定五行局。起寅首,即根据五虎遁月法排定寅月天干,确定十二宫天干。定五行局,有水二局、木三局、火六局、金四局、土五局的分别,主要依据命宫干支纳音而定,如命宫甲子纳音为金,即为金四局。最后,安紫微等各类星曜。紫薇斗数的星曜繁多,有南北斗等十四主星(紫微、天机、太阳、武曲、天同、廉贞、天府、太阴、贪狼、巨门、天相、天梁、七杀、破军),有干系诸星,有支系诸星,有月系诸星,有日系诸星,有时系诸星,有四化星等大大小小百来颗。排星曜时,先依出生日及命宫五行局决定紫微星宫位,再由紫微星决定其他主星安排,最后依各星系固有之次序一一排列。排盘安星完毕,即成紫微命盘。紫微命盘的构架主要有两部分:一是十二宫位;二是十二宫位之上各星曜。断命时,即依星斗座宫位(主要是三方四正——命宫、命宫三合宫及对宫)与星曜之间关系及大运流年等来解读。

紫微斗数相传为五代末陈抟(陈希夷)所创,但是否真为陈氏所发明,有待进一步的文献发掘考证。紫微斗数的传承一直较为隐秘,流传过程中分为南北两派:北派以四化(化禄、化权、化科、化忌)解读为主,又称四化派,代表作为《续道藏》中三卷本《紫微斗数》;南派重星曜属性,以星曜解读为主,又称三合派,代表作为《紫微斗数全集》和《紫微

---

① 见《道藏》第36册,北京:文物出版社、上海:上海书店出版社、天津:天津古籍出版社,1988年影印。

斗数全书》，由明嘉靖年间江西吉水罗洪先刊刻流传。

相较其他术数，紫微斗数与易学的关系应是较远的。斗数的起源，乃天文历象。从排盘安星来看，其与唐代《果老星宗》之术类似，都需安身命宫，排定十二宫，确定各星曜宫位。只是《果老星宗》身命宫是据太阳加时顺数至卯而定，《果老星宗》之七政星曜多是据实体星系而布；紫微斗数安身命是以月份加时而定，而其星曜数量多于《果老星宗》，不专为七政四余，且众多星曜多为虚星，不与实体星系相符。但可以肯定的是，二术皆源于天文历象，而非如梅花易数等源于《周易》。另外，斗数判命主要依据星曜落宫及其关系来定，而较少用到五行生克制化理论，全然不涉易学卦象。《太微赋》开篇云：

> 斗数至玄至微，理旨难明，虽设问于百篇之中，犹有言而未尽。至如星之分野，各有所属，寿夭贤愚，富贵贫贱，不可一概论议。其星分布一十二垣，数定乎三十六位，入庙为奇，失数为虚，大抵以身命为福德之本，加以根源，为穷通之资。星有同躔，数有分定，须明其生克之要，必详乎得垣失度之分。观乎紫微舍躔，司一天仪之象，卒列宿而成垣。土星苟居其垣，若可动移；金星专司财库，最怕空亡。帝居动则列宿奔驰，贪守空而财源不聚。各司其职，不可参差。苟或不察其机，更忘其变，则数之造化远矣。①

《续道藏》中《紫微斗数》也提到星曜"若在庙堂乐旺者，不必拘阴阳也"②。从《太微赋》这段总纲性的描述和《紫微斗数》之语可以看出，紫微斗数判命着重星曜的星性、庙旺利陷、格局关系，不若六爻、梅花、奇门、太乙有卦象存焉。

我们说紫微斗数与易学的关系不像其他术法那么紧密，但并不意味着它与易学毫无关系。实际上，紫微斗数与易学也有契合之处。紫微斗数推命的致思架构和模型，是以十二宫为地盘，以星曜为天盘，以

---

① ［清］王道亨编纂，［宋］陈抟著，李非白话释意：《紫微斗数》，北京：中医古籍出版社，2018年，第1页。
② 《紫微斗数》卷一，《道藏》第36册，北京：文物出版社、上海：上海书店出版社、天津：天津古籍出版社，1988年影印，第495页。

命宫十二宫及大运流年为人盘,从而以星曜关系来推及人命,这暗合易学天地人思想和象数准则。紫微斗数主要通过星斗座宫位(主要是三方四正——命宫、命宫三合宫及对宫)与星曜之间的关系及大运流年等多层次的相互关系建构预测模型,其推命的判定依据主要是各层次的属性冲合。但这些星宫、星曜、大运流年属性,又往往与易学阴阳五行属性相关。星曜的星性体现出其内在的五行属性。比如天机星,属性表现为沉静、内敛、机谋、重思维,这体现的是阴木特性。而贪狼星好表现、较活跃、重交际,这体现的是阳木特性。星曜吉凶与其坐落宫位之阴阳也有着极大关系。《紫微斗数》卷一云:

> 九阳星,分祸福轻重。紫木、文木、福土、禄木、印土、寿土、杖木、库土、姚木。在阳宫,则福重而灾轻;在阴宫,则福轻而灾重。九阴星,分灾福轻重。贵土、红金、异土、毛水、虚水、贯土、刑火、刃金、哭金。在阴宫,则福重而灾轻;在阳宫,则灾重而福轻也。其可不仔细推乎?[1]

宫位之阴阳不同,则星曜吉凶不一,反映了星曜与阴阳之间的密切关系。这些在某种程度上体现了易学象数在紫微斗数建构预测模型中的影响与地位。

---

[1] 《紫微斗数》卷一,《道藏》第36册,北京:文物出版社、上海:上海书店出版社、天津:天津古籍出版社,1988年影印,第495页。

第十二章　易学与身国治理

第一节　易学与治身之道

106. "洗心于易,退藏于密"何意？其治身价值何在？

"洗心于易,退藏于密"一说出自《周易·系辞传》,其云:"圣人以此洗心,退藏于密,吉凶与民同患。"何为"洗心"？前人说法较多,比如魏晋时期韩康伯的"洗濯万物之心"①说,南宋朱熹的"洗濯自家心"②说,清朝王引之的"先心"③说,等等。考查与《易传》年代相近的典籍,已有相近或相同的语汇。如《庄子·山木》云"洒心去欲"(洒心即"洗心"),《老子道德经河上公章句》云"洗心濯垢,恬泊无欲"。再联系上下文,可以判断"洗心"应指涤除私欲妄念,使得内心归于平静安宁。关于"退藏于密",历史上也有几种说法,但较为可信的当属宋朝杨万里的解释,他认为这是"退而潜乎静密穆清之中"④,意即人隐退于隐蔽静寂的地方修行。这样合起来看,"洗心于易,退藏于密"就是指人们退隐于安宁清净的地方,以易理修养自己,使自己心境安宁平和。

对于"洗心于易,退藏于密"的治身价值,理学大师朱熹有一个很

---

① [魏]王弼、[晋]韩康伯注,[唐]孔颖达正义:《周易正义》,北京:中国致公出版社,2011年,第274页。

② [宋]黎靖德编,王星贤点校:《朱子语类》卷七十五,北京:中华书局,1986年,第5册第1925页。

③ [清]王引之:《经义述闻》,季羡林总编《传世藏书·经库·经学史二》,海口:海南国际新闻出版中心,1996年,第1830页。

④ [宋]杨万里:《诚斋易传》,北京:九州出版社,2008年,第257页。

精彩的说法:"'以此洗心',都只是道理。圣人此心虚明,自然具众理。"①意思是说,将自己的私心杂念逐步涤荡去除后,心灵就会归于安宁澄明,这样内心本来具足的天理就会显现出来了。这个说法是有道理的。在中国传统文化中,不论是老子的"致虚极,守静笃",庄子的"心斋",《大学》的"知止而后有定,定而后能静,静而后能安,安而后能虑,虑而后能得",还是佛教的"戒定慧""止观"修行,都强调内心沉静、安宁对于启迪智慧的重要作用。在古人看来,人本来就是天性具足的,但随着后天各种欲望的浸染和环境的侵袭,内心变得混杂、浮躁,原有的清净圆满本性被逐步遮掩或污染,就像明镜蒙了一层灰尘一样,导致光明的本性难以显现出来。

当今社会,在不断拼搏奋斗的同时,如何保持正知、正念和内心的安宁,是很多人想知道的。其实,"洗心于易,退藏于密"恰恰可以为人们提供一条十分健康的修养路径。明代陈继儒《小窗幽记》说:"读书随处净土,闭门即是深山。"人们白天在外面劳碌工作,如无必要,晚上不要再去无休止地应酬,应该早点回家,关上房门,给自己一片清净的空间,让心灵得以平静。在家中,不要一门心思地看电视、上网、玩手机,可以读点经典名著,与古人安居,同先贤对话,聆听圣贤的教诲,让心灵得到洗礼和净化,或者静心反思,聆听内在的声音,体悟正道存心的感觉。这样长期坚持,也就能逐步达到静心、安心的效果了。心静了,心安了,智慧也就会逐步开启;很多看似复杂的事情也就变得简单了;很多看不透的事情,也就看得透了;一些放不下的事情,也会懂得放下了。这样自己的生活也就会变得更加简单、明了、幸福了。

107. 如何理解"穷理尽性以至于命"的治身意义?

《周易·说卦传》说:"穷理尽性以至于命。"这里面有三个关键词:穷理、尽性、命。我们先来看看它们分别是什么意思。

一是"穷理",即穷究事物之理。《大学》中还有个词叫"格物",历

---

① [宋]黎靖德编,王星贤点校:《朱子语类》卷七十五,北京:中华书局,1986年,第5册第1926页。

史上也将这两个词合称为"格物穷理"。朱熹认为"格物穷理"就是彻底研究事物，穷究其中的道理。他在给《大学》作注时说，天下的事物都有自己的道理在其中，因此人们要根据已知的道理，进一步去探索那些未知的，探究的时间长了，功夫深了，就能够连成一片、豁然贯通，穷究到事物之理了。因此，朱熹特别强调读书、学习的重要作用，他认为只有不断地读书、学习才能够"格物穷理"，在《行宫便殿奏札二》中说："为学之道，莫先于穷理；穷理之要，必在于读书。"明代的大学问家王阳明年轻时读朱子书，但对于朱子解释的"格物"不是很理解，于是就以格竹子做实验，结果是未果而中途病倒。暂且不论王阳明这个方法对不对，他后来遍阅典籍，找到了原来"理"就在自己心中，因此说万事万物之理都不外乎人的本心。他认为"格物"应该是格除心中的物欲，而非徒然外求，心中湛然无私无欲，天理自然明朗显现，于是提出了与朱子不同的"格物穷理"的方法，即向内求的"心学"方法。

二是"尽性"。所谓"性"，就是人的本性。关于"性"的来源，《周易·系辞传》说"继之者，善也；成之者，性也"，《中庸》说"天命之谓性"。这说明"性"是"天"赋予人的。孟子认为人性本来是善的，只是被私心杂念所蒙蔽，导致本性难以显现，才会陷入恶途。因此，人应该想办法去除各种私心杂念，把被蒙蔽的本心找回来，这个过程叫作"求放心"。本心找回来，善性就显现出来了，这叫作"尽心"，也即"尽性"。"尽心"，就能知道自己本来的天性，也就能知天了，也就是孟子所说的"尽心，知性，知天"。

三是"命"。关于"命"，可理解为"天命"。同"性"一样，"命"也是"天"赋予人的。有所不同的是，"性"是精神上的、无形的，"命"是物质上的、有形体的。

综上，"穷理尽性以至于命"的大意就是：穷究天下万物之理，将自己本善圆满的天性显现出来，以此来待人处事，就达到生命的圆满了。

孔子说他"五十而知天命"，其实这个境界已经很高了。能够"知天命"，也就已经完成了"穷理尽性"的过程。他后来的"六十而耳顺，七十而从心所欲，不逾矩"也都是以"知天命"为前提的。

对于现代人而言，"穷理尽性以至于命"的一个重要启示就是要

"穷理"。"穷理"即穷究道理，比"明理"还要更进一步，要知其然，还要知其所以然，更要彻底通达。至于"穷理"的方法，尽管朱子、王阳明各有一套"格物"之说，但是比较稳妥的方法还是朱子的读书、学习方法，当然若能进一步静坐悟道，那就更好了。值得一提的是，有了"穷理"的基础，其后的"尽性以至于命"也就是水到渠成的事情了。

108. 什么是易学的"三陈九德"？当今社会如何借鉴"三陈九德"来开展人格教育？

易学的"三陈九德"，是从"三陈九卦"衍生出来的，指的是《系辞传》以道德修养诠释履、谦、复等九卦，并作了三次陈述，全文为：

是故履，德之基也；谦，德之柄也；复，德之本也；恒，德之固也；损，德之修也；益，德之裕也；困，德之辨也；井，德之地也；巽，德之制也。履，和而至；谦，尊而光；复，小而辨于物；恒，杂而不厌；损，先难而后易；益，长裕而不设；困，穷而通；井，居其所而迁；巽，称而隐。履以和行，谦以制礼，复以自知，恒以一德，损以远害，益以兴利，困以寡怨，井以辨义，巽以行权。

意思是讲：体现了礼节规范的履卦，乃是树立社会伦理道德的根基；蕴含虚怀若谷精神的谦卦，乃是实践社会伦理道德的彪炳；示范回复正途的复卦，乃是引导人们遵循社会伦理道德的根本；坚定人们信念的恒卦，乃是坚定社会伦理道德信念的磐石；帮助人们认识自身缺失的损卦，乃是提升社会伦理道德修养的路径；引导人们多行善举的益卦，乃是充裕社会伦理道德的法门；鼓励人们坚守节操的困卦，乃是检验社会伦理道德水平的准绳；提醒人们知遇感恩的井卦，乃是固守社会伦理道德的地标；启迪人们顺天知命的巽卦，乃是彰显社会伦理道德的规制。再进一步探讨，我们可以明白：履卦，教导人们小心安稳地走到既定目标；谦卦，教导人们虚心不傲、完善人格；复卦，教导人们见微知著，未雨绸缪；恒卦，教导人们在是非含混的环境中要善于辨别善恶；损卦，教导人们勇于自我批评、自省自悟；益卦，教导人们多行善事、热心公益事业；困卦，教导人们在穷困的时候守住道德底线、不断修养自我，以迎接光明和通达时刻的到来;井卦,教导人们辨明正义,广施惠泽;巽卦,教导人们顺势行令,推进事业的发展。

关于"三陈九德",为何只列九卦,而不是其他诸卦?有学者认为《周易》六十四卦都是讲道德修养的,但这九卦最为要紧,故单列出来,以示强调。如孔颖达说:"六十四卦悉为修德防患之事,但于此九卦,最是修德之甚,故特举以言焉,以防忧患之事。"①也有学者认为六十四卦尽管都是讲道德修养之事,却单列九卦,这只是圣人偶然提到,要列其他卦也是可以的,不必过于深究,如朱熹就持这种看法。当然,不论这九卦是最重要的还是偶然提到的,有一点是可以确定的,那就是《周易》六十四卦实乃修养道德的宝典。据长沙马王堆帛书《要》篇记载,孔子晚年对《易经》有个总结性的述评,他说:"《易》,我后其祝卜矣!我观其德义耳也。"②孔子认为《易经》是古代圣王的遗教,具有使刚猛的人有所敬畏,教软弱的人知道刚强,让愚昧的人不敢妄为,令奸诈的人回归正道的道德教化作用。因此,他认为《易经》是一本修养道德的圣典,而不像其他人认为的仅是一本卜筮之书。

"三陈九德",目的何在?王夫之说:"此言圣人当忧患之世,以此九卦之德,修己处人。"③意思是说,圣人处于忧患时期,以此九卦的德行修养自己,趋吉避凶。这种说法与《易传》的论述是相吻合的。在"三陈九德"的前面还有一句话:"作《易》者,其有忧患乎?"也就是说,作《易经》的人大概是很有忧患意识吧,因此特别列举了这九卦,反复申明道德修养之义。

"三陈九德"对人们的道德修养提出了具体的要求。当今社会的人格教育,在加强宏观理论教育的同时,还要有具体的、有针对性的修养内容,在这方面,易学的"三陈九德"可资借鉴。

---

① [魏]王弼、[晋]韩康伯注,[唐]孔颖达正义:《周易正义》,北京:中国致公出版社,2011年,第296页。
② 丁四新:《楚竹书与汉帛书周易校注》,上海:上海古籍出版社,2011年,第529页。
③ [清]王夫之著,[清]曾国藩校刊:《船山易学》,北京:中央编译出版社,2011年,第279页。

第二节 易学与治家之道

109. 如何理解"乾坤生六子"的家庭组织象征？这一命题对于治家有何意义？

关于"乾坤生六子"，《说卦传》有一个详细的说明："乾，天也，故称乎父。坤，地也，故称乎母。震一索而得男，故谓之长男。巽一索而得女，故谓之长女。坎再索而得男，故谓之中男。离再索而得女，故谓之中女。艮三索而得男，故谓之少男。兑三索而得女，故谓之少女。"此所谓"索"，即索求之意。依孔颖达《周易正义》的解释，得乾父之气者为男，得坤母之气者为女。坤卦初爻求得乾气则变为震卦，故曰长男。坤卦第二爻求得乾气为坎卦，故曰中男。坤卦第三爻求得乾气为艮卦，故曰少男。乾卦初爻求得坤气为巽卦，故曰长女。乾卦第二爻求得坤气为离卦，故曰中女。乾卦第三爻求得坤气为兑卦，故曰少女。①震、坎、艮三男与巽、离、兑三女，合称为六子卦。乾坤二卦与六子卦就构成了一个八口之家：乾为父亲，坤为母亲，震为长男，巽为长女，坎为中男，离为中女，艮为少男，兑为少女。

关于"乾坤生六子"的治家意义，孔颖达在《周易正义》中指出，这是言明父子之道，也即规范了家庭中的伦常关系。的确如此。乾坤二卦与六子卦，就自然界而言，指的是天地与万物的关系；就人类社会而言，就是一个家庭中父母与子女的伦常关系。

乾坤为《周易》之门户，家庭伦常关系始于乾坤，即夫妇关系。《周易·序卦传》称："有天地然后有万物，有万物然后有男女，有男女然后有夫妇，有夫妇然后有父子，有父子然后有君臣，有君臣然后有上下，有上下然后礼仪有所错。"《中庸》说："君子之道，造端乎夫妇。"可以说，不论是父子之道、君臣之道还是其他的人伦规范，都来源于夫妇之道。

---

① ［魏］王弼、［晋］韩康伯注，［唐］孔颖达正义：《周易正义》，北京：中国致公出版社，2011年，第309页。

《周易》集中体现夫妇之道的是《咸》《恒》二卦。宋代理学家程颐说：天地是万事万物的根本，夫妇是人伦的开始。①《荀子·大略》说："《易》之《咸》，见夫妇。夫妇之道，不可不正也，君臣父子之本也。"干宝说："《易》于《咸》《恒》备论礼义所由生也。"②《咸》卦艮下兑上，艮为少男，兑为少女，卦象是男在下，女在上，如同《泰》卦乾下坤上，天地交泰，只有这样才能天地感而万物生，夫妇和而人伦始。《周易·序卦传》云："夫妇之道，不可以不久也，故受之以恒。恒者，久也。"古往今来，世事变迁，但是男女室家、夫妇之道，是人伦之始，这是人类社会亘久不变的。夫妇之道以正为前提，以和为贵。当今社会，更应该确立夫妻互相忠实、互相尊重、以诚相待、彼此宽容、和谐相处的原则。"夫妇正则父子亲"，夫妇合乎正道，和谐相处，才能更好地教育孩子，培养出孝悌的子女，家道才能正，家业才能兴。

110.《周易》的"家道"思想主要包括哪些内容？对于当今健康的家庭生活有何价值？

《周易》的"家道"思想比较丰富，比如《恒》卦的夫妻恒久之道、《家人》卦的治家之道、《归妹》卦的家庭生活之道、《蛊》卦的规劝父母之道等。这些"家道"思想在历史上影响很大，历代的家书、家范大都有对这些思想的引述和阐发。《周易》的"家道"思想对于当今健康的家庭生活同样有着重要的启迪作用，下面就以《家人》卦和《归妹》卦为例略作说明。

先说《家人》卦。《家人》卦阐述了家庭治理之道，孔颖达说："明家内之道，正一家之人，故谓之'家人'。"③《家人》卦卦辞曰："利女贞。"意思是说，家庭之道的根本在于媳妇守正，在于媳妇的德行。这个说法可谓抓住了家庭治理的核心要义。媳妇在家庭中的地位十分重要，上

---

① [宋]程颐：《周易程氏传》，北京：九州出版社，2011年，第123页。
② [唐]李鼎祚：《周易集解》，北京：中央编译出版社，2011年，第316页。按，本章引用时标点符号略有更动。
③ [魏]王弼、[晋]韩康伯注，[唐]孔颖达正义：《周易正义》，北京：中国致公出版社，2011年，第157页。

要孝敬父母,下要教育子女,中要匡正丈夫。另外,因女子的身心特点,一个家庭中的饮食起居、家务料理等工作也多由媳妇主持。若媳妇勤劳守正、德行好,则可保证家庭生活顺利和谐,家庭受人尊敬。因此,程颐说:"家人之道,利在女正,女正则家道正矣。"① 反之,一旦媳妇失道,则家道难兴矣。可见,一个家庭的兴衰,女德关系重大。

再说《归妹》卦。《归妹》卦上震下兑,震为动、为长男,兑为悦、为少女,以少女从长男,反映的是男女婚嫁之事。《归妹》卦对于家庭治理的启示是多方面的,其中一项重要内容就是要节制房事。男婚女嫁是人之大伦,也是人类繁衍后代的需要。《彖传》曰:"归妹,天地之大义也。天地不交,而万物不兴。"意思是说,天地要通过交合融通才能生发万物,天地不交则万物不会兴起。同样,男女也要通过交媾才能产生后代,这是《归妹》卦对于人类繁衍生育的意义。但《归妹》卦卦辞曰:"征凶,无攸利。"是说,出征凶险,没有什么好处。从卦象上看,也是如此。归妹之象是巨雷震响于泽水之上,危厉恐惧,毫无喜气可言,这又是怎么回事呢?其实,这是《归妹》卦对于人类的严正警醒和劝诫,"'征凶,无攸利'者,归妹之戒也"②。在房事中,人类会得到欲乐,这种欲乐是短时间内大量消耗人类真元肾精产生的。欲乐的作用十分强大,《兑》卦《象传》指出,欲乐可以令人们奔赴危难,即使有死亡的危险也在所不惜。要知道,房事的目的在于传宗接代,需要调用男女最宝贵、最精华的真元肾精,若没有欲乐的引诱,谁会拿出自己最宝贵、最精华之物呢?然而也恰恰是因为这一点,有人为了追求欲乐,不知节制,贪色纵欲,而丧失真元、身残志损、百病滋生、耗生丧命。正是出于对这一问题的深刻观照,《归妹》卦提出了严重的警告:如果男女是正当夫妻关系,为传宗接代而进行房事是可以接受的;但如果不知节制,徇情而动,贪图欲事,则凶险必至,无疑矣!因此,在家庭生活中,夫妻双方应互相忠实,懂得节欲,固本培元,积善成德,方能精力旺盛,家道中兴。

---

① [魏]程颐:《周易程氏传》,北京:九州出版社,2011 年,第 146 页。
② [魏]王弼、[晋]韩康伯注,[唐]孔颖达正义:《周易正义》,北京:中国致公出版社,2011 年,第 215 页。

111.《周易》在家庭教育方面有哪些论述？对当今社会的家庭教育有何启示？

印光法师说："治国平天下之要道，在于家庭教育。"[①]家庭教育是各种教育的起点和基石，加上家庭教育的早期性和连续性，使之对于个人的成长成才，对于经济社会的发展稳定，对于国家民族的繁荣富强文明，都产生了极为重要的作用。《周易》中有一专论教育的《蒙》卦，下面就谈谈《蒙》卦对于当今社会家庭教育的启示。

一是要高度重视家庭教育。《周易》对于教育的重视，可由《蒙》卦的位次而推知。《周易》前四卦是这样排序的：先是《乾》《坤》两卦，接着就是《屯》《蒙》。乾为天，坤为地，屯为万物初生，万物初生往往蒙昧无知，需要教育启蒙，就是蒙。因此《序卦传》说："物生必蒙，故受之以蒙。蒙者，蒙也，物之稚也。"对于家庭教育而言，从怀孕开始，就应该实行胎教。有研究表明，胎儿在6个月时，各种感觉器官已逐步完善，对内外的刺激已有所反应。此时，母亲的一言一行都要注意，遵守正道，适时与胎儿对话，保证胎儿的良好发育。孩子出生后，懵懂无知，更要尽快发蒙、启蒙。《蒙》卦爻辞指出，孩童得到及时的启蒙教育，能够顺利吉祥；反之，则会陷入蒙昧无知当中，而有悔吝之患。

二是家庭教育的重点在于养正。《蒙》卦《彖传》曰："蒙以养正，圣功也。"意思是：孩童时期就培养他们遵守正道，这是至圣之功啊。也就是说，父母在孩子还小的时候，就要把养正作为家庭教育第一目标，培养他们纯正无邪的品质，教育孩子遵纪守法，遵守伦理道德规范，养成良好的生活、学习习惯，塑造他们成圣成贤的气度和规模。从历史和现实看，养正教育的一个绝好方法就是诵读国学经典。国学经典是经久不衰的万世之作。孩子小的时候，让他们朗读记诵这些万世之作，涵养心性，培育气质，从而天天跟圣贤"接近"，天天跟圣贤"对话"，奠定入圣之基。尔后，随着时间的推移和阅历的增加，他们会慢慢领悟经

---

① 印光法师：《上海护国息灾法会法语》之《第二日说因果报应及家庭教育》，苏州：弘化社，苏出准印JSE0001832号，第7页。

典,理解圣贤,同时会产生"会当凌绝顶,一览众山小"的感觉,站得更高,看得更远,更好地理解人生,走好人生正道。

三是着力在五个方面做好家庭教育工作。家庭教育的内容是多方面的,然而《蒙》卦特别提出了五个方面的内容,我们应高度重视。蒙卦上卦为艮,下卦为坎,由这两个经卦和互体卦可以构成五个别卦:解卦、师卦、复卦、剥卦、颐卦。由此可见,家庭教育要着力在这五个方面下功夫:《解》卦讲的是危机处理教育,其核心是反身修德,即教育孩子遇到任何问题、挫折时都不可怨天尤人,要主动反省自己的过失,承担相应的责任,并及时找出解决问题的方法,化解危机;《师》卦讲的是人生之道,即教育孩子务必要遵纪守法,遵守正道,如此方能生活顺利;《复》卦讲的是因果教育,即教育孩子明因识果,诸恶莫作,众善奉行;《剥》卦讲的是生命教育,即教育孩子树立正确的世界观、人生观、价值观,做一个堂堂正正、有益于国家和社会的人;《颐》卦讲的是养生教育,即教育孩子珍惜生命,学会生活,学会养生,保持身心的健康平安。

第三节　易学与治世之道

112. 联系当代社会治理问题,如何理解《周易》的"圣人之道"?

《系辞传》提出了圣人之道,认为圣人之道在《周易》中主要体现在"辞、变、象、占"四个方面,其云:"易有圣人之道四焉:以言者尚其辞,以动者尚其变,以制器者尚其象,以卜筮者尚其占。"

第一,"以言者尚其辞"。这说的是《周易》以卦爻辞的形式表达圣人对于世人的教导和训诫。《系辞传》曰:"子曰:'圣人立象以尽意,设卦以尽情伪,系辞焉以尽其言,变而通之以尽利,鼓之舞之以尽神。'"《周易》的卦爻辞是表达卦象的,卦象又是表达卦义的,因此可通过卦爻辞来理解卦象,由卦象来领悟卦义。孔子在帛书《要》篇中说:与《尚书》相比,《易经》的内容保存完整,而且里面有古圣先王的遗言,要好好学习其中的人道教训啊。《周易》的卦爻辞即孔子所说的圣人之遗言,是"极深研几"之言,不能只照字面意思解释,必须借助卦象才能全面理解其含义。

第二,"以动者尚其变"。这说的是天地玄机不易掌握,《周易》将天地奥妙表达为六十四卦,以卦象的阴阳消长和卦序的推演来展示天地自然运行变化的规律,并以此告知人们,言行要与天地变化相一致,才能获得自然的护佑。

第三,"以制器者尚其象"。这说的是《周易》六十四卦是对万事万物的抽象和模拟,人们可以借助卦象来制作各种器物和工具。如《系辞传》中列举的圣人造宫室大概取自于《大壮》卦的卦象,制棺椁大概取自于《大过》卦的卦象,制书契大概取自于《夬》卦的卦象,如此等等,都体现了器物制造与卦象的关系。

第四,"以卜筮者尚其占"。这说的是由于《周易》六十四卦反映着自然运行的规律,因此可借助《周易》来推断事物的发展动向。

就当代社会治理而言,《周易》的"圣人之道"有着广泛而深刻的启发和借鉴作用。下面就以"以言者尚其辞"为例简要作一说明。

《大畜》卦六四爻辞:"童牛之牿,元吉。"童牛,指小牛。牿,是一种绑在牛角上使其不能顶触人的短木。爻辞是说,这种牛本来非常凶悍,所以趁它小的时候给它的角装上横木,止住其野性,以防止它顶人,开始就吉利。当然,这是就字面意思而言的。按照"以言者尚其辞"的解经体例,可以解读出更为深刻的意涵。从卦象上分析,《大畜》卦六四爻应于初九爻,"畜养"着初九之爻;初九爻处于整个卦的最下面,阳气微小而容易畜养制伏,就如同牛小的时候容易控制一样。就社会治理而言,指的是不好的事情刚刚萌发的时候,应及时制止,则能够消除隐患,避免大的问题发生;相反,如果任其发展,等到问题变大了,再去解决,就会造成大的损失,甚至是难以挽回的伤害。另外,根据社会治理中的"破窗效应",如果一个小的问题出现,未能得到及时解决,就会引发一系列类似问题的发生,结果会导致更大的问题。因此,必须及时发现问题,消除隐患,避免重大事故发生。由此可知,"童牛之牿,元吉"看似是在讲如何畜养牛的问题,实则是告诫世人要防微杜渐,"不治已病治未病,不治已乱治未乱",讲的是治身治国的大道。当然,《周易》中这样的例子比比皆是,可以说如果能够理解"以言者尚其辞"的要义,就会领悟到《周易》看似平实质朴的言语,实则都是开国承家修身的至言大道。

113.《周易》的忧患意识体现在哪里？这种意识对后代产生了什么影响？

　　《周易》卦爻辞中流贯着深沉的忧患意识,后来经过《易传》的解读和阐述,这种忧患意识逐步发展成为一种体系,并对后世产生了极为深远的影响,也使得忧患意识成为中国文化的基本精神之一。总的说来,《周易》的忧患意识主要体现在以下两个方面。

　　一是卦爻辞中的忧患意识。《周易》卦爻辞中虽然没有出现"忧患"这一独立范畴,但却包含着深沉的忧患意识,告诉人们要戒慎恐惧、防微杜渐、反躬自省、日夜惕厉、谦和处世、恒守正道,如此方能走好人生路。如《乾》卦九三爻辞曰:"君子终日乾乾,夕惕若厉,无咎。"是说君子从早到晚都要自我警醒,自强不息,即便到了晚上仍然精进不懈怠,以保证每天的所思、所言、所行都能坚守正道,这样才能保证不犯过错。这是告诫人们时刻保持思想警觉,时刻警惕自己的惰性,时刻严格自律,慎勿放纵自己,要把好防微杜渐的关口,可谓垂诫深远。又如《坤》卦初六爻辞曰:"履霜,坚冰至。"是说走路踩到霜,预示着寒冬不久将至,快要结冰了。这时就要及时准备御寒衣物,以免将来遭受严寒之苦。这是告诫人们不要以为当前没有危险就得过且过,不做准备,而是要懂得知几早辨、防微杜渐,看到苗头性的问题就要及早处理,尽快解决,这样才能避免积重难返。另外,《周易》卦爻辞中,有不少的"凶、悔、吝、厉、咎"等占断之辞,都是提醒人们戒慎自律,要有忧患意识。

　　二是《易传》中的忧患意识。《易传》对古经中的忧患意识作了系统的梳理和分析,使其中的忧患意识得到更为全面的彰显。首先是对《易经》成书背景的说明。《系辞传》说:《易经》应该成书于殷末周初吧,应该是文王与商纣王较量之时吧。写作《易经》的人,大概是很有忧患意识吧。因此,《易经》中充满了警惕危厉之辞,告诫人们时时刻刻都要警惕自省、谦虚谨慎,千万不要恣情纵欲,只有这样才能避免倾覆的危险,才能获得健康平安,这就是《易经》要告诉人们的大道啊。

接着进一步提炼出《易经》的重德思想。《易传》认为《易经》产生于殷末德行败坏、周朝道德昌隆之际。道德败坏者遭到上天的抛弃，道德昌隆者获得上天的垂青，历史昭然。于是《易传》提出，大到国家的兴衰成败，小到个人的安危祸福，都是和道德直接相关联的；而《易经》基于对历史规律的深度观察，告诉人们要自强不息，进德修业，只有这样才能趋吉避凶，顺利亨通。于是，《易传》自然得到这样一个结论：《易经》所忧患的是对道之不明、德之不修、学之不讲、闻义不能徙、不善不能改的深深忧虑与戒惧，因此反复嘱咐世人务要居安思危，常怀警惕戒惧之心，慎独自律、反身自省、修德进业，以求安康顺利、基业长存。

《周易》的忧患意识，特别是由忧患意识引发出来的重德思想，对中华民族产生了深远的影响，成为中华民族绵延不绝的思想基础和精神动力，也成为中华文化的基因和精髓。可以说，不论是先秦的诸子百家，还是汉唐儒学、宋明理学，以及佛老之学，无不浸润着《周易》的忧患意识、修德思想。时至今日，《周易》的这种忧患意识仍在推动着中华民族尊道重德，奋勇前行。

114.《周易》蕴含"法治"安邦与"德治"安邦思想吗？这些思想对于当今社会治理有何价值？

《周易》蕴涵着丰富的"法治"安邦与"德治"安邦思想，下面分别说明之。

一是"法治"安邦思想。《周易》的"法治"安邦思想，多侧重于司法审判的内容。如《噬嗑》卦《大象》曰："雷电，噬嗑；先王以明罚敕法。"是说要向民众申明法律法规，严肃刑法，维护法律的权威性。《贲》卦《大象》曰："山下有火，贲；君子以明庶政，无敢折狱。"是说对于案件的审理要遵循小心、谨慎、公平、公正的原则。《解》卦《大象》曰："雷雨作，解；君子以赦过宥罪。"是说对于违法乱纪但能够悔过者，可予以宽大处理。《丰》卦《大象》曰："雷电皆至，丰；君子以折狱致刑。"是说对于违法犯罪者进行审判，并进行惩处。《旅》卦《大象》曰："山上有火，旅；君子以明慎用刑，而不留狱。"是说对于案件的审判要严明、谨慎、及时，不拖延狱讼。《中孚》卦《大象》曰："泽上有风，中孚；

君子以议狱缓死。"是说对于案件要仔细、谨慎地进行审判决断,对于死刑更是要慎而又慎,延缓执行死刑。

二是"德治"安邦思想。《周易》的"德治"安邦思想,多侧重于德育方面。如《临》卦《大象》曰:"泽上有地,临;君子以教思无穷,容保民无疆。"是说要不遗余力地推行教育,培养人民良好的德行。另外,《观》卦《彖》"神道设教",《观》卦《大象》"观民设教",都强调道德教化的重要作用。《豫》卦《大象》曰:"雷出地奋,豫;先王以作乐崇德,殷荐之上帝,以配祖考。"提出用雅乐、正乐来净化人心,移风易俗,提高民众的道德水平。《蛊》卦《大象》曰:"山下有风,蛊;君子以振民育德。"是说当道德出现滑坡时,更要大力教诫百姓,全力引导人民培育道德。

《周易》蕴涵的"法治"安邦与"德治"安邦思想对于当今社会治理仍然有着十分重要的价值和意义。第一,要加强道德教育。孔子说:"我非生而知之者,好古,敏以求之者也。"[①]又说:"生而知之者,上也;学而知之者,次也;困而学之,又其次也;困而不学,民斯为下矣。"[②]唐代韩愈在《师说》中说:"人非生而知之者,孰能无惑?"从历史上看,人们大多不是生而知之的圣人,都是要靠后天的教育和学习才能明白人生的道理。故而《周易》不厌其烦地论及教育、学习之道。时至今日,这个结论依然是正确的。因此,在社会治理中要十分重视德育的重要作用,要系统设计,多措并举,推进道德教育,构建终身学习体系,培养人格健全、身心健康的国民。第二,要进一步推进依法治国。俗话说,"没有规矩,不能成方圆",一个国家要获得健康的发展,一方面要有伦理道德,另一方面还要有严明的法律法规体系。法律法规对于规范人们的行为,预防、打击罪恶,校正、扭转社会风气有着不可替代的作用。当今时代,要进一步加强立法工作,完备法律体系;强化法律法规执行力,全面落实依法治国基本方略;还要增强全民的法律意识和法制观念,引导大家知法、懂法、守法。第三,要严明谨慎审判各类案件。《周

---

① 《论语·述而》。
② 《论语·季氏》。

易》对于案件的审判十分重视,多次强调"明""慎"二字。当今依然要遵循这个原则,案件的审理判决要严明,查清案件真相,依法进行判决;动用惩处、刑罚时,要依法依规,反复斟酌,慎而又慎。

第十三章　易学与历史文化

第一节　以史解《易》

115. 古代以史解《易》的著作主要有哪些？其主要内容和特点是什么？

朱伯崑先生对"以史解《易》"问题有一段精辟论述："所谓引史证经，无非是引用历代统治阶级的政治历史，特别是封建时代王朝兴替的历史，以附会《周易》的卦爻象和卦爻辞。这种附会反映了一种易学观，即把《周易》看成是封建统治者治理国家的一部教科书。这样，就更增强了《周易》一书在经学中的地位。"①

从发展立场看，以史解《易》的历史大致可以分为五个时期：两汉前之萌芽期、魏晋至隋唐之发展期、两宋之成熟期、元明之推衍期、清代之极盛期。言及以史解《易》，自会想到宋之李光、杨万里。然援史证《易》之风，古已有之。自《易经》出现之后，成书于春秋战国之时的《易传》中已有很多史证之例。而后至秦汉之际，虽未形成正式宗派，但此期间易学大家之作品中却不乏以史解《易》之元素。焦赣、马融、荀爽等人的易学作品均有以史解《易》的痕迹，如焦赣在《随》卦辞的注释中提到汉高帝及项籍事；郑玄注《易》，也多举史事以说经明义，可谓汉时以史解《易》之代表。然而郑玄的著作存世不多，我们现在了解到的郑玄易学思想，多从宋王应麟所撰《周易郑康成注》等书中获得。

---

① 朱伯崑：《易学哲学史》第 2 卷，北京：华夏出版社，1995 年，第 369 页。

魏晋以降，治《易》者繁多。王弼注《易》，也可见引史证《易》之例，较之虞翻，其例证虽然较少，却颇具代表性。后之干宝、崔憬、侯果、何妥等人，亦继之。魏晋至隋唐间，唯干宝之《易注》最为突出。干宝生于东晋，时值王弼易学盛行，故其书受到王弼的一定影响，又兼取费氏、京房、虞翻诸家，涉及两汉互体、消息、五德终始等。其书最大特点即以史事证《易》，其中又以商周史事为重，很好地将商周历史与京氏象数融通。干宝以史解《易》的目的是阐明义理，将自己的历史观念融入书中。他肯定了历史变化的合理性，根据当时的政治需要，建构了君臣和谐的理想模式。质言之，干宝以史解《易》，关键在于通过史实说明德行的重要性，注古以论今，用以指导当世的德行，包括君臣之德行。纵观其书，可以发现其易、史互证的特点：注《易》时，引史事以阐明；解史时，又援引《易》之理。

两宋时期是以史解《易》的成熟期。胡瑗、程颐可谓史事宗之倡始人，而后在司马光、王安石、杨时、苏轼、项安世等人的作品中，均可见以史解《易》之例。至于李光、杨万里之《易》注，几乎以史事证全经，堪称两宋以史解《易》之典范。李光的《读易详说》，与干宝相比，并未太多关注于易象的问题，而是着力于人事：通过对历史事件的引证，表达自己对政治和社会的关注；提倡尊君尚贤，强调治国安邦；结合当时的社会环境，提出自己的政治见解，将哲学与政治结合起来。他援引历史，使自己的观点更具说服力，凸显《易经》的现实指导意义。杨万里的《诚斋易传》，引用上古尧舜至宋的重大历史事件，表达了"以史设教"的观点，体现了他对社会的人文关怀。其书揭示了杨万里的历史观：古今一也，希望通过对古史的梳理，找出适用于当时的历史规律。杨万里在援引历史事件时，深入浅出，点到即止，这构成了他以史解《易》的一个基本特点。此外，他在强调史事的同时，注重象数，对卦气、互体、爻辰之说均有采纳，史易相通，六经互证。

元明时期主要为史事宗的推衍期，李简、胡震、吴澄、蔡清、方孔炤、曾朝节、陆梦龙等人，均承袭两宋之风，尤其受到杨万里的影响。此时期以史解《易》虽然并未有突出成就，但也有个别成果值得一提，例如李贽《九正易因》，以史观易，以史统道，重视平等。书中多次引用杨万里的观点、例证,可见其对杨氏以史解《易》的认同。在论述中,李贽通过历史人物、事件的表述来阐述个人的情感、观点,以历史呈现道德观,强调历史的教化作用。另如王夫之,其易学风格独树一帜,重视义理的同时也采用象数之说,注重以历史事件来梳理易学义理,又用《周易》的思想来诠释历史。其主要作品为《周易稗疏》《周易外传》《周易内传》。王氏以史解《易》的特点是重视对《易经》中出现的历史事件的考证,并结合占理之象数派思想,以达到全面说明义理的效果。

  清代为史事宗的极盛时期,易学作品甚多,风貌各不相同,在援引史料的数量上有多寡之别,在方式类型上亦不尽相同。叶矫然《易史参录》专以史事说《易》;胡翔瀛《易经征实解》解六十四卦三百八十四爻,无不以史征实;吴曰慎《周易本义爻征》、金士升《易内传》引史以寄亡国之恨。前两者对于经义几乎不作训诂发挥。《易史参录》一书的最大特点体现在"参录"二字上,即篇中很多史事的援引出自前人之书,甚至在某些卦爻辞的解释上,只有援引而未抒己见。此外,重史事胜于阐释义理、于文中流露个人感怀,也是其特点之一。钱澄之《田间易学》充斥着以史解《易》的内容,其特点主要为:直接以历史人物或事件解释卦爻辞,以历史人物或事件来发挥义理。章学诚持"六经皆史"的观点,这使其易学著述呈现浓厚的以史解《易》的氛围。作为群经之首的《易经》,在章学诚看来是了解上古历史的重要史书材料。故而,他对《易》的认识,着重表现在对其史学价值的考证。彭作邦《周易史证》在引用史实时,涵盖了各个朝代,这与之前的干宝偏好引用商周史事大为不同,不仅在时间上持续长,而且在形式上表现广。该书基本做到了卦卦爻爻均引史以证,且史事与卦爻辞相契合。在引用史实的同时对其义理加以说明,也是他不同于他人之处。

116. 近代以史解《易》的学者主要有哪些?成就如何?

  至近代,也涌现出许多以史解《易》的大家,在风格上与前人不尽相同。如沈竹礽《周易说余》中对卦爻辞的史学解释仅限于三卦,并且态度上以揣度为多,这表明其研究多属片段性的感想,没有构成一个完整的体系。尽管如此,他开创了 20 世纪古史论的先河,开始将《周易》视作一部古史书。到章太炎,其易学的史学特色就更加明显。章氏以历史学兼容社会学的方法解《易》,将其视为从蒙昧时代到民本意识形成的社会进化发展史。其书中采用了西方进化论和人类学、社会学理论,这与当时的时代背景有很大关系。西学东渐,西方思潮的涌入,不单体现在政治思想上,还表现在学术观点和方法上。章太炎以史解《易》,但其解说仅仅到《否》卦止,以下诸卦则无解。从这点上看,章太炎的古史论研究规模较之沈竹礽有所扩大,但仍未形成完整体系。

第一个提出系统的《周易》古史观的是胡朴安。其《周易古史观》一书,每卦篇首均冠以《序卦》论述该卦的文字,足见其对《序卦》的重视。他认为:"六十四卦之记事,衔接而下,毫无前后凌乱之处。"胡朴安以古史眼光看《周易》,不讲宗派,摆脱义理、象数之别,仅以史实来解释《周易》,视《周易》全书六十四卦三百八十四爻为中国远古先民之发展史。同样的观点亦可见于郭沫若的易学思想。郭氏易学将《周易》视为了解古代历史,特别是春秋和西周时期历史的重要资料。他的研究打破了古代易学研究的路向,通过对《易经》中的材料进行分类,作为研究上古社会风貌的资料,为易学研究开辟了社会学研究之路。

同时期的顾颉刚开创了立足于历史演进观念的"古史辨派",其主要观点"层累地造成的中国古史"也影响到《周易》的卦爻辞考证,通过考辨,将卦爻辞反映的上古生活状况层层剥离出来。由此观之,顾颉刚的以史治易,目的是将《易》作为材料而服务于史学。这也是以史治《易》发展史上的一次转变。强调材料的真实性,冲破经学的羁绊,使得其易学研究转向科学化的方向,走上了考据、训诂之路。

闻一多《周易义证类纂》一文中钩稽的中国上古社会史史料达百条之多。其最大特点即以哲学观重新审视《周易》,视其为研究历史的原材料,将《周易》纳入到现代史学当中。在方法论上,采用中国传统考据学的同时,也结合了西方的社会学、人类学、符号学、解释学等方法。

117. 为什么说胡朴安《周易古史观》别开生面？价值何在？如何评价其研《易》思路？

纵观近代易学的发展，尤其是以史解《易》一路，胡朴安的易学著述是无法绕开的一环。胡朴安《周易古史观》是第一部从古史角度系统注释《周易》的著作。其书跳出历来易学研究的范式，不受宗派束缚，不尊义理，不谈象数，不蹈空而就实，不虚言而证史。胡氏认为《周易》一书是中国远古先民之发展史，全书六十四卦三百八十四爻的注释均与殷商之史实对应。其书以《乾》《坤》两卦为绪论，以《既济》《未济》两卦为终了。中间六十卦记载殷商周初六十事：上经自《屯》卦至《离》卦，为草昧时代至殷末之史；下经自《咸》卦至《小过》卦，为周初文王、武王、成王时代之史。六十卦记载顺序俱有因果，如《革》卦，是周革殷命之事；《鼎》卦，是周革殷命以后正位之事；《震》卦，是正位以后治民之事；《艮》卦，是迁徙殷顽使之各安其土之事；《渐》卦，是殷顽迁徙之后教以组织家庭之事；《归妹》卦，是殷贵族之女归于男家之事。全书摒弃义理的解释方法，强调文字训诂。由此，六十卦与六十事相契合，自圆其说，不失为此书一大特点。以《谦》卦为例，传统之解读为君子修养之意，而胡先生从文字训诂的角度，以"谦"字解释为"兼"字，认为此卦记载了王教民以稼穑的历史事件。

胡朴安之所以以古史的眼光看待《周易》，一是因为易学史上历来有以史解《易》的传统，二是与其当时所处的时代背景有关。民国时期，西方思潮涌入中国，学术思潮激荡，西方近代史学多重视社会史，尤其是西方社会制度的变革往往从历史中寻找依据，胡先生身处此种大环境中，受到一定影响也不足为奇。

《周易古史观》一书，不仅开创了20世纪易学研究的新局面，也为后世的哲学研究提供了新的方向。将六十卦看作殷周的断代史，也为我们了解殷周时期的社会生活提供了很好的视角。且不论其内容表述是否有牵强之处，单就其独特视角而言，也有开创之功。需要指出的是，《周易》一书中虽有不少史实，但将其完全等同于史书，事事句句坐实，难免以偏概全。胡氏认为六十四卦中间六十卦皆是历史记事之文，无一字不解,无一句不说,但在具体解释时却失之于笼统,只说穴居野处、田猎游牧、定居农耕、饮食迁徙、争讼战争等逻辑上的先后次序,并无具体的时间线索。此外,胡氏书只重文字训诂而不言象,这与《周易》本身观象设卦的特点不符,也有不当之处。

第二节 《周易》的历史积淀

118. 向来有"六经皆史"的说法,《周易》经传涉及哪些重大政治事件?

"六经皆史"的说法由来已久,将《周易》视为一部上古人民社会的发展史,或者从经传中考据历史事件,历来是易学研究的重要组成部分。《周易》经传中涉及为数不少的重大历史事件,梳理如下:

《大壮》卦六五爻辞:"丧羊于易,无悔。"《旅》卦上九爻辞:"鸟焚其巢,旅人先笑后号咷,丧牛于易,凶。"两爻辞中提及的"丧羊""丧牛""易"与《山海经》《竹书纪年》和《楚辞》中提到的殷先人王亥事件相符。《山海经》引《竹书纪年》云:"殷王子亥宾于有易而淫焉,有易之君绵臣杀而放之。是故殷主甲微假师于河伯以伐有易,遂杀其君绵臣也。"而《旅》卦中论及"旅人",有学者认为此卦描述了迁岐过程中的早周民族,同样是当时政治事件的缩影。

《既济》卦九三爻辞:"高宗伐鬼方,三年克之,小人弗用。"《未济》卦九四爻辞:"震用伐鬼方,三年有赏于大国。"两爻辞中提及的"高宗伐鬼方"一事,也可以在《诗经》和《竹书纪年》中找到印证。《诗·商颂·殷武》说:"挞彼殷武,奋伐荆楚……昔有成汤,自彼氐羌,莫敢不来享,莫敢不来王。"《今本竹书纪年》于武丁三十二年记曰"伐鬼方,次于荆",三十四年记曰"王师克鬼方,氐羌来宾"。文中记载的"鬼方"指的是今汾水谷地平原及其北部至太行、常山一带,是以游牧民族为主的联合体,势力比较雄厚。殷商初年,该游牧部落常侵扰边地,掠夺财物,滋扰生产。如此一来,当时刚形成的安定的农业定居生活受到了严重的干扰,而且政治经济的发展也受到了严重的威胁。为了维护国家安全和国民生活的安定,武丁指挥军队,集中主要力量对鬼方进行了时间较长、规模较大的征伐。文献记载武丁用三年时间将其击败,从这可以看出当时鬼方的力量也是很强大的。

《泰》卦六五爻辞:"帝乙归妹,以祉,元吉。"《归妹》卦六五爻辞:"帝乙归妹,其君之袂不如其娣之袂良,月几望,吉。"两爻辞中所记载的婚嫁之事是指商王帝乙(纣之父)将少女嫁给周文王,也从侧面反映了殷末的商周关系。《诗·大雅·大明》云:"挚仲氏任,自彼殷商,来嫁于周,曰嫔于京。乃及王季,维德之行。太任有身,生此文王。"这是说王季之妃太任是由殷商娶来的,她是文王的母亲。又云:"文王初载,天作之合,在洽之阳,在渭之涘。文王嘉止,大邦有子。大邦有子,俔天之妹。文定厥祥,亲迎于渭。造舟为梁,不显其光。有命自天,命此文王。于周于京,缵女维莘。长子维行,笃生武王。保右命尔,燮伐大商。"这是说文王娶妻的情形。

《明夷》卦六五爻辞:"箕子之明夷,利贞。"爻辞中提及的箕子,恰是殷商名臣,其中的"明夷"与箕子的事迹有关。殷商之末,纣王暴虐,箕子屡谏而不纳,便披发佯狂,纣王遂将其囚禁为奴。武王灭商建周后,命召公释放箕子,向箕子询治国之道,箕子念殷商之故,不愿做周的顺民,选择离开。

《晋》卦卦辞:"康侯用锡马蕃庶,昼日三接。"说的是周康叔封战胜敌人,献马于周王的故事。也有解释为康侯勤奋为民,受百姓爱戴的。康侯指创业之侯,他把马赏赐给老百姓,用这样的方法来帮助百姓生产致富,每天多次接待来访者。

《革》之《彖》说到"汤武革命",此所谓"汤"即商汤天乙,他反抗夏桀的残暴统治,建立起新的统治秩序;而"武"则指周武王,他推翻了商纣王的统治,建立西周。这两次王朝更迭合称为"汤武革命"。

119.《周易》哪些卦反映了古代的军事活动?

除了直接反映政治事件的卦爻辞外,《周易》中的很多卦爻辞还向我们展示了古代的军事画面,这些画面与《春秋》所描述的战争有许多共同点,将其视为军事生活的真实记录,是有据可依的。

《既济》卦九三爻辞:"高宗伐鬼方,三年克之,小人弗用。"此爻辞揭示了地处中原的殷王朝与西北民族争战的激烈与旷日持久。《师》卦集中阐发了《周易》对战争的深刻认识,其初六爻辞"师出以律,否臧凶",强调军队的纪律;六三爻辞"师或舆尸,凶",说的是兵败卒死,车载尸体而归,太不吉利。《复》卦上六爻辞:"迷复,凶,有灾眚。用行师终有大败,以其国君凶,至于十年不克征。"说的是不能迷途知返,必然凶险,这时如果有军事行动,会大败,累及国君,以至于十年之久都不能讨伐敌人。这不仅反映了军事行为,也揭示了当时初步的军事理论。《同人》卦九三爻辞:"伏戎于莽,升其高陵,三岁不兴。"此爻辞强调了伏击战的重要性。《同人》卦九四爻辞:"乘其墉,弗克,攻,吉。"说的是要一鼓作气,速战速决,才能取得胜利。《离》卦上九爻辞:"王用出征,有嘉折首,获匪其丑,无咎。"说的是君王亲征,能鼓舞士气。

120. 从《周易》经传可以看到上古什么样的民俗风情?

既然说"六经皆史",那么经传当中除了反映政治军事生活的卦爻辞,自然还有一些卦爻辞可以帮我们追溯当时的民风民俗。有了这个有机的组成部分,才可以说还原了较为真实的上古历史风貌。

首先是反映上古婚嫁风俗的卦爻辞。上古时期,宗族子嗣的繁衍被视为重中之重,故而经传中很多处都涉及婚嫁和生子的问题。如《归妹》卦六五爻辞中提到"帝乙归妹",《泰》卦六五爻辞中同样出现"帝乙归妹,以祉,元吉"。关于帝乙具体指哪位君王,学界有所争议。但不论具体指谁,可以确定"帝乙归妹"说的都是殷商王室嫁女之事。《归妹》卦集中反映了当时的媵婚制。所谓的"反马以归"说的是婚礼结束后三个月的一个特殊礼仪,即男方家应及时将女方送嫁妆来的马队返还给女方家。"反归以娣"说的是婚礼结束后三个月,在返还马匹的同时,如果作为陪嫁的媵女即嫡妻之娣年龄太小还未成年,则在参加完婚礼后又返回娘家,待年长后再送到夫家。

《屯》卦六二爻辞:"屯如邅如,乘马班如,匪寇,婚媾。女子贞不字,十年乃字。"描述的是当时民间抢婚的习俗。《睽》卦上九爻辞:"睽孤,见豕负涂,载鬼一车。先张之弧,后说之弧,匪寇,婚媾。往遇雨则吉。"形象地描写了众多化装抢婚人的活动。也有学者认为这可能是巫俗在婚俗中的反映。《贲》卦六四爻辞："贲如皤如，白马翰如，匪寇，婚媾。"揭示了当时婚俗尚白，装饰打扮白色素净，整个迎亲的马队皆为白色。爻辞中的"匪寇，婚媾"也再次印证了抢婚的风俗。

《同人》卦六二爻辞："同人于宗，吝。"此爻辞从侧面反映了西周时期的婚礼制度。"同人于宗"，即同姓相娶，这种行为与西周之礼不合，故为吝道。同姓不婚为周道，殷与殷以前婚姻则不忌同姓。此外，《姤》卦卦辞"勿用取女"，也契合了当时殷周婚俗中关于婚期的问题。殷商时期，将婚期定于第一年季秋至于第二年孟春。至周时，将殷制之婚期改为仲春，以仲春为婚月之正；三月至五月也可行婚礼；如遇夏晚，则要等到第二年仲春才可行礼。而《姤》卦所对应的时间已属夏晚，因此说"勿用取女"。

六十四卦中，还有一些卦爻辞反映了当时社会的一些特殊的婚姻状况。如《大过》卦九二爻辞："枯杨生稊，老夫得其女妻，无不利。"比喻老夫得到少妻。《大过》卦九五爻辞："枯杨生华，老妇得其士夫，无咎无誉。"比喻老妇得到少夫。《渐》卦九三爻辞："鸿渐于陆，夫征不复，妇孕不育，凶；利御寇。"揭示了当时的一种婚姻生活状况：丈夫远征不返家，妇女不能正常生育。

如果说先民将婚嫁视为宗族延续的必要环节加以重视，那么祭祀则是先民生活中另一重大事件。前者反映出人们对于生命、对于未来的期冀，后者反映出人们对于祖先的景仰、对于不可抗力的崇拜。祭祀在商周的神权社会生活中占有很大比重，尤其是皇室对祭祀颇为看重。六十四卦三百八十四爻中多处可见祭祀的痕迹，《易传》中亦然。

在《萃》卦和《涣》卦中都曾出现卦辞"王假有庙"，这反映出君王到宗庙举行祭祀典礼的情况：祭祀的主体是一国之君，祭祀的对象是天帝和祖宗。这也正是当时社会的真实写照。祭祀往往以帝王为主。《鼎》卦之《彖》曰："圣人亨，以享上帝。"圣王用鼎烹饪(牺牲)以祭祀上帝。《涣》卦之《象》曰："风行水上，涣；先王以享于帝，立庙。"风行水上为该卦卦象，先王见此，乃去祭祀上帝，设立宗庙供奉神灵，以防民心涣散。《豫》卦之《象》曰："雷出地奋，豫；先王以作乐崇德，殷荐之上帝,以配祖考。"先王效仿雷出地奋的卦象,作乐以增崇其德,举行盛大的祭祀。

此外,古代祭祀十分强调祭祀的诚意,认为只要心怀敬畏,即使简单的祭礼也可获得吉祥。如《既济》卦九五爻辞云"东邻杀牛,不如西邻之禴祭,实受其福",东邻殷商杀牛举行盛大的祭祀典礼,还不如我西周举行简单的祭祀而实际受到上天的赐福。从这点也可以看出当时人们对祭祀的态度十分诚挚。

祭祀活动发展到后期,仪式当中的一些特有动作慢慢演变为歌舞。祭祀不再仅仅是表达对神灵、祖先敬意的活动,由其演变而来的歌舞慢慢融入人们的日常生活中。《周易》中的一些卦爻辞也反映了上古先民的文化生活。上文提到的《豫》卦之《象》中:"先王以作乐崇德,殷荐之上帝,以配祖考。"先王作乐,是为了祭祀神灵祖先。同时,舞乐的产生也大大丰富了先民的生活。由此亦可见,早期的舞乐是祭祀活动的一部分。此外,其他卦爻辞中也有关于乐器的描述:《离》卦九三爻辞:"日昃之离,不鼓缶而歌,则大耋之嗟,凶。"《中孚》卦六三爻辞:"得敌,或鼓或罢,或泣或歌。"当时的音乐器具类型较少,不外乎鼓或缶,甚至"不鼓缶而歌"即徒歌,可见,当时的音乐艺术还不是很发达。

除了文化生活之外,物质生活是人类存在的最基本表现,这在《周易》卦爻辞及《易传》中多有反映,如渔猎、畜牧、农耕等。通过这些描述,我们可以得出结论:殷周时期人类生活已经由杂居进入到定居状态。如《屯》卦六三爻辞"即鹿无虞,惟入于林中",《解》卦九二爻辞"田获三狐,得黄矢",《解》卦上六爻辞"公用射隼于高墉之上,获之,无不利",《旅》卦六五爻辞"射雉,一矢亡",等等,从这些卦爻辞中可以看出当时田猎生活的风貌。畜牧业在《周易》的时代已相当发达,书中出现的家禽家畜就有牛、羊、豕、马、鸡等。如《离》卦卦辞"畜牝牛,吉",《旅》卦上九爻辞"丧牛于易",《大壮》卦九三爻辞"羝羊触藩,羸其角",《归妹》卦上六爻辞"士刲羊,无血",《大畜》卦六五爻辞"豮豕之牙",《睽》卦上九爻辞"见豕负涂",《睽》卦初九爻辞"丧马勿逐,自复",《中孚》卦六四爻辞"月几望,马匹亡",等等。

第三节　易学的历史精神

121.《系辞传》是如何把卦象解释与历史发展结合起来的？从中可以得到什么启示？

《周易》一书中，卦爻辞的很多表述是历史的缩影。而《易传》当中的表述，也体现了一种历史观。如《系辞传》云："是故阖户谓之坤，辟户谓之乾，一阖一辟谓之变，往来无穷谓之通……是故《易》有太极，是生两仪，两仪生四象，四象生八卦，八卦定吉凶，吉凶生大业。是故法象莫大乎天地，变通莫大乎四时。"坤的阖（闭）和乾的辟（开）一应一合而生变化，推动事物的变化发展。从太极到两仪，到四象，再到八卦，天地万物就是这样一步一步进化来的。这段话反映了《周易》的自然发展观。自然大环境具备后，有了孕育生命的条件，才出现了人类。说到人类社会的历史发展，《系辞下》第二章有明确的阐述：离中虚，像孔眼，又离为目，有网罟的象征。包牺氏取《离》卦之象，编绳结网，以之为工具猎兽捕鱼。数百年后，神农氏取象于《益》卦，砍削树木制作成许多耕作器具，增强了工作效率，粮食增收。人民生活得到改善后，神农又规定中午为买卖时间，大家可以在指定的时间、地点相互交换所需物品，是取象于《噬嗑》卦。随着人类社会的发展，至黄帝、尧、舜氏，生活日趋繁荣，旧时的制度已不适用，所以黄帝、尧、舜诸古圣人先王开始进行变革，设立百官，各尽其力，天下太平，以至于垂拱而治，这是取《乾》《坤》两卦之象。古先民又取象于《大壮》卦，从上古时的洞穴时代进入到民居时代，建筑宫室，上有栋梁，下有檐宇，以防御风雨。圣人观《涣》卦而凿木成船，以便于来往互通；取《随》卦之象而用牛、马为车，以载重物赴远地。发明杵臼，以利民食，是取象于《小过》卦。将小木条做成绳索弓，把木材削成箭，继而用弓箭来征服天下，是取象于《睽》卦。古时丧葬，弃尸于荒野，仅在尸体上堆积木材。后圣人观《大过》卦之象，制定丧礼，换用棺椁以殡葬，且规定服丧日期。后来又观《夬》卦而立文书契据，告别了结绳记事的时代。如此一来，百官利于治理，万民赖于书契而有所稽查，不致误事。

由此发展过程可以看出人类社会历史变化的足迹：从"穴居而野处"到"易之以宫室"，从"葬之中野、不封不树"到"易之以棺椁"，从"结绳而治"到"易之以书契，百官以治，万民以察"，由原始杂居状态慢慢过渡到了定居的文明时代，从原始社会开始进入到阶级社会。

从《系辞传》可以看出：《周易》的自然历史观和社会历史观，深层的思想宗旨乃在于一个"变"字，只有变通，才能不断发展。《周易》中反映出的这种变易，其本质是一种进步的表现。人们通过观测了解并掌握了这种变化的规律，故而能够更好地适应自然和治理人类社会，推动其发展。

122. 结合《周易》涉及的历史事件，如何理解"原始要终，以为质也"？

《系辞下》提出"原始要终，以为质也"，即要追溯事物的原始开端，归纳事物的终结，以探索事物的本质。"汤武革命，顺乎天而应乎人"，商汤革夏命、周武王伐纣革商命，是顺乎自然规律、合乎民心的大事。这里的"顺天应人"，充分肯定了汤武革命的合理性，在思想史上产生了重要影响。这种进步的历史观直接影响了汉代伟大的历史学家司马迁。他认为"桀纣失其道而汤武作……秦失其政而陈涉发迹，诸侯作难，风起云蒸，卒亡秦族。天下之端，自涉发难"，历史的发展规律应是顺天应人的：当暴政失去民心，违背天命，就会出现有识之士揭竿而起，创造新的王朝。基于此历史观，司马迁将普通的农民起义领袖陈涉、吴广的传记列入"世家"，并紧列在大圣人传记《孔子世家》之后，充分肯定了陈涉起义的历史作用，而非站在官方立场批判他们为暴徒。从这点可以看出汤武革命对后世社会发展的影响。《易传》中也对汤武革命的合理性作出了肯定，这其实是《周易》所折射出的一种社会历史发展观，即顺应规律才能存在。司马迁的历史观也是如此。这种历史观，"原始要终"可追溯至《易传》。

123. 从《序卦》可以看出《易传》什么样的历史观？这种历史观对于理解人类历史有何意义？

《序卦》从逻辑上解释了六十四卦之间的排列关系，这种排列反映了人类社会发展史的渐进过程。如《序卦》中解释说："需者，饮食之道也。饮食必有讼，故受之以讼。讼必有众起，故受之以师。"由此描述可见，人类社会的文明史是从饮食之道开始的。从茹毛饮血的原始生活到饮食之道的形成、归纳，这是一步跨越，同样也是《序卦》所反映的历史观，其认为人类社会的发展首先是建立在基本的人性需求上的。儒学发展至宋明理学时期所提倡的"存天理，灭人欲"与《序卦》中所揭示的建立在人性基本需求基础上的社会进化历史观背道而驰。

"有天地然后有万物，有万物然后有男女"，一个"然后"，涵盖了人类社会历史发展中的漫长阶段。"有男女然后有夫妇"，从原始社会的男女关系到婚姻制度的出现，又是人类进化史的一个标签。"有夫妇然后有父子"，其中隐含了从母系氏族社会到父权制度出现的漫长过程。"有父子然后有君臣"，说的是从父权制度的简单建立到完善的阶级社会、国家机器的诞生。国家建立后，更加着重强调各种社会关系，强调礼仪。由此观之，《序卦》不仅解释了六十四卦的排序问题，更反映了人类社会的发展历史。它从社会结构方面说明了社会的发展，对历史阶段性的意识十分清晰。其中隐含的对于国家起源的解释，也十分接近历史实际。

第十四章　易学与书画艺术

第一节　易学与艺术审美

124. 当代学界研究《周易》美学思想的主要著作有哪些？各有什么特点？

关于《周易》美学的研究，北京大学叶朗所著《中国美学史大纲》①中设有专章"《易传》的美学"。他认为，《易传》（主要是《系辞传》）在美学史上的地位极其重要，它突出了"象"这个范畴，并提出了"立象尽意"和"观物取象"两个命题，从而构成了中国古代美学发展的重要环节。《易传》的辩证法思想，对中国古代美学的发展产生了深远影响，战国时期儒家学者提出的"赋""比""兴"这组范畴，对诗歌艺术中"情意"与"形象"关系的分析与概括，实际上就是对《易传》所提出的"立象以尽意"命题的进一步展开。

武汉大学美学研究所刘纲纪所著《周易美学：新版》②，从《周易》原典出发，详细阐释了《周易》所包含的重要的美学思想。在绪论之后，逐一分析"美""文""大和""刚""柔"以及卦象的构成等的美学意义，最后指出"刚健笃实、光辉日新"是中国美学的伟大精神。该书成功地运用了将文字训诂考证与思想理论分析相结合的方法，既注重考证的学术价值，通过训诂并结合历史背景弄清《周易》本文的含义，同

---

① 叶朗：《中国美学史大纲》，上海：上海人民出版社，1985年。
② 刘纲纪：《周易美学：新版》，武汉：武汉大学出版社，2006年。

时又更为强调思想分析,把《周易》的美学精神提至现代哲学的高度展开创造性的诠释。如作者通过对《周易》有关美的文字词语的考证,指出《周易》关于"美"的观念也可以概括为一句话:"生命即美"。在古代思想史研究和古代美学史研究中,将美和生命联系在一起,无疑是非常精练而独到的。该书的另外一个特色就是,注意将《周易》哲学和美学思想与西方哲学和美学中相关的思想加以比较,运用辩证的观点分析其异同,评价其优劣。

复旦大学中文系王振复所著《大易之美:周易的美学智慧》①,运用文化人类学关于巫学的理念与方法解"易",以既诗性又智性的文笔阐述了神秘而玄妙的易学世界,从探读《周易》象数之学入手,揭示《周易》美学智慧的巫文化根因、时间哲学、生命意识、和兑境界、人格模式与太极理想。作者认为,《周易》卦爻符号系统是中华古人创造的文化符号"宇宙",它包蕴着原始科学、原始巫术、原始艺术审美等萌芽因素。书中关于"时"与"和"的论述颇有创见。作者认为,《周易》美学智慧文化哲学的基因是"气",其内涵是"时",由此构建了中华古代的人文时间美学观,即尚"变"的美学观;"时"与"气"相连,"气"的流动就是"气"在"时"中的发展流变。《周易》之"和"乃生命之大美,而"和"最重要的文化和美学意蕴是指人的生命之"和"以及阴阳交合之"和"。"中和"是中华民族追求的崇高审美境界。

吉林大学文学院张锡坤和他的博士生姜勇、窦可阳所著《周易经传美学通论》②是近年来研究《周易》美学卓有成就的学术著作,其核心立意乃不满于近百年来易学界形成的《周易》"经传分观"论,而提出"经传贯通"的要求和主张。作者认为,易学由经到传的发展,当视为一个解释性创作的历程;要真正接近作为易学经典文本的《易经》与《易传》,讨论其中的美学观念,就必须对二者进行整合性的处置和理解,走出"经传分离"的误区。此即该书称为"通论"的用意所在——"通",既是全整、通盘之"通",也是贯通《经》《传》之"通",以此打破经

---

① 王振复:《大易之美:周易的美学智慧》,北京:北京大学出版社,2006年。
② 张锡坤:《周易经传美学通论》,北京:生活·读书·新知三联书店,2011年。

传美学研究严重失衡的现状。该书体现出的创新之处在于：其一，攻克了《易经》美学研究的难题，最大限度地对其包含的美学思想作钩沉，推进学界研究由传到经的延伸和溯源；其二，找到了经、传美学思想的差异与联系，纳儒、道、诸子美学于其间，使上古美学思想的研究呈现出以《周易》为枢纽的系统性，为先秦美学思想研究的内在建构提供了一种新的学术范式。其三，打通了《周易》美学与文学理论、书画理论等多个领域的关联。这些创新对学术研究是有重要贡献的。

安徽大学中文系王明居所著《叩寂寞而求音——周易符号美学》①，则运用符号学的原理论述周易美学。该书首先介绍了《周易》"天""地""人"的符号八卦"象""重""变""动"等特点，然后论析了符号美学的自然美、社会美和艺术美的隐形系统，阐释了"有无、虚实、文质、美丑、大小、悲喜"等范畴，"观物取象、立象尽意、意象交叉、得意忘象"等意象，以及其逻辑判断、二律背反、生命意识、阴阳刚柔、方圆、中和等特质，最后把《周易》与黑格尔、康德、莱布尼茨等西方哲学家美学思想作比较，以求拓展其美学内涵与审美价值。

江苏大学艺术学院张乾元所著《象外之意：周易意象之学与书画美学》②，系统论述了《周易》"意象""刚柔""蒙养""素""贲""神""妙"等范畴的美学特征，以及这些范畴所形成的文化观念对中国书画艺术的影响，并从易学意象学关于"物""象""意"关系的阐述入手，分析书画艺术"观物取象""立象尽意"的审美观照理念，解读《书断》《书谱》《石涛画语录》《宣和画谱》《画学心法问答》等重要的书学画学典籍，破释"五色文章黼黻"论、谢赫"六法"论等，首次从意象学的角度确立了中国书画易学美学体系。

125.《周易》审美观念可以概括为哪几个方面？

《周易》作为我国古代最重要的文献典籍之一，被认为是"群经之首""大道之源"。它是中国古典哲学的源头、华夏先民智慧的结晶，其

---

① 王明居：《叩寂寞而求音——〈周易〉符号美学》，合肥：安徽大学出版社，1999年。
② 张乾元：《象外之意：周易意象学与中国书画美学》，北京：中国书店，2006年。

思维方式几乎对中国文化的方方面面都产生了深远影响。《系辞传》说:"《易》之为书也,广大悉备","以言者尚其辞,以动者尚其变,以制器者尚其象,以卜筮者尚其占"。后世的哲学、政治、经济、军事、宗教、科技、文学、建筑、绘画、武术等无不可以在《周易》中找到思想渊源。

同时,《周易》中包含着丰富的审美意识,并暗示了不少审美规律。几千年来,《周易》始终为人所津津乐道,不仅仅在于其占筮或相关功能,更在于其美学价值。它在总结我国先民的早期审美活动的同时,也奠定了后来华夏传统美学的基石。在《周易》中,尽管直接阐述美学思想的文字并不多,但它在美学史上的地位却极其重要,对中国古代美学的发展有着深刻的影响。《周易》的审美观念主要表现在以下几个方面:

第一,阴阳之道。

《周易·说卦传》曰:"观变于阴阳而立卦,发挥于刚柔而生爻。"世间万物无非阴阳,《易经》用最原始最简单的阴阳两爻来表征。如果说《易经》还只是以阴阳为基础构建起来的符号体系,那么到了《易传》,阴阳则被提到了哲学高度,被赋予了无限丰富的内涵和解释空间,以至世间一切事物乃至事物的内部构成和外在形式,都可以用"阴阳"这一对范畴来考察,阴阳范畴也就有了美学意蕴,在与刚柔的结合中演化为阳刚、阴柔的概念,而成为中国美学的核心范畴。

《周易》虽然没有明确提出"阳刚之美"的概念,但对这种特质却予以形象的描绘,并持一种肯定和颂扬的语气和态度。如《豫》卦中说:"雷出地奋,豫;先王以作乐崇德,殷荐之上帝,以配祖考。"这种"雷出地奋"即充满阳刚之美。《大壮》卦之《象》曰:"大壮,大者壮也。刚以动,故壮。"此可谓壮美。同时认为"雷在天上,大壮"——"雷在天上"这样的景象,也是颇能给人以壮美或阳刚之美的感受的。《系辞下》说:"上古穴居而野处,后世圣人易之以宫室,上栋下宇,以待风雨,盖取诸《大壮》。"这里的"大壮",同宫室的高大、雄伟、壮丽联系起来了。

《周易》对阳刚之美论述最详之处乃对《乾》卦的解释。因为乾代表天,且具有纯阳至刚的特点,乾的美,实际是阳刚之美最集中的表现。"乾:元,亨,利,贞。"《周易》作者通过对大自然的直感观察,认为"天"体现着元始、亨通、和谐有利、贞正坚固这四种德性。同时阳刚之美不仅表现在大自然的伟大力量之中,而且也体现为人的精神非凡与品格崇高——"天行健,君子以自强不息"的积极进取,敢作敢为、坚不可摧、勇猛精进的精神,及"修辞立诚""顺天应人""与时偕行""化成天下"的崇高道德品质。

《周易》中与"阳刚之美"并存的还有"阴柔之美"。在《周易》的卦爻辞中有些就体现了阴柔之美,如《坤》卦的"天地变化,草木蕃",《蛊》卦的"山下有风",《升》卦的"地中生木",《中孚》卦的"鸣鹤在阴"。对"阴柔之美"论述最集中者还是《坤》卦。乾为天,坤为地,《乾》德以"统天"为本,《坤》德以"顺成天"为前提,故《乾》刚《坤》柔。坤为地,具有纯阴至柔的特点,《坤》的美,是阴柔之美最集中的表现。

《说卦》谓:"坤地也,故称乎母。"在《周易》思想中,坤指代大地,象征母亲。而大地和母亲均具有化育、承受、包容的德性,所以坤也有这种品质。《坤》卦之《彖》曰"坤厚载物,德合无疆",其《象》称"地势坤,君子以厚德载物"。所谓"厚德",就是一种宽厚、博大的爱。而最能体现这种爱的,首先是无私地抚育、照顾子女的母亲,以及负载万物使其顺利生长的大地。因此在这里,"坤"的"阴柔之美",即是宽厚博大的母爱和崇高的道德品格的表现。《坤》卦之《文言》曰:"后得主而有常,含万物而化光。"说明了其不为物先的含蓄之美,以及"含弘光大,品物咸亨"的包容广大和滋润万物之美。

阴、阳既是宇宙生命运动中的两种基本要素,同时其相互作用又构成宇宙运动的内在动力。在《周易》看来,阴阳不是孤立自存、彼此隔绝的,而是相互依存、相互补充、相互渗透、相互作用的。《周易》认为,阴阳的相互作用是宇宙万物生成变化的根源——"刚柔相推,变在其中矣""刚柔相推而生变化",也是化生宇宙万物生命机体的根本性力量:"天地氤氲,万物化醇;男女构精,万物化生。"这种对立与统一促进了事物的发展与变化,而《易传》所确立的"一阴一阳之谓道",更是把阴、阳提升为一对可以解释一切现象及其存在的最高哲学范畴,并把阴阳变化规律看作统率天地万物及社会人生的一个最为普遍的规律。

第二,贵和尚中。

《周易》每卦六爻中,都以二、五为"中"。二是阴之"中"位,五是阳之"中"位。二、五为"中",相应为"和",有"中和"之美。在六爻关系上,又确定了柔居二位、刚居五位,是刚柔得位得"中"又相应,体现着阴阳对立统一的整体和谐无偏胜,完全合乎规律性。其占辞一般皆为"大吉""元吉"和"贞吉"。如果柔爻居五位,刚爻居二位,虽未得位但却得"中"而相应,可以互补而协同,仍保持着对立面的和谐与稳定,同样可以得吉辞。如果二、五之位的刚柔既不当位又不相应,虽然不协同,但按《易》例规定,"中"大于"正",在一定卦时的制约下,柔得五之中位又意味着柔有阳刚之助而不过柔,刚得二之中位又意味着刚有阴柔之补而不过刚,刚柔互补而适中,如此亦可得吉辞。

据统计,"中"在《周易》中出现一百二十六次,其中,《易经》中出现十三次,《易传》中出现一百一十三次。其《彖》言"中"者共有四十五处,涉及三十七卦。其《象》言"中"者共有五十二处,涉及四十一卦。《周易》中与"中"相关的语汇还有"中正""正中""得中""刚中""柔中""中行""使中""在中""中直""大中""积中""中道""行中""未出中""久中""位中""中未变""中有庆""中不自乱""中心为正""中心为实"等,明显地表明了尚中思想。《周易》还特别强调"时中"。所谓"时中"就是根据客观条件的变化,随时进行调整而执"中",以达到灵活运用。这些足以表明,"中",即阴阳对立面的统一和谐,不仅仅是理论的问题,而且是作为一个极其重要的思想方法而被普遍加以应用。

"中和"思想的理论基础是"保合太和,乃利贞"。《周易》认为天地万物的变易是绝对的,它们无论何时何地无不处于变化之中;但又并不否定事物的相对稳定和对立面的统一。朱熹在《周易本义》中说:"变者,化之渐;化者,变之成。"变化本身已包含着相对稳定性和统一性。

在阴与阳的内在关系中,协调、统一与和谐是基础,和谐既是宇宙万物的基本状态,又是其最佳状态。《周易》认为,阴与阳在本质上是和谐的,阴阳和谐也是天地万物发展、变化的基本规律,所以《说卦》说"分阴分阳,迭用柔刚",《系辞下》说"阴阳合德,而刚柔有体"。《杂卦》又说:"乾刚坤柔,比乐师忧。"乾为刚,坤为柔,双方互相亲附,就会带来欢乐;双方互相对抗,就会带来忧患。由此看来,要求阴阳和谐统一是《周易》的基本原则。清代思想家连斗山在《周易辨画》中指出，"两美相合为嘉"，也就是说，阳与阴乃世之两美，有相感相合之德，阳遇阴则通，阴遇阳则明，这样才能达到生命世界的亨通与繁茂。这是《周易》的核心思想，也是"中和"美学观在《周易》中最完美的体现。

《周易·乾》卦之《象》曰："乾道变化，各正性命。保合太和，乃利贞。"阴阳和谐是天地大化流行的根本，故谓之"大和"。"大和"也叫"太和"。所谓"大和"，就是阴阳对立面之力量的均衡无偏胜，矛盾双方处于和谐统一的状态。在这种状态下，事物可以得到稳定的发展，故曰"乃利贞"。矛盾双方的"大和"状态又叫作"中"，所以"大和"又作"中和"。清代惠栋说："天地位，育万物，中和之效也。"《三统历》曰："阴阳虽交，不得中不和，故《易》尚中和。"

第三，变易之美。

考证《周易》之"易"字本意，主要有以下几种说法：

(1)《说文》云："易，蜥易、蝘蜓、守宫也，象形。"其篆文字形正像蜥蝎之形，蜥蝎即壁虎类动物，以其能变色，故假借为"变易"之"易"。

(2)《周易乾凿度》云："'易'一名而含三义：所谓易也，变易也，不易也。"即"易"含有"简易""变易""不变"三层意义。

(3)《说文》又引"秘书说：'日月为易，象阴阳也'"。虞翻《易注》引《参同契》云"字从日下月"，取日月更迭、交相变易为说，意义与《说文》所引相同。

《系辞上》云："圣人设卦观象，系辞焉而明吉凶，刚柔相推而生变化。"《系辞下》云："八卦成列，象在其中矣；因而重之，爻在其中矣；刚柔相推，变在其中矣；系辞焉而命之，动在其中矣。"由此可见，书名之"易"，其要义大略为"变易"。古代典籍多简称其为《易》，意在强调"变化"是《周易》主要思想。

《易传》认为，爻象和事物皆变动不居、往来有常——其变化之中虽有规律，但并无固定模式，爻象及爻象象征的事物的变化对一般人来说是难以预料的。故《系辞上》云："成象之谓乾，效法之谓坤，极数知来之谓占，通变之谓事，阴阳不测之谓神。"以乾象征天，以坤效法地，用蓍草数目占问未来之事，以通事物的变化；而数的奇偶和爻象的变化,常人难以推测,《易传》把事物变化莫测的这种性质称作"神"。

《周易》的核心是变易,"生生之谓易"即由变易而生,所谓"日新之为盛德,生生之谓易","易之为书也不可远,为道也屡迁,变动不居,周流六虚,上下无常,刚柔相推,不可为典要,唯变所适"。又说:"爻也者,效天下之动者也。"在《易传》看来,《易经》就是一部讲宇宙万物变化发展的书,生命亦在变化中诞生。"变化者,进退之象也;刚柔者,昼夜之象也。"此"象",既是物象,又是卦象,始终贯穿着阴阳、刚柔、天地的消长变化。表现在自然现象上,是产生了风、雨、雷、电、日、月、寒、暑。《周易·噬嗑》卦之《象》曰:"刚柔分,动而明,雷电合而章。"天时的变化又影响着人事社会吉凶、悔吝等变迁,《革》卦之《象》云"天地革而四时成,汤武革命,顺乎天而应乎人"。《系辞》进而提出:"范围天地之化而不过,曲成万物而不遗,通乎昼夜之道而知,故神无方而《易》无体。"《周易》之法则涵盖了天地万物,包容了一切幽明生灭的变化原理,可以预知各种事物的吉与凶,卦爻象的变化无固定的方所,这就是《周易》卦爻象数的玄妙所在。

126.《周易》审美观念影响中国书画艺术的原因何在?

中国书画艺术绵延几千年,在世界艺坛独树一帜,不仅由于其工具材料的特殊,更因其独特的艺术魅力和鲜明的民族风格,这些无一例外深受《周易》的影响。

《周易》用最简单的阴、阳二爻代表宇宙中相反相成的两种力量,阴阳二爻还代表奇数和偶数,同时,阴阳又两位一体、两相结合代表了宇宙的基本模式。中国传统书画艺术就其符号形态来看,都是线性艺术,而阴阳爻是线性艺术的萌芽。书法以线来造型,汉字的构造基础——笔画,都表现为线形;中国向有"书画同源"之说,同样,绘画艺术也是线条美的体现。中国书画皆是借线条造型以传情达意的艺术,是线与线连接叠加的审美创造物。若寻根溯源,线条表现的历史,无疑以《周易》的卦爻符号为最早。《周易》的阳爻与阴爻,在某种意义上可以说是传统书画艺术线条美的"原型"。南朝宋书法家虞和《论书表》就有"爻画既肇,文字载兴"的说法,唐代李阳冰《上李大夫论古篆书》

亦说"圣达立卦造书"。李朴园在其《中国艺术史概论》中指出:"书可以说起源于八卦,画也可以说起源于八卦。"①从符号学的角度来说,卦爻、文字、绘画都属于广义的符号。唐代张彦远在《历代名画记》中引颜光禄的一段话说:"图载之意有三,一曰图理,卦象是也;二曰图识,字学是也;三曰图形,绘画是也。"②张彦远这里所说的"图载",就是我们现代所说的符号系统。

《周易》所蕴含的中华民族的特殊思维是中国文化之所以造就出与西方文明不同的古代文明的一个重要因素。而作为中华国粹的中国书画,长期遵循的便是以《周易》为代表的意象思维模式,这也是中国传统书画艺术深受《周易》影响的重要体现。《周易》卦爻符号是典型的意象符号,可以说卦象爻象本质上就是"意象",它们虽然从物象中来,又比拟象征万事万物之象,但本身并非物象,而是从物象中提炼的意象。

《周易》作为中华传统文化的源头,蕴含着丰富的意象思维。所谓意象思维,是指运用直观、感性、形象的符号或概念,通过象征、类比推理认识和把握对象世界的思维方式。以《周易》为母体的易学即通过卦爻符号以及"阴阳""太极""五行"等文字概念象征和模拟宇宙万事万物,从而把握客观世界,因此可以说,易学思维就是意象思维。

意象思维主要包含观物取象、立象尽意两个方面。观物取象,是指从具体事物的形象到观念中的形象,即卦爻符号确立的过程。《系辞上》云:"圣人有以见天下之赜,而拟诸其形容,象其物宜,是故谓之象。""古者包牺氏之王天下也,仰则观象于天,俯则观法于地,观鸟兽之文与地之宜,近取诸身,远取诸物,于是始作八卦,以通神明之德,以类万物之情。""天地变化,圣人效之。天垂象,见吉凶,圣人象之。"这里的"象",有两层含义:一是客观存在之物象。天地变化,四时更迭,万物生化,这就是所显现出来的、有形可见的"象"。二是卦爻象。卦爻象是对客观万物之象的效法或模拟。卦象是从具体事物中抽象出来

---

① 李朴园:《中国艺术史概论》,上海:良友图书印刷公司,1931年,第16页。
② [唐]张彦远:《历代名画记》卷一,《津逮秘书》本。

的、内含客观内容的符号,是对客观自然之象的抽象,象征万事万物。它是观物取象的结果,是对客观之象的仿效,因而具有一般符号的特征,即直观性、抽象性、象征性和摹拟性,这种独特的卦象之符号与万物之形象相似。这种内含客观内容、与万物之形象相似的符号,不是客观事物本身,却在某种意义上可以指代客观的具体事物,是对客观事物的反映。由具体事物的形象转换为抽象中的形象或观念中的形象,这也是人类认识世界的重要途径。

这种观物取象的思维方式是《周易》的重要思维方式,也是中华民族的传统思维方式之一,而绘画正是这样一种典型的观物取象的艺术。在中国绘画中,所谓观物,就是仔细观察大自然呈现在外的形态、特征;所谓取象,就是以笔墨线条来表现这种自然界之形象。这种取象思维要求画者以客观自然界为基础去进行创作,表现自然之象。南齐谢赫的"六法"中,就以"应物象形"作为评画标准之一。宋炳的《画山水序》也提出"以形写形,以色貌色"的主张。清代画家石涛深受《周易》的影响,他在《苦瓜和尚画语录》中提出"夫画者,形天地万物者也",认为画就是描绘天地万物形象的。而要准确地描绘天地万物,就要仔细观察事物,观察生活。

按照《易传》的理解,观物取象是《周易》文本得以形成的根本,没有卦爻象符号,就不会有文辞,也就无法表达自然之道或圣人之意。但立象不是作《易》的目的,目的是为了表达圣人之意。所以《系辞上》说:"子曰:'书不尽言,言不尽意。'然则圣人之意,其不可见乎?子曰:'圣人立象以尽意,设卦以尽情伪,系辞焉以尽其言,变而通之以尽利,鼓之舞之以尽神。'"此"意",即自然之道或圣人之意。这段话道出了《周易》意象思维的第二层含义——立象尽意。《系辞上》认为,不仅要通过观物取象认识客观世界,更要通过"象"的形式来表达"意"。如王弼所言,"夫象者,出意者也……尽意莫若象,尽象莫若言……象生于意,故可寻象以观意。意以象尽,象以言著"[①]。其《周易略例·明象》指出,"象"的作用就是为了"尽意",表达意的最好方式就是"象",可

[①] [魏]王弼著,楼宇烈校释:《王弼集校释》,北京:中华书局,1980年,第609页。

以依据"象"来体会和穷尽"意",无"象"则无以见"意"。人们通过这些"象",就可以想象、推论出立象者心意中所想到的意境。

《易传》中的这一论述对中国绘画的影响非常深远。中国画强调意境,重视写意,特别是清新柔和、淡雅纯净的中国山水画,具有浓郁的抒情性。这种抒情性,来源于中国山水画家对自然的亲近感受,作画是为了写意,也就是"尽意"。这种对"意"的强调,反映了绘画观念上的变化,即山水画艺术的表现重点,已经从客观对象方面转向主观意趣方面。众所周知,山水画是由画中的景物所构成的景象体现的,一幅好的山水画中的景物必然是典型景物的有机和谐组合。不仅要考虑到景物与景物的统一协调,还应特别注重选取与画家心灵相通、最能展现自己心意的景物来进行山水画创作,这样的作品才会有生命力,也才会有感染力。与其说山水画是描绘自然山川,不如说是描绘画家自己心灵世界中的山川河流。因此,虽然说山水画是以客观物为对象的,却又是最为主观的心灵投影。

中国绘画中的花鸟画也是如此。与其说画家是在表现这些自然界的花木鱼虫,不如说是在借这些自然之物来表达自己的主观情绪和审美情趣。传统花鸟画常见的题材比如梅的傲骨、兰的清幽、竹的有节和菊的淡雅,无不投射了画家自己的主观情感色彩。注重"物"与"神"、"象"与"意"相融,是传统中国画的一个显著特点。这正是传承了《周易》的意象思维特质,所以南北朝王微《叙画》引颜光禄云:"以图画非止艺行,诚当与《易》象同体。"

第二节 易学与书法篆刻

127. 历史上有哪些书法篆刻家精通易学?易学对他们的书法篆刻实践产生了怎样的影响?

孙过庭,唐代书法家、书法理论家,名虔礼,以字行,吴郡富阳(今浙江富阳)人,一作陈留(今河南开封)人。擅长楷、行、草诸体,尤以草书著名。传世书迹有《书谱》《千字文》《景福殿赋》三种,都是草书墨迹,其中成就最高、影响最大的要数《书谱》。

孙过庭在书法理论方面的成就也是巨大的,其书论之精华集中在《书谱》中,历代研究书法者多奉为圭臬。在《书谱》三千七百字中,涉及书法发展、学书师承、重视功力、广泛吸收、创作条件、学书正途、书写技巧以及如何攀登书法高峰等课题,至今仍有现实意义。《书谱》不仅是中国古代书法理论的经典,在书写艺术上也是草书之典范。

孙过庭《书谱》阐述了易变思想对书法的创造过程、发展过程的制约和启迪作用,通篇彰显了书法沿革与易学变化思想的渊源关系,并将《周易》哲学范畴转化为书法范畴,将易学辩证哲理转化为书法的美学义理,处处显示出《周易》思想的影响和启示。

如前所述,《周易》的核心思想就是"变"。《周易》是关于变的哲学,"变易"是它最本质的特征。司马迁说:"《易》著天地、四时、阴阳、五行,故长于变。"①熊十力《体用论·赘语》谓:"《易经》,古称变经,以其阐明变化之道故。"②强调变化,强调变化的普遍性和规律性是《周易》哲学最重要的特点。

在书法领域,针对艺术风格在不同时代的发展演变,相当一部分人持"今不逮古,古质而今妍"观点,认为古代的作品质朴并且具有深厚的内涵,而当代的作品徒具妍美的外表和形式。孙过庭明言:"夫质以代兴,妍因俗易。虽书契之作,适以记言;而淳醨一迁,质文三变,驰骛沿革,物理常然。"③在他看来,书法艺术风格的变革创新、质朴与文采的交替转化再生都是随自然、社会、时代的变化而产生的;这种不断的变化,是符合书法艺术本身发展的常规的。

变化不仅体现于书法风格,同一作品的书写运笔也要讲究气韵生动,这才符合"一画之间,变起伏于锋杪;一点之内,殊衄挫于毫芒"④的审美规律。书法每一个笔画都有提按、起伏、轻重、粗细、长短、肥瘦、缓急的区别,只有细心体悟,灵活应用,方可达到"自然之妙有"的艺术境界。

---

① [汉]司马迁:《史记》卷六十一《伯夷列传》。
② 黄克剑、王欣、万承厚编:《熊十力集》,北京:群言出版社,1993年,第66页。
③ 《历代书法论文选》,上海:上海书画出版社,1979年,第124页。
④ [宋]陈思:《书苑菁华》卷八,宋刻本。

孙过庭还指出,书法学习过程同样体现了变易思想。他将整个学书历程概括为三个阶段:"至如初学分布,但求平正;既知平正,务追险绝;既能险绝,复归平正。初谓未及,中则过之,后乃通会。通会之际,人书俱老。"①人开始学习书法,必须依照一定的法则,经过一段时间的刻苦练习,掌握书写的笔画、结体、章法的基本规律和要求。这个阶段必须"守规矩""求平正"正如《孟子·告子上》所云,"大匠诲人必以规矩,学者亦必以规矩"。第二阶段是在初级阶段基础上有所创新,有所发展,形成自己的风格特点。最后,书者对书写技巧的驾驭已娴熟自如,对书法的规律和认识已烂熟于胸,达到了自由发挥、超越法度的境界,这就是书写的第三阶段。孙氏有关成功书法家必经的三阶段之论,体现的正是《周易》的 "变""化"之道。

在论及影响书法创作的诸种因素时,孙过庭提出了著名的"五乖五合"说:"又一时而书,有乖有合,合则流媚,乖则雕疏。略言其由,各有其五:神怡务闲,一合也;感惠徇知,二合也;时和气润,三合也;纸墨相发,四合也;偶然欲书,五合也。心遽体留,一乖也;意违势屈,二乖也;风燥日炎,三乖也;纸墨不称,四乖也;情怠手阑,五乖也。乖合之际,优劣互差。得时不如得器,得器不如得志。若五乖同萃,思遏手蒙;五合交臻,神融笔畅。畅无不适,蒙无所从。"②这段话揭示了书法创作中精神状态和创作情绪、创作环境、工具材料、创作欲望五个方面的问题:第一是心境,第二是情感,第三是时令,第四是工具,第五是创作欲望。其中一、二、五是主观因素,三、四是客观条件。他认为创造者的主观精神状态在创作中往往起着决定性的作用,是书法创作的主因。这就是他所说的"得器不如得志"。

孙过庭"五乖五合"说并非随意提出,更非沿袭他说,而是他经由长期书法实践,加之深入体悟易理而得出的艺术审美洞见。"五合"是指五种条件与书法创作相互配合,达到"神融笔畅"的效果。其中"乖""合"的观念如果追本溯源,乃来自于《周易》。《周易·系辞上》说:

---

① 《历代书法论文选》,上海:上海书画出版社,1979年,第129页。
② 同上书,第126—127页。

"天数五,地数五,五位相得而各有合。"所谓"五乖"是指五种条件背离"和合"的创作状态,孙过庭指出,"五乖同萃,思遏手蒙"。《周易》之《睽》卦正体现了"乖"的道理:就卦象而言,"上火下泽,二物之性违异,所以为睽离之象";"'睽'者,乖异之名。物情乖异,不可大事"。① 这些都说明了"乖"在事物发展过程中的负面性。

刘熙载(1813—1881),晚清著名学者、文艺理论家、书法家、书法理论家、教育家,字伯简,号融斋,晚号寤崖子,江苏兴化人。《清史稿·儒林传》评其:"平居尝以'志士不忘在沟壑''遁世不见知而不愠'二语自励。自少至老,未尝作一妄语。表里浑然,夷险一节。"其著作有《艺概》《昨非集》《四音定切》《说文双声》《古桐书屋六种》《古桐书屋续刻三种》等,尤以《艺概》为显,此书乃近代重要的文艺理论著作。《艺概》共六卷,包括《文概》《诗概》《赋概》《词曲概》《书概》《经义概》,分别论述文、诗、赋、词曲、书法及八股文等的体制流变、性质特征、表现技巧并评论重要作家作品等,是刘熙载研习传统文化艺术的理论总结。叶朗认为"刘熙载的《艺概》,在某种程度上可以看作是中国古典美学的总结性的形态"②。

作为"中国古典美学的最后一位思想家"的刘熙载,一生以治经学为主,强调学者"要识得经文本旨分晓",注重"以穷经为主"③。而在"六经"之中,他又尤为推崇《易传》,认为"制义推明经意,近于传体。传莫先于《易》之《十翼》"④,还提出了"以《易》道论诗文"⑤的文艺主张。

刘熙载作为一名书法理论家,其书法理论著作《艺概·书概》具有鲜明的总结性特点,在中国古代书论史上占有重要地位。《书概》对传统书法理论作了全面、辩证的总结,论述内容深入到书法艺术的本质、创作、字体、审美理想、标准和意境诸方面,对中国书法艺术的发展具有

---

① 伍华主编:《周易大辞典》,广州:中山大学出版社,1993年。
② 叶朗:《中国美学史大纲》,上海:上海人民出版社,1985年,第9页。
③ [清]刘熙载:《艺概》卷六,清同治刻《古桐书屋六种》本。
④ 同上。
⑤ [清]刘熙载:《游艺约言》,清同治刻《古桐书屋六种》本。

重要的理论意义。该书深受《周易》哲学思想启发,在阐释书法艺术的本质以及分析书法艺术规律和品评标准等方面,明显带有《周易》的思想烙印。

《书概》开篇展开的有关书法艺术本质的论述,就以《周易》的"意象"说为理论依据:"圣人作《易》,立象以尽意。意,先天,书之本也;象,后天,书之用也。"①

"立象以尽意"是《周易》的一个基本思想。如前所引,《周易·系辞上》说:"子曰:'书不尽言,言不尽意。'然则圣人之意其不可见乎?子曰:'圣人立象以尽意,设卦以尽情伪,系辞以尽其言,变而通之以尽利,鼓之舞之以尽神。'"《周易》中的"意象"虽不能等同于书法中的"意象",但两者在以形象反映社会生活、表达思想方面却是相通的。

刘熙载借用《周易》的意象理论阐述了自己对书法艺术本质的理解:书法之"象"乃书法家观察模拟自然万象而形诸笔端的笔墨形象,它是手段和方法,是"后天";其目的,在于表达书法家的思想情感、审美情操。刘熙载更看重的是书法艺术的抒情表意特性,所谓"杨子以书为心画,故书也者,心学也"②,"写字者,写志也""笔墨性情,皆以其人之性情为本"③,因而说"意"为"先天"。

刘熙载《游艺约言》认为,书法和文学在抒发作者情感上并没有高下之分:"陶渊明言:'常著文章自娱,颇示己志。'书画家当亦云尔,彼盖即以书画为文章也。"否认徐季海关于书法在抒发感情的作用上弱于文学的说法:"徐季海论书,以为亚于文章,余谓文章取示己志,书诚如是,则亦何亚之有?"④书法是一种特殊的形象艺术,但同时又与书家的个人情志密不可分,刘熙载认为在"示己志"上,书法并不逊于文学。在各种书体中,刘熙载又认为草书是最能表情达意的:"他书法多于意,草书意多于法。"⑤

---

① 《历代书法论文选》,上海:上海书画出版社,1979年,第681页。
② [清]刘熙载:《艺概》卷五,清同治刻《古桐书屋六种》本。
③ 同上。
④ [清]刘熙载:《刘熙载文集》,南京:江苏古籍出版社,2000年,第751页。
⑤ [清]刘熙载:《艺概》卷五,清同治刻《古桐书屋六种》本。

《系辞上》云"一阴一阳之谓道",将宇宙分为阴阳相对的两面,认为二者相辅相生,相对相成。刘熙载在《书概》中将《周易》这一思想运用于对书法风格和书体特点的论述:"立天之道曰阴与阳,立地之道曰柔曰刚。文,经纬天地也,其道惟阴阳刚柔可以概之。"①"文章书法皆有乾坤之别,乾变化,坤安贞也。"②他认识到艺术美的本质是对立面的统一,而且艺术美的创造过程也是对立面相互依存、相互制约、相反相成、相生相长的矛盾运动过程,这就是艺术美之所以产生的内在根据。刘氏指出,书法风格主要分为阴柔和阳刚,优秀的书法作品要刚柔相济,不可偏废。"书要兼备阴阳二气。大凡沉着屈郁,阴也;奇拔豪达,阳也。"③在他看来,王羲之的书法之所以被万世推崇,就是因为达到了高度的阴阳统一与和谐:"右军书以二语评之,曰:力屈万夫,韵高千古。"④书法之阴阳,不仅体现在书法风格的对立和统一,书法作品的方方面面,单字甚至是每一笔画都有阴阳,把握其中的阴阳对立统一规律则是达到审美要求的关键:"画有阴阳,如横则上面为阳,下面为阴;竖则左面为阳,右面为阴。惟豪齐者能阴阳兼到,否则独阳而已。"⑤

刘熙载对中国书法的五种书体特点用"动""静"、"简""详"两组相对的形容词作了简洁的概括:"书凡两种:篆、分、正为一种,皆详而静者也;行、草为一种,皆简而动者也。"书体表现出来的"动"和"静"又不是绝对的,它们一方面对立,另一方面相互渗透,"正书居静以治动,草书居动以治静"。⑥

《周易》在肯定事物的运动变化永无穷尽的基础上,认为事物发展到一定的程度,就会转变为它的反面,这就是"物极必反""否极泰来"两句成语的最初来源。表现在艺术审美上就是美和丑是相对的而不是绝对的,到了一定的阶段或程度,有可能向对立面转化:"怪石以丑为

---

① [清]刘熙载:《艺概》卷六,清同治刻《古桐书屋六种》本。
② [清]刘熙载:《刘熙载文集》,南京:江苏古籍出版社,2000年,第751页。
③ 《历代书法论文选》,上海:上海书画出版社,1979年,第713页。
④ 同上书,第694页。
⑤ 同上书,第709页。
⑥ 同上书,第691页。

美,丑到极处,便是美到极处。"①

128.《周易》的意象思维与书法篆刻的载体——汉字存在什么关系?

书法是文字的艺术表现形式。文字的产生是出于实用目的,但它的创造却包含审美的因素。宗白华说:"中国最早的文字就具有美的性质。"②汉字音、形、义三位一体的特点,也使得它具有审美性质。鲁迅在《汉文学史纲要》中论文字的"三美"说:"意美以感心,一也;音美以感耳,二也;形美以感目,三也。"③

许慎《说文解字·序》称:"古者庖牺氏之王天下也,仰则观象于天,俯则观法于地,视鸟兽之文与地之宜,近取诸身,远取诸物,于是始作八卦,以垂宪象。及神农氏结绳为治而统其事,庶业其繁,饰伪萌生。黄帝之史仓颉,见鸟兽蹄迒之迹,知分理之可相别异也,初造书契。"可知八卦和文字是古代圣人"观象于天""观法于地""视鸟兽之文与地之宜"的结果,即从宇宙万物的存在形质、运动发展规律中获得启示而创造的。在创造过程中,不仅有对一事一物的具体观照,还有对性质不同事物之间的差异以及共同规律的认识,更有对宇宙总体及其本质的考察。许慎的说法来源于《周易·系辞下》:"古者庖牺氏之王天下也,仰则观象于天,俯则观法于地,观鸟兽之文与地之宜,近取诸身,远取诸物,于是始作八卦,以通神明之德,以类万物之情。"

古代圣人取法天地之间的物象创造出八卦符号,而文字就在八卦基础上发展而成。八卦符号常被后世视为文字之始,宋代学者赵汝楳《周易辑闻》说:"伏羲之卦,盖文字之祖,象数之宗,理之寓而辞之所由出。仓颉作字皆离合卦画而成文,则字实祖于卦也。夫理无形也,形于辞则有画,故圣人立象数以形之尽之耳。"④将卦象看作文字之祖,推源于伏羲氏,这不仅从根源上确定了卦象的符号特质,而且揭示了其表意功能。

---

① [清]刘熙载:《艺概》卷五,清同治刻《古桐书屋六种》本。
② 宗白华:《美学散步》,上海:上海人民出版社,1981年,第135页。
③ 鲁迅:《鲁迅全集》,北京:人民文学出版社,2005年,第354—355页。
④ 转引自黄黎星:《易学与中国传统文艺观》,上海:上海三联书店,2008年,第100页。

八卦符号的创立方法是"立象以尽意"。如前所引,《周易·系辞上》云:"子曰:'书不尽言,言不尽意。'然则圣人之意,其不可见乎?子曰:'圣人立象以尽意,设卦以尽情伪,系辞焉以尽其言,变而通之以尽利,鼓之舞之以尽神。'""圣人有以见天下之赜,而拟诸其形容,象其物宜,是故谓之象。"

汉字的创造也同样体现了《周易》这种"意象"思维模式。汉字的构成有所谓"六书"法度,许慎《说文解字·序》云:"《周礼》:八岁入小学,保氏教国子,先以六书。一曰指事。指事者,视而可识,察而可见,上、下是也。二曰象形。象形者,画成其物,随体诘诎,日、月是也。三曰形声。形声者,以事为名,取譬相成,江、河是也。四曰会意。会意者,比类合谊,以见指㧑,武、信是也。五曰转注。转注者,建类一首,同意相受,考、老是也。六曰假借。假借者,本无其字,依声托字,令、长是也。"①"六书"是造字的原则和方法,考察其实际,"转注""假借"并不产生新字,只有"象形""指事""会意""形声"才是造字的根本方法,可分为两类,即"文"和"字"。

《说文解字·序》云:"仓颉之初作书,盖依类象形,故谓之文;其后形声相益,即谓之字。文者,物象之本;字者,言孳乳而浸多也。著之于竹帛谓之书,书者,如也。""文"是"依类象形",段玉裁注:"'依类象形'谓'指事''象形'二者也。"分析上述说法,"指事""象形"属于"初作书",也就是说二者是较早的文字产生法则,其共同特点就是"依类象形"。它们的区别在于:"象形"是依随实物形状,用体现该实物特征和规律的笔画造字,如"日""月"。这样写字就如同画画,象形体文字和图画没多少区别。"指事"也是依类象形,但"指事"文字是"视而可识,察而可见",如"上""下"二字,必须由字的形象形体来考察其意义。"象形"体文字的形象字体是具体直接的,"指事"体文字的形象字体则有间接抽象的成分。但它们都是"依类象形",以物象为本,其结构是"象—意"关系。

汉字的构造主要由三条途径实现:一是直接模仿自然;二是根据

---

① 《历代书法论文选续编》,上海:上海书画出版社,1993年,第4页。

意向所指作抽象符号;三是结合两个单体文字构成新的文字。这三条途径无不体现了《周易》意象思维方式的渗透。意象思维蕴含了古人对天人关系的哲学思考,这也是文字可以升华为书法艺术的主要原因。

129.《周易》的阴阳理论与变化观对书法篆刻实践有什么指导作用?

阴阳是构成《周易》哲理思想的基本内核。《周易》以简单的两个符号代表阴阳,《系辞上》说"一阴一阳之谓道"。《周易》的精髓就是用阴阳的对立统一,以及二者之间的相互渗透转化,来揭示万物运行发展的基本规律。而书法作为一种特别的诉诸视觉的抽象艺术,正体现出阴阳对立矛盾而又和谐统一的运动规律。从点到线,由线成字,再通过字的组合,成为一幅完整的书法。这与《周易》理论一样,遵循了宇宙造化之理:从无极到太极,由太极生四象,四象生八卦,推移演变为六十四卦。

中国书法也起源于《周易》"一阴一阳之谓道"的天地精神,东汉文学家、书法家蔡邕在其《九势》中说:"夫书肇于自然,自然既立,阴阳生焉;阴阳既生,形势出焉。"这句话深刻地揭示了书法艺术的本质,从哲学高度道出了书法艺术的辩证法则。书法与自然的关系包含着两层:一是汉字和书法是受到宇宙自然及其阴阳作用的启发而产生的,二是书法的创造和发展必须遵循自然之道,即阴阳运动的规律。

"书肇自然"就是要求书法表现宇宙万物的存在和运动规律。"形"是书法落实在物质载体上的具体形态,"势"则是这些形态之间的某种关系;"形"是有形的,表现于外的,"势"是无形的,是一种运动或是暗示着运动的力。形势统一、阴阳调和体现了书法把《周易》阴阳辩证思想作为自身理论和实践的指南。这种认识,初唐书法家虞世南在其《笔髓论》也讲得很明确:"字虽有质,迹本无为,禀阴阳而动静,体万物以成形,达性通变,其常不主。"

从书法形式上分析,一件书法作品的构成包含三个要素:笔法,即点画表现;结体,即点画安排;章法,即多字组合。《周易》的阴阳矛盾观也贯穿于这三个要素中,我们从古代书论中可见一斑。论用笔的:

书有二法,一曰疾,一曰涩。得疾涩二法,书妙尽矣。(蔡邕《笔势》)

　　分间下注,浓纤有方,肥瘦相和,骨力相称。(萧衍《论书启》)

　　最不可忙,忙则失势;次不可缓,缓则骨痴……(欧阳询《传授诀》)

　　迟速虚实,若轮扁斫轮,不疾不徐……(虞世南《笔髓论》)

论结体的:

　　凡落笔结字,上皆覆下,下以承上,使其形势递相映带,无使势背。(蔡邕《九势》)

　　有偃有仰,有欹有侧有斜,或小或大,或长或短。(王羲之《书论》)

　　画促则字势横,画疏则字形慢;拘则乏势,放又少则……(萧衍《论书启》)

　　横多则分仰覆,以别其势;竖多则分向背,以成其体。(蒋和《书法正宗》)

论章法的:

　　篇幅以章法为先,运实为虚,实处俱灵;以虚为实,断处俱续。(蒋骥《续书法论》)

　　若抑扬得所,趋舍无违……(萧衍《论书启》)

　　终篇结构,首尾相映。笔意顾盼,朝向偃仰,阴阳起伏,笔笔不断。(张绅《书法通释》)

阴阳矛盾思想在笔法方面,体现于线条的纤浓、方圆、粗细、轻重、顺逆、提按、疾涩、迟速等;在结体方面,体现于结字的疏密、松紧、向背、覆载、平正与险绝;在章法方面,体现于纵排与横列、整齐与错落、主与次、整体与局部。唐张怀瓘《论用笔十法》说:"谓阴为内,阳为外,敛心为阴,展笔为阳,须左右相应。"清冯武《书法正传》在"笔法十门"中专设"阴阳门",指出"二曰阴阳门,浓淡、去住、内外、肥瘦等",自注"妙在有形者为阴,妙在无形者为阳"。如前所引,刘熙载在《艺概·书概》中说:

"画有阴阳,如横则上面为阳,下面为阴;竖则左面为阳,右面为阴。惟豪齐者能阴阳兼到,否则独阳而已。"①书法形式的方方面面无不渗透了阴阳对立统一的矛盾规律。

曾国藩不仅是中国有影响的政治家、军事家,而且还是有成就的文学家、书法家,他的书法圆润秀劲,自成一家。他在家书中谈及书法时说:"予尝谓天下万事万理,皆出于乾坤二卦。即以作字论之:纯以神行,大气鼓荡,脉络周通,潜心内转,此乾道也;结构精巧,向背有法,修短合度,此坤道也。凡乾以神气言,凡坤以形质言。礼乐不可斯须去身,即此道也。作字而优游自得,真力弥满者,即乐之意也;丝丝入扣,转折合法者,即礼之意也。偶与子贞言及此,子贞深以为然,谓渠生平得力,尽于此矣。"②他把书法的形质,即字的点画、结构形态比作坤道,把书法的神采即书法作品表现出来的精神、风采比作乾道,可以明显看出受到《周易》的影响。

第三节 易学与传统绘画

130. 中国历史上最具代表性的"画论""画谱"有哪些?与易学关系如何?

中国古代的很多画论深受传统哲学思想的影响,如唐代张彦远《历代名画记·叙论》对画之功用的界说——"夫画者,成教化,助人伦,穷神变,测幽微"③,明显受到《周易》"范围天地之化而不过,曲成万物而不遗,通乎昼夜之道而知,故神无方而《易》无体"的影响。除了思维方式与传统哲学一脉相承,很多画学概念和术语直接或间接来自于中国传统哲学的经典著作,有的被加以创造性改造和发挥而赋予新的内涵,下面就选取受到《周易》影响的较有代表性的画论作

---

① 《历代书法论文选》,上海:上海书画出版社,1979年,第709页。
② [清]曾国藩:《曾国藩家书》,北京:宗教文化出版社,1999年,第34页。
③ 《历代名画记·图画见闻志》,沈阳:辽宁教育出版社,2001年,第1页。

简短论述。

石涛(1642—约1707),清代画家,中国画一代宗师。明靖江王后裔,幼年遭变后出家为僧,半世云游,以卖画为业。与八大山人、弘仁、髡残并称"清初四画僧"。早年山水师法宋元诸家,画风疏秀明洁;晚年用笔纵肆,墨法淋漓,格法多变。尤精册页小品。花卉潇洒隽朗,天真烂漫,清气袭人;人物生拙古朴,别具一格。工书法,能诗文。同时代的画家王原祁评其"海内丹青家不能尽识,而大江以南,当推石涛为第一,予与石谷皆有所未逮"①。

石涛《苦瓜和尚画语录》是我国古代画论中最完整、最系统,也是最深刻的重要著作之一,其地位有如文学理论批评著作中之《文心雕龙》。其中所体现的美学思想不仅对绘画创作,而且对文学和其他艺术门类也有很大的启发意义,在我国美学和文艺思想发展史上具有十分重要的地位。叶朗认为,《苦瓜和尚画语录》"是郭熙《林泉高致》之后最有价值的一部绘画美学著作"②。

在书中,石涛提出了著名的"一画说"来阐释宇宙万物的规律以及绘画规律。第一章《一画章》说:"太古无法,太朴不散,太朴一散而法立矣。法于何立?立于一画。一画者,众有之本,万象之根;见用于神,藏用于人,而世人不知。"

"一画"作为《苦瓜和尚画语录》中的一个核心命题,是石涛展开一系列绘画艺术理论思维的切入点,后面几章的许多画学概念,如"尊受""蒙养""生活""资任""笔墨"等,都是围绕着这个命题展开的。关于"一画"这个概念,一直以来是研究的一个热点,也产生了许多分歧,学者们从不同角度加以阐释。结合书中上下文,仔细分析"一画"的具体含义,可以认为在《苦瓜和尚画语录》中,"一画"是一个多义的概念,其主要内涵包括三个方面:一是用来表示更为具体的概念,也就是中国画里一笔一画这一最基本的表现技法;二是关于艺术法则或创作方法的范畴,指绘画艺术的根本规律和形式法则,即以一治万,万法归一;三

---

① [清]冯金伯:《国朝画识》卷十四,清道光刻本。
② 叶朗:《中国美学史大纲》,上海:上海人民出版社,1985年,第629页。

是作为一个哲学范畴和美学范畴,指宇宙万物和艺术世界的生成、存在、发展、变化的根本规律和法则。

石涛的"一画"论涵盖形而上和形而下两个方面:从形而下说,讲的是绘画技法中的一画;从形而上说,讲的是绘画总则和规律。石涛以此一画论为基础,论述了绘画创作中法则和自由的统一、继承和创新的统一、整体性和多样性的统一。石涛的这一美学体系,使得绘画史上关于创造自由的探讨进入了一个更高的层次,更哲理化,也更具体化了。

追溯"一画"说的起源,有的学者认为石涛晚年转奉道教,其思想来源于老子《道德经》中的"道生一,一生二,二生三,三生万物"。如郭因在《中国绘画美学史稿》中说,一画"相当于老子哲学中的道"。杨成寅在《石涛画学》中认为,"《易经》之爻始于一画,二画象天、地,三画象三才(天、地、人);每卦六画,发展成为八卦。一画也叫'太极'"①。其立论基础和理论依据来自《周易·系辞传》:"《易》有太极,是生两仪,两仪生四象,四象生八卦,八卦定吉凶,吉凶生大业。"

从石涛本人的经历来看,他极其喜爱《周易》,且有一定的研究。他的一幅山水画上有自题诗句:"一别江淮不出山,闭门读《易》通天者。"其《山水卷》《华山卷》题跋云:"太极精灵随地涌,泼天云海欲纵横。"作为中国历史上杰出的艺术家和艺术理论家,石涛一定熟谙传统文化,对主导中国文化思想的儒佛道哲学有深刻的理解,并能融会贯通地创造性运用和发挥。当代研究中国美学卓有成就的朱良志认为:"石涛一画说的思想渊源主要来自禅宗,并糅合了儒家思想、易学思想、道家思想等,形成了'一画说'丰富的内在理论结构。这也是石涛那个时代三教圆融思想的一个体现。"②这一说法可能更为贴切和接近事实。

早在南朝宋时,王微在《叙画》中就曾论述"以图画非止艺行,诚当与《易》象同体",将图画的功用从地位低下的"艺行"提升到了"与《易》象同体"这样能够客观反映宇宙运行的最高自然规律的地位。把

---

① 杨成寅:《石涛画学》,西安:陕西师范大学出版社,2004年,第12页。
② 朱良志:《石涛研究》,北京:北京大学出版社,2005年,第24页。

《蒙》卦和山水画联系起来在石涛之前有元代画家朱德润,他在《山水图跋》中说:"故君子以果行育德,象山下有泉;以返身修德,象山上有水;以惩忿窒欲,象山下有泽;以虚受人,象山上有泽。书不尽言,并著象意。"又在《跋王达善山水图上》中说:"象外有象者,人文也;故河图画而乾坤位,坎艮列而山水蒙。蒙以养正,盖作圣之功也。故君子以果行育德,象山下出泉。王君达善求予作山川之象……惟理至微,惟象至著。"①

在《苦瓜和尚画语录》的《笔墨章》中,石涛提出了"蒙养"与"生活"这对概念。书中这对概念有时联合起来用,如"蒙养生活""蒙养生活之理""蒙养生活之权",有时单独用,此时"蒙养"与"生活"又各有不同的内涵。"蒙养"与"生活"都涉及审美对象的本质、形貌特征和绘画中笔墨的功能两方面的内容,可见是论述自然造化与绘画创作关系的一对概念。

石涛的"蒙养"概念来自于《周易》的《蒙》卦。该卦的卦形是下坎上艮,艮为山坎为水,是典型的山水卦象。其象在于山水之间雾气蒸腾。这是由于天地初开,云行雨施所造成的。所以蒙卦表示事物的进一步生长,《象》曰:"山下有泉,蒙;君子以果行育德。"石涛是借用《周易》的《蒙》卦卦象表达自己关于山水画的主张和理解。

《周易》以《乾》《坤》两卦肇其始,《屯》《蒙》二卦随其后。《屯》《蒙》为对卦,《屯》卦下震上坎,有"刚柔始交而难生"之象,因为"物始生而未通",即象传所说的"天造草昧"。屯,《说文》解:"屯,难也,象草木之初生,屯然而难。"嫩芽将露未露,有初始之象。而《蒙》卦有蒙昧不明之义。《周易·序卦传》言:"有天地,然后万物生焉。盈天地之间者唯万物,故受之以《屯》;屯者,盈也;屯者,物之始生也。物生必蒙,故受之以《蒙》。蒙者,蒙也,物之稚也。"朱熹《周易本义》释《蒙》卦云:"蒙,昧也,物生之初,蒙昧未明也。"王弼《周易注》云:"以蒙养正,以明夷莅众。"

石涛对《周易》的《蒙》卦加以改造,赋予其新的意义和内涵而成为

---

① [元]朱德润:《存复斋集》卷七,《四部丛刊》本。

表达自己绘画思想的一个概念。在石涛看来,山水画创作绝对不是仅仅描绘大自然景物的外在形象,而是要表现出自然山水的原始生命力,这也就是中国传统山水画所说的"须明物象之原"(荆浩《笔法记》)。他认为山水画创作要显其本原,明其物理,不失"真元气象"。所以他在《山川章》中说:"得乾坤之理者,山川之质也;得笔墨之法者,山川之饰也。知其饰而非理,其理危矣;知其质而非法,其法微矣。"

石涛有时将《蒙》卦称为"天蒙",他说:"写画凡未落笔,先以神会。至落笔时,勿急迫,勿怠缓,勿陡削,勿散神,勿太舒,务先精思天蒙,山川步武,林木位置,不是先生树后布地,入于林出于地也。以我襟含气度,不在山川林木之内,其精神驾驭于山川林木之外,随笔一落,随意一发,自成天蒙,处处通情,处处醒透,处处脱尘而生活,自脱天地牢笼之手,归于自然矣。"①

石涛在一则题画跋中谈到了蒙养的问题:"写画一道,须知有蒙养。蒙者,因太古无法;养者,因太朴不散。不散所养者,无法而蒙也。未曾受墨,先思其蒙;既而操笔,复审其养。思其蒙而审其养,自能开蒙而全古,自能尽变而无法,自归于蒙养之道矣。"②通过这一论述可以更好地理解石涛"蒙养"的内涵及其与"一画"的关系,"蒙"在这里指的是宇宙最初、最原始的状态,是无,是创化生命的本根,是先于"一画"的。

石涛所谓"蒙养",正是从天地混沌的原初自然状态起,通过"一画"这一绘画的根本法则,破除混沌,开启灵明,同时又反过来对天地的原初精神进行培养和回归,做到有法可依,又不为法所限,以达到"尽变而无法"的至法状态。表现在绘画中,则是运用笔墨法则进行变化,最终又能在变化中进行统一,从而表现出本真的山水之貌。

对于石涛"蒙养"意义的理解,朱良志有很多独到、有创见的看法,他认为"蒙养"包含"天蒙""鸿蒙""童蒙"三层意思:"天蒙"的主要意义在于论析绘画中顺应自然之道,"鸿蒙"涉及"蒙养"和"一画"的关

---

① 吴冠中:《我读石涛画语录》,济南:山东画报出版社,2009年,第75—76页。
② 杨成寅:《石涛画学》,西安:陕西师范大学出版社,2004年,第1页。

系,"童蒙"表达了艺术表现的真实性问题。其基本意思是"强调回归天道,以贞一不杂之理来持养性情"。"蒙养"是《周易》"蒙以养正"的缩略语,乃"对纯一圆融之理的回归","以纯一不杂之天蒙养性灵之蒙昧"。①

宋代僧人画家仲仁,自号华光长老,酷爱梅,写梅有奇趣,创墨梅画法,以墨渍画梅,住衡州花光山。清徐沁《明画录》中有云,"古来画梅者率皆傅彩写生,自北宋华光僧仲仁始,以墨晕创为别趣"②。《华光梅谱》云:"墨梅始自华光,仁老之所酷爱。其方丈植梅数本,每花时,辄移床其下,吟咏终日,莫知其意。偶月夜未寝,见窗间疏影横斜,萧然可爱,遂以笔规其状,凌晨视之,殊有月下之思,因此好写,得其三昧,标名于世。"③此谱将象数和梅画的创作联系在一起:

> 梅之有象,由制气也。花属阳象天,木属阴而象地,而其放各有五,所以别奇偶成变化。蒂者花之所自出,象以太极,故有一丁。房者华之所自彰,象以三才,故有三点。萼者花之所自起,象以五行,故有五叶。须者花之所自成,象以七政,故有七茎。谢者花之所自究,复以极数,故有九变。此花之所自出皆阳,而成数皆奇也。根者梅之所自始,象以二仪,故有二体。木者梅之所自放,象以四时,故有四向。枝者梅之所自成,象以六爻,故有六成。梢者梅之所自备,象以八卦,故有八结。树者梅之所自全,象以足数,故有十种。此木之所自出皆阴,而成数皆偶也。不惟如此,花正开者其形规,有至圆之象;花背开者其形矩,有至方之象。枝之向下其形俯,有覆器之象;枝之向上其形仰,有载物之象。于须亦然。正开者有老阳之象,其须七;谢者有老阴之象,其须六;半开者有少阳之象,其须三;半谢者有少阴之象,其须四。蓓蕾者有天地未分之象,体须未形,其理已著,故有一丁二点而不加三点者,天地未分而人极未立也。花萼者天地始定之象,阴阳既分,盛衰相替,包合众象,皆

---

① 朱良志:《石涛研究》,北京:北京大学出版社,2005年,第64页。
② 俞剑华编著:《中国古代画论类编》,北京:人民美术出版社,1957年,第1088页。
③ 王伯敏、任道斌主编:《画学集成》,石家庄:河北美术出版社,2002年,第388页。

有所自,故有八结九变,以及十种。而取象莫非自然而然也。①

这段话完全以《周易》思维和术语来比附画梅:"太极"对应"一丁"。木和花分属阴、阳,"花属阳象天,木属阴而象地"。对应"二仪"有"二体";对应"三才"有"三点";对应"四时"有"四向";对应"六爻"有"六成";对应"七政"有"七茎";对应"八卦"有"八结";对应极数有"九变";对应足数"有"十种"。花有"至圆""至方"之象;枝有"覆器""载物"之象;须有"老阳""老阴""少阳"之象;蓓蕾有"天地未分"之象,花萼有"天地始定"之象。

于上述所举画论,可见《周易》对中国传统绘画影响之深。

131. 有人将中国画创作称作"墨戏"或"玩墨",能否从其创作过程、创作技巧中看出易学底蕴?

绘画中的"墨戏"或"玩墨"乃指游戏笔墨之意。《辞源》中解释:"戏笔,为随意戏作的诗文书画。"墨戏画是中国传统绘画中的一种独特现象和类别,有着丰富的美学内涵。它是指创作主体在一种轻松、自在、无拘束的状态下,以一种十分自由、毫无挂碍的心态从事书画创作活动。墨戏画在题材上涵盖山水、小景、竹木树石、蔬果草虫、花鸟走兽乃至人物。

潘天寿在其《中国绘画史》中指出,"至宋初,吾国绘画,文学化达于高潮,向为画史画工之绘画,已转入文人手中而为文人之余事……"②,"文同、苏轼、米芾等出以游戏之态度,草草之笔墨,纯任天真,不假修饰,以发其所向;取意气神韵之所到,而成所谓墨戏画者"③。照此说法,墨戏在很大程度上应该是文人画的雏形。

墨戏并不始于宋朝,早在南北朝时期,姚最就在《续画品》中记载当时人物萧贲"尝画团扇上为山川,咫尺之内,而瞻万里之遥;方寸之中,乃辩千寻之峻。学不为人,自娱而已。虽有好事,罕见其迹"④。这

---

① 俞剑华编著:《中国古代画论类编》,北京:人民美术出版社,1957年,第1041—1042页。
② 潘天寿:《中国绘画史》,北京:团结出版社,2006年,第149页。
③ 同上书,第147页。
④ 俞剑华编著:《中国古代画论类编》,北京:人民美术出版社,1957年,第371页。

种"自娱"已见墨戏的端倪。

晋穆帝永和九年(353)农历三月初三,"初渡浙江,便有终焉之志"的王羲之,在会稽山阴的兰亭(今绍兴城外的兰渚山下),与名流高士谢安、孙绰等四十一人举行风雅集会。与会者临流赋诗,各抒怀抱,抄录成集。大家在游戏中淡忘尘世间的种种烦闷,公推此次聚会的召集人、德高望重的王羲之写一序文,记录这次雅集。王羲之用特选的鼠须笔和蚕茧纸即兴而就诗序草稿,《兰亭集序》遂成中国书法史上千古不朽的名作。可以说,这次集会就是文人雅士的"墨戏"。

《宣和画谱》记载宋代的画竹名家文同"善画墨竹,知名于时。凡于翰墨之间,托物寓兴,则见于水墨之戏"。苏轼《题文与可画竹并叙》说:"斯人定何人,游戏得自在。"描绘了文同作画时轻松、自在的状态。而正式提出"墨戏"一词的是宋代诗人、书法家黄庭坚,其《题东坡水石》云:"东坡墨戏,水活石润,与今草三昧,所谓闭户造车,出门合辙。"由于当时文人名士的积极参与,宋代"墨戏"达到高潮,成为士大夫阶层的一种时尚,表现形式极其丰富多彩。苏东坡、李公麟、米芾、黄庭坚经常聚在一起谈书论艺,酒至酣时,往往挥毫泼墨、作书作画。其中,苏轼无疑是代表性的领军人物。他主张绘画要抒写主观情感,注重个性的自由与情感的抒发,诗画相通相融,画作要有诗一样的境界,物象要有鲜活的精神意境。苏轼的绘画实践与他的主张使墨戏画成为自觉的艺术行为,强调神韵,不拘形似,真诚抒发胸中意趣,这对后代文人画的成熟和发展起到了决定性的作用。

潘天寿在其编写的《中国绘画史》中,从宋代绘画开始,直至清代,每个朝代都专列一章论述当时的墨戏及其发展。在他看来,墨戏画是中国传统文人画的重要组成部分,也是后世一直贯穿水墨画史的一条重要脉络。

后来由于书画、玩墨之风盛行,"玩"之领域扩大到与书画相关的一切,诸如印章、印泥、笔、墨、砚、纸等。对于欣赏书画的活动,人们习惯的说法是"玩味""赏玩""品鉴"。之所以说是"玩",是因为在这种活动中,活动主体暂时忘却了功利性考虑,以一种放松、游戏的心态参与其中,获得"无利害关系"的审美愉悦。

中国传统书画的主要表现手段是笔和墨,两者交织融合而成墨象。墨戏之象作为审美意象的雏形,可以说是从"易象"的创造方式中获得的。古人通过俯仰观察天地万物而获取"易象",从"观物取象"到"立象尽意",为后世人们的艺术构思和创作设立了思维模式。

中国汉字以象形为本源,而中国传统绘画语言亦来自对自然物象的高度模拟和概括,是最接近象形文字的抽象形式。它们一开始就包含着超越被模拟对象的符号意义,发挥了中国特有的线条象形艺术,发展了以往图绘文饰的自由线条的曲直运动和空间构造,走向艺术之径。从这种意义上来说,"墨戏"和《周易》有着内在的深层次的联系。正如《系辞上》所说:"圣人设卦观象,系辞焉而明吉凶,刚柔相推而生变化。是故吉凶者,失得之象也;悔吝者,忧虞之象也;变化者,进退之象也;刚柔者,昼夜之象也。六爻之动,三极之道也。是故君子所居而安者,易之序也;所乐而玩者,爻之辞也。是故君子居则观其象而玩其辞,动则观其变而玩其占,是以自天佑之,吉无不利。"

132. 中国画的意境与易学"天人合一"精神有关系吗?如果有,如何诠释?

"天人合一"是中国传统思维方式的基本原则。《周易》虽然没有明确提出这一命题,但这一思想却贯穿于整个易学体系之中。《周易》中的宇宙生成模式——太极生两仪,两仪生四象,四象生八卦,八卦推衍至六十四卦,即已构成象征人和自然的有机整体。《周易》的全部思想都建立在这样一个根本的前提上:天与人是相通的、一致的,自然本身的运动变化所表现出来的规律也就是人类在活动中所应当遵循的法则。

《系辞下》云:"《易》之为书也,广大悉备:有天道焉,有人道焉,有地道焉。兼三才而两之,故六;六者非它也,三才之道也。"天、地、人三才是统一、和谐的。就卦位而言,每一卦都有六爻,上两爻象征天,下两爻象征地,中间两爻象征人,构成天、地、人三才的"天人合一"之象。就卦义而言,无论是作为整体的六十四卦,还是作为子系统的个体卦,都是从不同方面说明"天人合一"之道的。中国传统文化对于"天时"

"地利""人和"的强调,其根源与《周易》的天人观不无关联。

《说卦》云:"是以立天之道曰阴与阳,立地之道曰柔与刚,立人之道曰仁与义。兼三才而两之,故《易》六画而成卦。"《周易》正是通过这种符号系统,把一切自然现象和人事吉凶全部纳入到由阴阳爻所构成的六十四卦卦象系统,卦爻分别代表各种不同的物象及其变化,从而贯穿天人之道于其中。在《周易》思想中,自然与社会、天与人有一种同构关系,这种关系就是以类相从:"本乎天者亲上,本乎地者亲下,则各从其类也。"正如《序卦传》所说:"有天地然后有万物,有万物然后有男女……"《周易》把天地看作生命的来源,认为万物产生于天地,人类则产生于万物,因此,人和天地万物具有不可分割的内在联系。六十四卦作为象征性符号,从不同方面体现了这种生命意义,并且构成一个包括人与自然在内的有机整体。每一卦不过是有机整体中的一个要素,却同时包含着人和自然这两个方面,二者不仅是对应的,而且是统一的。所以作者自觉地从天地乾坤开始,按照万物生成交替的规律,从天道到人道,将全部六十四卦有机地排列成一个天人和合的整体。故《乾》卦之《文言》云:"夫'大人'者,与天地合其德,与日月合其明,与四时合其序,与鬼神合其吉凶。"

"天人合一"作为中国古代文化的基本精神,作为全民族集体拥有的意识形态,不仅影响了中国古代的政治、伦理、道德、风尚,而且也深深地影响了中国古代的美学和艺术。它渗透到审美和艺术领域之中,直接或间接地推动了华夏艺术精神的形成。中国传统的书画艺术追求意与象的沟通、情与景的融汇、人与天的冥合,历代画家把"天人合一"当作一种艺术精神,并将天与人体合无间作为绘画的最高审美境界加以推崇。

西方绘画主形似,主张将主体与客体对立起来,然后对客体进行客观描摹和再现,力求逼真以达形似。而中国绘画主神似,尤其是形神兼备,因此考虑的不是如何将主客二体对立起来,而是如何更好地让主体与客体进行沟通,达到物我交融的状态。中国画从一开始就舍弃了一味摹仿自然、纯粹追求感官愉悦的企图。唐代张彦远《历代名画记》载张璪名言曰:"外师造化,中得心源。"中国传统绘画理论认为,真正的美的创造是"造化"与"心源"碰撞的结果,在"心源"与"造化"触动时那突然的震动和领悟中,诞生了中国画的审美意境。这种美学理想,显然遥承《周易》"天人合一"的哲学思想。

作为书法物质载体的汉字,其线性结构、象形特征和书写方法,直接来源于原始先民对大自然万象的感悟。汉字本身就是受到宇宙自然规律的启示而创造出来的,如前所引,许慎在《说文解字·序》中论述汉字的起源时说:"古者庖牺氏之王天下也,仰则观象于天,俯则观法于地,视鸟兽之文与地之宜,近取诸身,远取诸物,于是始作八卦,以垂宪象。及神农氏结绳为治而统其事,庶业其繁,饰伪萌生。黄帝之史仓颉,见鸟兽蹄迒之迹,知分理之可相别异也,初造书契。"

书法艺术中,不同形式的线条有着不同的美感特质。线条通过其粗细、长短、曲直以及节奏、轻重、提顿等变化构成了丰富的美感形式,表现大自然之美。正如东汉书法家蔡邕在其《笔论》中所说:"为书之体,须入其形。若坐若行,若飞若动,若往若来,若卧若起,若愁若喜,若虫食木叶,若利剑长戈,若强弓硬矢,若水火,若云雾,若日月,纵横有可象者,方得谓之书矣。"①

林语堂对书法此种自然本质的论说十分精辟:

> 书法不仅为中国艺术提供了美学鉴赏的基础,而且代表了一种万物有灵的原则。这种原则一经正确的领悟和运用,将硕果累累。如上所说,中国书法探索了每一种可能出现的韵律和形式,这是从大自然中捕捉艺术灵感的结果,尤其来自动物、植物——梅花的枝丫、摇曳着几片残叶的棉藤、斑豹的跳跃、猛虎的利爪、麋鹿的捷足、骏马的遒劲、熊黑的丛毛、白鹳的纤细,或者苍老多皱的松枝。于是,凡自然界的种种韵律,无一不被中国书法家所模仿,并直接或间接地形成了某种灵感,以造就某些特殊的"书体"。②

书法的字形、章法的建构无处不体现出形式美的法则,但是这些法则也

---

① 《历代书法论文选》,上海:上海书画出版社,1979年,第6页。
② 林语堂著,郝志东、沈益洪译:《中国人》,杭州:浙江人民出版社,1988年,第257—258页。

无一不是来自于自然本身,如平衡、对称、多样性统一等。唐代书法家孙过庭在其《书谱》中说:"观夫悬针垂露之异,奔雷坠石之奇,鸿飞兽骇之姿,鸾舞蛇惊之态,绝岸颓峰之势,临危据槁之形。或重若崩云,或轻如蝉翼。导之则泉注,顿之则山安。纤纤乎似初月之出天涯,落落乎犹众星之列河汉。同自然之妙有,非力运之能成。"[①]"同自然之妙有"就是要求书法艺术以这些自然事物为范本,表现出它们自然而然的各种形态。只有像自然事物那样自然而然地表现出"异""奇""姿""态""势""形"等各种各样的形态,书法艺术才会达到神妙的境地。

相比于绘画,书法高度抽象到完全以线条来完成艺术表现,同样要求书法家把对自然物象的抽象概括与自己的心灵感悟结合起来,达到一种物我合一、冥合无间的境界。

[①] 《历代书法论文选》,上海:上海书画出版社,1979年,第125页。

第十五章 易学与诗词乐舞

第一节 易学与诗词

133.《易经》采用许多古代歌谣作卦爻辞,它们有什么特点?诗歌价值何在?

《易经》采用许多古代歌谣作卦爻辞,内容涵盖劳动、祭祀、婚恋、战争等方面。其行文简朴、句式生动、节奏流畅、韵律和谐,在内容和形式上都呈现出诗歌的特征。明代王世贞在《艺苑卮言》中说:"凡《易》卦、爻辞、彖、小象,叶韵者十之八,故《易》亦《诗》也。"① 在上个世纪,也有不少学者注意辨析卦爻辞中的诗歌,如李镜池在《周易筮辞考》一文中就特辟"《周易》中的比兴诗歌"一节,讨论卦爻辞中的诗歌问题。② 从总体上看,《易经》采用的古代歌谣有四个特点:

一是语言简朴,讲究用韵。《易经》所采用的古代歌谣,大都是二言、三言或四言,在表达技法上已经注意用韵。清代学者俞樾说:"《周易》亦多用韵之文,亦有变文协韵者。"③ 郭沫若也认为《易经》"经文的爻辞多半是韵文,而且有不少是很有诗意的"④。这种用韵的例子很多,如《需》卦六四爻辞"需于血,出自穴","血"与"穴"是押韵的;又如

---

① [明]王世贞著、陆洁栋、周明初批注:《艺苑卮言》,南京:凤凰出版社,2009年,第18页。
② 李镜池:《周易筮辞考》,《周易探源》,北京:中华书局,1978年,第38—50页。
③ [清]俞樾等:《古书疑义举例五种》,北京:中华书局,2005年,第22页。
④ 郭沫若:《中国古代社会研究》,北京:中国华侨出版社,2008年,第43页。

《同人》卦九三爻辞"伏戎于莽,升其高陵,三岁不兴","陵"与"兴"是押韵的;再如《中孚》卦六四爻辞"月几望,马匹亡","望"与"亡"也是押韵的。这些用韵的歌谣读起来节奏韵律优美流畅、鲜明整齐、朗朗上口。

二是运用了赋、比、兴的艺术表现手法。"赋"即铺陈直叙,直言其事。如《中孚》卦六三爻辞"得敌,或鼓或罢,或泣或歌",寥寥数笔,描绘了作战胜利的情景:有的打鼓,有的休息,有的激动得泪流满面,有的高兴得载歌载舞。"比"即类比和比喻,用形象生动的事物类比本物,便于人们联想和理解。如《鼎》卦九四爻辞"鼎折足,覆公𫠂,其形渥,凶",以鼎足折断、食物倾倒而出为类比,比喻德薄位尊、力小任重,必致灾祸。"兴"即先言他物,然后借以联想,引出所要表达的哲理。如《渐》卦爻辞用了一连串的"兴"——鸿渐于干、鸿渐于磐、鸿渐于陆、鸿渐于木、鸿渐于陵,以鸿鸟渐渐栖息于某地来说明人事,揭示渐进之理。

三是在内容上具备了诗歌的意境。《易经》古歌谣采用一定的意象,构建出情景交融、虚实相生、充满生命律动的诗意空间。如《乾》卦九三爻辞"终日乾乾,夕惕若厉",说的是君子白天整日自强不懈、勤奋不已,直到夜间休息之时仍然戒惧警惕、提防危险,体现出浓厚的忧患意识和自强精神。又如《中孚》卦九二爻辞"鸣鹤在阴,其子和之。我有好爵,吾与尔靡之",细腻地勾画出鸣鹤同类相应,悠然自得,主人公邀请好友同席共宴的友好欢愉场景。

四是再现生活的直接性。《易经》采用的许多古代歌谣是先民表达思想、抒发感情的重要工具。这些古歌谣源于现实,直接表现生活。这种表现是直接的,生活是什么就是什么,坦白而直率。如《比》卦爻辞写实地描述了一系列亲比的过程和结果:若坚持正道、心有诚信,相互亲辅,没有灾祸;亲善内部人员,坚守正道,结果吉祥;与恶人结交,难免不受其害;结交外面贤明的朋友,守正道则吉祥;光明正大、合乎正道地交往,吉祥;一个组织没有首领,内部不团结,结果不好。

概而论之,《易经》卦爻辞中的古代歌谣,是先民生活面貌的呈现,是远古歌谣的集萃。其内容宏富广博、意象明朗有趣、语言简明洗练、音韵和谐流畅,具有很高的艺术成就,特别是取自然之象,阐人生之理,以意象表达哲理的艺术手法,及反复、对仗、赋比兴等表达技法,为《诗经》及其后我国诗歌的形成和发展奠定了坚实的思想基础。

134. 焦赣《易林》与《诗经》关系如何？怎样评估《易林》的诗歌价值？

《易林》①,又名《焦氏易林》,西汉焦赣(字延寿)撰。此书按"卦自为变"的方法,以《易经》中每一卦各变六十四卦,六十四卦之变共为四千零九十六卦,每一卦配四言或三言等韵语占辞一首,共得四千零九十六首,称为"林辞"。

《易林》与《诗经》关系密切,是一部融通《诗经》《易经》的文学巨著。闻一多认为《易林》是诗,并辑集《易林琼枝》列于《风诗类钞》《乐府诗笺》《唐诗大系》《现代诗钞》等古今诗选之中。② 钱锺书也认为《易林》与《诗经》基本上可以作为四言诗的样板和法式了。③ 从总体来看,《易林》与《诗经》的关系主要有两点:

一是《易林》大量引用、化用《诗经》。据初步统计,《易林》中直接、间接涉及《诗经》的林辞有数百首。《易林》有直接征引《诗经》诗句者,如《小过》之《渐》:"中田有庐,疆埸有瓜。献进皇祖,曾孙寿考。"用的是《诗经·小雅·信南山》的诗句"中田有庐,疆埸有瓜。是剥是菹,献之皇祖。曾孙寿考,受天之祜"。又如《小蓄》之《大过》:"中原有菽,以待饔食。饮御诸友,所求大得。"其中的"中原有菽"出自《小雅·小宛》,"饮御诸友"出自《小雅·六月》。有用《诗经》诗意者,如《乾》之《临》:"南山昊天,刺政闵身。疾悲无辜,背憎为仇。"用《小雅·节南山》"节彼南山……昊天不惠,降此大戾"和《小雅·十月之交》"黾勉从事,不敢告劳。无罪无辜,谗口嚣嚣。下民之孽,匪降自天。噂沓背憎,职竞由人"二诗之大义。还有间接引用诗句进行加工

---

① 本章中《易林》引文,参见刘黎明:《焦氏易林校注》,成都:巴蜀书社,2011年。
② 闻一多:《闻一多全集》第4册,北京:生活·读书·新知三联书店,1982年,第3—669页。
③ 钱锺书:《管锥编》第2册,北京:中华书局,1979年,第536页。

改编者,如《屯》之《乾》:"泛泛柏舟,流行不休。耿耿瘔瘝,心怀大忧。"明显化用了《邶风·柏舟》首章"泛彼柏舟,亦泛其流。耿耿不寐,如有隐忧"的诗句。

二是《易林》运用了《诗经》赋、比、兴的艺术表现手法。《易林》推衍《易经》而成,托象明义,善用赋、比、兴的表现方法。章学诚说:"《易》象虽包六艺,与《诗》之比兴,尤为表里。"①"字字步趋《周易》"②的《易林》亦不例外。王世贞在《艺苑卮言》中说《易林》"虽以数术为书,要之皆四言之懿,《三百》遗法耳"③。林辞善于用"赋",铺陈其事,如《坤》之《大蓄》、《家人》之《颐》、《颂》之《履》、《渐》之《鼎》、《益》之《小过》等。林辞亦多用"比",如《否》之《咸》中的"衣敝如络""丝布如玉"、《比》之《复》中的"发栉如篷"、《坎》之《渐》中的"白云如带"等。起兴之法亦常用,如《家人》之《渐》以执斧砍柴为起兴,歌唱嫁娶之事:"执斧破薪,使媒求妇。和合二姓,亲御斯酒。召彼邻里,公姑悦喜。"

此外,对于《诗经》的择词造句、修辞用典、韵式韵位等诗歌技法,《易林》亦多有吸收和借鉴。

《易林》精于拟象,善于炼意,诗句古雅玄妙,韵文简练上口,创造了丰富多采的意象,形成了曼妙动人的诗意空间,促成了自身文学意蕴的生成,读后令人耳目俱融。可以说,《易林》是一部文学水平很高的四言诗集。此外,从《易林》所涉《诗经》的相关内容,还可以考见汉代《诗》学的信息。汉代传习《诗经》有四家《诗》,即《鲁诗》《齐诗》《韩诗》三家诗和《毛诗》。后来三家诗相继亡佚,仅存《韩诗外传》和《毛诗》。幸赖《易林》保存了不少三家诗的内容。如清代陈寿祺、陈乔枞父子《三家诗遗说考》就从《易林》中稽考出了一些《齐诗》。从这个意义上讲,《易林》对于研究汉代《诗》学也具有重要的学术价值和意义。

---

① [清]章学诚著,罗炳良译注:《文史通义》,北京:中华书局,2012年,第33页。
② [民国]尚秉和著,常秉义点校:《焦氏易诂》,北京:光明日报出版社,2005年,第14页。
③ [明]王世贞著,陆洁栋、周明初批注:《艺苑卮言》,南京:凤凰出版社,2009年,第26页。

135.《周易》审美思想对古代诗词格律有何影响？

《周易》的变化观、阴阳观、"天人合一"观以及象数思维、形象思维等审美思想对我国的书法、绘画、音乐、诗歌、建筑等艺术产生了深远影响,其中阴阳和谐思想更是直接主导了传统的审美情趣。

"《易》以道阴阳"①,《周易》认为阴阳是自然中的两种基本要素,阴阳相推又构成了宇宙发展变化的内生动力:"刚柔相推而生变化"②、"刚柔相推,变在其中矣"③。在阴阳要素的配置中,阴阳和谐是最佳的状态。在这种状态下,万事万物才更容易生发生长:"天地氤氲,万物化醇。男女构精,万物化生。"④也才能体现出生命的优良品格和宇宙的中和之美。

《周易》确立的阴阳和谐思想对我国美学产生了深远的影响,特别是其提出的"中和"审美格调已成为我国古代艺术理论和创作的基本原则。古典音乐讲究的八音克谐、书法创作重视的布局均衡、传统建筑推崇的结构匀称等,无不体现出平和典雅的美学追求。

与其他艺术形式一样,《周易》的阴阳和谐审美思想对我国古代诗词格律也产生了较大影响。古代诗词格律是指诗词用韵、平仄、对仗、字句等方面的格式和规则。《周易》的阴阳和谐审美思想对其的影响主要体现在以下四个方面:

一是阴阳和谐思想对诗词用韵的影响。用韵是指在古代诗词创作中,在某些句子的最后一个字,使用韵母相同或相近的字。这些使用了同一韵母字的地方,称为韵脚。受《周易》阴阳和谐思想的影响,诗词要求押韵,依靠韵脚有规律的前呼后应、往复回环,使朗诵或咏唱时产生动态平衡和谐感。

二是阴阳和谐思想对诗词平仄的影响。平指平直,仄指曲折。根

---

① [战国]庄子著,孙海通译注:《庄子》,北京:中华书局,2012年,第374页。
② 《周易·系辞上》,黄寿祺、张善文《周易译注》,上海:上海古籍出版社,2004年,第496页。
③ 同上书,第530页。
④ 同上书,第542页。

据《切韵》《广韵》等韵书,中古汉语有四种声调,称为平、上、去、入。除了平声,其余三种声调有高低的变化,统称为仄声。平声高扬、开朗、绵长,属阳;仄声低沉、收敛、短促,属阴。《周易》阴阳和谐的审美思想要求诗词调和平仄。格律诗要求联内句间平仄相对,联间邻句间平仄相粘,如"仄仄平平仄,平平仄仄平。平平平仄仄,仄仄仄平平"。词律的平仄要求更为严格。如此,平仄交错出现,互相配合,音节错综和谐,吟诵起来会产生抑扬顿挫的节奏感和舒展流畅的音乐之美。

三是阴阳和谐思想对诗词对仗的影响。这里以格律诗为例作一说明。从结构上看,格律诗上联为阳,下联为阴。《周易》阴阳和谐审美思想要求上下联的对仗结构保持对立统一之关系,即上下两句字数相同、句式相同、上下句间相对应的词性相同或相近、上下联的理意相联或相关,从而使格律诗呈现对称的辩证和谐之美。

四是阴阳和谐思想对诗词字句的影响。《周易》和谐审美思想对诗词字句同样有着严格的要求和规定。如格律诗有五言、七言之分,其中四句为绝句,八句为律诗。这样的格律形式,保证了每句字数为奇、为阳,每篇句数为偶、为阴,在结构上刚柔并重、奇偶相生,呈现出阴阳和谐的形态之美。

第二节　传统音乐与易学法则

136. 有人说"音乐"与"易"同源,如何理解?

我国的音乐由来已久,源远流长。关于音乐的起源,有人说"乐易同源",对此,可以从三个方面来理解:

一是音乐和《易经》是同时起源的。《易经》由人文始祖伏羲氏初创,"人更三圣,世历三古"[①]而最终成书。巧的是,音乐也起源于伏羲氏时期。据相关文献记载,在伏羲氏时期已经有了五十弦的瑟,其后黄帝时期产生十二律,帝舜时代有了六律、五声、八音。

---

① [汉]班固撰,陈焕良、曾宪礼标点:《汉书》,长沙:岳麓书社,2008年,第678页。

二是音乐与《易经》都取法于自然。"易"象天法地,取象于自然,不用赘言。与此相同,音乐的产生亦本于自然。《吕氏春秋·仲夏纪第五·大乐》中记载:"音乐之所由来者远矣。生于度量,本于太一。太一出两仪,两仪出阴阳。"①古人认为音乐的八音与自然界的八方之风相应和,如清王引之《经义述闻·春秋左传中·八风》说:"乐之有八音,以应八方之风也。"②八音指我国古代八种制造乐器的材料,通常指金、石、丝、竹、匏、土、革、木八类。《吕氏春秋·有始览第一·有始》云:"何谓八风? 东北曰炎风,东方曰滔风,东南曰熏风,南方曰巨风,西南曰凄风,西方曰飂风,西北曰厉风,北方曰寒风。"③与八音相配,匏音生于东北,对应炎风;竹音生于东方,对应滔风;木音生于东南,对应熏风;丝音生于南方,对应巨风;土音生于西南,对应凄风;金音生于西方,对应飂风;石音生于西北,对应厉风;革音生于北方,对应寒风。亦如《国语·周语下》所言:"铸之金,磨之石,系之丝木,越之匏竹,节之鼓而行之,以遂八风。"④

三是音乐与《易经》的基本原理都是阴阳理论。《易经》主张阴阳的变化代表天道的运行规律,强调阴阳二气相推、相和,认为世上事物之变化都是阴阳相推的结果,并提出"一阴一阳之谓道"的和谐思想。阴阳调和,万物处于中和的状态,才更容易创造生发万物。与此相同,传统音乐认为音调的变化也就是阴阳的变化,并用阴阳理论来解释音乐的性质和作用、审美标准,以及五声、六律、八音等音乐现象。如《礼记·乐记》把阴阳和谐观念应用于音乐审美,提出"大乐与天地同和"⑤的说法。《国语·周语下》也说:"夫政象乐,乐从和,和从平。声以和

---

① [战国]吕不韦等编撰,张双棣、张万彬、殷国光、陈涛译注:《吕氏春秋译注》(修订本),北京:北京大学出版社,2000年,第121页。
② [清]王引之:《经义述闻》,《续修四库全书》第175册,上海:上海古籍出版社,2002年,第22页。
③ [战国]吕不韦等编撰,张双棣、张万彬、殷国光、陈涛译注:《吕氏春秋译注》(修订本),北京:北京大学出版社,2000年,第336页。
④ [春秋]左丘明著,李德山注评:《国语》,南京:凤凰出版社,2009年,第45页。
⑤ [汉]戴圣编著,鲁同群注评:《礼记》,南京:凤凰出版社,2011年,第153页。

乐,律以平声。"①传统音乐将"五声相和、律吕相谐、阴阳相错、平和适听"作为衡量音乐美的理想标准,这与《周易》所强调的和谐思想也是一致的。

137. 什么是五声、六律、八音、八风、黄钟律吕？与《周易》关系如何？

五声也称"五音",即我国古代五声音阶中的宫、商、角、徵、羽五个音级。五音中各相邻两音间的音程,除角与徵、羽与宫(高八度的宫)之间为小三度外,其余均为大二度。

六律即古代的六个音律,通常指黄钟、太簇、姑洗、蕤宾、夷则、无射六阳律与大吕、夹钟、仲吕、林钟、南吕、应钟六阴律。

八音是指我国古代八种制造乐器的材料,通常指金、石、丝、竹、匏、土、革、木八类。钟、铃等属金类,磬等属石类,埙等属土类,鼓等属革类,琴、瑟等属丝类,柷、敔等属木类,笙、竽等属匏类,管、籥等属竹类。

八风指八方之风,即东北方的炎风、东方的滔风、东南方的熏风、南方的巨风、西南方的凄风、西方的飂风、西北方的厉风、北方的寒风。

黄钟律吕即十二律,乃将一个八度分为十二个不完全相等的半音的一种律制。各律从低到高依次为黄钟、大吕、太簇、夹钟、姑洗、仲吕、蕤宾、林钟、夷则、南吕、无射、应钟。其中单数各律称"律",双数各律称"吕",总称"六律六吕"或简称"律吕"。

八卦有五行属性,五声也有五行属性,二者有对应的关系。五声对应的五行是:宫声居中央,属土;羽声居北方,属水;徵声居南方,属火;角声居东方,属木;商声居西方,属金。八卦对应的五行是:乾兑为金,震巽为木,离为火,坎为水,坤艮为土。故五声可与八卦相匹配:羽声对应坎卦,徵声对应离卦,角声对应震、巽二卦,商声对应乾、兑二卦,宫声对应坤、艮二卦。

六律的阴律和阳律分别对应易之阴阳。奇数六律称为阳律,又称为"六律";偶数六律称为阴律,又称为"六吕"。"六律六吕"阴阳相生,左

---

① [春秋]左丘明著,李德山注评:《国语》,南京:凤凰出版社,2009年,第45页。

右旋转,能发出许多声音,演奏起来可以达到"律吕相谐"的音乐美。

八音与八卦亦可以相互匹配:金对应兑卦,石对应乾卦,土对应坤卦,革对应坎卦,丝对应离卦,木对应巽卦,匏对应艮卦,竹对应震卦。

八风与八卦同样有相应的关系:东北风对应艮卦,东风对应震卦,东南风对应巽卦,南风对应离卦,西南风对应坤卦,西风对应兑卦,西北风对应乾卦,北风对应坎卦。

黄钟律吕与乾坤两卦的十二个爻位相对应:黄钟对应乾卦初九,林钟对应坤卦初六,太簇对应乾卦九二,南吕对应坤卦六二,姑洗对应乾卦九三,应钟对应坤卦六三,蕤宾对应乾卦九四,大吕对应坤卦六四,夷则对应乾卦九五,夹钟对应坤卦六五,无射对应乾卦上九,仲吕对应坤卦上六。

138. 中国传统乐器如何体现易学象数理趣?

我国自古就是一个乐器艺术十分发达的国家,古人所发明的乐器多从《周易》所寓的易象、易数、易理中得到启示,这里以古琴为例作一说明。

古琴,又称瑶琴、玉琴、丝桐和七弦琴,拨弦乐器,属于八音中的丝,是中华民族传统乐器的典范。汉代桓谭《新论》说:"八音之中,唯弦为最,而琴为首。"①古琴之音,音域宽广,音色深沉悠长、淳和淡雅、清亮绵远,尤为文人雅士所喜爱。古琴状人情之思,达天地之理,充满着易学象数理趣。

从象上说,古琴寓象有三:一是天地之象。古琴外形是一个弧形共鸣箱,琴面为拱弧形,象征"天圆";底板为平面,象征"地方"。天圆地方,天上地下,象征天地之道,又象征阴阳和谐,符合《周易》"天尊地卑,乾坤定矣"之象。二是三才之象。古琴之音色有泛音、按音和散音三种,泛音象天,按音象人,散音象地,三音为天地人三籁,这与《易经》卦爻天、地、人密切相关,象征天、地、人三才,合乎《系辞下》"有天道

---

① [汉]桓谭著,吴则虞辑校,吴受琚辑补,俞震、曾敏重订:《桓谭〈新论〉》,北京:社会科学文献出版社,2014年,第97页。

焉,有人道焉,有地道焉"之象。三是《周易》之损卦卦象。古琴头上有一条架弦的硬木如同山之高岭,是为"岳山";琴底板中部有两个音槽,称作"轸池"。高山之下有深泽,上艮下兑,乃《周易》之损卦卦象,喻指弹琴可以损却情欲,平和心灵,又合乎《损》卦之《大象》"惩忿窒欲"之义。

从数上说,古琴寓数亦有三:一是天文之数。古琴一般长三尺六寸五分,象征一年有三百六十五天;琴面上有十三点琴徽,象征十二个月及一个闰月。二是七日来复之数。古琴有七弦:一弦属土为宫,二弦属金为商,三弦属木为角,四弦属火为徵,五弦属水为羽,六弦文声主少宫,七弦武声主少商。七弦各安其位而不相夺,又相互照应,彼此调和,弹奏起来,弦音往复回绕,循环不已,取数于《周易》之《复》卦"反复其道,七日来复"。三是五行之数。七弦中最初成型的是五根弦,象征金、木、水、火、土五行。

第三节　传统舞蹈的易学旨趣

139. 有人说《周易》之咸卦蕴藏着远古性舞蹈的信息,如何评价?

"咸",易学传统解释为"感",有交感、感通、感应之意。《周易》之《咸》卦《彖》曰:"咸,感也。"《咸》卦之象,上兑下艮,兑为泽,艮为山,泽卑在上,山高在下,泽水在上而滋润山土,山泽相通,故《咸》卦象征交相感应。又兑为少女,艮为少男,喻男女相互感应。荀子说:"《易》之《咸》,见夫妇。"①《咸》卦以男女婚姻取象,主要讲的是夫妻之道,进而比类自然界与人类社会的感应之道。《周易》经分上下,上经以《乾》《坤》开篇,先言天地;下经以《咸》卦为第一,首述男女。《乾》《坤》上应天地,下应男女,男女结合的家庭关系是人事之基础,所以下经以《咸》开篇。韩康伯说:"《咸》柔上而刚下,感应以相与。夫妇之象,莫美乎斯。人伦之道,莫大乎夫妇。故夫子殷勤深述其义,以崇人伦之

---

① [战国]荀子著,方勇、李波译注:《荀子》,北京:中华书局,2015年,第442页。

始,而不系之于《离》也。先儒以《乾》至《离》为上经,天道也;《咸》至《未济》为下经,人事也。"①在长达两千多年的易学发展历程中,历代易学家沿此传统,主要以夫妇之道解释《咸》卦之义。

20世纪以来,一些学者在对《易经》之《咸》卦的解释上出现了不同理解。如王明把"咸"解释为"动",他认为《咸》卦爻辞讲的是:"一对少男少女相亲相悦的民间故事……本卦'咸'字,都作动词用,就是'动'的意思。"②刘正则认为:"全部《咸》卦卦爻辞取象体现了该时期残留的性图腾信仰所积淀成的生育巫术和求雨祭祀中的性舞蹈动作。"③

若将"咸"理解为"动"的意思,从爻辞"咸其拇""咸其腓""咸其股""咸其脢""咸其辅、颊、舌"来看,诸爻爻辞是根据连续的"从足到头"的情节进行组织的,以此而论,有人说《咸》卦蕴藏着远古性舞蹈的信息,或可备一说。

140. 什么是"八卦舞"?如何产生与流传的?其易学底蕴何在?

"八卦舞"是由舞、歌、乐、巫词、咒语结合而成的传统舞蹈,其舞步以阴阳为纲纪、以九宫八卦方位为舞蹈行进线路的标向,舞式呈八卦阵式。"八卦舞"之原型相传来源于夏禹,是他基于阴阳原理、八卦模式创造的一种在举行祭祀时所跳的舞蹈。后在此基础上融合五行生克、太极八卦阵、道教义理和艺术成分,形成了道教"八卦舞"。在民间,村庄庙会、迎神道场、打醮还愿,会请道士跳"八卦舞",以祈求神灵庇佑,迎祥驱邪。跳"八卦舞"时,道士身着道袍,头戴道冠,手执龙角,配以巫辞咒语;其时,锣鼓节奏明快、乐曲粗犷劲雄、歌诀旋律跳荡、舞姿自然奔放,展示出道教舞蹈的独特魅力。受道教"八卦舞"的影响,各地还演化出了五行八卦舞、八卦鼓舞、八卦巫舞等舞蹈形式。

---

① [魏]王弼、[晋]韩康伯注,[唐]孔颖达疏,郭彧汇校:《南宋初刻本周易注疏》,上海:上海古籍出版社,2014年,第795页。
② 王明:《〈周易·咸卦〉新解》,《中国哲学》第7辑,北京:生活·读书·新知三联书店,1982年,第252页。
③ 刘正:《周易发生学》,北京:中国环境科学出版社,1993年,第385页。

"八卦舞"的易学底蕴主要是阴阳原理和九宫八卦理论。

一是"八卦舞"基于阴阳原理。易学认为自然界的任何事物都有阴阳两个方面,并在阴阳相推中产生变化,阴阳同根,互以相成。"八卦舞"基于阴阳变易学说,按照阳动阴静、阳刚阴柔、阳开阴合的原则,通过舞蹈动作的顺序、方向、力度、速度和幅度的结合与变化,及舞蹈节奏、韵律、构图等来体现舞蹈的和谐韵律。在舞蹈行进过程中,按照阴阳和谐的理念,舞步须阴阳相推、刚柔相摩。就八卦的属性而言,乾卦、震卦、坎卦、艮卦属阳卦,坤卦、巽卦、离卦、兑卦属阴卦。因此,为符合阴阳和谐原则,一般阴阳卦位要交替行进。当然,在舞蹈过程中,要求舞步鲜明轻快、灵动顺畅,有时也会来回跃动于相同属性的卦位上,此时,便以跳跃、旋转等作为过渡,代表阴阳的调整和转换。

二是"八卦舞"以九宫八卦方位为舞蹈行进线路的标向。古代按八卦性质配以方位,所配方位顺序,分伏羲八卦方位(先天八卦方位):乾南、坤北、离东、坎西、震东北、兑东南、巽西南、艮西北;文王八卦方位(后天八卦方位):离南、坎北、震东、兑西、艮东北、巽东南、坤西南、乾西北。九宫即洛书与文王八卦方位的结合,是后天八卦图中的八个方位加上中央。中宫之数为五,寄于坤宫。这样,九宫依照次序便是:坎宫(正北)、坤宫(西南)、震宫(正东)、巽宫(东南)、中宫(寄于坤)、乾宫(西北)、兑宫(正西)、艮宫(东北)、离宫(正南)。"八卦舞"原则上按照九宫顺序行进,从坎宫起步,沿着坤、震、巽,而后回归中宫;自中宫至乾、兑、艮、离,绕转一周。之后再由离宫返回,依次绕行返归坎宫。当然,在舞蹈过程中,为体现舞步的灵动多变和艺术效果,很多时候并不依九宫顺序,而是随意绕宫穿行,如有的跳法就是沿着乾、兑、艮、离、坎、坤、震、巽各宫而舞。

141. 中国古典舞蹈的构型与易学关系如何?近年来一些舞蹈演员以舞姿表现易学卦象,如何看待?

舞蹈的构型是指舞蹈的空间结构,由人的四肢、躯干和头部各种线条的运动变化所形成。中国古典舞蹈的构型与易学有着密切的关系,并主要体现在受《周易》阴阳和谐及太极图圆道运动理念之影响,古典舞蹈呈现圆的构型。

易学审美注重阴阳和谐,而"太极图"正是这一和谐理念的具体体现。"太极图"呈黑白双鱼合抱形,象"太极"生阴阳两仪。它形象地反映了"无往不复""原始反终"的循环圆道运行规律,并展现了一种柔和流畅、灵动圆润的形式美。后来"圆"成了圆满的代名词,其均衡、回环的运动模式,体现了人与天地自然的和谐统一,"圆"发展成为中华民族重要的审美形态和艺术构架。

易学认为天的运行轨道呈圆形,人法地、地法天,地和人都应效法天道而行。中国古典舞蹈构型中"圆"的理念正是缘此而生。我们在欣赏古典舞蹈时,可以发现虽然舞蹈走向各不相同,舞蹈动作也是曲折多变,但如果细细观察,每个舞蹈动作之间多是以圆为逻辑进行连接的。如脚在踝关节处勾撇绷、手在腕关节处上盘下盘等等,多是在围绕一个"圆"运动。在舞蹈的整体构型上,也是通过舞蹈者身体动作的圆起、圆行、圆止来完成"划圆运动",可谓"圆中生万变,万变不离圆"。这也使得古典舞蹈的整个表演动作浑然天成,充满着饱和感。

近年来,随着易学的勃兴,一些舞蹈演员以舞姿来表现易学卦象,可以说这既是舞蹈的创新,也是易学传播形式的一种创新,实现了易学与舞蹈的相互注解、相互增益。

《周易·系辞上》说:"古者包牺氏之王天下也,仰则观象于天,俯则观法于地,观鸟兽之文与地之宜,近取诸身,远取诸物,于是始作八卦,以通神明之德,以类万物之情。"乾、坤、震、巽、坎、离、艮、兑八个经卦两两相重组成六十四别卦,比类宇宙和人世间的一切事物。《周易·说卦》指出八卦的卦德:"乾,健也。坤,顺也。震,动也。巽,入也。坎,陷也。离,丽也。艮,止也。兑,说也。"又将八卦同身体的八个部位联系起来:乾为首,坤为腹,震为足,巽为股,坎为耳,离为目,艮为手,兑为口。在舞蹈表演中,演员可以灵活地取象比类,根据八卦卦德属性,以各种动作组合来表现六十四卦。如睽卦,其卦象是下兑上离,离为火在上,兑为泽在下,水流湿,火就燥,水火不相容,象征违背、不同之意。舞蹈时,可以将左右手呈上下姿势,位于上方的手向上运动,位于下面的手向下运动,表示上下相违,这样就构成了睽卦的卦象。

以舞蹈动作来表现卦象,在表达卦象的过程中,舞者可以更为直接地体验身心的变化、感受机体能量的流动、察觉内在情感的发生,也会更加深刻和清晰地理解易学卦象。

第十六章　易学与现代科学

第一节　易学与现代数学

142. 什么是数学"二进制"？

"二进制"是计算机技术中广泛采用的一种数制,二进制所需要的记数的基本符号只有两个,即 0 和 1。二进制数据就是用 0 和 1 两个数码来表示的数。用计算机科学的语言,二进位制的一个数位称为一个比特(bit),8 个比特称为一个字节(byte)。因为它只使用 0、1 两个数字符号,非常简单方便,易于用电子技术实现。

1848 年英国数学家布尔(George Boole)创立的布尔逻辑代数,为现代二进制计算机的出现铺平了道路。布尔利用二进制符号表示逻辑中的"逻辑真"与"逻辑假"等概念,通过建立一系列运算规则来研究逻辑问题,奠定了计算机理论的数理逻辑基础。

143. 莱布尼茨对数学"二进制"有何贡献？

莱布尼茨(Gottfried Wilhelm Von Leibniz,1646—1716,又译莱布尼兹)是德国著名的数学家和哲学家,拓扑学的提出者,与牛顿各自独立发明微积分,研究领域涉及数学、哲学、逻辑学和神学等诸多领域,被誉为"17 世纪的亚里士多德"。莱布尼茨对中国传统文化抱有极大的热忱和高度的赞赏,是最早且最为广泛深入地了解中国文化的欧洲人之一,他撰写了有关二进制的论文,对二进制的表示及运算进行了充分的讨论。1696 年,他向奥古斯特公爵介绍了二进制;1697 年 1 月,莱布尼兹还特地制作了一个纪念章献给公爵,上面刻写着拉丁文:"从虚无创造万有,用一就够了。"

莱布尼茨在《皇家科学院纪录》上所发表的文章,标题为《二进制算术的解说》,副标题为"它只用0和1,并论述其用途以及伏羲氏所使用的古代中国数字的意义"。1716年,他又发表了《论中国的哲学》一文,专门讨论八卦与二进制,指出二进制与八卦有共同之处。需要指出的是,莱布尼茨的二进制算术并不等同于布尔代数的二进制数理逻辑。

144. 莱布尼茨的数学"二进制"与《周易》关系如何？今人有何评论？

20世纪90年代,学术界针对"科学易"展开了讨论。李申《〈周易〉热与"科学易"》针对《周易》与二进制之间的关系问题提出:"先天圆图和二进制的关系问题,近年来已有一些文章,依据确凿的历史材料,证明不是莱布尼茨根据先天圆图发明了二进制,而是莱布尼茨发明了二进制以后才见到了先天圆图。莱布尼茨根据二进制来理解先天圆图,说先天圆图中已包含了他发明的东西。这是莱布尼茨的理解。然而有些研究者先把莱布尼茨的理解当作了先天圆图的本义,进而又说莱布尼茨根据先天圆图发明了二进制。"[1]

郭书春《古代世界数学泰斗刘徽》也持类似观点:"中国有所谓《周易》创造了二进制的说法,至于莱布尼兹(按,即"莱布尼茨")受《周易》八卦的影响创造二进制并用于计算机的神话,更是广为流传。事实是,莱布尼兹先发明了二进制,后来才看到传教士带回的宋代学者重新编排的《周易》八卦,并发现八卦可以用他的二进制来解释。"[2]梁宗巨《数学历史典故》[3]对此进行了更为详尽的考察。孙小礼《莱布尼兹与中国文化》[4]一书介绍了莱布尼茨热心推动中西文化交流所发挥的重要作用,分析澄清了莱布尼茨对中华文化的误读和人们对莱布尼茨的一些误传。

比利时国际理学研究所的两位学者胡阳、李长铎发表了《莱布尼

---

[1] 李申:《〈周易〉热与"科学易"》,《周易研究》1992年第2期。
[2] 郭书春:《古代世界数学泰斗刘徽》,济南:山东科学技术出版社,1992年,第461页。
[3] 梁宗巨:《数学历史典故》,沈阳:辽宁教育出版社,1995年。
[4] 孙小礼:《莱布尼兹与中国文化》,北京:首都师范大学出版社,2006年。

兹发明二进制前没有见过先天图吗？——对欧洲现存17世纪中西交流文献的考证》①，详尽论述了莱布尼茨在发表二进制论文前确已接触过《易经》八卦先天之图，通过对欧洲现存17世纪中西交流文献的查阅和考证，否定了莱布尼茨在发明二进制以后才见到先天图的说法，指出斯比塞尔所编著的《中国文史评析》一书是考证莱布尼茨发明二进制的关键性的文献，而先天图在莱布尼茨发明二进制之前，已在1660年被斯比塞尔称为二进制。莱布尼茨在去世的那一年，即1716年，于《致德雷蒙先生的信——论中国的自然神教》(Lettre à M. de Rèmond sur la théologie naturelle des Chinois)中说明了0和1的二进制建立的过程。其中，莱布尼茨指出，他的"0与1二进制"首先来源于伏羲先天八卦图。

在《周易》的八卦中，如果把阴爻看作0，把阳爻看作1，所有的卦象都可看成0和1的排列组合。很显然，八卦中蕴含着二进制的萌芽。目前在德国图林根著名的郭塔王宫图书馆(Schlossbibliothek zu Gotha)，仍保存有一份莱布尼茨的手稿，标题写着"1与0，一切数字的神奇渊源"，显然，莱布尼茨对于二进制的起源进行了神学意义上的解释。

第二节　易学与现代物理学

145. 尼尔斯·玻尔获得诺贝尔物理学奖的标志性成就是什么？

2003年12月北京银冠电子出版有限公司发行的《诺贝尔物理奖》第28—29页收录了R.L.韦伯在其所著《诺贝尔物理学奖获得者：1901—1984》一书中对尼尔斯·玻尔物理学成就的评价："尼尔斯·玻尔的名字是与下面两个原理分不开的。一个是'对应原理'(1916年)，它是说原子的量子力学模型在线度很大时，必然逐渐趋于经典力

---

① 胡阳、李长铎：《莱布尼兹发明二进制前没有见过先天图吗？——对欧洲现存17世纪中西交流文献的考证》，《周易研究》2004年第2期。

学;另一个是'并协原理'(1927年),它指的是在不同实验条件下获得的有关原子系统的数据,未必能用单一的模型去解释,电子的波动模型就是对电子的粒子模型的补充。"

146. 为什么说尼尔斯·玻尔的"互补原理"与《周易》的"阴阳学说"不谋而合?

"互补原理"(又称"并协原理"),是丹麦物理学家尼尔斯·玻尔为了解释量子现象的主要特征——波粒二象性而提出的哲学原理,认为微观粒子同时具有波动性与粒子性,而这两个性质是相互排斥的,不能用一种统一的图像去完整地描述量子现象,但波动性与粒子性对于描述量子现象又是缺一不可的,必须把两者结合起来,才能提供对量子现象的完备描述,量子现象必须用这种既互斥又互补的方式来描述。这个原理是玻尔对量子力学中"不确定性原理"作出的哲学解释,也是哥本哈根学派的基本观点。这种观点与《周易》的"阴阳学说"可谓不谋而合,因为《周易》的"阴阳学说"在本质上就是看到了不同事物的相互排斥、相互协调又相互补充,彼此具有一致性。

147. 丹麦国王授予尼尔斯·玻尔的荣誉勋章上的太极图案有何含义?

由于尼尔斯·玻尔对量子理论的卓越贡献,丹麦国王破格授予他荣誉勋章。这幅含有中国古代"阴阳鱼太极图"的荣誉勋章图案载于P.罗伯森所著《玻尔研究所的早年岁月(1921—1930)》。在勋章图案的选择上,玻尔采用了他亲自设计的太极图族徽,他以太极图中的"阴阳鱼"所代表的既对立而又互为补充的观念来表达他的核心思想——互补关系(或称"并协原理")。太极图族徽上方的拉丁文箴言是CONTRARIA SUNT COMPLEMENTA,即"互斥即互补",或译为"对立者是相互补充的"。八卦太极图所描述的阴阳消长关系,就是对这种状态的形象化描述。

不过,李仕澂《玻尔"并协原理"与〈八卦太极图〉》一文认为,或许尼尔斯·玻尔1937年访问中国时没有看到过或得到一幅真正的八卦太极图,因而错误地把中国民间流传的阴阳鱼图案画当作太极图镌作族徽。①

第三节 易学与科技革命

148. 随着工业革命的出现,我国学者是如何从科学技术角度认识《周易》的?

随着工业革命的到来,科学技术的进步极大地影响了世界发展的进程,并影响到人们日常生活的方方面面。自然科学开始出现相对论、量子力学等与牛顿科学概念有很大差异的新理论、新概念。特别是20世纪以来,现代科学体系逐步发展建立起来,科技领域发生了伟大变革。信息论、控制论、系统论、协同论、生命科学、宇宙学等理论日趋完善,原子能技术、计算机技术和空间技术获得了空前的发展。科学技术逐步成为生产力诸要素中的主导要素,尤其是第二次世界大战以后,更是成为现代经济发展中最主要的驱动力。

近代以来,一批学者如杭辛斋、沈仲涛、薛学潜、丁超五等陆续撰写了许多著述,提出《周易》中早就有了相对论、量子论等现代伟大的科学发现和技术发明,以现代科学比附《周易》,试图引入西方自然科学来解释《周易》。其他一些著名学者如梁启超把《周易》称为"数理哲学",冯友兰把周易哲学称为"宇宙代数学"②等,后来更有人把《周易》的贡献扩大到统一场论、遗传理论等领域。

149. "生物遗传密码表"和六十四卦存在对应关系吗?

1973年法国学者M.申伯格出版了《生命的秘密钥匙:宇宙公式、易经和遗传密码》,首次阐明了六十四个生物遗传密码与六十四卦之

---

① 李仕澂:《玻尔"并协原理"与〈八卦太极图〉》,《周易研究》1994年第4期。
② 1984年冯友兰教授在致第一届中国《周易》学术研讨会的贺信中提出了"周易是宇宙代数学"的命题,这一论断后来写入《孔丘、孔子、如何研究孔子》一文,刊登于1985年1月19日的《团报讯》上,《新华文摘》1985年第4期(1985年4月25日出版)作了全文转载。

间的对应关系。

1988年杨雨善提出了通用密码子八卦图,以阳爻代表强型核苷C和G,阴爻代表弱型核苷U和A,六十四个密码子正好平均分成八组,与中国古代《周易》的八卦相吻合。之后还有人探讨了六十四卦卦义与生物遗传密码的作用之间的关系,认为生命体细胞的分解、组合过程同样是与《周易》一致的。

由于六十四卦与二进制所内含的对应关系,控制生物体中DNA双螺旋结构自我复制的遗传密码表与六十四卦建立起联系就不难理解了。由此,有人断言,《周易》是中国古代贤哲依据生命现象创造的一个用严密的数理逻辑语言表达宇宙基本结构和普遍规律的"科学体系"①。或者说,《周易》是一个关于生命、关于宇宙的的二进制数学模型。而"先天八卦次序"是生物体中DNA双螺旋结构自我复制的二进制数学模型。

150. 如何认识《周易》"制器尚象观"的历史作用以及当代"科学易"的研究趋向?

《周易》所包含的"制器尚象观"对中国传统科技具有深刻的影响。"制器尚象"主张取万物之象构制器具以行圣人之道,是易学应用沟通形而上和形而下的桥梁。《周易·系辞上》说:"易有圣人之道四焉:以言者尚其辞,以动者尚其变,以卜筮者尚其占,以制器者尚其象。"作为一般的世界观和方法论,《周易》曾经广泛地影响了中国古人的思想,当然也影响了中国古代科学家的思想。例如,唯象思维是《周易》独特的思维方式,八卦、六十四卦中涵盖了天地万物的各种物象,《周易》正是通过取象比类的思维方式把握事物的运行规律,认识事物的运行规律。唯象思维是一种形象思维,《周易》的唯象思维对中国古代科技思维的发展更是起到无可替代的重大作用。中国古代的传统科学体系,正是以《周易》的思想作为理论基础的。

此外,《周易》中的全息思维模式所建立的"天人合一""三才一

---

① 苗孝元、姜在生:《易之道》,济南:齐鲁书社,2002年,第2页。

体"的宇宙观,使得古人更加自觉地运用联系的、发展的、全面的眼光来研究宇宙、观察世界,在思考问题时避免了重部分、轻整体,重分析、轻综合,重孤立、轻联系的形而上学思维模式的消极影响。

自西汉晚期开始,古文经学兴起,人们重新排列了"六艺"的次序,把《周易》提到首要的地位。《周易》的地位十分崇高,人们习惯于引经据典寻找理论根据,天文历算攀附《周易》更是成为一时风气。例如汉代刘歆把《三统历》中的日法、章法、月实等数据,都说成根据大衍之数推算的结果,以此来抬高自己所创历法的地位。刘歆此举不仅无益于解释《周易》,更无益于天文学的发展,所以不断遭到后人的批评。

反观当前,所谓"科学易"的研究,多是将现代科学理论与《周易》相比附、印证,认为《周易》中蕴藏着许许多多的现代科学思想和理论。例如,有人"发现"了"化学元素周期表"与《周易》六十四卦的组合规律相吻合;有人说《周易》原理与量子力学"双波包本体论"存在相似性;有人用"太极"解释物理学的"黑洞理论",用阴阳鱼类比物理学的"暗物质""暗能量";等等。事实上,这种比附不过是现代人试图将现代科学的理论和观点注入《周易》这部古老的经典之中。

1993 年,武汉出版社出版了董光璧《易学科学史纲》,该书认为应当将"科学易"与"易科学"区分开来。所谓"科学易",是"以科学治易学",是易学家的工作,属于解释学的范畴。所谓"易科学",是"以易学治科学",是科学家的工作,属于科学的范畴。两者的区别是"理解"与"创造"之别:"以科学治易学"作为易学研究的一种方式,可以随着科学的发展,不断创新对《周易》的理解而使易学得以发展,是保存和发展易学的一种好方法;而"以易学治科学"的目的是借易学中某种观念或方法的启迪进而达到新知识的创造,难度要大很多。

2001 年,齐鲁书社出版了廖名春《〈周易〉经传与易学史新论》,该书认为"科学易"的研究对探索人类早期科学思维的特点以及中国古代科学发展的道路及其利弊,有重要意义;同时对于揭示现代科学曾经和仍将可以从中国古代科学思维中获取营养,也有重要意义。当然,我们也应注意,不能用后人利用《周易》资料和受《周易》影响所发挥的思想方法来代替《周易》本身的思想,不能把易学的应用当作易学的本体。

后　记

《周易》在中国文化传统中一向占有很高地位。古时候倡导经学，先是有《诗》《书》《礼》《易》《春秋》，号称"五经"；后来，又从《礼记》中析出《大学》《中庸》两篇，与《论语》《孟子》合起来，称作"四书"。从宋代开始，"四书"与"五经"成为儒家经学的主要文本。读书人要入仕，得读"四书""五经"。在这九部经典中，《易》是最为特殊的，它不仅有文字系统，还有卦爻符号系统。无论从形式上看，还是从内容上看，《易》都是别具一格的。它既有宏观的宇宙论的思想观念，又有"天地人"相对应的管理智慧；既有修身养性的法门，又有指导工艺创作的象数符号推演，具有方法论的指导意义。故而，《易》被当作"群经之首"，受到先民们的尊崇。千百年来，先民们研《易》用《易》，于是就形成了"易学"，各种注疏之作、推演之作，如雨后春笋，层出不穷。

在当代社会，易学研究引起人们极大的兴趣。为了满足社会上学习与研究《周易》的需要，学术界陆续有人编纂了《周易概论》《周易入门》之类著述。这些著述给读者提供了方便，也让人们受益良多。但因为历史的原因，以往关于"易学"的入门书在《周易》与中国文化诸多侧面关系的问题上论述不够。鉴于此，我们根据上课过程中遇到的问题，组织了一个专门的写作组，在借鉴学术界多年来研究成果基础上，用了三年时间完成了这部书稿的写作任务。

这部书稿，由我提出基本构想、基本观点和大纲。期间，厦门市易学研究会前秘书长李传快教授与我的门生周克浩博士参加草拟初期部分选题，再汇总到我这里，进行综合调整，最终形成150问。而后，按照写作组每个人的专长，分工撰写文稿。具体分工如下：

导言：詹石窗（四川大学教授）与宋野草（博士，云南民族大学副教授)执笔;第一章:杨燕(博士,四川师范大学中国哲学与文化研究所教授)执笔;第二章:连镇标(博士,福建师范大学易学研究所教授)与连宇(闽江学院附中副校长、高级教师)执笔;第三章、第六章、第九章、第十一章:李育富(博士,重庆交通大学马克思主义学院副教授)执笔;第四章、第十二章、第十五章:周克浩(博士,中共厦门市委组织部四级调研员)执笔;第五章、第八章、第十六章:雷宝(博士,大理大学讲师)与詹石窗执笔;第七章:曲丰(博士,厦门工学院讲师)执笔;第十章:李玉田(厦门市易学研究会常务理事、厦门人联网文化科技有限公司董事长)执笔;第十三章:宋野草执笔;第十四章:阳志辉(博士,广西师范学院副教授)执笔。

本书的写作,从2014年启动工作计划,到2017年上半年完成全部撰稿任务。在这个过程中,有的作者速度快些,有的慢些。我基本上是采取顺其自然的方式,没有特别催促。大家陆陆续续把稿子发送给我。每接到一章,我就先梳理格式、斟酌行文,再统一体例,进行加工,包括引文出处的核对、页下注格式的调整、正文句子的修订。为了使书稿尽可能完善,遇到引文出处未落实或者不太规范的,我就请在读的博士生提供帮助。由于撰稿人引用的侧重点有别、习惯不同,部分文献的版本并不一致,这里不作统一调整。参加文稿校对、引文核查的博士生有何欣、胡瀚霆等。

本书的编纂,得到了许多朋友的帮助。广西壮族自治区道教协会副会长陈应伟道长提供了祖上传承的"先天八卦、后天八卦一体图"之木雕影件,此乃道门稀罕文物,其最大特点是八卦之"卦口"由外朝内,与北宋高道陈抟易学一脉相承,体现了"收心、聚气、延年"的修行指向,征得陈应伟道长的同意,选择它作为本书封面图案;四川文化艺术学院副校长、汤用彤国学院院长雷原教授提供不少关于《易经》与中医相关研究的资料信息以及他本人的研究心得,为本书的修改完善开拓了新的视野;四川大学副校长晏世经教授、四川大学社会科学研究处傅其林处长非常关心我们的研究计划,四川大学中华文化研究院、四川大学道教与宗教文化研究所在工作条件上给予大力支持。在此一并致谢。

书稿交到出版社之后,责任编辑艾英认真审读,提出了一些修改意见。按照出版社要求,我们于2019年暑假期间对书稿再作修改。为了加快进度,我特邀门生曾勇副教授(江西师范大学马克思主义学院)前来厦门,一起看稿、商讨推敲,他实际上担当了主编助理的工作。由于易学本来就存在许多有争议的地方,加上各个分支本有的神秘性,叙述起来特别不容易,缺点、错误在所难免,殷切期盼广大读者批评指正。

詹石窗

谨识于四川大学老子研究院

2017年5月24日初稿

2020年4月21日定稿